たましま
歴史百景

まえがき

「室は東に、赤間は西に、玉島湊は真ん中に」と詠われた玉島湊。東には兵庫県の室津湊、西には赤間、現在の下関湊があり、その真ん中に玉島湊があるという意味で、江戸中期、玉島湊は備中随一の商港として栄えていました。港を通して文化芸術が伝えられ、文人墨客が来訪。文化が花を開き、多くの偉人も輩出しました。

玉島テレビは、地域に根ざしたニュースや自主制作番組をお届けするケーブルテレビとして、昭和57年に開局いたしました。お蔭様で今年で35年を迎え、地域社会の中でなくてはならない存在として認められる様になって参りました。

「たましま歴史百景」は玉島・船穂の郷土史を出来るだけ正確に立体的に地域の皆様にお届けすることが、ケーブルテレビ局としての使命だとの思いから、ハイビジョン放送開始の平成20年から放送を始めました。地域に残る史蹟・人物・逸話等の歴史・伝承はいつまでもその地域で語り継がれていくことが必要です。このためのテレビ放映ではありますが、ＤＶＤ等映像だけでなく、より広範囲の皆様にお手に取っていただきたく書籍として発行することといたしました。

皆さまが玉島・船穂の郷土により深く誇りと興味をもっていただく一助になれば幸いです。

二〇一七年九月

玉島テレビ放送株式会社

代表取締役　**藤井鉄郎**

目次

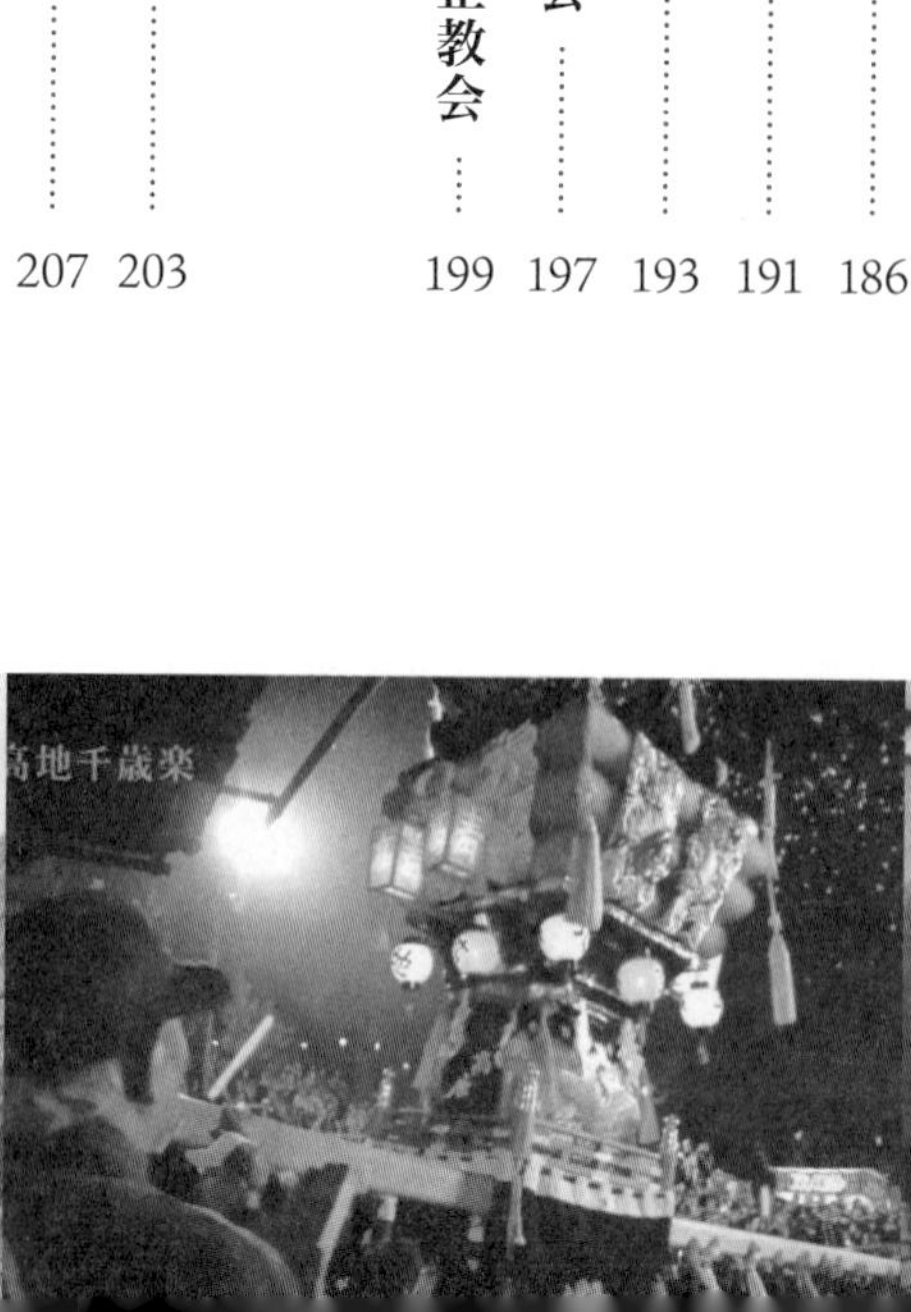
高地千歳楽

人物編　現代

里木貝塚出土人骨
「日本の古代遺跡23　岡山」

里木Ⅰ式土器（縄文前期）
倉敷考古館蔵

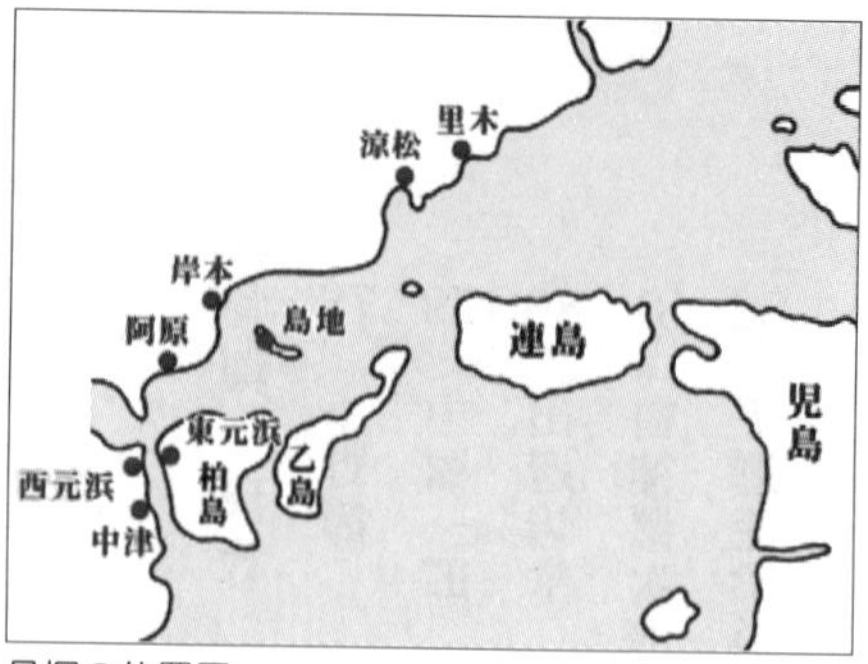

貝塚の位置図

1 縄文遺跡・貝塚

「ぬばたまの夜はあけぬらし玉の浦にあさりする鶴（たづ）鳴き渡るなり」

この歌は万葉集に載せられている歌です。玉の浦は玉島の事と考えられており、玉島市民交流センターの前に歌碑が置かれています。古代の玉島は浅瀬が広がり、海の幸が豊富で生活の場として最適な環境に恵まれていました。

日本列島に最初に人間が入ってきたのは氷河期・旧石器時代です。縄文時代は1万5千年前～2千3百年前の約1万年余り、弥生時代は2千3百年前～1千7百年前の約6百年間。そして古墳時代へと続きます。

石器時代は氷河期で定住は難しく生活の場を転々としていましたが、地球の温暖化によって氷河が溶け、海面が上昇。瀬戸内にも海水が浸入し浅い入海が出来、やがて豊かな魚貝類の繁殖する海域となり、人々が住みつきました。

ことに玉島、船穂地区には数多くの縄文遺跡が残され、縄文遺跡の集積地帯と言われています。

船穂には里木貝塚と涼松（すずみまつ）貝塚があります。そして玉島八島には島地貝塚、道口に岸本貝塚、道越に阿原貝塚、黒崎には中津貝塚、その北に東元浜貝塚、西元浜貝塚と数多くの貝塚が残されています。これらの貝塚がある場所は、今でこそ海から数キロも離れていますが、いずれも丘陵地の裾にあり、縄文時代には、前に海が入りこんでいました。

岡山県の重要遺跡に指定されている里木貝塚。その里木貝塚から出土した土器を標識土器として、年代順に「里木Ⅰ式土器」「里木Ⅱ式土器」「里木Ⅲ式土器」と名付けられ、西日本の土器研究の上で、貴重な資料となっています。縄文時代のこうした土器の発明は、人類にとって貴重な第一歩でした。食べ物を蓄え煮炊きする道具である土器は、食生活の幅を大いに広げたのです。

また里木貝塚からは手足を折り曲げた屈葬や伸展葬の20体近い人骨が見つかっています。胸や首の上には大きな石が置かれていました。これは死者が再びこの世に戻って来ないように願う風習によるものではと考えられています。里木貝塚は昭和44年、倉敷考古館が一部発掘調査を行いました。

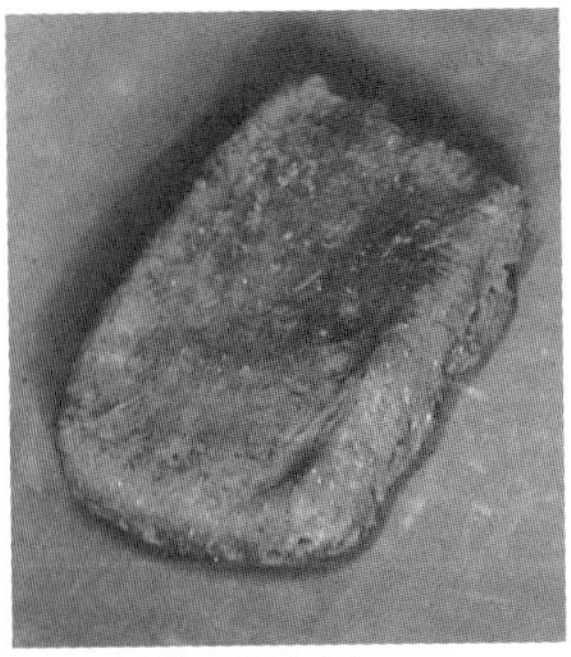
土版（中津貝塚出土）

中津式土器　倉敷考古館蔵

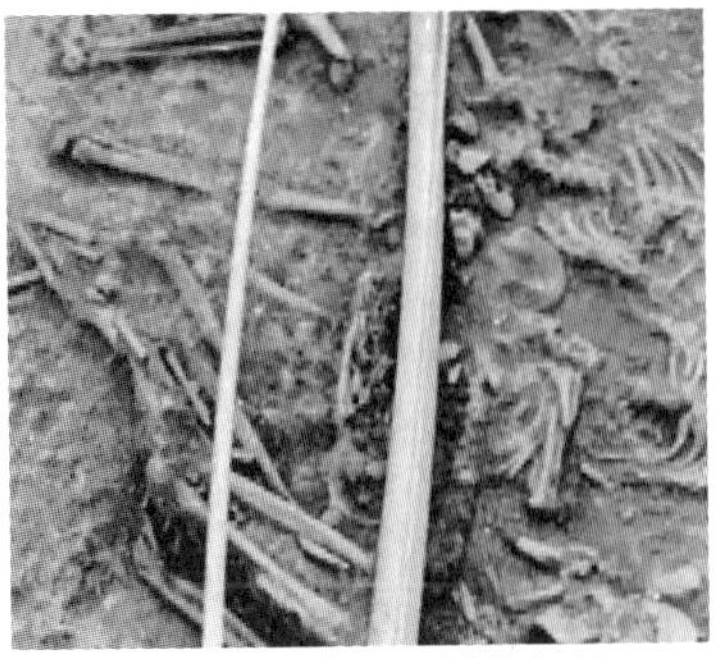
涼松貝塚出土人骨「岡山の遺跡めぐり」
岡山文庫31

真壁忠彦さん（倉敷考古館顧問）　里木貝塚は大正時代に発掘調査が行われた大変有名な貝塚です。温室の周りを掘ると運良くまだ掘られていない物が出てきて里木貝塚の様子が良く分かりました。

里木貝塚より山裾伝いに南西に2キロ弱、船穂と玉島の境近くに涼松貝塚があります。倉敷考古館館長であった真壁さんの調査で、涼松貝塚は七千年前の縄文早期から三千年前の縄文後期まで、四千年もの長い間、人間が住んでいた遺跡とされています。昭和43年、水道工事中に手足を伸ばして埋葬された伸展葬の人骨4体、その上の層に別に手足を折り曲げた屈葬の1体が見つかりました。

下の層の4体と、上の層の1体とは明らかに時代が異なっていました。4体の人骨は互いの足が交叉するように埋められており同時期に埋葬されたものです。集落内で争い事のような事件があったのか、火災とか疫病の流行とかで4人が1度に死んだのか、今となっては知るすべもありません。

玉島黒崎には中津貝塚があります。縄文時代早期から晩期にいたる貝塚で、標高5メートルの低い台地に立地し、今は葡萄畑になっています。中津貝塚は玉島八島の故・宗沢節雄さんが、昭和7、8年頃から発掘を始めた貝塚です。岡山の考古学者・水原岩太郎も発掘に加わり「中津貝塚発見、縄文式土器模様」として発表。この土器群の発見と報告が、中央の学者ではなく地方の民間研究者によってされた事は、当時おおいに注目をされました。

倉敷考古館には、中津貝塚から出土した土器や土版、また埋葬人骨と共に発掘された貝輪や耳飾りなどが残されています。土版は西日本では珍しく、長さ10センチ、幅6センチ、穴を開けた端の部分が欠けていますが、お守り札のようにぶらさげて使われていたと考えられています。また中津貝塚から出土した美しい文様を持つ縄文土器は縄文時代後期の標識土器として、広く「中津式土器」と呼ばれ、瀬戸内地方の代表的な型式として知られています。縄文時代にこのような複雑な文様の土器が作られたのは、地球が暖かくなると雨が降り草木が茂り食料がふえ生活が充実したことで、道具やデザインの工夫がされたからではないかと考えられています。中津貝塚に土器や土版、装飾品の数々が残されていることからも、この辺りはかなり豊かな地域であったものと考えられます。

中津貝塚からは、昭和30年、屈葬の女性の人骨も発掘されました。手足を折り曲げ、遺体がちょう

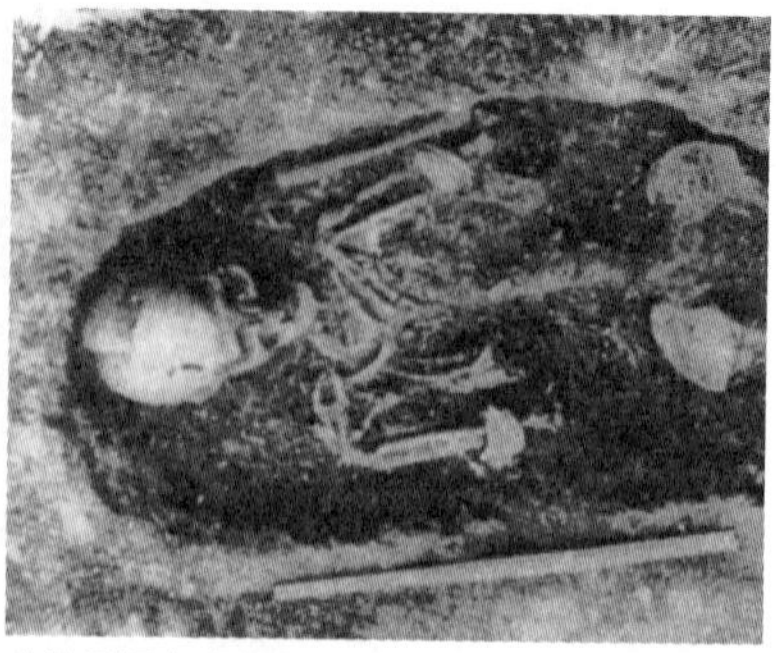

中津貝塚出土人骨
「浅口郡史蹟名勝天然記念物」

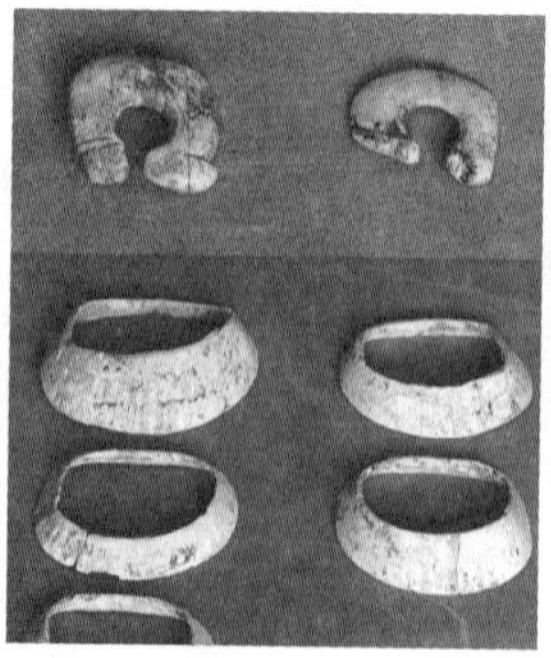

耳飾りと腕輪
（中津貝塚出土）

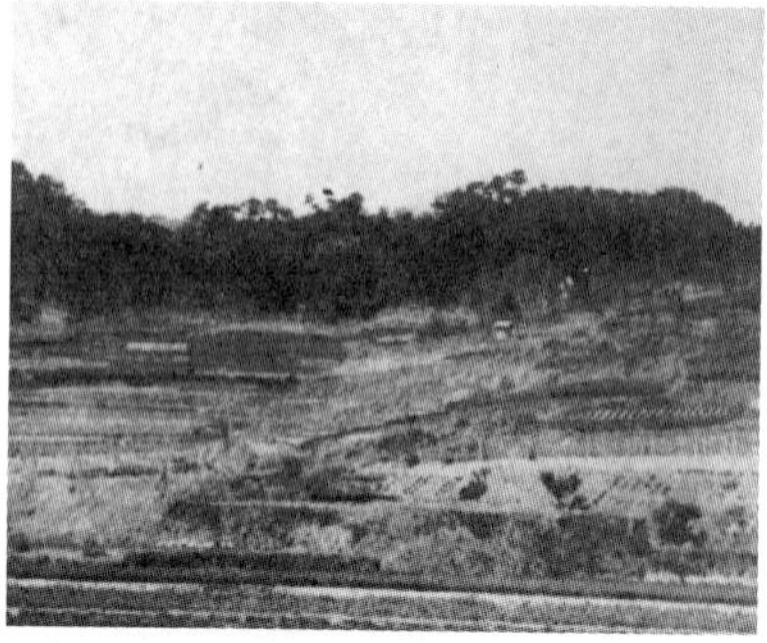

昭和5年頃の西元浜貝塚
「浅口郡史蹟名勝天然記念物」

ど納まる程の楕円形の穴を掘って埋めてありました。頭蓋骨の脇には、鹿の角を加工し磨いて作った耳飾りが出土しています。また腕にはめていた貝輪は、二枚貝をくり抜いて作ってあり、右腕に2個、左腕に3個の貝輪を付けたまま埋葬されていました。発掘されたこの女性は、何か巫女のような事をしていた人物ではなかったかと考えられています。この他にも、別に発掘された屈葬の男性人骨の腰の近くからは鹿の角で作った珍しい腰飾りが発見されています。

中津貝塚の北約1キロに西元浜貝塚があります。原田虎平編の浅口郡史蹟名勝天然記念物に「これは大正2年編者が発見したもので、貝殻や動物の骨が畦畔に露出し、且つ図の如く貝層が断層をなして露出している」と記しています

真壁さん　玉島、船穂は海の幸、山の幸に恵まれた数少ない縄文貝塚の沢山ある場所です。当時は西日本で一番人口密度が高い…といっても西日本全体で5万人とか7万人ですので、その中で一番高いということです。玉島、船穂は里木貝塚とか中津貝塚とか貝塚遺跡の密集地です。

石器時代に比べ気候が温暖な縄文時代の人々は木の実を多く食べ、ついで魚や肉を食べていました。貝塚から発掘される石のナイフや漁の網に付けた石の錘・釣針。豊富な食べ物の痕跡や生活用品は、古代人が私達が想像する以上に創意工夫をこらし、生活を潤していたことを物語っています。

今でも貝塚を訪ねると足元には古代の貝殻が散らばり、発掘された土器片や矢尻から先人の生活を伺い知る事が出来ます。縄文遺跡の集積地帯と言われている玉島、船穂の一帯で、縄文時代の人々は豊かな海の幸と山の幸を生活の糧とし、助け合いながら小さな集落を形成して暮らしていたのです。

「たましま歴史百景」第1回　2008年6月　放送

（参考文献）「岡山の遺跡めぐり」真壁忠彦・葭子著　「倉敷市史1考古」
「日本の古代遺跡・岡山」真壁忠彦・葭子著　「吉備の縄文貝塚」河瀬正利著
「高瀬通しの里・物語船穂風土記」高見光海
「浅口郡史蹟名勝天然記念物」原田虎平編著

（協力）倉敷考古館　倉敷市立図書館　倉敷埋蔵文化財センター　宗澤弘（写真提供）

島地貝塚出土の弥生前期土器片　倉敷考古館蔵

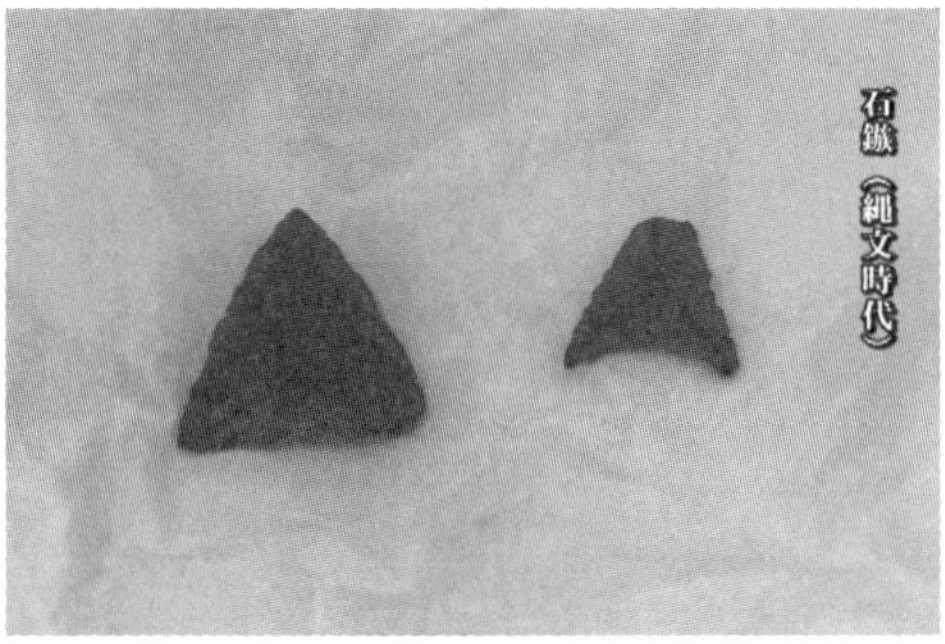

縄文時代の石鏃　倉敷埋蔵文化財センター蔵

2 弥生遺跡

時代は縄文から弥生へと移り、水田による米作りが本格的に行われるようになりました。米作りの発展と共に社会、経済、文化の面で大きな変化が起きたのが弥生時代です。

日本人の食生活を支えている米が、中国大陸から、北九州へ渡来し、西日本に普及したのは今から二千二百年余り前の弥生時代とされています。

玉島、船穂地区は里木貝塚、中津貝塚、涼松貝塚など数多くの貝塚が残され、縄文遺跡の集積地帯と言われています。しかし弥生遺跡となると、小さな遺跡が谷間にわずかに点在する程度です。

縄文時代には、西日本で有数の人口密集地帯であった玉島、船穂地区。それらの人々はいったい何故、また何処へ消えて行ったのでしょうか。

米の栽培には、常に豊かな真水があり、水が浅い地域で、後の山から水が流れ出て来るような谷間にある谷水田が適していました。縄文遺跡が残る船穂の里木や涼松、また玉島の島地は、そのような自然条件にも恵まれていたので、縄文時代から引き続き、弥生時代の初め頃まで人々が住みついていたようで、遺跡からは縄文、弥生それぞれの時代の特徴を持った生活の跡が見つかっています。

しかし今から千八百年から二千年前、米作りが本格的になった弥生時代中期になると、人々の社会生活は縄文時代と大きく違ってきました。米作りによる食料の確保は、人口が増える大きな要因となったのです。人口が増えると水田が益々必要になり、広い耕作地に水を引くための用水路を作るなど、多くの人々による共同作業が始まりました。

そうなると、そのような事が出来る知識を身につけた人、また天災地変に対する祈祷や占いをする人などが、村の中で発言力を持つようになり、部落はそれまでの、血縁家族中心の小さな集団から、農耕中心の共同社会の集団になり、次第に複雑になっていきました。

縄文時代から狩猟、漁業、木の実など、採取を主体として生活の糧を得ていた玉島、船穂の人々は、

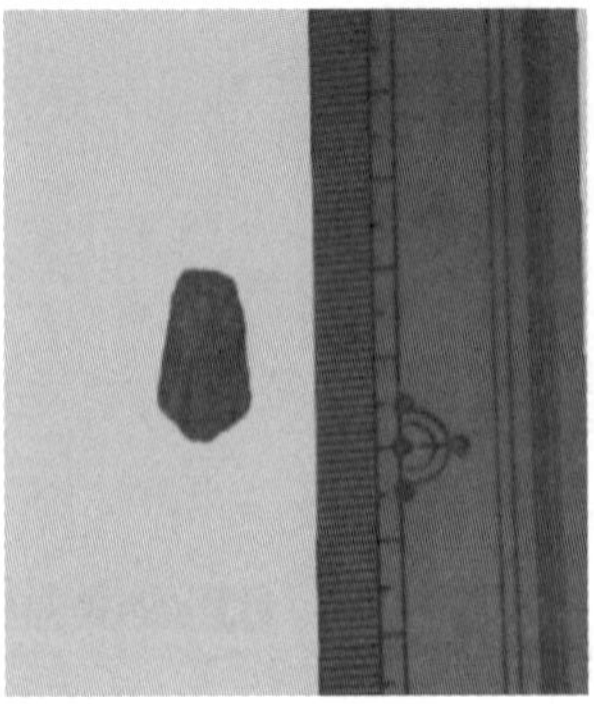

平松遺跡出土の銅鏃
倉敷考古館蔵

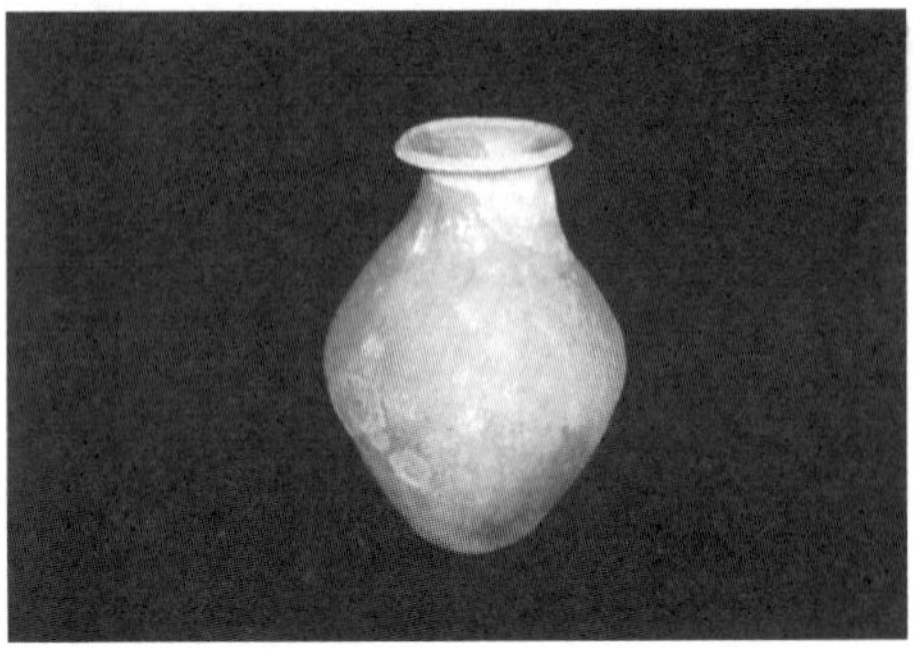

新殿遺跡出土の壺形土器　倉敷考古館蔵

弥生時代になり、広い水田耕作が可能な真備、総社などの地帯に移って行ったことが、玉島、船穂地域で弥生遺跡の数が減少した大きな原因と考えられています。

埋蔵文化財センター　福本明館長　玉島、船穂の弥生遺跡は縄文遺跡に比べ少ない印象があります。少ないながらも、海ぞいでなく山に入った富の辺りを中心に弥生遺跡が見つかっています。

玉島、船穂に残る弥生時代中期の遺跡としては、道口川を登った谷間にある道口桜池の周辺や、道口の奥にある大木池の西の平松に、弥生中期の土器が出土する地点があります。

平松では、富の中山頼夫さんが銅鏃を採取。中津貝塚から西南に入った谷の奥の新殿（にいどん）遺跡からも弥生中期の土器が出土しています。

この様に見てみると、同じように谷間がある地区には、まだ発見されていない、かなりの数の弥生中期の遺跡が眠っているのではないかと推定されています。

ただ玉島、船穂地域は、すぐ沖合いは海で、裏手の山と砂浜の間は狭く、谷間に自然に流れ出る水を利用した谷水田で米作りをしており、個々の集落は小さなもので分散的に広がっていました。

道口川付近で見られた弥生中期の遺跡は後期になると減少。しかし谷間から人影が消滅してしまった訳ではなく、減少傾向ながら遺跡は存在しています。

弥生時代の前期や中期の遺跡からの出土品は、稲の穂摘みの石包丁や、土を掘る石斧など、石器が一般的で、鉄はまだ道具を作る為の道具でした。

しかし後期になると青銅器や鉄器が普及。それにより農具が発達し、岡山県南部にある弥生遺跡の農地の規模は、弥生後期に飛躍的に拡大しています。

この頃、鉄は朝鮮半島から玄界灘を渡り、まず北九州に、そして中国、四国、近畿またその東まで瀬戸内海を通り運ばれていました。

竪穴式石室　黒宮大塚

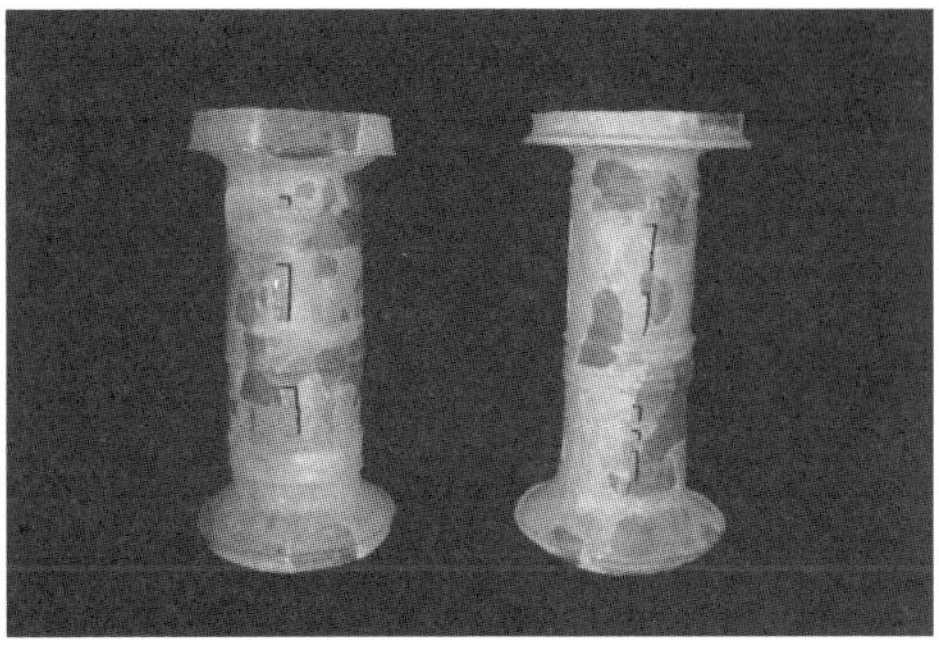

黒宮大塚出土の特殊器台　倉敷考古館蔵

朝鮮半島からもたらされた鉄や銅を、東へと運ぶ船は、瀬戸内の内海を島伝いに、あるいは入り江伝いに航行していたに違いありません。

海上をよく見晴らせるということにだけ意味があるような、高地性集落の存在理由はそこにあるのではないかと考えられています。

玉島富の西、金光との境、標高２５０メートル程の丘陵の尾根近くにあるジョウゴナル遺跡は、弥生後期の山上遺跡・高地性集落と考えられています。

高地性集落の遺跡は、児島半島にある貝殻山や種松山にも残されており、それらは瀬戸内の海の航路の見張り台としての役割はむろんのこと、弥生時代の米作りによる共同集落の形成が、地域間の緊張を生み、村々が自己を防禦するための役割を担っていたものと思われています。

弥生時代後期になると、農地の拡大に限界がある玉島、船穂の地域から山一つ越え、米作りに適した平地がある、真備や総社へ生活の拠点を移した事もあったのではないかと考えられています。

倉敷市真備町、小田川に向かって突出する標高43メートルの丘の上に黒宮大塚があります。昭和52年倉敷考古館によって発掘調査が行われ、出土した特殊器台・特殊壺などから弥生時代末期に造られた弥生墳丘墓と考えられています。

特殊器台、特殊壺は、弥生後期後半に吉備地方で成立発展した土器です。集落から独立した丘の上に造られた有力者の墓、そして埴輪の原型とされる特殊器台、特殊壺は、古墳時代の幕開けの一端を告げているとも言われています。黒宮大塚は、玉島から谷伝いに約７キロの距離にあり、玉島、船穂と強い結びつきがあった有力者の墓と考えられています。

福本館長　黒宮大塚は弥生時代最後のとても大きな墓です。大きな墓があるという事は、それなりの集落があったという事で、小田川の平野部を中心に勢力を持っていた集落であったと思われます。高梁川の西側を中心とした一つの大きな勢力と考えると、山一つ越えた、玉島との交流も当然あったはずで、玉島の辺りも支配していたと考えてもいいかもしれません。

楯築弥生墳丘墓（倉敷市矢部）

玉島から東に直線距離で17キロ離れた倉敷市矢部に、国指定史蹟の楯築弥生墳丘墓があります。全長約80メートルとされる規模、棺の床に敷かれた30kgを超える朱、また他に類をみない不思議な文様の孤帯文石、特殊器台、特殊壺、巨石ともいうべき立石と、二重の列石による聖域区画。どれを取ってもかなりの有力者の墓であったことを暗示しています。

福本館長　楯築は吉備全体を支配するような、吉備の代表という性格を持っていると捉えてもいいのではないでしょうか、だから玉島も楯築の勢力権の一つであったものと思われます。

その時代の最有力者が住んでいた地域は、その時代における最も文化の進んだ地域です。
古墳時代の幕開けを告げる、楯築弥生墳丘墓や、玉島、船穂から山一つ越えた真備町の黒宮大塚など、備中南部地域で栄えた文化は、玉島、船穂とも何らかの繋がりがあったものと考えられます。
玉島には道口という、弥生時代の遺跡が残るところがあります。
「道口」という地名は古墳時代に文化が花開いた吉備の下道（しもつみち）へ繋がる「道の口」という所から「道口」と名付けられたのではないかとも考えられています。

「たましま歴史百景」第2回　2008年7月　放送

（参考文献）　「吉備の弥生大首長墓・楯築弥生墳丘墓」　福本明著　新泉社
「古代吉備王国の謎」　間壁忠彦葭子共著　新人物往来社
「倉敷市史①考古」

（協力）　倉敷考古館
倉敷埋蔵文化財センター
吉野ヶ里歴史公園

天王山古墳出土の円筒埴輪片　倉敷埋蔵文化財センター蔵
宗澤弘氏寄贈

天王山古墳「浅口郡史蹟名勝天然記念物」

3 古墳

古墳のある場所は、その辺りで古代人集落を形成し共同生活をしていた場所です。玉島、船穂に残る古墳の中には海との係りにより、権力を握った人物が眠っていると考えられています。

新倉敷駅の西、低く突き出た標高12㍍の小さな丘の上に天王山（てんのうざん）古墳はあります。

古墳が築かれた当時は海が入り込んでいて、天王山古墳のある丘は、海に突き出た低い岬でした。周りには耕作に適した土地はほとんどなく海上権を掌握していた人物に係る古墳と考えられています。

天王山古墳は市内でも数少ない前方後円墳の一つとして、昭和47年に市の史跡に指定されました。現在、後円部には祠が建てられ、周囲は児童公園になっています。

この写真は昭和6年に発行された「浅口郡史蹟名勝天然記念物」という図録の中に富田村亀山天王山車塚として紹介されているもので、全景が東側から撮影されています。古墳の南側の前方部は、昭和9年に県道の建設に際して削りとられ、古墳全体の形状が判りづらくなっていますが、残っている後円部から全長約45㍍と推定されています。

表面はふき石で覆われ、埴輪が立て巡らされていました。明治の初め頃、社殿の改築が行われた際、社殿の下にあった竪穴式の石室が壊され、その石で手水鉢や灯篭が作られたと言われています。

石室からは鏡、刀、玉類、土器などが発掘されたと伝えられていますが、現在その所在は不明です。

これは倉敷埋蔵文化財センターに、玉島八島の宗澤節夫さんの長男弘さんから寄贈された、天王山古墳の埴輪の破片です。福本明館長らがこの破片を調べたところ、天王山古墳の築造の年代が、従来言われていた五世紀後半よりさらに遡り、四世紀中頃から後半にかけての古墳時代初期のものである事が明らかにされました。

それにより天王山古墳は、吉備地方最大の前方後円墳、造山（ぞうざん）、作山（さくざん）の両つくり山古墳よりも以前に造られた前方後円墳という事になりました。そして、そのことは吉備地方の古代の勢力図を考える上でも興味深い発見となったのです。

大山古墳（玉島道口上郷）

七社神社北古墳（玉島黒崎南浦）

福本明館長　宗澤弘さんから寄贈を受けた、天王山古墳の埴輪の破片を調べて見ると、従来考えられていたよりも古く、四世紀代に遡る埴輪と見られ、天王山古墳は玉島で一番古い古墳ではないかと考えられました。四世紀代の前方後円墳は瀬戸内海の沿岸地域に作られているという傾向があります。天王山古墳のある玉島八島も海が中まで入ってきていて海に突き出た岬の上に築かれていた古墳であり、海に関係する豪族が葬られていたと考えられています。こういった前期古墳、いわゆる四世紀の古墳というのは、瀬戸内の海沿いに点々とあった事が分ってきているので、天王山古墳もそういった物の一つであろうと思われ、周りの海を治めていた人のお墓であろうと考えられます。

玉島では天王山古墳以降、このように大きな規模の古墳は残されていません。しかしその頃は海上交通の重要性がますます増大した時期です。それは古墳時代全盛期の、造山古墳などに代表される、吉備の強大な勢力が周りの海上権を一手に掌握し、支配下に組み入れたものと考えられています。それ故、玉島で海を拠点とする支配者達の独自性が発揮されていたのは、古墳時代前期の天王山古墳に埋葬されている人物で、その後はかげりを見せたものと思われています。

福本館長　五世紀代の遺跡自体は玉島では、はっきりと分かっていません。現状の遺跡を見る限り、玉島では、それほどの独立した勢力を持っていたとは考えにくい。むしろ、大きな吉備の勢力の中での玉島と考えた方がいいかもしれない。

天王山古墳と同じ、古墳時代前期の古墳として道口上郷（かみごう）の丘の上に「大山（おおやま）古墳」があります。上に盛られていた土は流失してしまっていますが内部には朱がほどこされ、人骨、刀、矢ジリなどが発掘されたと記されています。箱式石棺の石組みはほぼ完全な形を保ち、手入れされた桃畑の中にぽつんと時を越えて置き忘れられたかの様に残されています。

玉島に残っている古墳時代後期の古墳はいずれも規模が小さなものですが、やはり海との係りを持つ集団の有力者の墓で、その多くがかつての入海を見下ろすような小高い丘の上にあります。

向山古墳「浅口郡史蹟名勝天然記念物」

おかのひら古墳（玉島黒崎南浦）昭和60年頃

黒崎の南浦にある七社神社の北、標高50㍍ばかりの地点に「七社神社北古墳」があります。横穴式石室墳で幅1・6㍍・長さ5・1㍍、石の上に盛られた土は完全に失われていますが、石組みは比較的よく残され、今でも南に瀬戸内の展望が開け、この古墳を築いた人々の海との係りが感じられます。大正時代に刊行された「浅口郡誌」によると、この古墳の他にも一基、また谷を上がった地点にも一基、南浦の西端にも一基あったが破壊された、と記されています。

南浦の東で、沙美海岸の西端近くの北側山麓にも、海に向かって口を開けている横穴式石室墳、「おかのひら古墳」があります。竹林や木々に覆われ、周囲の展望はすっかり失われてしまいましたが、石室の幅1・6㍍・長さ5・4㍍、石組みの原型は比較的よく留めています。

沙美には、これより東の向山にも、ほぼ同じ位の規模の「向山古墳」がありましたが、大正時代に壊され、今は浅口郡誌に残された写真で、その存在を窺い知る事が出来るだけになりました。

遺跡の出土品から、古代に浅口郡で行われていた塩作りの中心的な位置を占めていたのも、沙美の辺りの地域であったと推定されています。

乙島水溜には「水溜古墳」があります。昭和の初め頃に移設されたという石室は横穴式で、開口部の下に大きな板石が敷かれています。前方斜面にも不自然な石積みがあり、移設した際に造作したものと思われています。石室の半分は破壊されたようで、全長2・8㍍、幅1・3㍍、高さ1・7㍍あり、奥行きがかなり削られたようですが、横穴式の面影はよく留めています。

船穂の柳井原、御前（おんざき）神社から南へ400㍍の山裾に「山上山古墳」（やまがみやま）があります。西向きの開口部は塞がっていますが、横穴式石室の面影を留め、奥行きは6㍍ほどあったと思われています。

富田亀山の中腹、桃畑にも横穴式石室墳「谷塚古墳」があります。保存状態も良く、奥行5・3㍍、幅1・8㍍、高さ1・8㍍あり、二畳敷の広さを持つ石三枚が天井をおおっています。

谷塚の東、南に向って延びる尾根の先端近くに「一ツ塚古墳」があります。南に開口する横穴式石室をもち、前半部は破壊消滅していますが、石室の周辺にわずかに盛土が残り、6㍍程の円墳状を呈し、築造当時の様子を知る事の出来る数少ない古墳の一つです。奥の壁は大型の石1枚と中型の石4

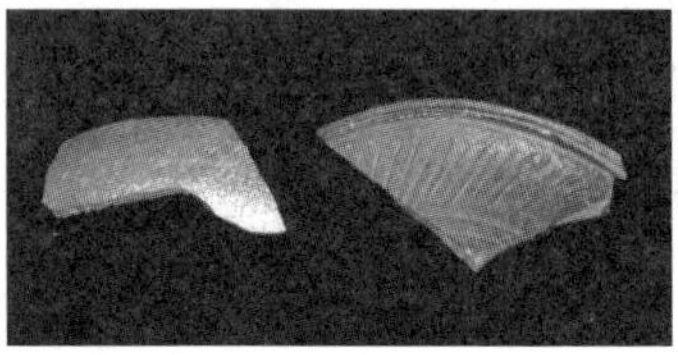

惣堂様古墳出土の須恵器片
倉敷埋蔵文化財センター蔵

一ツ塚古墳（玉島八島）

水溜古墳（玉島乙島水溜）

枚からなり側壁は二、三段積みで、天井の石は3枚は残っていますが前の1枚は石室内に落下しています。富田亀山地区には古墳時代前期の天王山古墳があり、玉島で最も古墳が多い地区である事も頷けるところです。

　道口八幡神社の登り口の東に惣堂様（そうどうさま）と呼ばれている小さな祠があり、ここに「惣堂様古墳」がありました。昭和11年、本堂の改築に伴い古墳が発見され、須恵器や鉄の刀が出土したと伝えられています。この時発見された遺物は本殿の下に埋め戻され、境内には古墳に使われていた石が残るだけで古墳としての面影はありませんが、丘陵の上に築かれた横穴式石室です。かなり大きな円墳であったと思われ、丘全体が墳丘であった可能性も考えられています。平成7年にはこの古墳に納められていた須恵器片が採取され、倉敷埋蔵文化財センターに保存されています。

　横穴式の石室は朝鮮半島から九州に、そして六世紀に全国に伝わったと言われています。それ以前の竪穴式石室では、しっかりと石で石室に蓋をし死者の霊が出てくることがないようにしていました。横穴式になると何度でも石室を開けて、追葬を出来るようになっているところが、それまでの古墳との大きな違いです。広い石室は死後も亡き縁者の霊と共に生活する空間と捉えていたようで、古代人の死生観の変化も、そこに指摘されています。

　かつての海を見下ろす位置に造られている玉島、船穂の古墳。古墳の築造には大勢の人が動員されたに違いありません。海との係りにより権力を握り、千数百年の歳月を経て今なおその場所にその形をとどめている古墳。そこには時を越えて古代の社会の姿が垣間見えるようです。

「たましま歴史百景」第3回　2008年9月　放送

（参考文献）　「倉敷の歴史・第四号」福本明著
「倉敷市史①考古」
「浅口郡史蹟名勝天然記念物」　原田虎平編著
「浅口郡史」　浅口郡役所編

（協力）　倉敷埋蔵文化財センター

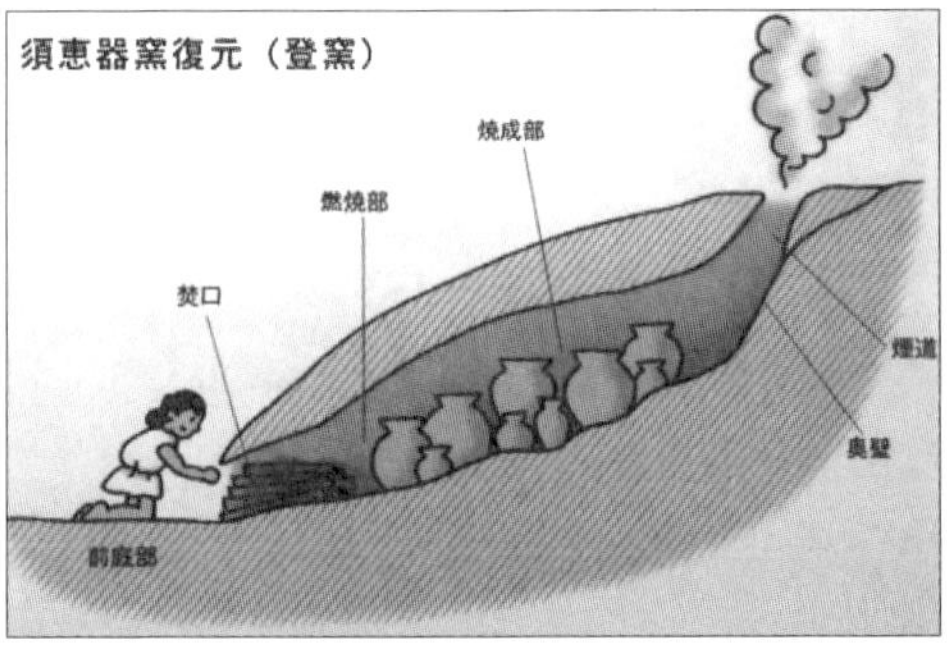

須恵器窯復元図　倉敷埋蔵文化財センター提供

寒田三号窯址　倉敷市指定史蹟（玉島陶）

4 須恵器の里

「運びつむ甕の泊り舟出して漕げど尽きせぬ貢物かな」　藤原家経

これは平安時代に亀山の港で詠まれた歌です。「この地甕を作りし故に甕山と称す。亀山は借字なり。甕（もたい）の泊（とまり）の名これに基づけり。」とあるように甕の泊（もたいのとまり）の名は名高く、詩歌にも多く詠まれています。

玉島陶にある小高い丘の入口辺り、今は木々に覆われていますが、何やらタイムトンネルのような深くて小さな穴が開いています。これは千二百年余り前の奈良時代に使用されていた寒田（さぶた）3号窯址です。窯の本体は山の斜面を利用して築かれた地下式の登り窯です。床を10段ほどの階段状にし、30度程の傾斜があり、窯の上は細くなっていて煙を出し、下の入り口部分で火を炊く構造になっています。この様にほぼ完全な姿で残されているこの時期の窯址は少なく、倉敷市の史蹟に指定されています。寒田3号は昭和5年、鈴木吟次郎さんが納屋新築の為、山麓の斜面を切り下げていた時、偶然のぼり窯と古い瓦を発見して報告し、これが調査のきっかけとなりました。壺やお寺で使われていた布目瓦が出土しており、それらから寒田3号は奈良時代に使用されていた窯跡と推定されました。

須恵器はそれまでの縄文土器や弥生土器などの土師器に比べ、硬く焼きしまっているのが特徴です。ろくろで土をひねり、窯の中で千度を超える温度で一定の時間をかけて焼きあげます。それは朝鮮半島からもたらされた技術で専業的な性格を持っていました。大陸と独自のルートがあったとされる吉備は、須恵器の陶工をいち早く招き、これらの生産と製品の管理は、吉備の中央権力によって直接に掌握されていたと考えられています。

寒田窯址群は、玉島陶にある備中を代表する、備中陶古窯跡（こようし）群の東端に位置しています。備中陶古窯跡群は陶盆地を取り囲むように点在し、古墳時代後半に須恵器作りが始まり、奈良、平安時代には須恵器の他、寺院の屋根の瓦の生産も行われ、知られているだけでも20基余りの窯跡が確認されています。須恵器の生産には大量の薪、豊富な陶土、また好天が必要で、この地の豊かな風土が須恵器を育んだようです。

四足椀・脚付椀　寒田四号窯址出土
倉敷埋蔵文化財センター蔵

寒田四号窯址　倉敷埋蔵文化財センター提供

倉敷埋蔵文化財センター　藤原好二さん　寒田で焼かれていた土器は須恵器といい、色が青っぽいものと灰色っぽい物が焼かれていました。大陸から伝わった穴窯で焼き、それまでの弥生時代の野焼きの赤い半焼けの土器と比べて硬い焼き上がりの土器です。穴窯というのは地面に溝を掘りその上を粘土で覆い密閉した中で、非常に高温で焼くため、硬くよく締まった土器が出来ます。

寒田3号窯址から道をはさんで西側にある、寒田4号窯址は、平成11年の特別養護老人ホーム・グリーンピア瀬戸内の増設工事に伴い、埋蔵文化財センターによって発掘調査が行われました。穴窯で、半地下式のトンネル状の構造を持ち、窯内部の壁が7回以上、塗り重ねられていました。また、煙道の周囲には排水溝と考えられる溝が見つかっています。灰原（はいばら）からも多くの須恵器が出土し、備中陶古窯跡群の中でも、最も古い時代に属する古墳時代後期の窯跡であることが確認されました。

4号窯址からは把手付の脚付椀や四足椀（しそくわん）祭祀に使用された特殊扁壺（とくしゅへんこ）など他ではあまり見られない特殊な出土品があります。また棺に用いた陶棺の一部も出土しています。

これらの須恵器の特徴から、この4号窯は六世紀末に操業を開始し、七世紀の前半ごろまで使用されていたと考えられています。

藤原さん　寒田4号窯は何回も繰り返し須恵器を焼いていたようで、窯の内部の壁を粘土で10回以上貼り直している痕跡が残っていました。また土器を捨てた所を灰原といいますが、他の窯跡の灰原に比べ、寒田4号の灰原には非常に沢山の土器が捨てられていました。失敗作が多いという事ですが、寒田4号窯は、寒田の中でも最初に作られた窯で作り始めたばかり、そういうこともあって失敗作が多かったのかもしれません。

須恵器の産地であった地域には「スエ」と読む地名が多くあります。近くでは浅口市金光の須恵、総社市山手の末奥、瀬戸内市長船の須恵などがあり、皆古代の窯跡があります。生産品が須恵器。また陶工の集団を陶部（すえつくりべ）と呼び、この名前が「スエ」という地名になり残されたようです。

亀山焼窯址　昭和59年発掘
岡山県古代吉備文化財センター提供

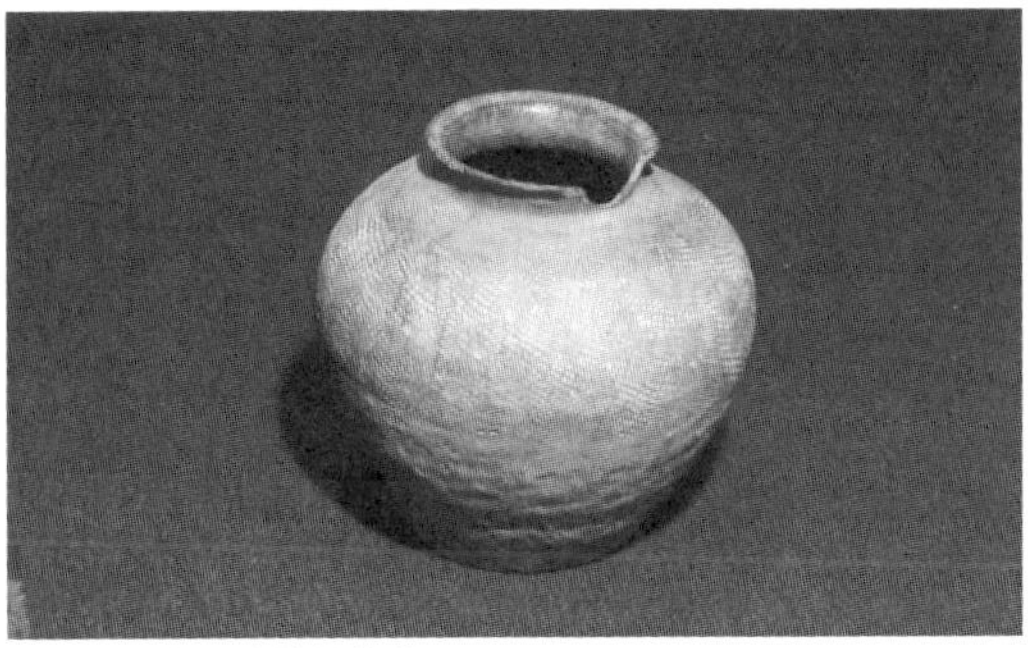

亀山焼の壺　神前神社蔵

陶から直線距離で2キロほど、小さな山を南に越えた丘陵地帯一帯に、古代の須恵器の系譜を受け継いだ中世の焼物・亀山焼の窯址群があります。この亀山地区周辺の窯址で生産された須恵質土器のことを亀山式土器・亀山焼と呼び親しまれています。亀山は当時海に面していて甕（もたい）の港がありました。甕の積み出しも容易なことから、玉島陶で瓦や甕を焼いていた職人達が、山一つ南に越えて、玉島八島の亀山の地に移り住み、作り始めたものと考えられています。

福本明館長　陶の焼き物と亀山焼は基本的には同じ物です。窯の構造も非常によく似ています。ただ模様の付け方、使われ方が少し違ってきたようです。亀山焼はどちらかというと民衆というか一般に使われる物が焼かれています。この亀山焼を中世の須恵器という言い方で区別しています。亀山焼は室町時代の終わり頃に衰退しました。それに比べその頃、備前焼は非常に硬い焼物になり日本中に広がっています。元をたどれば亀山焼も備前焼も同じ焼き方なのですが、備前焼は途中から酸化延焼といい酸素を入れながら焼く焼き締めを行い、亀山焼は逆方向へ柔らかい方へいった為、水瓶程度というか、次第に使われなくなりました。

これは神前（かんざき）神社に保存されている亀山焼の壺です。日常生活に使われる容器に主力をおいていた亀山焼の性格を示し、短く鋭角にすっと折り曲げた口、十分に丸くはった肩、白みを帯びた土肌には格子目の叩き模様がほどこされ素朴な姿をしています。亀山焼の窯址が山陽自動車道の工事路線内に入ることから昭和59年、岡山県教育委員会が調査を行い、窯址6基とその灰原・土器溜りを発掘しました。出土した土器は鎌倉時代を中心とし、平安末期までさかのぼるものも含まれていました。窯はいずれも斜面に築かれたもので、燃焼室の傾斜は10度余りとゆるく、古墳時代の須恵器窯の系譜を引き窯の燃焼室の幅を広くし、燃焼温度が低い為、製品が軟かめに仕上がる構造になっています。

鎌倉・室町時代に玉島亀山で盛んに作られていた亀山焼は硬質な備前焼におされ次第に衰退。とはいえ亀山焼は室町時代の後半、約五百年前まで作られており、地方の農民たちが日常に使う焼物として、高さ50センチを越える大きな甕や鉢、すり鉢などが作られ、合せて寺院の瓦の需要にも応じて作られていました。

玉島歴史民俗海洋資料館館長　原田力さん

神前窯（玉島乙島 ）原田力氏造

これは玉島歴史民俗海洋資料館に展示されている亀山焼の壺です。胴張りが丸くぼってりとした形、表面には亀山焼独特の小さな格子目の叩き模様がほどこされています。資料館館長原田力さんは亀山焼を後世に伝えようと「神前窯」を作り、亀山焼の作品を制作しています。

原田力さん　玉島歴史民俗海洋資料館が開館して、その中に亀山焼の壺があり、その焼き方を追求してみようと、神前神社の方へ行って調べ一年をかけ窯が出来ました。これが亀山焼の壺です。特徴が格子目文様、この文様を作るのに格子目の叩き板があり、丸く作った同心円で中から受け、下から綺麗に叩いて形を整え、薄く仕上げてあります。

それぞれの遺跡で年代を考察する基準となるのが、そこから出土した土器である事がよくあります。

玉島では、縄文時代に中津貝塚の中津式土器、里木貝塚の里木Ⅰ式Ⅱ式土器。

また古墳時代から奈良、平安時代まで、備中玉島陶古窯跡群の寒田窯などで焼かれた須恵器。

鎌倉、室町時代に玉島八島亀山の神前神社一帯で作られた亀山式土器・亀山焼。

私達は普段何気なく「器」を使っています。しかし、器の歩んできた道をふり返って見ると、縄文時代以降、連綿と続く焼物の歴史があり、器はその時代の生活様式まで物語ってくれています。


「たましま歴史百景」第４回　２００８年10月　放送

（参考文献）　「倉敷市史①考古」　「岡山県の考古学」　近藤義郎編　吉川弘文館
「寒田窯跡群４号」　倉敷埋蔵文化財センター
「倉敷の歴史９号 玉島乙島出土の亀山焼」　福本明著

（協力）　井原市文化財センター「古代まほろば館」
玉島歴史民俗海洋資料館　　岡山県古代吉備文化財センター
倉敷埋蔵文化財センター　　倉敷考古館　　神前神社

薬師庵の庵主・難波妙冬さん

薬師庵　亀山薬師如来坐像
岡山県重要文化財（玉島八島亀山）

5　中世の文化財

六世紀末から八世紀初頭にかけ、仏教文化が地方に広まりを見せました。それは地方の豪族達が、その地における支配権を確立するために、古墳に代わる新しい権威の象徴として寺院を造り、仏教を広めた事が一因と考えられています。

麓にまで波が打ち寄せていたことを髣髴とさせる玉島八島亀山の丘の中腹に「薬師庵」があります。薬師庵には、およそ千年の時を越えこの地で守られ続けてきた「薬師如来坐像」が祀られています。

平安時代中期の作と見られ、県の重要文化財の指定を受けている薬師如来坐像は「亀山薬師」の名で親しまれ、今でも信仰が続けられています。もうすぐ百歳を迎える薬師庵の庵主・難波妙冬さんは小さい頃は体が弱く母親の勧めでこの道に入りました。

薬師院庵主　難波妙冬さん　今は少なくなりましたが近くや遠くからもお参りにこられます。昔は百万遍の数珠送りも70人ほど来られ部屋一杯でお参りされていました。

仏像は信仰の賜物で、制作された時代の人々の心が形に現れており、制作された時代によって表情や表現が違っています。

この薬師如来坐像は、平安時代中期に造られたと見られ、作風は穏やかで衣の彫りは浅く、緩やかに流れています。半眼の眼は慈悲深く温和な表情で、顔つきや体は丸みをおびています。肩の力を抜き、ゆったりと座り、膝は平に組まれています。

像の高さは約82㌢。桧材を彫刻して造られ、漆を塗った上に金箔が施されていましたが、金箔は剥落してしまい黒漆の地が出ています。古い様式の寄木造りに属していますが、頭と体を1つの材から彫り出し、左肩で左右に、首周りで上下に、それぞれ接りついであります。また頭部も3つの材に割り剥いであり、膝は横一材を接ぎつけてあると見られています。両手首の先、右の袖先、右の顎下などは修復された後が見られます。

薬師如来坐像・頭部

薬師如来坐像・体部

岡山県立博物館主任学芸員　河合忍さん　この仏は薬師様で左手に薬壺を持っており、苦しみや病から救って下さるという仏様です。造りからして今から約千年前の平安時代の中期に作られた仏様です。平安時代というのは薬師信仰が流行った時代で、凶作疫病から国土・国民を守るという事で信仰されたと言われています。

この仏像の注目すべき点は、膝の裏の部分、胎内に応和3年（963）丁巳2月4日の年号と法阿弥陀仏という僧の名が墨で書かれているところです。

応和3年の字は後で書き替えられたのではないかと考えられています。応和3年では丁巳（ひのとみ）の干支に合わず、像の様式から判断しても長和六年（1017）が妥当なのではないかとされ、全国的にも十一世紀代の一つの基準作例として学会の注目を集めました。

また岡山県内で銘文を持つ仏像としては最古の作であり、昭和48年に岡山県の重要文化財の指定を受けています。なお県の重要文化財の仏像は、玉島に於いては唯一の存在です。

河合忍さん　この仏像は見ての通り非常に残りが良い点、また膝の裏から制作年代と法阿弥陀仏というこの仏像を注文した法僧の名が書かれている事が評価され、県の重要文化財の指定を受けました。平安中期の仏像自体県下では少ないのですが、銘文が書かれているのは県下でも最古の物で、非常に貴重なものです。薬師如来のこの時代の優品は奈良や京都などの有力な寺に残されています。その事からもこの仏像がある亀山の地は瀬戸内の交通の拠点として重要であったと考えられます。

寛文6年（1666）岡山藩の藩主池田光政は、藩内の神社、仏閣が加持祈祷を生業とし民衆をまどわしている事を憂い、神社仏閣の大整理を行いました。当時、亀山は寺院持ちといわれるほど寺院が多かったので役人達によって次々に火がつけられました。薬師庵の東500㍍程の所にこの薬師如来坐像が安置されていた西光坊という寺があり、西光坊にも火が付けられました。

それを見た地元の人達が、燃え盛る火の中からこの像を持ち出し西光坊のそばの池に投げ込んで護ったと伝えられています。

梵字

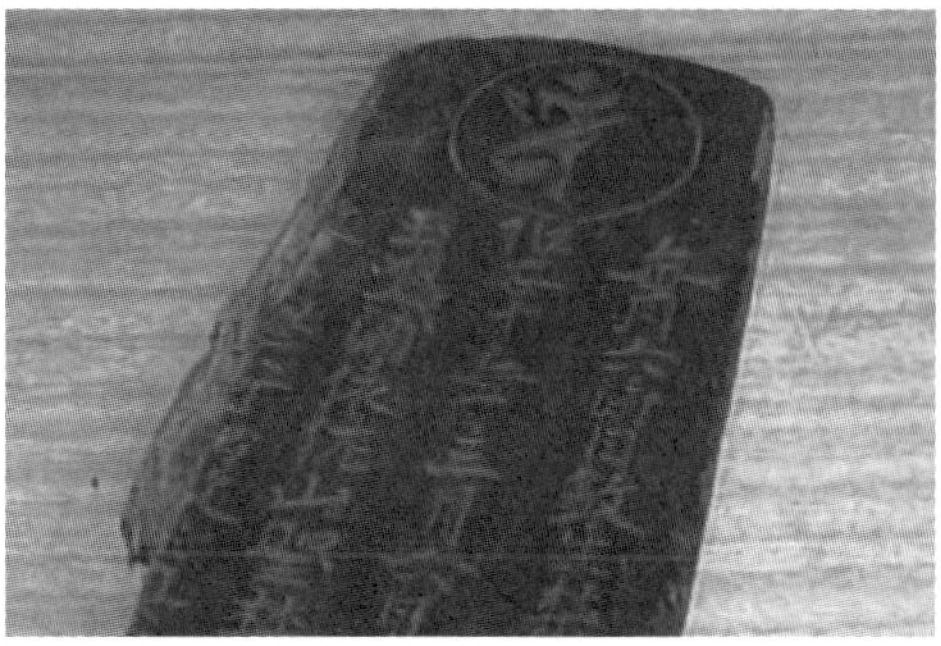
殺生禁断の木札　円乗院蔵

玉島乙島の玉谷にある玉嶋山安福寺円乗院は、比叡山延暦寺を本山とする天台宗・山門派の寺です。円乗院には、高さ33センチ程の将棋の駒のような形の「殺生禁断の木札」が寺の宝・寺宝として保管されています。漁民に、毎月六の日は漁を止め慈悲の心を持つようにという木札で、文面は読みづらいところもありますが「毎月六済日殺生禁断、弘安十年三月六日　於玉嶋浦依佐山聖禁○○○不可出○○○○」の文字と、その上に金剛界大日如来を示す、梵字（ぼんじ）が刻印されています。

玉嶋浦において佐山聖という僧が、毎月六斎日には殺生を禁じると弘安10年（1287）3月6日に記したという事ですが、倉敷市史には「玉嶋浦という地名が出るのはずっと後のことで文字の彫り具合なども中世のものと認められないが、弘安という鎌倉後期の年号が登場してくるのは興味深い」と記しています。

弘安年間といえば2度目の蒙古襲来があった時期で、その後も異国からの脅威は社会を、とりわけ沿岸に住む人々をとらえていた時期であり、ここ乙島も無縁ではなかったと考えられます。

玉島中央町一丁目にある清瀧寺は天台宗叡山派の寺です。清瀧寺には室町時代の作品と見られる絹地に墨で描かれた「白衣観音図」が保存されています。

縦105センチ、横52センチ、水墨で、絹の画面は褐色に焼けているものの保存状態は良く、脚下を波が洗う岩を中央に配置し、白衣観音が岩に左肘を懸けて身を休め、水面をのぞき見る姿が描かれています。観音菩薩の瓜実顔や、目尻、眉尻のやや釣り上がった面持ちに、どこか異国的な風貌が漂っています。

日本中世絵画史家・立畠敦子さんは、清瀧寺は、玉島干拓を祈願し建立された羽黒神社の別当寺であり、干拓の成功、つまり水難に対する観音への信仰が見てとれるのではないかとしています。

立畠さん　箱書きの表に白衣観音、石に依りて泉を弄ぶ図「可翁画」また箱書きの裏には可翁名は良全西海人と称す。嘉元建武の頃の人なりと、室町時代の水墨画の巨匠・可翁の名が記されています。可翁が活躍したのが十四世紀頃、良全も同じ時代に活躍した人です。現在は別人と考えられていますが、江戸時代には同じ人と考えられていた説があり、それがこの箱書きの裏に見てとることが出来ます。この箱書きはおそらく江戸時代に書かれた物で、これだけの白衣観音が書ける人は可翁に違

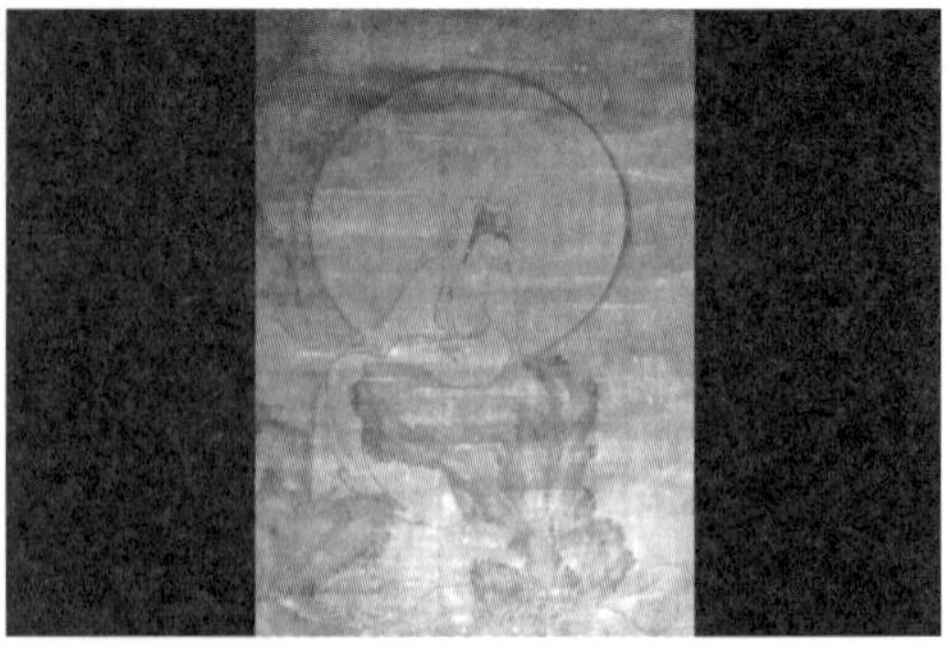
白衣観音図　清瀧寺蔵

白衣観音・上半身図　清瀧寺蔵

いない、という事で可翁と書かれたと考えられます。可翁が書いた物じゃないかもしれませんが、この作品自体の持つ力がすばらしいという事で可翁良全という名が書かれた、と考えて良いのじゃないでしょうか。

清瀧寺は当時、海に面し玉島湊が栄えていたので、この白衣観音図も湊を介して奉納された物ではないかとか、京都の青蓮院から下り清瀧寺の第一世となった仙海和尚が、青蓮院からお土産として持って来たものではないかと考えられています。

中世における戦乱や飢餓による荒廃。当時の人々にとって、そのような状況から抜け出すには何よりもまず神仏のご加護を仰ぐ必要がありました。

玉島は江戸時代初期の干拓によって開かれた町で、中世以前の文化財的な資料は数が多いとは言えません。しかし玉島は太平洋戦争で空襲の被害を受けなかった事が幸いし、亀山薬師庵には千年の時を越え守られている平安時代中期の仏像「薬師如来坐像」、円乗院には鎌倉時代中期・弘安の文字が記された「殺生禁断の木札」、清瀧寺には室町時代の仏画「白衣観音図」が残されています。

「たましま歴史百景」第9回　２００９年4月　放送

（参考文献）
「岡山県大百科辞典・下」山陽新聞社
「倉敷市史2古代・中世」　「倉敷市史13美術・工芸・建築」
「郷土風土記」宗澤節雄　「玉島の景観と文化」森脇正之編
「鹿島美術研究第25号　初期水墨画の研究」鹿島美術財団

（協力）円乗院　清龍寺　薬師庵　岡山県立博物館
（写真提供）倉敷市教育委員会文化財保護課

玉島歴史絵物語「モタエのおじいさん」玉島図書館蔵

源平大橋　源氏（乙島側）― 平家（柏島側）

6 源平水島合戦

源平水島合戦があったという戦場跡にかかる源平大橋。乙島側に源氏、柏島側に平家が陣取り、この波静かな玉島湾で壮烈な戦いが繰り広げられました。平家の最後の勝ち戦となった源平水島合戦の歴史的背景とその展開はどの様なものだったのでしょうか。

平安時代後期、保元の乱に始まった争いは平治の乱で源氏が敗れ、平清盛を将とする平家の全盛時代になりました。しかし平家一門の栄華横暴は目に余るものとなり、後白河法皇の皇子、以仁王（もちひとおう）は、平家討伐の命を諸国の源氏に下したのです。

源氏は一斉に立ち上がり、源頼朝は伊豆に兵をあげ木曾義仲は北陸の兵を率い、破竹の勢いで京都に迫りました。寿永2年（1183）7月25日、平家はついに都を捨てて落ちのび、その3日後、義仲は御所に参上して平家追討の院宣（いんぜん）を受けたのです。

源平水島合戦は平家物語の巻第八に、次のように記されています。「寿永二年閏十月一日　水島（現在の玉島）の渡に小船が一艘出て来たり。漁師の船か釣船かと見るほどに　さはなくて平家方からの書状を運ぶ船なりけり。是を見て源氏の船五百余艘を海に下ろしけり。平家は千余艘の舟を組み合せ、歩みの板を引き渡したれば船の上は平々たり。源平両軍は時の声をあげ、互いに舟ども押し合わせ攻め戦う…。平家は水島のいくさに勝ってこそ、会稽（かいけい）の恥をば清めけれ。」

北陸の山国育ちの木曾義仲の軍は陸での戦いには長じていましたが、海での戦いの経験は乏しく、これに対し平家は瀬戸内の制海権を握っており、海での戦いを得意としていました。この水島の戦いに勝って、平家は会稽の恥（以前に受けた恥辱）を清めたのです。

備中、備前を含め瀬戸内の人々にとって、寿永2年7月平家が都落ちをしてからの動きは、まことに慌しいものでした。木曾義仲による追撃、水島合戦での平家の勝利。平家が再び勢いを盛り返すと、寿永3年の初めにはかつての都・福原に入り一の谷に陣を構えました。

水島合戦

鶏徳寺の竜灯木（倉敷市船穂町）

この一の谷の合戦で源氏が勝利を収めた結果、源頼朝の勢力が畿内とその周辺を制圧し東国武士による軍政支配がこの地域にも及んで来る事になりました。

玉島から源平合戦を眺めて見ると、当時は源平の軍勢が東西に行き交っており、近くでしばしば戦闘が繰り返されていました。合戦がこの地にもたらしたものは決っして小さくはありませんでした。直接的な戦闘の被害にとどまらず、時には人夫として、さらには軍勢のための食糧調達も課されたと思われます。戦争はいつの時代も多くの混乱と犠牲をもたらすものです。加えてここはそれまで平家方の地盤であり、平家から源氏の武家社会による支配へと大きく変貌をとげる事も意味したのです。

源平盛衰記の巻三十三には水島合戦について次のように記されています。「さる程に天俄かに曇り　日の光も見えず闇の夜の如くなりたれば　源氏の軍兵ども日蝕とは知らず　いとど東西を失いて　いずちともなく風に従いのがれ行く、平家はかねて知りたる事なれば重ねて攻め戦う」

この中で日蝕が起こったという点ですが、寿永2年　旧暦10月1日（1183年11月17日）に金環食がこの地で起こったという事は、元倉敷天文台長　故本田實さんによって確認されています。
また「平家はかねて知りたる事なれば…」ですが、平清盛は経済の基盤を固めるため積極的に海外貿易策をとっていました。その中で輸入された中国の書籍「太平御覧」には日蝕月蝕についても詳しく記されています。都に住み栄華を極め文化にも触れていた平家は、充分に日蝕を予知出来たと思われます。

小野敏也さん（倉敷市文化財保護審議会委員）　水島合戦は源平の合戦の中で、西へ西へと追いつめられて行く平家が唯一勝ったという戦いです。平家が勝ち、その勢いで山陽道から京都まで奪還しようとしたものと思われますが、結局はその後また海に追い出されて壇ノ浦で負けるわけでありまして、源平水島合戦は平家にとっては記念すべき一勝となった戦いでした。

上水島　下水島

常照院の源平水島合戦城址碑（玉島乙島城）

ここで水島合戦により郷土に残された伝承などを紹介してみましょう。船穂の鶏徳寺には昭和48年船穂町重要文化財に指定された，竜灯木と呼ばれている円柏（いぶき）の木があります。

都落ちをし敗戦に敗戦を重ねた平家軍は、汚名を濯がんと赤旗を翻し「神仏もご加護あれ」と天に祈りました。その心が神に通じてか、はるか南の沖合いから竜灯（りゅうとう）がのぼり、東北の方へゆるやかに流れていったのです。これを見た平家軍は「神仏もご照覧あった、きょうの戦は勝ち戦ぞ」と奮い立ちました。竜灯はやがて、鶏徳寺境内の円柏の木に留まり、しばらくは光を放っていたと伝えられています。この円柏の木も江戸末期に枯れ、今は2㍍余りの株だけになり、その上に常夜灯を冠せて郷土の歴史記念物として保存されています。

連島には「矢柄」（やがら）という地名があります。これは、水島合戦の矢柄が西風に吹き寄せられ、連島の海岸に流れついたので「矢柄」という地名になり、また玉島の「矢出」（やいで）も水島合戦の矢が出てくる事から「矢出」という地名がつけられたと伝えられています。

乙島に残る「城」（じょう）の地名は、木曾源氏軍の陣があった事によるものと言われており、乙島城の常照院の境内には、源平水島合戦城趾の碑が建てられています。

源平両軍が陣を構えた当時、柏島、乙島は海に浮かぶ島でしたが、どちらにも陣を構えるのに必要不可欠な井戸がありました。乙島にある泉谷（いずみや）の大井戸には碑が建てられ「源平水島合戦に陣した将兵の給水の源であったと言われている」と記されています。柏島にも古くから五大泉（ごたいせん）と呼ばれる大井川・不老川など今も枯れることのない井戸があります。源平水島合戦の「水島」は水が豊富な島である乙島・柏島の二つの島の総称とも言われています。

また柏島と乙島はどちらにも「ハタ」という地名があります。これは源平両軍の赤旗・白旗にちなんだ地名ではないかとも思われています。

玉島の沖に「上水島」「下水島」という無人島があり、さらに一㌔の沖合いに「柄杓島」「杓島」と呼ばれる周囲百～二百㍍の4つの小さな島があります。その昔この辺りを舟が通りかかると「杓を貸せ、杓を貸せ」と水島合戦で命を落とした源氏の亡霊の声がしました。そこで水夫が柄杓に汲んだ真水を海に投げ込んでやると、波間から柄杓を握った白い腕が何本も現れ、ざあざあと海水を流し込み、とうとう舟は沈んでしまいました。以来「玉島沖を通る時にゃ、船幽霊に気をつけにゃならん、杓を

源平合戦水島古戦場の碑（玉島柏島）

白石踊　国指定重要文化財（笠岡放送提供）

貸せと言われても、底を抜いた杓を貸してやらにゃならん」と語り伝える様になったという事で、この事から「柄杓島」「杓島」と呼ばれれるようになったと言われています。

笠岡諸島の白石島には、国の重要無形民族文化財に指定されている「白石踊り」があります。これは源平水島合戦で戦死した武者を弔うために始められた踊りと伝えられています。水島合戦の後、源平双方の落武者がこの島に上陸し、なおも死闘を繰り広げるうちに全島が灰儘に帰しました。その後、島のあちこちに怪奇な現象が起こるので、供養塔を建て戦死者の霊を弔う踊りを舞ってお祀りをしました。源平合戦の切なく幻想的な記憶が、時を越え「白石踊り」の中に蘇っています。

平家の最後の勝ち戦となった源平水島合戦。水島合戦が平家に与えたのは、勝利の喜びと共に、都への望郷の想いであり、その想いの激しさが状況判断を誤らせ、一の谷、そして壇ノ浦へと、平家滅亡の戦いへ突き進んで行くことになったのです。

また、水島合戦で負けた源氏の総大将・木曾義仲は、翌正月20日、後白河法王の命を受けた源義経の軍と琵琶湖のほとりの粟津で戦い哀れな最期を遂げました。

平家には「勝利と望郷」を、木曾源氏には「敗北と分裂」を与え、それぞれを滅亡へといざなった源平水島合戦。壇ノ浦での平家の滅亡は水島合戦からわずか1年8ケ月の後の事でした。

源平大橋がかかる柏島側に、昭和58年、源平水島合戦八百年を記念して碑が建てられました。故・赤沢典雄さんは、案内板の最後に「今は波静かな玉島湾頭、我等が源平大橋と愛称するハイウェイの大橋がここに夢の翼を拡げている。合戦後、八百年を記念してここに標柱を建立した。わが郷土の歴史への想いを馳せ、又つわもの共の鎮魂のよすがともしたい為である。」と記しています。

「たましま歴史百景」第6回　2008年12月　放送

（参考文献）「高梁川第41号」高梁川流域連盟　「高瀬通しの里」高見光海著
「倉敷市史②古代・中世」　「朝日百科・日本の歴史4」朝日新聞社
「新定　源平盛衰記第4巻」新人物往来社
「延慶本平家物語第4巻」財・大東急記念文庫

（協力）笠岡放送　（財）林原美術館　倉敷市立玉島図書館

横矢図「朝日百科　日本の歴史4」

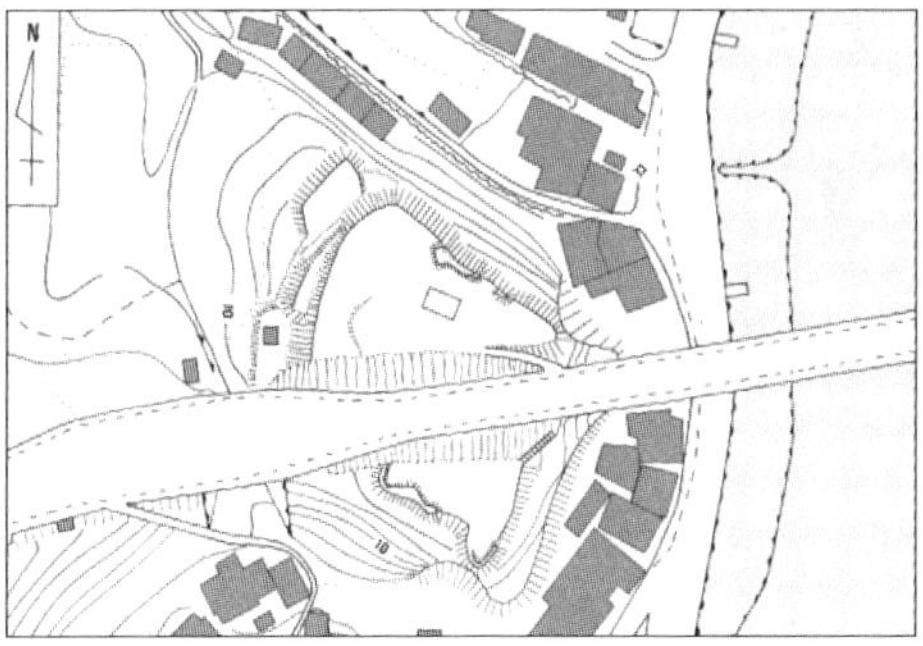

森本松山城略測図

7　城跡①　玉島編

今から八百年余り前の源平水島合戦。その混乱を乗り越えて迎えた鎌倉幕府も終わりを告げ、足利尊氏による室町幕府が生まれました。しかし応仁の乱から戦国時代が終るまでの約三百年間は、戦いにつぐ戦いの連続でした。

ここ備中は交通の要衝であっただけに、中央勢力対地方勢力の抗争の場となり、わけても戦国時代には西に毛利、東に宇喜多、北に尼子と天下を狙う豪族達の勢力抗争の場となったのです。そして、鴨方の細川、また後には毛利の出城として玉島にも城や砦が築かれました。

「森本松山城」は玉島柏島字満所、海に面した小高い丘の頂上10アール程の所にありました。現在は丘陵の中央付近を水玉ブリッジラインが貫通していますが、分断された南側には土塁の跡、また横矢を効かせるための折れや張り出しを設けた跡が残されています。

天文18年（1549）「柏島政所」で合戦があったという事が細川通董（みちただ）の書付に残されており、この文書の中の「政所」（まんどころ）と小字の「満所」（まんどころ）は読みが同じ事から、ここが森本松山城であったと推定されています。

元倉敷市史編纂職員　横山定さん　森本松山城は現地を見てみると、頂上は平坦地になっていて所々カメラでは写りにくいですが土塁状のものも残っています。そういうことからここが城址かなと考えています。市史には横矢がかりが見られるという事が書いてありますが、横矢がかりとは、城の外の線をかぎ状に出し攻めて来る相手の横から攻撃出来る、守る方にとっては有効な物です。

建武年間（1334〜1338）には城主として藤田小次郎がいたと言われています。小次郎は新田義貞十六騎の一人として活躍した藤田三郎左衛門の弟でした。応仁年間（1467〜1469）には鴨山城主細川氏の家臣赤澤修理亮が住んでいたと言われています。赤澤氏の祖先は応永14年（1407）細川光国が備中守護として鴨山城に移城した時に信州から付き添ってきました。

小山崎城砦跡（玉島柏島）

赤澤宗栄記念碑　常照院（玉島乙島）

永禄９年（１５６６）宇喜多直家が鴨方に攻め込み、鴨山城主細川氏は敗れ、救援を求めて毛利元就の幕下になり、この時、鴨山城の出城であった森本松山、畑山、阿賀崎亀山、道越要害山などの諸城はことごとく毛利方の属城となったのでした。

その後、尼子勢が備中に攻め入り鴨山城をはじめ毛利方の属城を攻略、この戦いで森本松山城主・赤澤宗照は城から２００メートル程の小山崎城で討死。

宗照の子・宗栄は、関が原の戦で弟久助と共に討ち死にし、昭和になり赤澤家の子孫によって記念碑が常照院に建てられました。

「畑山城」（はたやまじょう）は福寿院から４００メートル程南西、畑の辻と呼ばれている丘陵の、東西50メートル南北30メートル程のゆるやかな傾斜地にあったと言われています。

畑山城がいつ出来たか確かではありませんが、藤原氏の流れをくみ藤原鎌足から十九代目の安基の時に藤井を姓とし、二十二代目の藤井呂枝が鎌倉後期に畑山城に居城しました。

その子藤井六郎忠弘広は後醍醐天皇が企てた鎌倉幕府討伐に味方、足利勢の猛攻に屈して討死。

忠広から四代目の藤井光景は備後探題の部下になり畑山城から井原の高屋城に移りました。

その後、鴨山城（現在鴨方町）の属城となり、鴨山城城主細川氏が毛利元就の軍に降伏したため、畑山城も毛利の配下となりました。

天正年間（１５８０年頃）には赤澤兵庫頭政定が居城していましたが、畑山城の最後の城主赤澤久助は主君細川元通と共に毛利輝元に従い朝鮮征伐に出陣。

また関が原の戦で豊臣方の真田幸村の軍に身を投じて負傷し、家来に背負われながらも「赤澤久助これにあり、我と思わん者は尋常に勝負せよ」と大声で呼ばわり、敵軍に包囲され討ち死にを遂げたと言われています。

赤澤久助は、海徳寺が大雨で崩壊した時これを再興し菩提寺としており、海徳寺の門前に赤澤久助四百遠忌記念碑が、平成11年赤澤家の子孫によって建てられました。

また赤澤久助の墓は海徳寺の裏山の墓地にあり、関が原出陣の日を戦死の日として慶長５年12月15日と刻まれています。そして久助の死後、畑山城は廃城となりました。

吉田一族の墓地（玉島柏島）

亀崎大明神（玉島柏島）

「小山崎城」は海徳寺の南西約５００㍍の小山崎にありました。小山崎城には、毛利方の武将・中塚二郎兵衛尉季纜（すえとも）が砦を築いていたと言われています。

元亀元年（１５７０）尼子勢が備中に攻め入った時には、押し寄せる大軍と激戦を展開、季纜はその子季信（すえのぶ）と共に討ち死にしました。今は畑になっている小山崎城砦跡の片隅には、その時の戦を物語るかの様に小さな祠が祀られています。

季信の子、季経（すえつね）は幼少であった為、難を逃れて小山崎に住み、その子・中塚正吉と共に松山藩藩主・水谷勝隆に起用され勇崎の塩田開発に力を尽くしました。

この正吉が勇崎浜庄屋の中塚家初代となりました。今でも勇崎には中塚姓を名乗る人が多く、中塚家の繁栄が偲ばれます。

「亀崎城」柏島小学校の北に明神山と呼ばれている小山があり、周囲約５００㍍、高さ約80㍍の小さな丘に亀崎城があったと伝えられています。古戦場備中府志には、南北朝時代、猪俣左衛門義治が城主として居城していたと記されており、猪俣左衛門義治は足利尊氏、直義兄弟が不和となった時に足利尊氏に従って戦った武将で、このことは太平記にも載っています。

その後、鴨山城城主・細川家の家臣である赤澤一族が住み、細川氏の勢力が衰えた後は毛利の家臣・吉田氏が城主として住んでいました。

明神山の山頂に砦が建てられていた辺りは平地になっていて木々の間からかつては海であった平野が見渡せます。山頂にある亀崎大明神は平成６年に社殿が建てられ中に祠が祀られました。

亀崎城最後の城主・吉田弾正は、豊臣秀吉の朝鮮征伐に参加し武勲をあげましたが、関が原の戦で破れ、刀を捨てこの地の地主になりました。山の西側にある石垣を廻らせた畑の当りが吉田氏が住んだ館址と伝えられています。また畑の北側の墓地には、吉田一族を祀る供養塔や鎧をつけた侍の姿を掘り込んだ珍しい墓も残り戦国の世を偲ばせています。

亀崎城の南、柏島との間には地元で「地獄橋」と呼ばれている橋があります。

故・西正雄さん（昭和62年頃）**攻め込まれたらもう帰れんという事で地獄、地元ではこの橋の事を地**

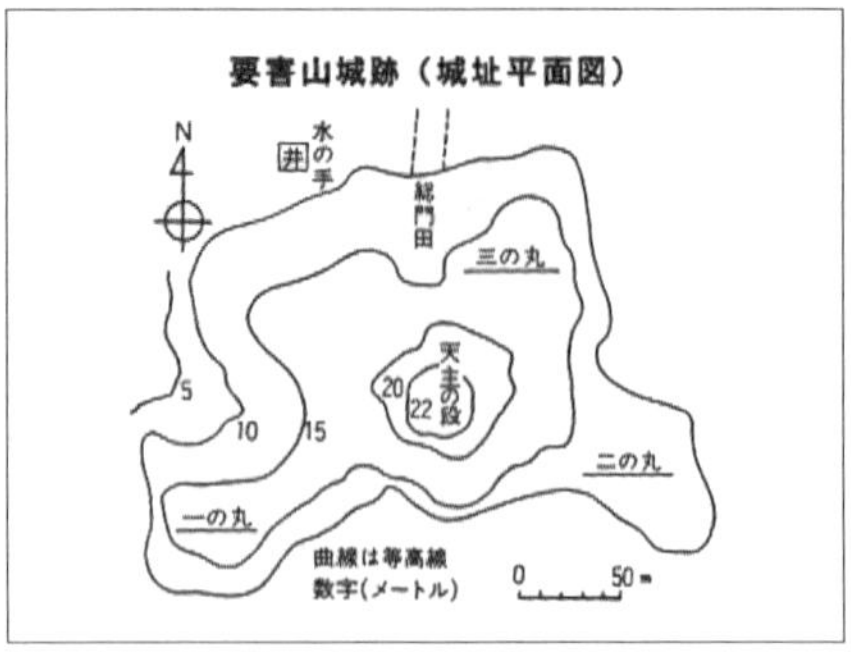

要害山城跡平面図「郷土風土記」

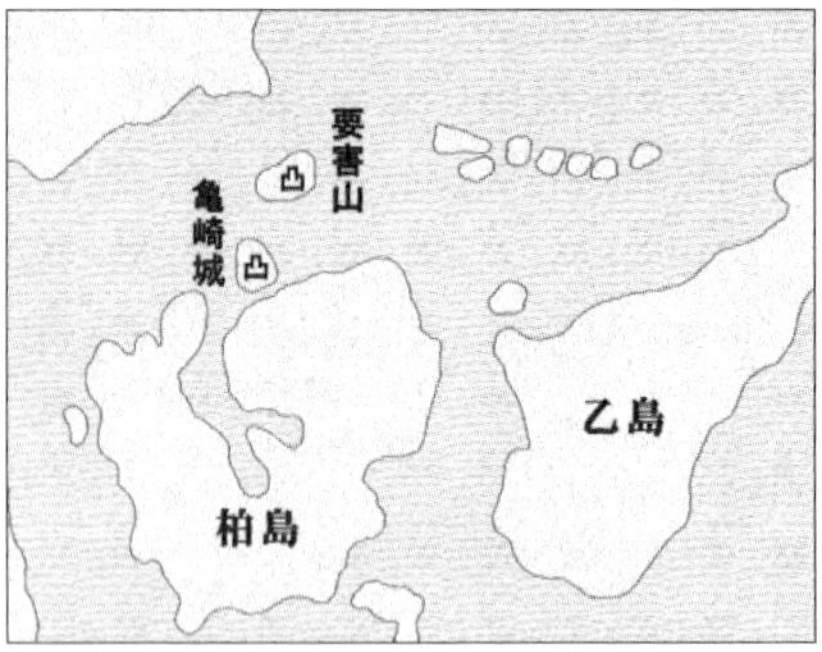

亀崎城・要害山の位置図

獄橋と言います。またこの井戸が上のお城の飲料水・生活用だったらしくて、何百年になるか知れませんが枯れた事がない、今でも飲んでも差し支えないような立派な水です。

亀崎城があった当時この辺りは海で、対岸の富田道越の要害山（ようがいさん）にあった砦と共に、海からの浸入に備えていました。また南側は浅瀬になっていて、わずか１００メートル程へだてて柏島がありました。潮が引くと柏島は地続きになり、海徳寺の辺りの馬場まで馬を馳せ稽古に励んでいたと言われています。海徳寺は「馬乗山　海徳寺」。馬乗山という名にも、馬場があった事がうかがえます。

「要害山城」道越の小高い山を切り開いて作った閑静な住宅地・陽海山ハイツ。ここに要害山城跡がありました。砦、城塞の意味を持つ「要害」の害の字が地名に使われるのを嫌い「陽海」と変えられました。当時は海に突き出た半島で西、南、東は海に切り立った崖になっていました。城の北側に表門があり「総門田」という地名が残されています。

この丘陵の頂上には天主の段という平坦な部分があり、これを中心として一の丸、二の丸、三の丸の跡がありました。天主の段の中央には五輪塔があり、これに触ると熱病に罹るなどと言われていましたが、団地造成に伴い移され、五輪塔の一部に当時の石が残っており、要害山城跡の碑と共に祀られています。碑には細川元通の名が見られますが、浅口郡史に「元通は浅口少輔九郎と号し、毛利輝元より一万石を与えられ天正17年（１５８９）道越要害山に居城す。関が原の戦いで毛利軍に投じたるを以って領地を削られ、城、屋形悉く滅びぬ」と記されています。

元玉島高校教諭・小野一臣さんは、宅地造成に伴い崩れ行く事を惜しみ、要害山城跡の発掘調査に取り組みました。天然の地形を利用し、石垣の代わりには山肌を削り取って崖を作り、土塀の代わりに杭を打ち込み柵をめぐらし、家屋も掘立式で柱を直接土に掘り込んで作られていました。

こうした跡を見ると城というより砦と言ったほうがふさわしく、永続的なものを意図して作られたものではなかったと考えられています。玉島高校には、要害山で発掘された遺物が保存されていました。これは皿、これは瓦。そしてこれは磨き瓦です。刀を研ぐのに使ったもので、戦いに明け暮れた兵が刀を研いだ跡が残されています。

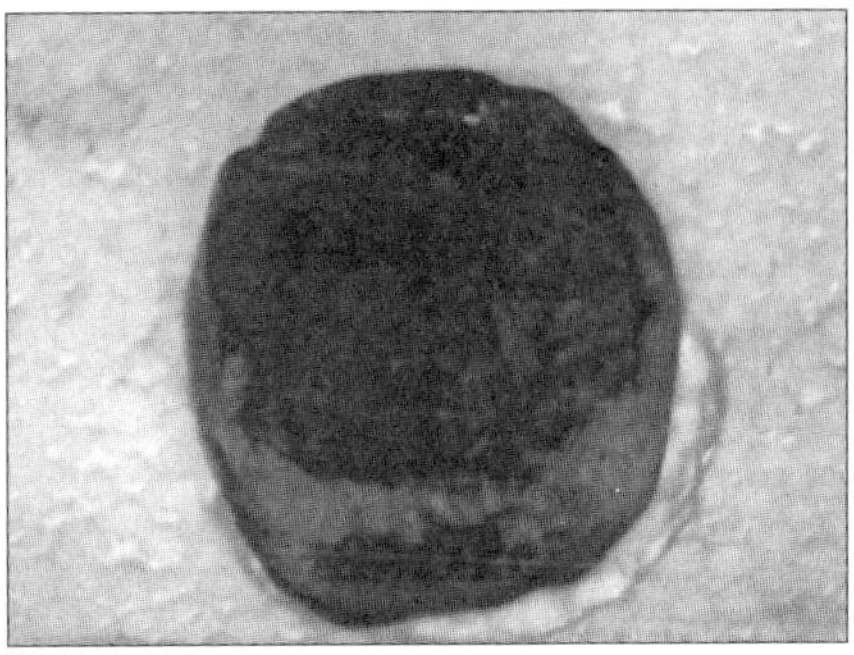

磨き瓦（県立玉島高校蔵）

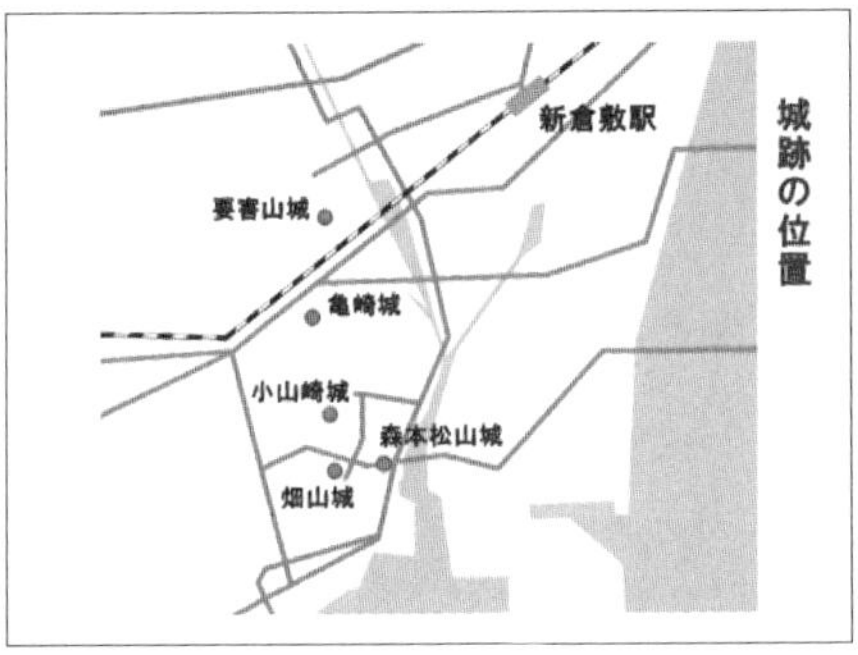

城跡位置図

玉島には、この他にも中世の城址ではないかと言われている所が、陶の陶山城（すやまじょう）、道口のとうし山城、道越の道越城、乙島の常山城など数箇所あります。

元倉敷市史編纂員　横山定さん　倉敷全体での城跡の数はわからないです。なにせ戦国時代ですから、村人が何かの時に逃げ込む城という事になると一ヶ村に一城という事になりますが、そこまでいかないにしても、数ヶ村に一城くらいはあったと考えてもいいんじゃないかと思います。

戦いにつぐ戦いが繰り広げられた中世戦国時代に築かれた城址。中世に築かれた城は、徳川幕府の一国一城令により砦の存在は認められず廃城となり、人も寄りつかない草茂る荒地となりました。しかし中世の城址と言われている場所をつぶさに観察してみると、自然地形にしては不自然な凸凹や地ならしされた跡が残されていることがあります。一見何の変哲もない凸凹も、中世の戦法に応じて様々な工夫がなされた結果ということのようです。

「たましま歴史百景」第7回　2009年2月　放送

（参考文献）「倉敷市史②古代中世」「浅口郡史」「朝日百科・日本の歴史④」朝日新聞社
「郷土風土記」宗澤節雄著　「玉島風土記」森脇正之著　日本文教出版

（注）城主の名前については諸説があり、また合戦などに関しては身贔屓な誇張をされた話もあるのではないかと言われています。しかし今に伝わる郷土の伝承として大切にしたいと思い放送しました。

梁場山城（対岸から）

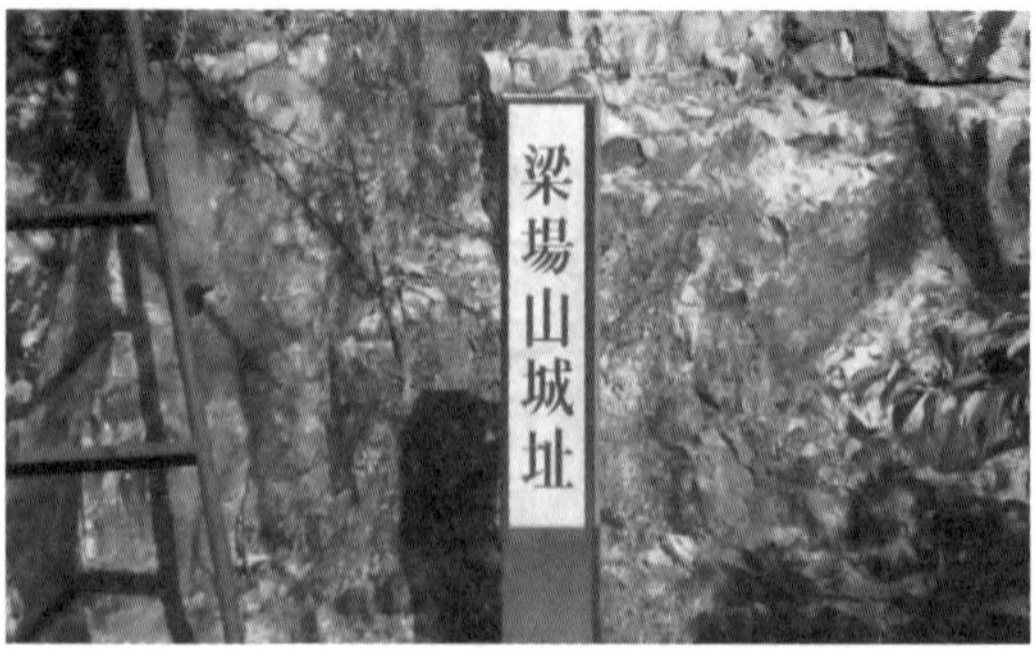

梁場山城址（旧柳井原小学校）

8 城跡② 船穂編

沼々と流れる高梁川。中世の戦国時代、高梁川は備中山陽道における関所のような役割を持っていたと見られています。そして高梁川をはさんで激しい攻防が繰り広げられ、高梁川は要害の地点として重要な役割を果たしていました。

ここは、柳井原の勝負坂です。延元元年（1336）この辺りの高梁川両岸には鎧、兜に身をかためた兵達が慌ただしく行き交っていました。旧山陽道を九州から東へ上る足利軍と、それを迎え撃つ新田軍との戦い「備中福山合戦」が今にも切って落とされようとしていたのです。鎌倉幕府滅亡の一因ともなった備中福山合戦の前哨戦の一つが、この勝負坂で行われたと伝えられています。

二万（にま）勝負坂また若葉台団地近くには合戦村（かせむら）の地名が残っているのもそのなごりと思われています。

柳井原には、歴史の道・梁場山（やなばやま）城址の標識看板があります。この標識に従い坂道を上ると、旧柳井原小学校の校庭に出ます。校庭には梁場山城址の碑が建てられ、その先に神社があります。神社の横を抜けさらに山道を登ると、城があった辺りの山頂は、平坦地になっていて西に5、6㍍程下った所に、ならしたと見られる半月形の平地があります。枯れた松や下草に覆われてはいますが、天然の地形を利用して作られたと見られる城の跡が残されています。小学校の増築で掘り返した折、城の遺物と思われる瓦等が出土したと言われていますが今は残されていません。

この辺りは柳井原殿坂という地名で、地元の人達は梁場山城跡を「城山」と呼んでいます。旧柳井原小学校の子供達はこの城山でよく合戦ごっこなどをして遊んだといいます。

神社の鳥居は明治になり建てられた物ですが「横溝」の名が刻まれており、備中府志には「梁場山城・城主横溝源吾忠元。当城は鴨方の鴨山城の砦なり」と記されています。

山頂から少し下がった処にある墓地には、当時の物ではないかと思われる祠などが祀られています。城の北と東はかつての西高梁川を臨み断崖絶壁になっています。

南山城

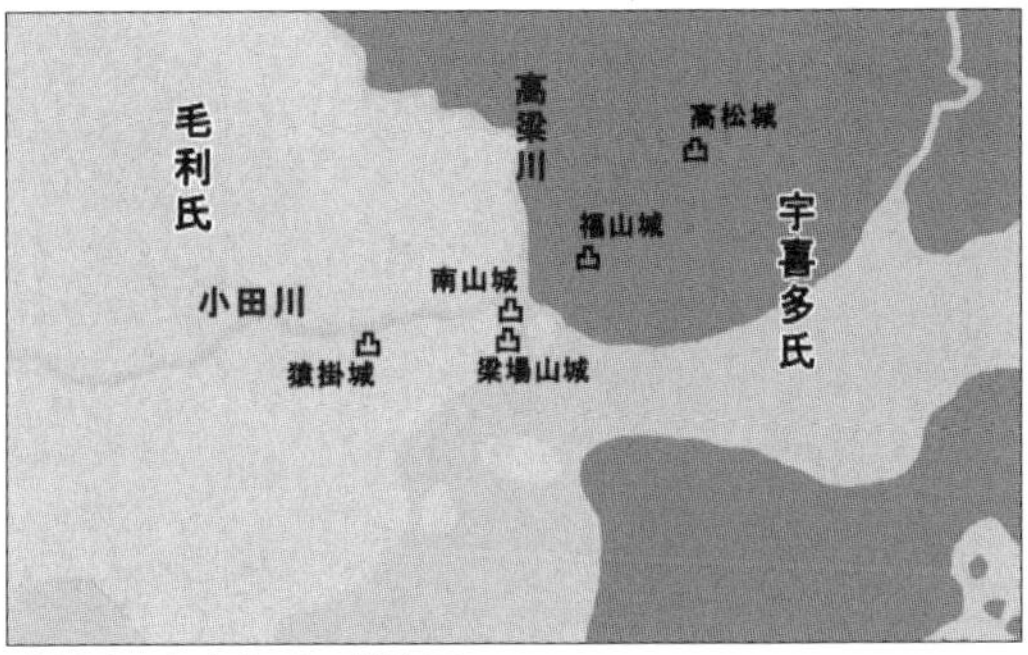

毛利氏・宇喜多氏の統治図

西高梁川は堰き止められ今は柳井原貯水池になっています。柳井原貯水池の対岸から眺めて見ると、梁場山城は高梁川西岸に突き出し切り立った岬、要害の地として絶好の地形にあったことが窺えます。

高松城水攻めが行われた天正10年（1582）豊臣秀吉のもとに本能寺の変の急報が届きました。秀吉は急ぎ毛利と和平交渉を行い、高松城城主清水宗治の切腹と、高梁川から東の地を毛利から譲り受けるという条件で和議を結びました。それ以降関が原の戦までの間、高梁川より西の備中は毛利に、東は秀吉側についた宇喜多秀家によって統治される事になりました。

高松城水攻めに至る時代背景の中、梁場山城は毛利方、猿掛城の出城であったと考えられており、浅口郡史には「梁場山城は戦国時代、南山城と共に、猿掛城の東側の防衛を目的として設けられたものであろう」と記してあります。

では次に「南山城城址」へと行ってみましょう。梁場山城から県道をさらに1・6キロほど北に進み、船穂町と真備町の境、小田川が本流の高梁川に注ぎ込む合流地点の辺りに水別水天宮があります。その上の川を臨むようにそそり立つ小山に南山城、別名・明知（みょうぢ）山城がありました。備中南部の拠点城郭である「猿掛城」の東に位置し、また小田川に沿って東西に旧山陽道が走っており、南山城はまさに水陸の交通の要衝に立地していました。

元くらしき作陽大学食文化学部教授　河本清さん　南山城は高梁川と小田川の水別れの山頂にあります。頂上に主要な郭があり、北側を望めば旧山陽道の街道に面し高梁川の水上交通にも面していて、立地上は重要な地点にある城だと思います。

城の標高は約70メートル、縄張りの規模は、東西100メートル、南北80メートル、南斜面はやや緩やかになっていますが、北と東は急な斜面で、小田川と高梁川、二つの川を臨んでいます。

道なき道を途中、雑木や下草に遮られながらも上へ上へと登って行くと、頂上辺りに明らかに人の手が入った「堀切」と思われる遺構が目の前に現れます。

南山城の堀切址

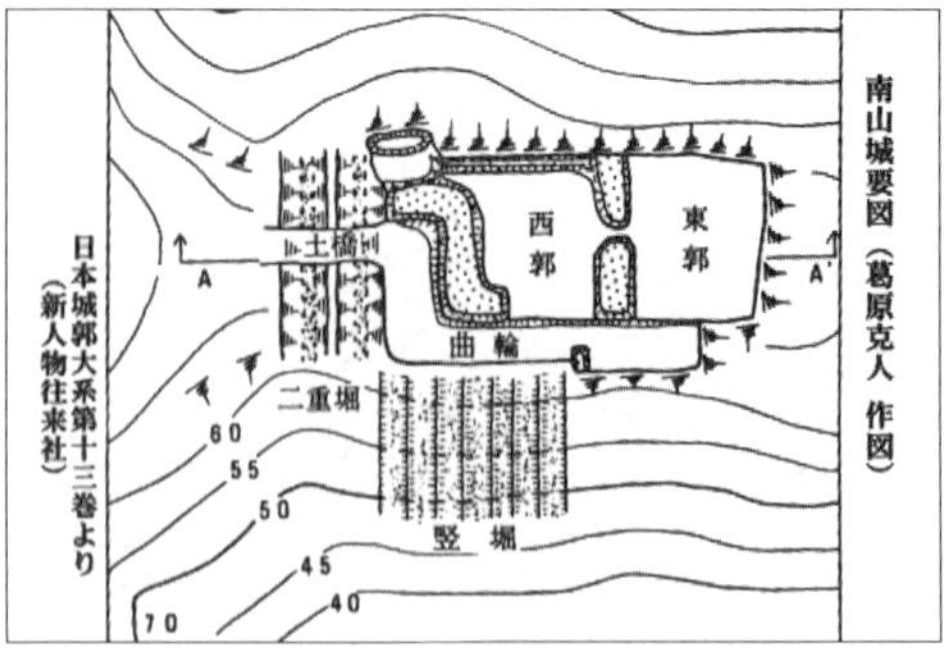

南山城要図（葛原克人氏作図）

縄張りは東西の二郭と、その下のL字形の曲輪（くるわ）からなっています。城郭は二重または三重の掘で隔絶され土橋も備えられていたようです。西の郭は四辺に土塁をめぐらせてあり、高さが2メートルを越える部分もあります。南斜面には多数の竪堀があり、中でも七条の竪堀は幅、深さ共に1メートル程あります。

普通、竪掘は敵の横の動きを阻害する為に設けられるものですが、これほど密接して掘り削ってあれば、敵の攻撃を鈍らせるにはいっそうの効果があったと思われます。

城址から30メートル程下った南斜面の竹やぶの中には、人為的に作られた二つの連なった溜め池状の遺構があります。南山城との関連は定かではありませんが古い時代に作られた物のようです。

これだけの規模と構造を持つ南山城がいつ頃に築城されたのか、また城の歴史はどのような変遷を経ているのか、この肝心な点が知られていません。

木曾義仲が陣を構えたとする説。また「古戦場備中府志」には旧山手村の幸山城城主・石川氏の砦として使われたとの説もあります。しかしもしそうであれば、備中兵乱記などの軍記物の中に多少なりとも反映された処があってしかるべきですが、そうした残映は全く見られません。創設者のはっきりしない事が、すなわち記録化が盛んになる以前の城であることを暗示しているのではないかと考えられています。普通なら平地に築かれているような形状の城が、そのまま山の上に移築されたような南山城。この南山城は少なくとも戦国期以前の、かなり古い時期に属する城ではないかと考えられています。

河本清さん　同僚で亡くなられた葛原さんが山頂に上がって図面化されています。その図面を見ると東と西に長方形の二つの郭を作っているようです。このような長方形の郭を持っているというのは形態から見ると古い時代の様式になります。鎌倉時代は方形の館を持つことが多く、県内では備前の萱氏の館址とか、美作では院庄館跡などの構えがあり、これらの流れを持ったものかなと考えられます。またもう一つの特徴は竪掘りが南の斜面にあるという事です。これは戦国時代の新しい時代の特徴です。古い時代の要素と新しい時代の要素を持っていることから何回か活用されたのではないかと思われます。ただこうした城が備中兵乱記や中国兵乱記などに出てこない。しかし城構えとしては非

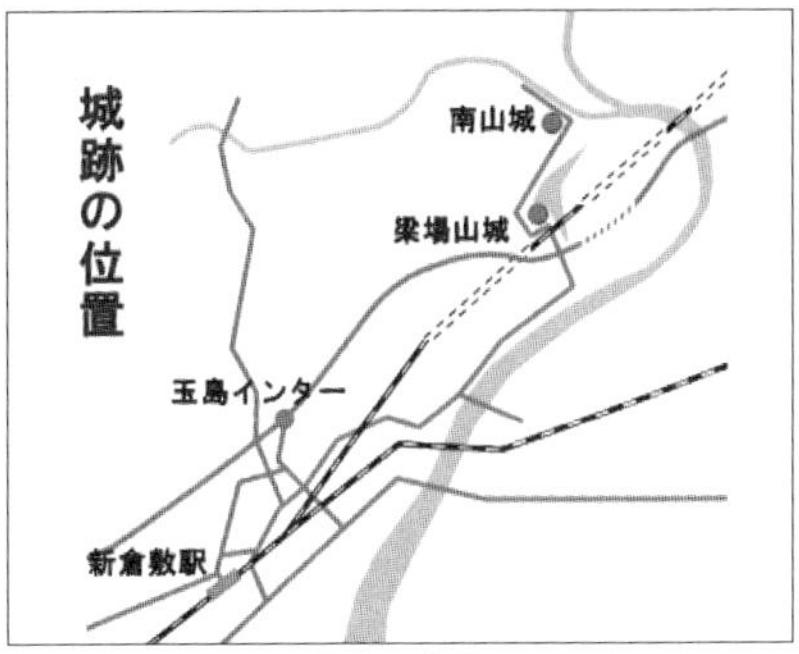

南山城跡、梁場山城跡の位置図

常におもしろい要素を持っていると考えられます。

玉島、船穂でこれだけの規模を持ち、これだけの姿が保たれている城址は南山城の他に類を見ません。「日本城郭大系」に測量図と共に城の概要が残されているにも係わらず現地には道標もなく、城址への登山道すら消滅しており、埋もれ忘れ去られようとしている城址としか言いようがありません。

中世の城はその時代における重要な領国支配の戦闘基地として築かれたものだけに、これらの遺跡は郷土の歴史をより具体的に、より豊かに語りかけてくれます。

しかし、こうした中世の山城はその立地の特性からして電波基地や宅地、公園、墓地などに造成され、破壊の危機にさらされているのも現状です。

つわものどもの夢の跡「城跡」。それらの城跡は私達の郷愁をそそると共に、郷土の歴史の語り尽くせない重みを感じさせてくれます。

南山城跡は平成29年度から柳井原貯水池を川に戻す工事で削り取られることになり、現在発掘調査中です。

「たましま歴史百景」第8回　２００９年3月　放送

（参考文献）　「倉敷市史②古代中世」
「浅口郡史」
「高瀬通しの里」　高見光海著
「日本城郭大系⑬広島岡山」　新人物往来社
「中世城郭研究14号」備中南山城についての一考察　小山文好著　中世城郭研究会
「柳井原史」　柳井原史編集委員会編

（協力）　平松伸一　　吉田　勤　　倉敷埋蔵文化財センター

（追記）　南山城の発掘調査が２０１７年から始まりました。

水谷勝隆公

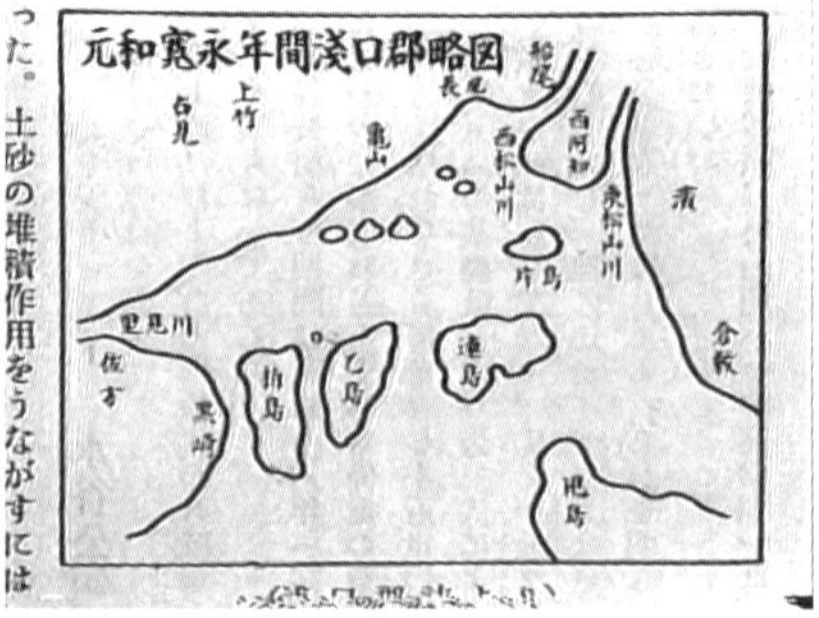

浅口郡略図（元和・寛永年間）

9　領土、町村の変遷

慶長5年（1600）関ヶ原の戦いで勝利を治めた徳川家康は江戸に幕府を開き、新たな幕藩体制が幕を開けました。

関ヶ原の戦いまで毛利領であったこの辺りは西軍にくみし敗れた毛利から徳川幕府に取り上げとなり、小堀正次が代官として松山城に赴任。富田と穂井田を除く玉島の殆どを領有しました。

17年後の元和3年（1617）小堀氏の跡を継ぎ、鳥取から池田長幸が来て松山領6万5千石を領有しました。池田長幸は大名としてこの地を治めた最初の領主で、ここに松山藩の成立を見たのです。

松山川（現在の高梁川）の下流における三角州の発達は新田開発の絶好の条件であり、長幸は寛永元年（1624）長尾内新田十町歩を開き、玉島干拓の先鞭をつけました。

しかし、長幸の後を継いだ長常に子供がなく池田家は断絶。松山藩は幕府の領地となりました。

そして寛永19年（1642）水谷勝隆が、池田家断絶の後天領となっていた備中松山藩五万石の藩主となったのです。水谷氏は三代51年間の間に高梁川下流の干拓を積極的に進め、約一千町歩の土地を広げ、高瀬通しを築き、港を整備し、玉島発展の基礎を築きました。

しかし三代目・勝美《かつよし》には嫡子がなく、水谷一族の水谷勝阜《かつもと》の長男勝晴《かつはる》を養子に定め元禄6年（1693）10月死去しました。しかし、その勝晴も家督相続の手続きが済まない翌11月に若死してしまい、慌てた一族は相談のうえ、勝美の弟勝時を相続人として幕府に願いでましたが許されず、勝隆―勝宗―勝美と続いた五万石の水谷家は断絶してしまったのです。

元禄6年は、徳川五代将軍のもとで柳沢吉保が敏腕をふるっていた時代でした。幕府は船穂、玉島などに新田を開き、富裕の聞こえの高かった備中松山藩の米生産高の再調査・元禄検地を姫路藩主・本多中務大輔に命じました。新田開発によって耕作地が増加した備中松山藩では、慶安4年（1651）延宝5年（1677）延宝8年（1680）と検地を行っていましたが、水谷家断絶後の元禄7年（1694）本多姫路藩により元禄検地が実施されたのでした。

丹波亀山藩陣屋跡（玉島山下町）

備中松山城城主（江戸時代）	
小堀氏（奉行）	1600～1617
池田氏	1617～1641
水野氏（定番）	1641～1642
水谷氏	1642～1693
浅野氏（定番）	1694～1695
安藤氏	1695～1711
石川氏	1711～1744
板倉氏	1744～1868

備中松山城城主（江戸時代）

水谷藩による延宝検地では、田畑は上々、上、中、下、下々と5等級に分けられた細かいもので、水谷家が断絶した元禄6年の松山藩の表高は5万石、内高は8万6千石余りでした。

しかし、姫路藩の本多中務大輔が行った元禄検地の新しい石高は11万619石。これは水谷藩当時の検地実績の3割増し、表石高5万石に対しては実に2倍以上という過酷なものでした。

旧松山領に対する元禄検地は、幕府の命を受けた姫路藩がどうせ他領のことであり幕府への機嫌取りもあっての過大見積りとなったのでした。

この数字を元に、姫路藩は各村に割り当てて新しい検地帳を作成。各村の庄屋、組頭には幕府直命の上意であるからと、中の数字は見せずに盲判を押させたのでした。後でその内容を知った庄屋、百姓の驚きと嘆きは大きく、しかも翌年の元禄8年の秋は天候の異変で西日本は大凶作に見舞われ、幕府の過酷な年貢取り立てと凶作の二重苦に苦しむことになりました。

これ以降、旧松山藩の領民は、村の困窮を訴え出る時はまず「本多中務大輔の検地厳しく…」と文書の冒頭に書き出すことが習いとなりました。

水谷家が取潰しになり播州赤穂の浅野内匠頭が管理を命じられ、浅野家家老の大石内蔵助が赴任し、松山城に一年間居城。その後、玉島と柏島の一部は松山領になり、元禄8年（1695）に安藤重博が松山藩主に、また16年後の正徳元年（1711）には石川総慶が松山藩主となりました。

そして延享元年（1744）板倉勝澄が松山藩主となり、以来廃藩置県まで八代百二十五年間板倉氏の時代が続きました。その間、幕藩体制の充実が見られ、藩校有終館の分校が玉島に設けられたりもしました。

一方、水谷家からお取り上げになった天領の内、乙島、阿賀崎、柏島などが浜松藩主本庄氏の所領に加えられ、上成、長尾、爪崎と玉島の一部、勇崎の一部が丹波亀山藩の所領となりました。浜松藩の領地は再び天領となりましたが、亀山藩は青山氏46年間、松平氏121年間に渡って続きました。

亀山藩は、藩主が遠く離れた丹波亀山にいる為、陣屋を玉島の五軒屋に置いて、玉島の領地を治めていました。こうした事から陣屋の代官にとっては、集めた年貢をきちんと丹波亀山に送る事が一番の腕の見せ所となり、亀山藩の年貢の取り立てはことのほか厳しかった様です。

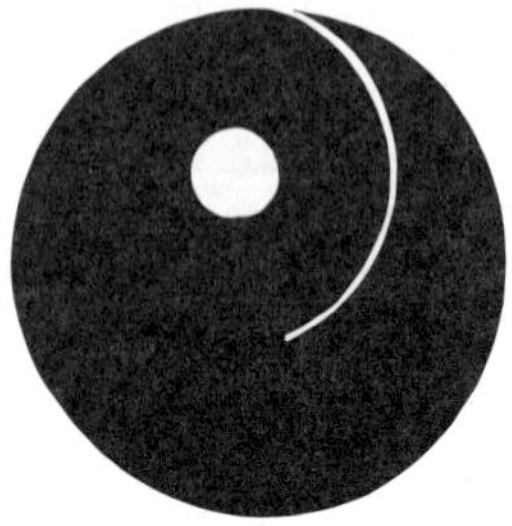

玉島市の市章（昭和27年～42年）

備前岡山藩屋敷跡
（備後屋の角・玉島阿賀崎）

藩境のはぜの木（玉島爪崎）

富田は、寛永9年（1632）備前岡山藩、池田光政の領地となり、岡山藩は七島に領内の農民8名を移住させ、七島の北側の海を埋立て新田を開発。また光政は道越、七島、島地などを開拓し寛文12年（1672）それらの領地を次男の池田政言に分け与え、鴨方藩を置いて支配させました。

この為、富田は、富、道口、亀山が岡山藩。道越、七島、島地が鴨方藩。また穂井田の陶と服部は岡田藩として明治維新に至りました。

江戸幕府は大名を外様、親藩、譜代に分け、外様大名の近くには天領、親藩、譜代を置いて監視を怠りませんでした。そうした理由もあって狭い玉島が多くの藩に分割されたのです。

幕府による大名の転封や取りつぶしが一段落し領地がほぼ安定した享保14年（1729）、玉島は松山藩、丹波亀山藩、岡山藩、鴨方藩、岡田藩そして天領と六つの領地が入り組んでいました。（次頁図）

こうした事は庶民の生活にも様々な不便を引き起こしました。例えば松山藩は干拓の時、隣の岡山藩の七島の土を分けてくれる様に頼みましたが岡山藩はこれを拒絶。その後、水不足に窮した岡山藩が松山藩の高瀬通しから水を分けてくれる様に頼むと、一滴たりとも岡山藩に水を漏らすなと堤をつき固め、岡山藩の農民は長い間水不足に苦しんだのです。

明治4年7月、明治新政府の廃藩置県により岡山藩は岡山県、鴨方藩は鴨方県、亀山藩は亀岡県、岡田藩は岡田県、そして天領と玉島の松山領を合わせて倉敷県が置かれましたが、4ヶ月後にはこれら備中全域と備後6郡を合わせて深津県が設置されました。

深津県は明治5年に小田県と改称し明治8年に岡山県と合併。翌年には北条県を編入し、代わりに備後6郡を広島県に移し、明治9年、現在の岡山県の領域がほぼ出来上がったのでした。

そして明治11年「郡区町村制」が敷かれ玉島村に浅口郡の役所が置かれました。

この頃、玉島は10数ヶ村に分かれていましたが、その後合併が繰り返され、明治30年には玉島。大正14年には長尾、昭和26年には黒崎がそれぞれ町制を敷きました。

昭和27年に「玉島市」が誕生。翌28年には長尾町、黒崎町、富田村を合併。三年後の昭和31年に穂井田村の一部を編入しました。市章は玉島の玉は勾玉の玉に通じると勾玉を図案化したものでした。

玉島市が出来て十五年後の昭和42年、倉敷、児島、玉島の三市が合併し、倉敷市玉島となり現在に至っています。

目まぐるしく変る時代の流れと共に領主が入れ変り「分割」と「合併」が繰り返され、その流れの中で庶民の生活も大きな影響を受けてきました。そして私達の「倉敷市玉島」があるのです。

（この番組は平成2年、玉島百景で放送したものに若干の追記をしました）

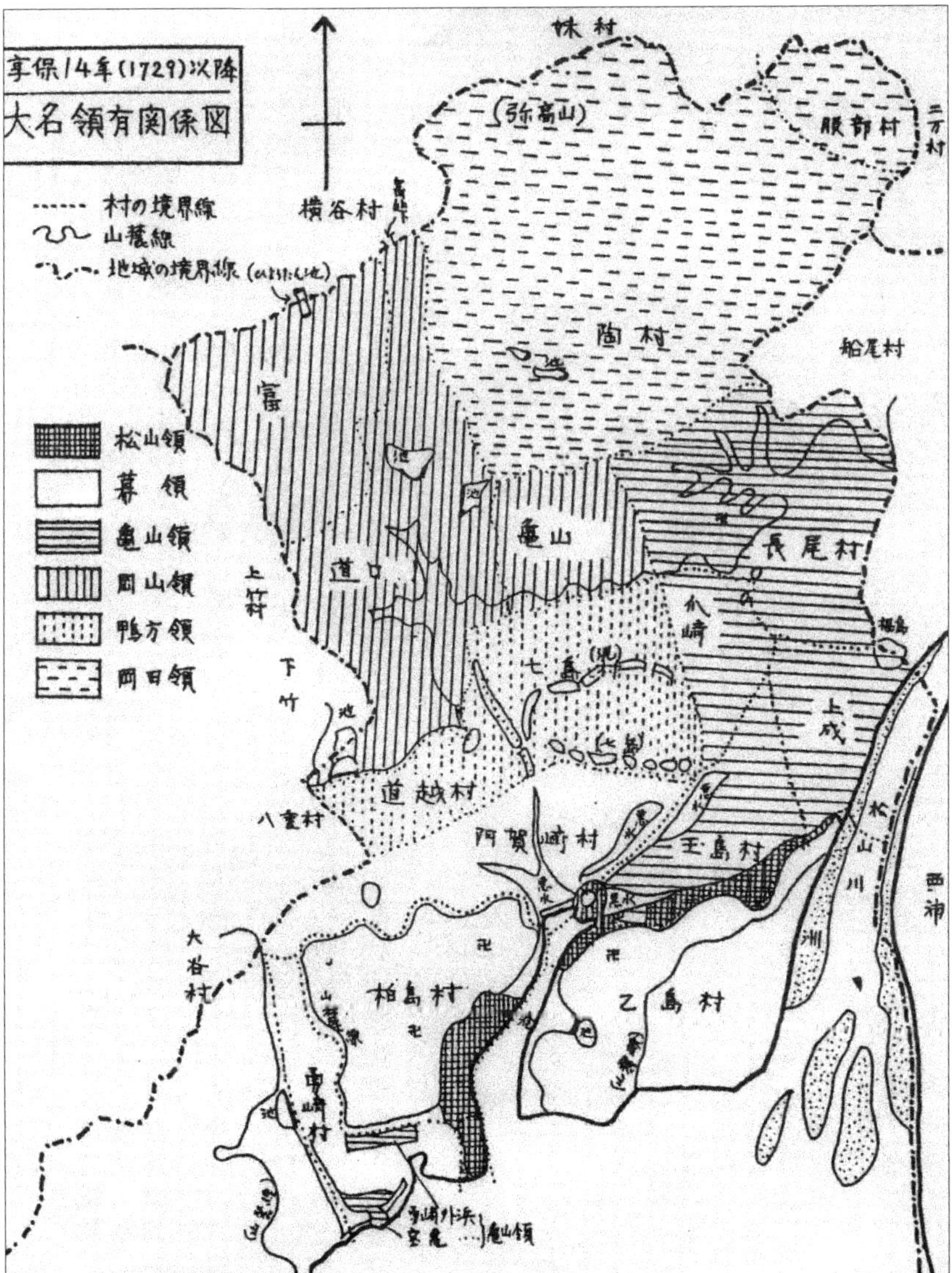

享保14年の大名領有関係図

備中松山城（高梁市内山下）

水谷勝隆公像　玉島文化センター前

10 水谷家三代の栄枯盛衰

玉島文化センターの前には玉島開拓の祖・水谷勝隆（みずのやかつたか）の胸像が置かれています。寛永19年（1642）に備中松山城の城主となった水谷勝隆による開拓。開拓はその後、水谷家三代、五十五年間にわたって続けられ玉島の基礎が築かれました。

勝隆は慶長2年（1597）常陸の国（茨城県）下館城城主水谷勝俊の長男として京都に生まれました。慶長11年、勝隆10歳の時、父勝俊の後を継ぎ三万二千石を領有し下館城の城主となりました。寛永16年（1639）備中成羽藩主として下館から移り、三年後の寛永19年、跡継ぎが無く改易となった池田氏の後を受けて備中松山城に入りました。勝隆が松山城に来た寛永19年は、戦国の世が終わり徳川の幕藩体制が確立した頃でした。

勝隆が備中松山城に来た時の石高は五万石。松山藩は山間部に位置し広大な平野に乏しく、勝隆は飛び領地である玉島に目をつけて新田を作り、さらに松山藩の外港としての港・玉島湊を完成させる、という大きな計画を立ていち早く国造りに取り組みました。

普請奉行として大森次郎兵衛元直を任命。元直に玉島の干拓だけでなく玉島湊を作ることを命じ、ひいては元直に出来上がった湊問屋の庄屋も任命しています。

既成の港や航路を利用するのではなく白紙の状態から設計をし、しがらみのない自前の港を作り、さらに港から松山城下に至る物資のルートを確保する為、灌漑用水の機能を備えた運河・高瀬通しの開通も目指しました。

勝隆の計画が優れているところは、人材の確保と同時に造成した拠点が有機的に結びつき、相乗効果をもたらす仕組みになっているところであると言われています。日本国内で最古の閘門式運河の高瀬通しの開通や、「継舟制」即ち船荷を松山城下で一旦陸揚げし、別の船に積み替えさせて税を徴収する方法など、これまでになかったような独自の仕掛けを駆使しました。

そして山間部に位置する藩が海に面した港を持つことにより、経済の門戸をさらに外へ大きく開く

水谷勝隆肖像画　高梁市歴史美術館蔵

水谷勝隆の墓（高梁市　定林寺）

ことを可能にしたのです。勝隆は物を動かすことを経済の中心にすえ、物流を支える交通の整備こそが国を豊かにする基本と考えていました。そして港、運河、松山川を繋いだこれらの仕組みはそれに応えて三百年間、大動脈として機能し続けたのです。

吉備国際大学文化財学部教授　臼井洋輔さん　勝隆のした事は日本で最初の資本主義だと思います。資本主義は物流・物を動かすことが基本で、北からの鉄・炭・米を持って来て、松山で「船継ぎ」といって一旦荷物を降ろさせ、そこで人もお金も降りる。それを今度は玉島に持って行き、玉島から日本中に運ぶ、このように連鎖した物・金・人・情報これこそが資本主義だと思う。そして二代目の勝宗はそれを元に、街・城を整備し松山藩の栄華を極めたのではないかと思います。

勝隆はなぜこんなにも素早く新田開発を手掛け、実現させる事が出来たのでしょうか。水谷勝隆が松山に赴任する前の仕事を見てみると、上野の寛永寺が創建された寛永2年（1625）琵琶湖になぞらえて竹生島に相当する島を不忍池に作り、そこに弁天堂を建立しています。

それだけでなく利根川沿岸の干拓経験さえあり、土木事業に強い大名でした。全国的に見ても新田開発は寛永の末から始まり寛文に至る50年間が最盛期で、幕府は国土の拡張をという観点から新田を石高に入れず大目に見過す優遇対策を採っていたようで、幕府の膝元である常陸の国の下館から来た勝隆はそのような政治的な駆け引きの情報を握っていたと推察されています。

臼井さん　勝隆は松山赴任の時、干拓のノウハウをすでに持っていたので、すぐに干拓に取り掛かりました。また一方、新見・高梁・玉島を大動脈で結びつけるという、繁栄のスケッチは自分の頭の中にすでにあったのではないでしょうか。

水谷勝隆は寛文4年（1664）松山城城主になって二十五年、玉島開拓の基礎を築き六十八歳で亡くなり、高梁の定林寺に祀られました。

そしてその子勝宗が二代目松山城城主になり父の事業を受け継ぎました。勝宗も干拓・港の造成を

水谷勝美寄進の六角石燈籠（玉島中央町　羽黒神社）

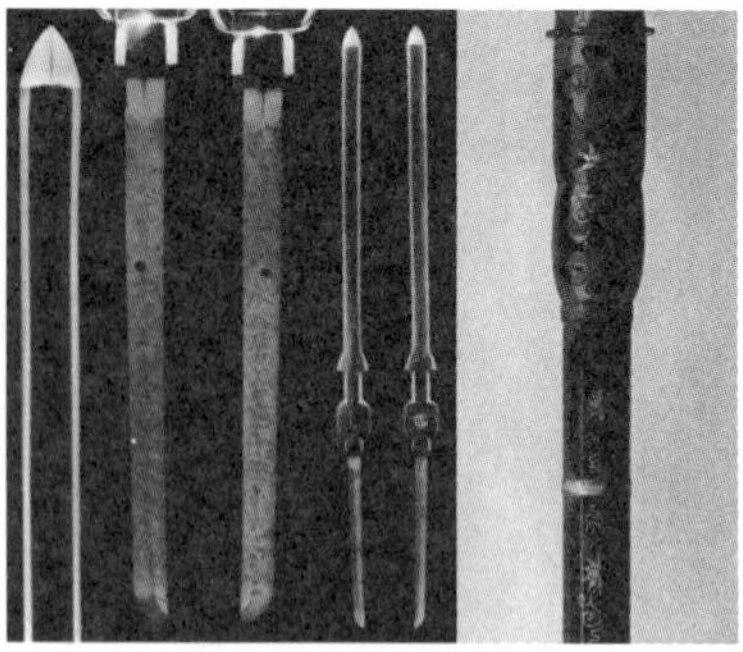

宝剣（高梁市立歴史美術館蔵）

積極的に行い、松山藩の財政はさらに豊かになりました。

現存する近世の山城として日本一高い場所にある備中松山城。松山城は天和元年（1681）から3年をかけ、勝宗によって大改修が行われました。その時に二重櫓やその他の櫓、大手門などが建てられ、現在の松山城の全容が完成しました。

これは高梁市立歴史美術館に所蔵されている宝剣です。県の重要文化財の指定を受けており、朱と黒の漆の上に金の蒔絵が施され、大変豪華な作りになっています。天和3年、松山城の修築が完成した時に守護神として勝宗が作らせた物で水谷家の繁栄が偲ばれます。

臼井さん　高梁の大まかな構成はこの時に出来ました。また全国に類のない程の宝剣を作らせ、その中には羽黒神社のことも出ている。勝宗の富や地位がそうしたものを作らせたと思われます。

元禄2年（1689）勝宗が歿し、その子勝美（かつよし）が三代目城主となりました。羽黒神社には倉敷市指定重要文化財で、元禄5年（1692）に勝美が寄進した六角石燈籠があります。

五万石を領有して入った松山藩の石高は、実に八万七千石にも達していました。

しかし三代目の勝美は病弱で子供がおらず在任期間わずか5年。三十一歳の若さでこの世を去りました。勝美が亡くなった後、養子を取って急場を凌ぐことになり幕府に許しを求めましたが、不運なことに受理される一ヶ月前にその養子も亡くなりました。その後、勝美の弟を相続人として申請しましたが、却下され元禄7年に水谷家は廃絶したのです。

何故却下されたのか、その理由の一つとして、水谷家の余りの快進撃に対し幕府が危惧を抱いたこともあったのではないかと考えられています。

水谷家が取り潰しになり、播州赤穂の浅野内匠頭が管理を命じられ、浅野家家老の大石内蔵助が赴任し松山城に約1年間居城しています。浅野家も赤穂の塩田開発などで藩の力を大きくしており、ある意味で幕府から目をつけられていました。そして、その七年後の元禄14年には浅野内匠頭の松の廊下事件が起こり、浅野家がお家断絶の憂き目に会うという皮肉な巡り合わせになっています。

水谷公遺徳顕彰碑（玉島中央町）

水谷神社（玉島中央町　羽黒神社）

臼井さん　繁栄し過ぎた松山藩を幕府は快く思っておらず、平和な時代でも看過出来なかったようで、勝美の養子を申請してもなかなか許可されない、そして結局断絶してしまう。余りの繁栄の光の部分と破綻。これは今の日本の資本主義のこれからを考える上でも参考になるのではないでしょうか。

水谷家断絶の後、松山城の城主は目まぐるしく変わりました。元禄8年（1695）安藤重博・信友、次いで正徳元年（1711）に石川総慶（ふさよし）が入城し、延享元年（1744）に石川氏に代わり板倉勝澄（かつずみ）が入城。城主が変われば新しい城主に従ってくる多くの人々があるわけで、新旧住民の無言の軋轢は当然起こり、そこに暮す人々は翻弄され続けました。

また松山藩専有の港として作られた玉島湊は、天領、亀山藩、松山藩と三藩に分割して領有され、港の整備などに支障を来たしたのです。

宝暦2年（1752）水谷公の遺徳を慕う領民達の要請により、水谷勝隆、勝宗、勝美の御霊を住吉山に勧進し水谷神社として祀りました。その後大正2年、水谷神社は羽黒神社境内に移されています。

いつの時代であれ、国を動かす基礎になるものは経済です。国を豊かにするという大きな夢を抱き、徳川の幕藩体制という制約の下で備中松山藩を繁栄に導きながらも三代で断絶した水谷家。

水谷公三代の遺徳を顕彰し昭和27年、新町の水門に使われていた石で作った石碑が建てられました。真直ぐに立つ石碑に降り注ぐ光と影は、水谷家三代の栄枯盛衰を想い起こさせてくれるようです。

「たましま歴史百景」第13回　２００９年９月　放送

（参考文献）
「松山藩主水谷勝隆と玉島経営」　臼井洋輔著
「水谷左京亮勝宗公三百年祭記」
「高梁市歴史美術館コレクション選」　高梁市歴史美術館編

（協力）
高梁市歴史美術館　羽黒神社　逆巻千津（写真提供）

玉島の玉　柚木爽一郎氏蔵

吉浦岩畔「浅口郡史蹟名勝天然記念物」

11 玉島、船穂の干拓

玉島は干拓により出来た町です。干拓される以前は海で、上成にあるぽっこりとした岩の山は波に洗われた岩が積み重なり出来たものです。

浅口郡史蹟名勝天然記念物には「水田の中に所謂岩畔（いわぐろ）をなし」と記され、近くを通る船に岩礁があることを知らせていたという大きな松も見られます。今は岩山に小さな社が点々と置かれ、稲荷神社が祀られています。

この2つの丸い石は「玉島の玉」と呼ばれている物です。代々玉島村の庄屋に伝わってきたもので、現在は柚木家に保存されています。大きい方は縦横11センチ、小さい方は縦7・5センチ・横9センチあります。「玉の出た所を今に玉谷といふ。玉谷の上にある寺を玉島山円乗院と言へり、古くより此処に玉の出し故かかる名をつけしなるべし」と記されています。また玉島という地名はこの2つの丸い玉のような石が干拓の折に乙島から出た事によりつけられたとも言い伝えられています。

慶長5年（1600）関ヶ原の戦いが終わり、備中に大きな勢力を持っていた毛利氏は長州に戻り、細川氏もそれについて行ったので、この地方は完全に徳川幕府の直轄地となりました。

玉島の新田開発の恩人・水谷（みずのや）勝隆ですが、元は下館藩（現在の茨城県）の藩主でした。そして成羽藩主となったのが寛永16年（1639）。しかしその二年後、松山藩主の池田長幸に跡継ぎがいなかった為、池田氏に変わり成羽から松山藩主として移封されたのです。

徳川幕府も三代目将軍家光の時代で幕藩体制はすでに揺るぎのないものとなり、戦によって領地を拡大することは困難になっていました。当時の藩主にとって新田開発が石高を増やす有効な手段で、勝隆は戦国時代に培った築城等の土木技術を新田開発へと向けたのです。勝隆は城のある松山、現在の高梁市が内陸山間部に位置していることから、飛領地であった乙島、柏島に目を向けました。

高梁川の河口は流れ出た土砂が広い洲をつくり海が浅くなり干拓に都合の良い状態にありました。浅口郡の浅口という地名の起こりもこれによるものです。

実地測量する大森元直「モタエのおじいさん」
玉島図書館蔵

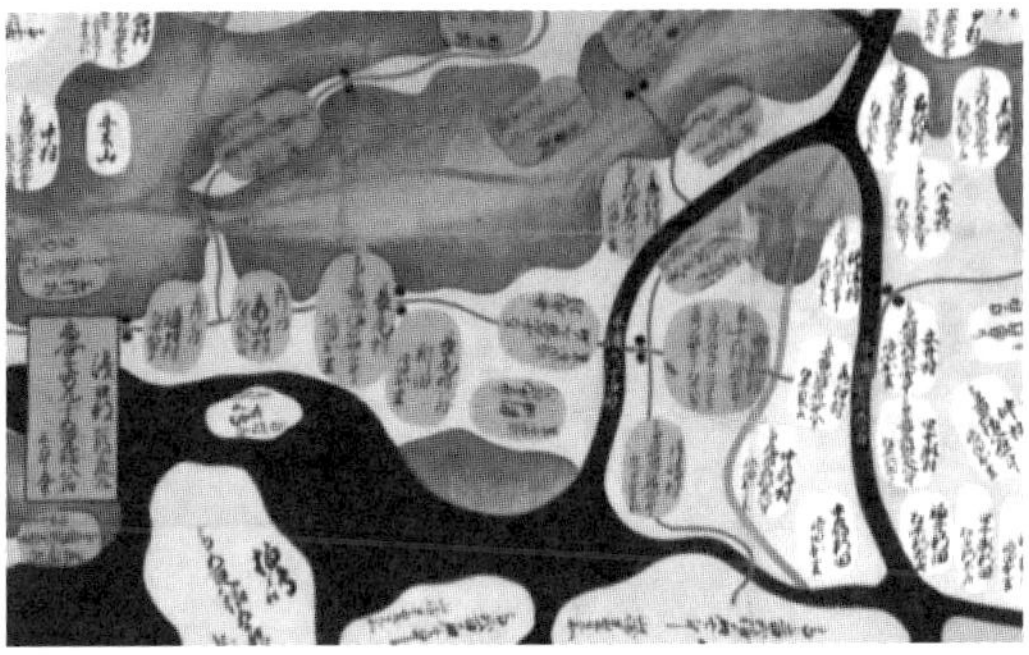

寛永古図　岡山大学附属図書館蔵

また沿岸には大小の島々が点在していたのでそれらを結んで堤防を作り、陸地から次第に沖へ沖へと新田開発を進めたのです。

まず干拓の過程から見てみましょう。この地域の開発が本格化するのは、元和3年（1617）に池田長幸が松山藩主になってからのことです。

まず手掛けられたのは長尾内新田です。寛永元年（1624）に約70町歩、また寛永初年頃に船尾新田約60町歩が完成しています。寛永古図にも長尾村之内新田や舟尾新田の名が見られます。

水谷勝隆が松山藩主になり、寛永20年（1643）長尾内新田の外側に長尾外新田10町歩を干拓。さらに長尾外新田の東に広がる干潟を利用し、正保元年（1644）に船穂中新田60町歩を完成。

引き続き正保3年には、黒崎と柏島との間に細長く横たわる海峡部の北と南にそれぞれ堤防を築いて勇崎内新開50町歩を開き塩田を造成、柏島を陸続きにしました。

倉敷市文化財保護審議会委員・小野敏也さん　松山藩が領有した寛永の頃、柏島はまだ海に浮かぶ島で、柏島と黒崎の間を干拓し、塩田を作ったようです。勇崎村は、古くは塩浜村とも言っており、松山藩は内陸山間部であったので、ここで塩を作ったのかもしれません。

水谷勝隆による玉島新田220町歩の完成は万治2年（1659）のことです。勝隆は玉島新田の干拓に先立ち大森次郎元直を普請奉行に任命。また水谷家の鎮守・羽黒大権現を、玉島阿弥陀山に祀り工事の成就を祈願しています。

正保の国絵図を見ると、西松山川は船穂で西に向い乙島と柏島の間に流れ出ています。この流れを断ち切るため、福島から狐島まで堤防を延長し西松山川を真直ぐ南に流しました。

さらに爪崎から羽黒神社のふもとまで約2・7キロの堤を築きこの2つの堤防で囲まれた干潟を開発、こうして玉島新田が完成しました。

寛文4年（1664）水谷勝宗が藩主の座に就き、勝宗も父勝隆にならって新田開発に取り組み阿賀崎新田の開発を行っています。

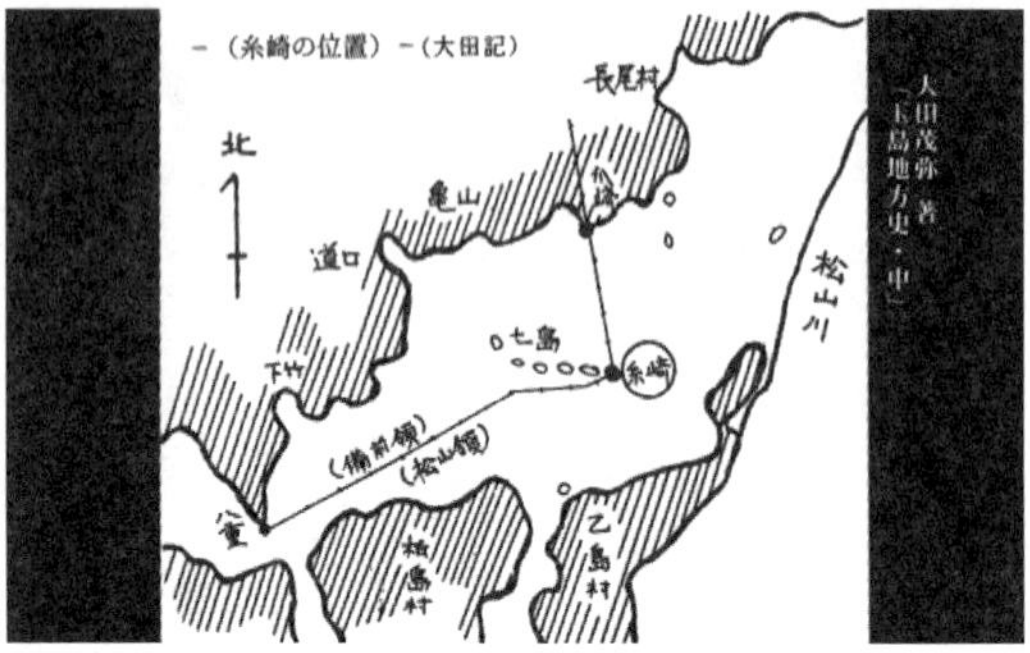

糸崎起点の境界線・大田茂弥氏作図

お玉さんの墓（玉島新町）

寛文10年、柏島と乙島の間に新町堤を造って流れを堰き止め、これにより阿賀崎新田約１２０町歩を拓きました。

翌年の寛文11年には新町堤防が完成。３８３㍍に及ぶ堤防の上には新町問屋街が作られ、玉島湊の基礎が築かれました。

羽黒山の西側、阿弥陀水門の工事は潮流が早くいつ工事が終るともしれませんでした。その時、人柱になったと伝えられるお玉さんの祠が新町の一角に祀られています。

玉島観光文化振興会会長・虫明徳二さん　これは伝説ですが、新町堤防を作る時になかなか堤防が止まらず、お玉さんという18歳の妙齢の美女が人柱となってようやく止まったと言われています。この新町堤防が止まらなければ水谷勝隆公はこの玉島新田の干拓を断念しようと思ったくらいで、子の勝宗公の時にようやく完成したと残っています。

高瀬通しが玉島湊まで開通したのは延宝元年（１６７３）とされています。これにより松山（現・高梁）と玉島が直結され、玉島が城下町松山の外港としての役割を果たすことになりました。

勝宗は引き続き、延宝3年（１６７５）に勇崎の押山新開、柏島森本新開などを干拓しています。当時は各藩の領地が複雑に入りくみ亀山、道口、上竹などは岡山藩の領地でした。松山藩の干拓が船穂から長尾へと西へ西へと迫るのを見た岡山藩は、七島の東端の島に領内の農民を移住させ、七島より北は岡山藩の物であると主張しました。またお互いの藩の境界を定める為、七島の東端（現在の糸崎）を起点として、北は爪崎、西は金光町八重に糸を張って境界線としました。またこの境界線に沿って用水路を設けたので用水路は長く村境となっていました。

小野敏也さん　岡山藩は道越村や亀山村を持っていたので、自領の沖にまで松山藩の干拓が進むのではないかと心配になり、七島に8人の領民を移住させ、その周りは自領で、岡山藩が干拓するのだと宣明したわけです。そのため松山藩では七島を迂回して糸崎の所で水を分けて、自領にまで水を導きました。この用水路がその名残りで領地の境と考えていいかと思います。

阿原池改修記念碑（玉島道越）

横に流れる岡山藩の川の上部に松山藩の水路が通されている（三本松付近）

高瀬通しを作る折、松山藩は「七島の内の一つから土砂を採らせて欲しい」と岡山藩に願い出たのですが岡山藩はこの要求を拒絶。このため松山藩では遠く鉾島や福島から土砂を運ぶこととなり、その報復措置として「一滴たりとも岡山藩には水をもらすな」と堤防や川底をつき固めました。以来高瀬通しの西、岡山藩領の富田は水不足に苦しみ農民の苦闘が長く続く事になったのです。

小野敏也さん　ここ三本松では、糸崎から分かれた高瀬通しの水を松山藩領の勇崎まで導くため、岡山藩の道口川の上に、川（水路）を直角にかけるという事をしました。そこで上側は松山藩の水、下側は岡山藩の水という事になりました。

池田光政は、寛永9年（1632）岡山藩主として着任しましたが、着任当初は、藩政の確立や、岡山城下の町づくり等に専念。岡山藩による新田の開発は松山藩に大きく遅れを取りましたが、松山藩がすでに開発した新田を活用して干拓を行いました。

寛文元年（1661）、道口、亀山の山麓地帯を開発して上竹新田16町歩を完成。また寛文10年（1670）には七島新田143町歩、道越新田90町歩、八重新田43町歩、占見新田85町歩と次々に干拓を進め約360町歩を開発しました。

七島譲渡の問題から隣の松山藩に水を分けてもらう事はかなわず、岡山藩の新田の用水は溜池に依存する事となり、大木池、増原池、阿原池等を作りました。

しかし干拓当初は綿作でしたが次第に米作に転換。畑が水田に変わったことから水の需要が増え、思うように貯水出来ず、岡山藩領の新田では用水が常に不足。

窮余の策として岡田領陶村の谷水を引き入れようとしましたが、増原池の増水は下流にある阿賀崎村が浸水、土砂の被害を受ける原因になると反対して江戸訴訟にまで発展。農民の苦闘は続き岡山藩の郡奉行国枝平助は責任を問われ奉行職を免職されたと伝えられています。

江戸時代初期に行われた玉島沖の干拓事業。寛永19年水谷勝隆が五万石を領有して松山藩に入り、水谷家三代、約50年の間、干拓につぐ干拓が行われ、松山藩の石高は八万七千石にも達しました。

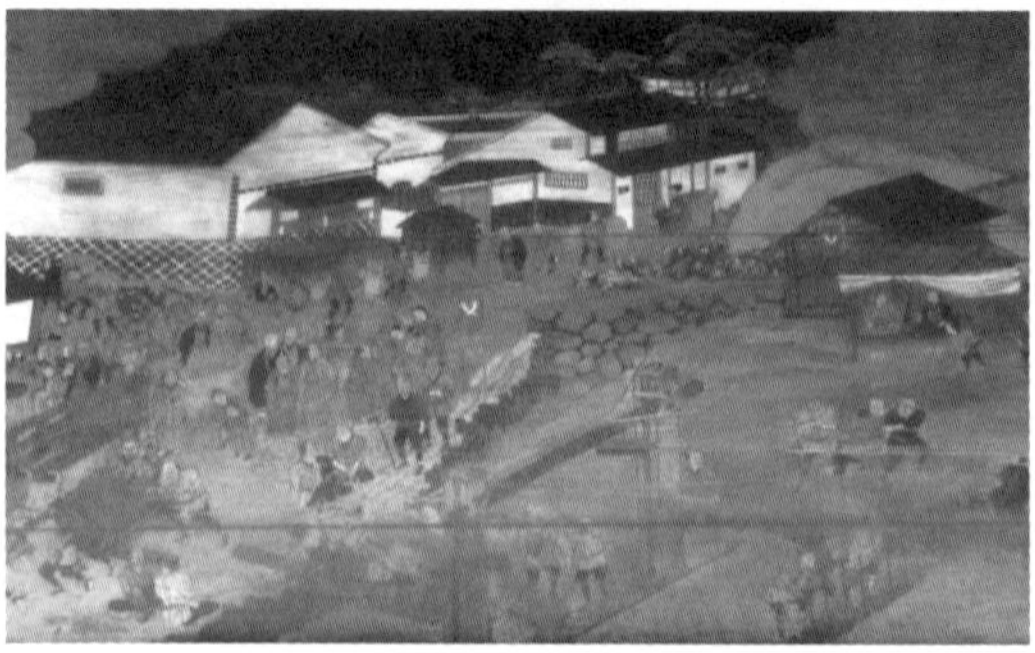

玉島干拓の絵馬　羽黒神社絵馬殿（玉島中央町）

現代のような土木機械の力をもってしても気の遠くなるような広大な干拓事業。歴代の藩主やその家臣、また動員された幾万もの人達の労苦は想像に絶するものがあったと思われます。

羽黒神社の絵馬殿には「玉島干拓の絵馬」がかけられ、当時の様子を残しています。

「たましま歴史百景」第10回　２００９年5月　放送

（参考文献）「水谷左京亮勝宗公三百年祭記」同編集委員会編
「玉島むかし昔物語」渡辺義明編
「玉島地方史」大田茂弥著　玉島地方史研究会
「倉敷市史③近世・上」
「玉島界隈ぶらり散策」倉敷ぶんか倶楽部編　岡山文庫

（協力）羽黒神社　岡山大学付属図書館　出口鶴子　柚木爽一郎

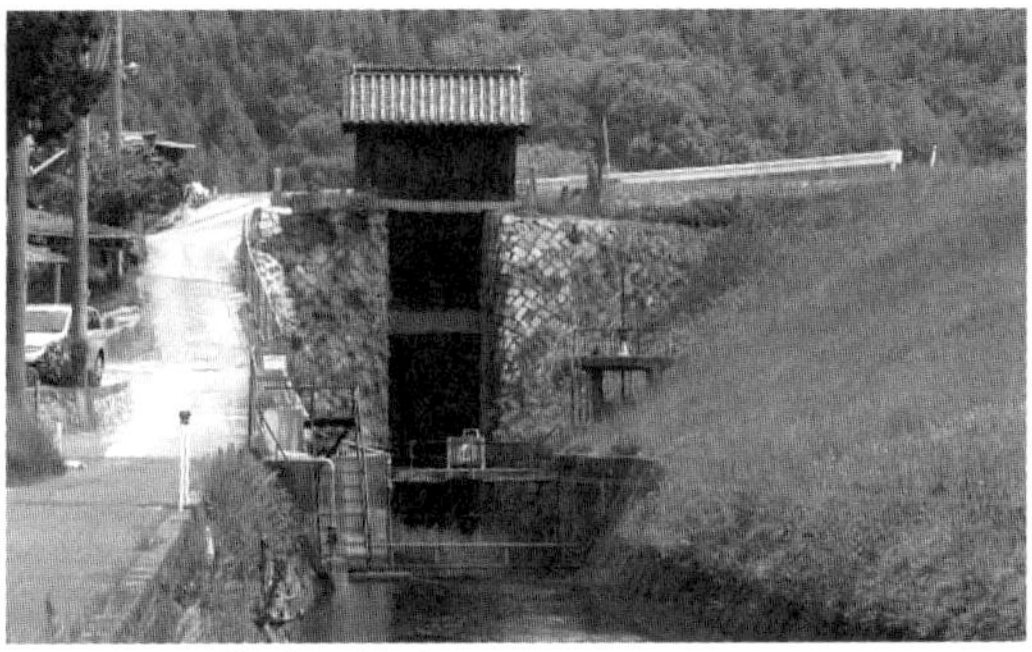

一の口水門（船穂町水江）

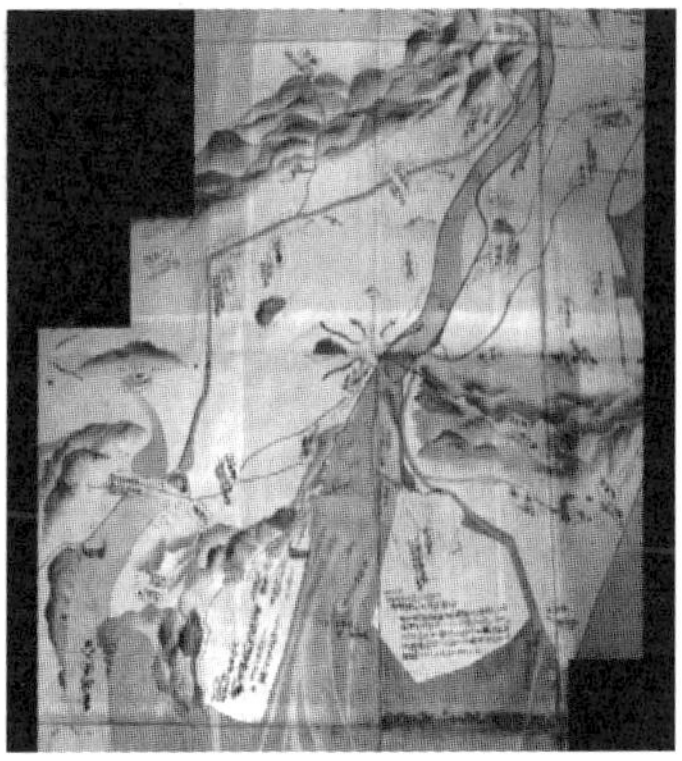

文化13年頃の
玉島付近の地図
三宅正堂氏蔵

12 高瀬通し

「五千石だよ船穂の郷は　上り下りの高瀬舟　高瀬通しの景気よさ」と高瀬通しから聞こえてくる舟歌は江戸時代から明治にかけての船穂の風物詩の一つでした。

電車も自動車もなかった頃の物資の流通は、陸路よりも水路のほうが安価で効率的でした。城下町松山から玉島湊への物資の流通は、玉島新田の開発で玉島湊に運ぶには乙島の沖を大きく迂回しなくてはならなくなりました。この対策として高梁川から引き込まれていた灌漑用水路を拡大し、高瀬舟の通行を可能にしたのが「高瀬通し」です。

水江村堅盤谷（かきわだに）の一の口水門から長尾、爪崎を通り、玉島港まで全長約10キロの高瀬通しが開通し、短い時間と距離で玉島湊への物資の輸送が可能になりました。これにより玉島湊が城下町松山の玄関口としての役割を果たす事になったのです。

高瀬通しは松山藩の干拓地への灌漑用水の確保も大きな目的でした。そのため舟の通行は後年まで田畑に支障を及ぼさないよう、秋から春までと限定されていました。

高瀬通しの工事は約三十年もかかった大工事であったと言われていますが、明確な記録は残されていません。取水門・一の口の水門が正保2年（1645）に築かれ、高瀬通しの完成が延宝2年（1674）頃と考えられています。

高瀬通しは一の口水門と二の水門があり、この二つの水門を操作して水位を調節し舟を通す閘門（こうもん）式運河です。閘門式運河はパナマ運河で有名ですが、閘門式運河としてはわが国でも最古と言われており、一の口水門は郷土が誇る遺産として倉敷市の史跡に指定されています。

渡辺義明さん（郷土史家）　高瀬通しは江戸時代から明治にかけ、伯備線が出来るまで、高梁を中心とした備北地方の産物を玉島に集約するのに活用され、玉島発展の大きな役割を持っていました。

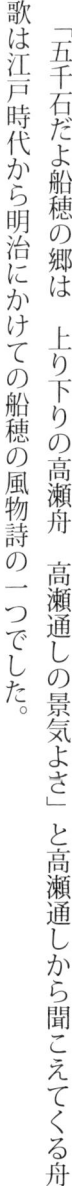

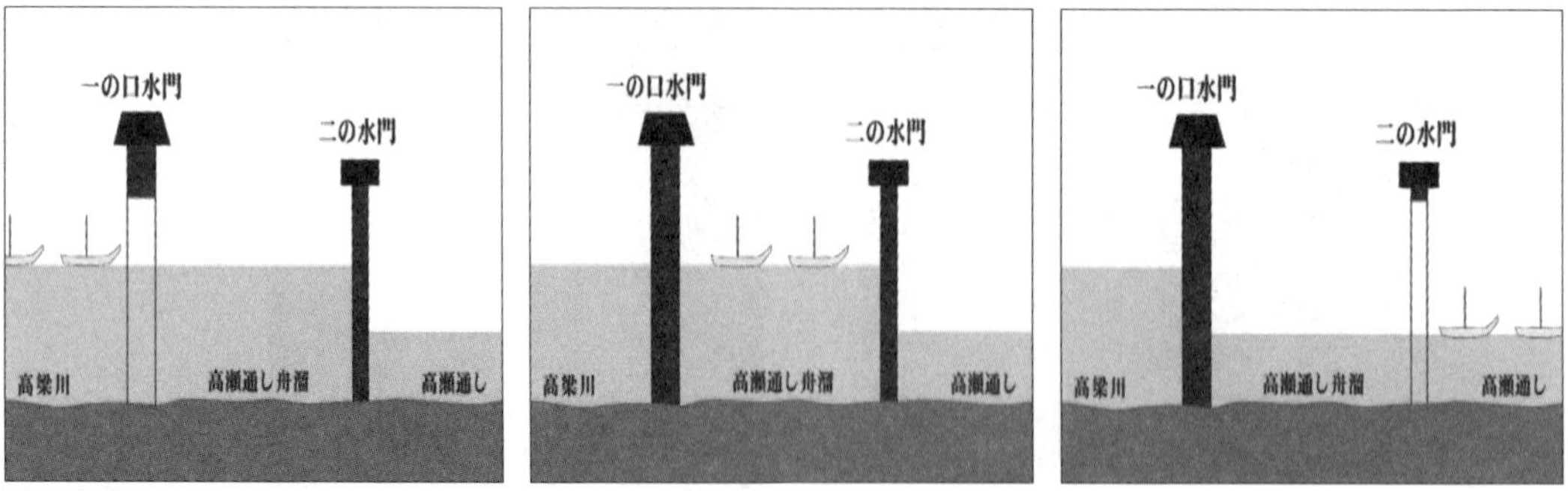

閘門式運河

一の口の水門の樋門は　高さ7・1メートル、幅2・4メートル、小屋の内部にはロクロ木が残り、床には開口部があります。八角のロクロには2寸四方の穴があり棒をさし込んで廻し樋板を上下させていました。

一の口の水門はもともと堤の内と外にあり、一の口西樋・東樋と呼ばれていました。しかし東樋は昭和30年頃の道路拡幅工事で道の下に埋め込まれています。また二つの水門にはそれぞれ小屋がありましたが、昭和10年頃西樋の小屋が焼失した為、東樋の小屋が移されました。

現在、一の口の水門では酒津配水池からの水を西岸用水路を通し、高梁川の川底を横断して伏せ樋で取り込んでいます。

一の口の水門から、約350メートル下った所に二の水門があります。船溜水門の通称を持つ二の水門を閉じて船溜りの水位を上げ、一の口水門から高梁川へと船を上らせます。また下りの船は二の水門を開け、水の流れと共に玉島湊へと下らせていました。

二の水門からさらに1キロほど下流に又串水門があります。又串水門ではロクロにロープが巻かれたままの状態になっています。また水門小屋の中には当時使われていた分厚い松の板が残されています。松の板は重くて作業は困難なのですが、松脂があり水を含みにくいので使われていました。

又串水門からほぼ直線で南に下り、船穂の三ノ関用水樋門で高瀬通しは右折します。ここは小字を水門と言い、玉島新田への灌漑用水の取り込み口でした。

江戸時代は交通の要衝で、蕎麦屋があったという端本屋（はなもとや）の角には、高瀬通しを照らしていた天保15年の常夜灯や嘉永2年の地蔵石仏が残されています。

爪崎には刎橋（はねばし）の台石があります。刎橋では、高瀬舟が通る時、橋番が滑車に通した綱を引き橋を吊り上げて舟を通していました。

水路の雁木（がんぎ）は洗濯や洗い物、子供達の遊び場として利用され、日常の会話に花が咲いていました。

高瀬舟　中原甕塘画「玉島風物絵巻」

櫨の木（玉島爪崎）

新地町のお堂の中の地蔵は、たかの橋と呼ばれる高石橋の袂にありました。

高瀬通しを横切る道路は舟の通行に支障がないよう高い橋が架けてあり、米一俵を積んだ曳き車でも一人では上れなかったと言います。

高瀬通しを遡る船は曳き子が綱を肩に舟を曳いて土手道をゆっくりと歩み、曳き子を励ます船頭の歌が川面を流れていました。

これは高瀬通し沿いに植えられていた樹齢約350年の櫨の木（はぜのき）です。櫨の木が色づいた頃、年貢米を積んだ高瀬舟が高瀬通しを下り玉島湊へと運んでいました。

渡辺義明さん　櫨の木からは蝋が取れるので、櫨の木を植え、蝋を取り松山藩の財政を少しでも助けたのではないかと考えられてもいましたが、蝋を取った記録が見当たらないので、これはどちらかというと嫌がらせに植えたというのが私の考えです。実際水が必要なのは夏場ですぐ隣に水が豊富にあれば、ちょっと汲み上げたくなることもある。夏は百姓は裸で仕事をしています。櫨の木はかぶれの木なので櫨の木を並べて植え、水が盗まれない役目を持たせたのではないかと思います。

高瀬通しの舟溜りは羽黒神社の北東にありました。舟溜りで積荷の上げ下ろしをし、朝夕は舟から煮炊きをする煙が上がり辺りに漂っていたといいます。

羽黒神社鳥居下にある石燈籠は施主松山高瀬講中と刻まれていて、松山藩の高瀬舟の船頭達の組合が寛政八年に奉納したものです。高梁市の観光駐車場には高瀬舟の原寸大の模型が展示されています。

高梁市文化財保護審議委員　松前俊洋さん　高瀬舟は川舟なので底が平なのが特徴です。現在展示場にあるのは五十石舟です。長さが16㍍少し、幅が2・3〜2・4㍍　幅は下流の高瀬通しの幅が3㍍前後で、そこを通るため幅は決まっていました。上りの舟には海の幸が積まれ、川を上る時は風を利用して帆を張り、船頭が棹を漕ぎ、それと曳き子が猿のように腰を曲げて曳き綱を引き陸地を上りました。船の腹をドンドンと叩くと農民が手伝いに出て来てくれていました。高瀬舟は玉島湊そして下津井へも行っています。また金比羅山に参る人を乗せ瀬戸内海も渡っていました。

高瀬舟　川口写真館

高瀬舟では、船先で櫂（かい）を進めるのが先乗り、船尾で艪（ろ）をこぎ舵（かじ）を取るのが後乗り、中央で帆を操るのが中乗りでした。

高瀬舟には備中一円で生産される物資、鉄や和紙、米や綿などを積んで玉島湊に下り、上りの舟には生活物資や塩、海産物などが積み込まれ行き交っていました。

松山藩では、高瀬舟の荷物を上り下り共に、必ず松山城下（高梁）の船着場で一旦陸揚げさせて、別の高瀬舟に積み替えさせ税を徴収する「継舟制」という制度を定めていました。「継舟制」は藩の大きな収入源となり、江戸時代の終わりまで続けられました。

大正14年に伯備線が開通し、高瀬通しは物資流通の生命線の役目を終え用水路として残されました。昭和37年の改修工事で川幅は元の6割ほどに狭められ、また各所で車を置く為の蓋がかけられ、さらに道路の下の暗渠になるなど、昔の面影は随分姿を消してしまいました。

しかし、松山藩藩主水谷公の新田開発と高瀬通しの開通により発展した玉島には、今尚あちこちに水門が見かけられ、時代と共に姿形を変えながらも私達の生活を潤し受け継がれています。

「たましま歴史百景」第11回　２００９年６月　放送

（参考文献）

「浅口郡史」　「倉敷市史③近世・上」
「岡山県歴史の道調査報告書第三集」岡山県教育委員会編
「玉島界隈ぶらり散策」倉敷ぶんか倶楽部編　岡山文庫
「高瀬通しの里」高見光海著
「図説　倉敷・総社の歴史」太田健一監修　郷土出版社
「玉島むかし昔物語」渡辺義明編
「高瀬通しを訪ねて」玉島図書館編

（協力）
三宅正堂　西出勲　渡辺義明
倉敷文化財保護課

夢の浮橋（玉島西町）

常夜灯（川崎みなと公園）

13 玉島湊

「室は東に赤間は西に　玉島湊は真ん中に。」と詠われた玉島湊。東には兵庫県の室津港、西には赤間、現在の下関港があり、その真ん中に玉島湊があるという意味で、江戸の中期、玉島湊は備中随一の商港として栄えていました。


万治2年（1659）松山藩藩主・水谷勝隆により玉島新田が、さらに寛文10年（1670）にその子・勝宗により阿賀崎新田が完成しました。

堤防に商人を誘致して問屋街を作り、また高瀬通しを開通して備中一円の物資を玉島湊に集めて、近世玉島湊の基礎が出来上がりました。

玉島湊が最も隆盛期だったと言われる元禄年間には、問屋の数も阿賀崎村で43軒、玉島村では30軒を数え、全国各地から入港した千石船は白壁の倉庫が立ち並ぶ岸壁に帆柱を林立させていました。

玉島湊繁栄の象徴として、新倉敷駅の改札口ホールや玉島歴史民族海洋資料館には、千石船の模型が展示されています。


千石船が最も多く来航する春や秋には、新町の倉庫から荷物が溢れ出て町の東西に門を設け、夜は夜警が廻っていました。

「板子一枚下は地獄」という船乗りにとって港の遊女はつきものでした。仲買町の一角には遊郭の跡を物語る「夢の浮橋」という石橋が残されています。

玉島湊には全国各地の港から北前船が来航し、北前船を通して人や文化の交流も盛んに行われていました。水谷公が干拓を祈願して建てた羽黒神社の玉垣には、秋田や大阪、徳島などからの、寄進者の名が見られます。

玉島湊の後背地は干拓により作られ、干拓当初の田畑は塩分を含んでいたので、塩に強い綿が多く栽培されていました。そのため玉島湊は備中綿の積み出し港となり、取引品目では綿がいつもトップの座を占めていました。

新町の夜警　中原甕塘画「玉島風物絵巻」

千石舟で賑う玉島湊　松濤園提供

倉敷市総務課歴史資料整備室　山本太郎主幹　十七世紀後半になると、日本海沿岸と大阪を結ぶ西廻り海運が整備され、瀬戸内海の港も全国の経済と繋がりを持つようになります。そして松山藩主水谷公は天下の情勢に明るく、新田開発や玉島湊の構築を行いました。そして玉島湊には問屋や、問屋で働く人として近隣の諸村をはじめ各地から多くの人が移住してきました。また玉島湊の後背地は、備中綿の大産地で、質の良い繰綿や実綿が玉島湊に集まりました。元禄期には67品目が売買されており、港の問屋は戎講という講を作っていて、当時の岡山県下では一、二を争う港でした。

松山藩主水谷公によりつくられた玉島湊は時代の波にも乗り繁栄を誇りましたが、次第に陰りを見せ始めました。衰退の一因として、幕府による「明和の油仕法」の影響が上げられます。九州からの回船が玉島湊で菜種を売り払い、その代金で繰綿を買い取るという交換取引が行われていました。しかし摂津、河内、和泉の三カ国以外では油物の菜種の取引が許されなくなり、九州から玉島湊に入港する船が減少。また綿商人の中に、繰綿に水を吸わせて目方を重くし、取引をする者が現れて備中綿の信用が低下したのです。そうした備中綿の取引高の減少は、玉島湊の大きな打撃となりました。

もう一つの陰りの原因は、松山藩の外港として繁栄していた玉島湊でしたが、幕府領いわゆる天領とその他の藩が入り組み支配関係が錯綜した事があげられます。

元禄6年（1693）水谷家三代目藩主・勝美が亡くなり、跡継ぎ問題で水谷家は取り潰しになりました。その後、松山領は天領になり、元禄8年に安藤氏が松山城主になると、玉島と柏島の一部が松山領になりました。元禄15年には乙島、阿賀崎、柏島、勇崎の西が遠州浜松藩領、上成、長尾、爪崎、玉島、勇崎の東が丹波亀山藩領、黒崎と勇崎の西が天領になり、さらに享保14年には浜松領が天領に編入となりました。以来、玉島湊は天領、松山領、亀山領に領有されて幕末に至ることになるのです。

この事は、玉島湊に様々な対立抗争を引き起こし、衰退の一因になったと言われています。新町問屋は天領である事をかさにかけ、松山藩と亀山藩のいわゆる東浜問屋に圧力を加え、不正な取引を摘発したり株仲間からの追放を行ったりもしました。

そして町人の間でも、いつしか西浜と東浜とは対立するような関係になっていったのです。

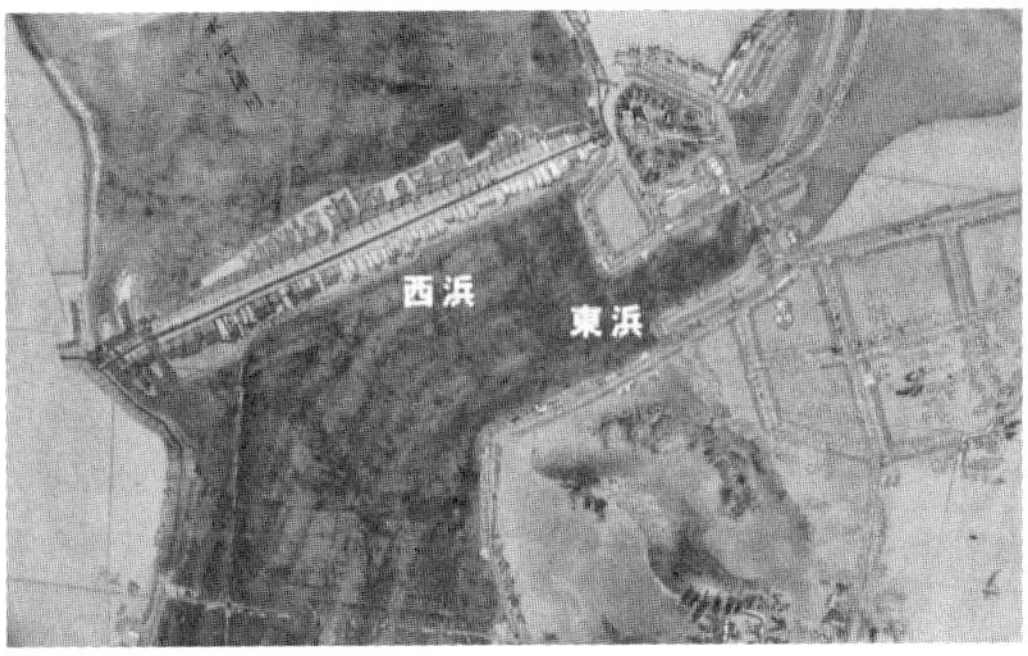

西浜と東浜（三宅正堂氏蔵）

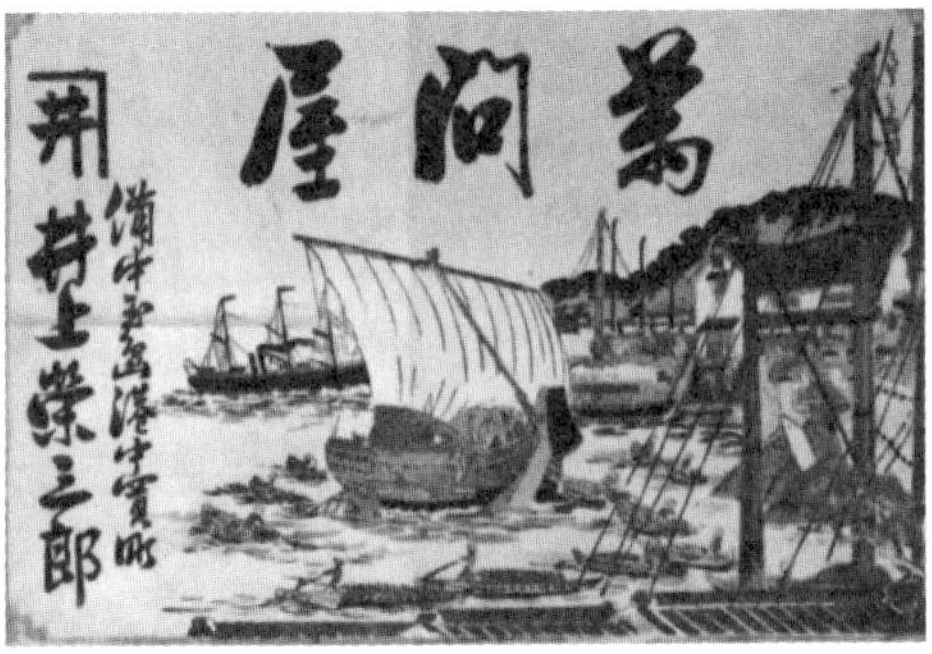

井上栄三郎商店の引札　井上浩氏蔵

その事は港の堆積土砂の浚渫工事の費用などの調達を困難にしました。備中南部地域の花崗岩は風化が激しく洪水の度に土砂が流れ出し、北前舟の入港に必要なだけの水深の維持は大変でした。

山本太郎さん　享保期になると、幕府が営業税として問屋から運上銀を取り立てるようになり、それがかなりの負担になりました。また洪水があって玉島湊に土砂が流れ込み水深が浅くなり、船の通行が不自由になりました。それと幕府の明和の油仕方の影響によって、九州の船が直接大阪周辺に行き、玉島湊に入って来る船が少なくなった事があります。また玉島湊は西浜である幕府領と、東浜である松山藩領に分かれていて、新しい問屋を認める権利などを巡って争いが起こり、一体とした行動が難しかったようです。そういった様々な要因が重なって問屋の数が少なくなり、玉島湊は衰退に向っていったと思われます。

明治3年（1870）になり、阿賀崎、玉島の両村の問屋は「甕港問屋株稼人」として一体化し、西浜・東浜の対立は沈静化しました。そして幕末に一旦陰りを見せた玉島湊は、明治になり再び盛況を取り戻したのです。

明治新政府は、富国強兵策の一環として、イギリスから紡績機械を購入。玉島は付近一帯が綿の産地であったこともあり、いち早く名乗りを上げ、払い下げを受けて、明治14年に玉島紡績を開業。順調な発展をとげました。仲買町の井上栄三郎商店の引き札には、帆船の向こうに蒸気船も描かれ明治の玉島湊の繁栄が偲ばれます。

山本太郎さん　明治になるとそれまで領有が分かれていたのが一体化されることにより、玉島湊はまた繁栄を取り戻します。明治24年には鉄道の玉島駅が開通するのですが、それにも関わらず、明治末には肥料の移入などによって、玉島湊は岡山県の第一の港として繁栄しました。

明治24年、山陽鉄道の開通は物流に大きな変化をもたらし、玉島駅と玉島湊の間をストンポッチという蒸気船が運航。

ストンポッチと駅馬車

玉島E地区とハーバーアイランド

明治43年の取扱高を見ると、玉島港は玉島駅と比べてもその地位を低下させてはおらず、県内随一の港として存続していました。

「港と共に生まれ、港と共に生きてきた玉島。」港公園には当時の玉島湊を照らしていた常夜灯が置かれています。

江戸、明治、大正、昭和と幾多の変遷を重ね、戦後も機帆船や連絡船が入港する商業港として利用されて来た玉島港ですが、時代の変化と共に船の大型化が進んで、水深の深い港が必要になり、玉島E地区、そしてハーバーアイランドと、沖へ沖へと港としての機能が移って行きました。

そして、かつて千石船の帆柱が林立した玉島港には、ヨットやモーターボートなどが停留し鴎が舞うのどかな景色が拡がっています。

「たましま歴史百景」第12回　2009年7月　放送

（参考文献）「図説　倉敷・総社の歴史」太田健一監修　郷土出版社
「水谷左京亮勝宗公三百年祭記」
「倉敷市史③近世上」　「倉敷市史⑤近代上」
「写真集玉島」森脇正之編　国書刊行会発行

（協力）倉敷市歴史資料整備室　加賀市北前船の里資料館
玉島図書館　玉島歴史民族海洋資料館
松濤園　三宅正堂　西出勲

若屋（元　山本酒造）

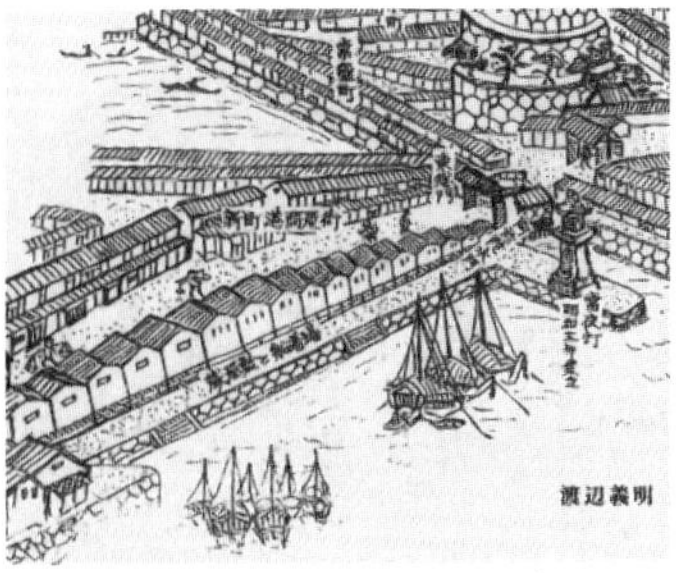

新町港問屋街（渡辺義明氏作図）

新町通り

14 問屋街

かつての玉島湊を中心に街が広がり、白壁やなまこ壁の建物が点々と残る静かな町並み。近世玉島湊の発展と共に繁栄した問屋街は、港町玉島の歴史を今に伝えています。

羽黒神社から真直ぐ西に延びる新町通り。新町通りは全長391メートル、幅53メートルの阿賀崎新田の新町堤防の上に作られた問屋街です。明治初年の白神澹庵の「備中国玉島湊繁栄鑑」を見ると土手に並ぶ問屋街の北側には遊水地が、南側は船で賑わう玉島湊が描かれています。

延宝3年（1675）には阿賀崎村が誕生。松山藩主・水谷勝宗は庄屋として、下道郡山田村から菊池重右衛門を迎えました。阿賀崎村の庄屋となった重右衛門は堤防の地盤の強化と共に、街の繁栄を図るため大土手の上に町屋敷を築き、問屋を積極的に誘致しました。

元禄の頃になると新町問屋街の北側には店舗と住宅が、南側には船着場と土蔵の倉庫が建ち並び、玉島湊は隆盛期を迎えていました。

しかし元禄6年、玉島湊の基礎を築いた松山藩主水谷家の三代目・勝美が亡くなり水谷家は改易。以後、玉島湊は幕府領、松山領、亀山領と三分割をされ、港としての統一された運営が難しくなって次第に問屋の数も減少したのです。

山本酒造の建物は穀物などを扱う問屋・若屋の店舗として使用されていたもので、当時の佇まいが良く残されており、新町では最古の建物と言われています。

回船問屋大国屋の店舗として利用されていた安原倉庫は、幕末の漢学者川田甕江の生家で、家の傍らには甕江先生旧宅の碑が建てられています。

中国銀行の斜め向いにある建物は、備中綿などを取り扱う回船問屋として栄えていた西綿屋です。ここには天保年間の棟札が残されており、当時の代表的な建物で東側の道路からも奥行きの深い構造が伺えます。西綿屋の当主・中原利右衛門は中原国華という号を持ち、書画をたしなみ諸国の文人墨客と交わり玉島の風流問屋の代表と言われていました。

米屋

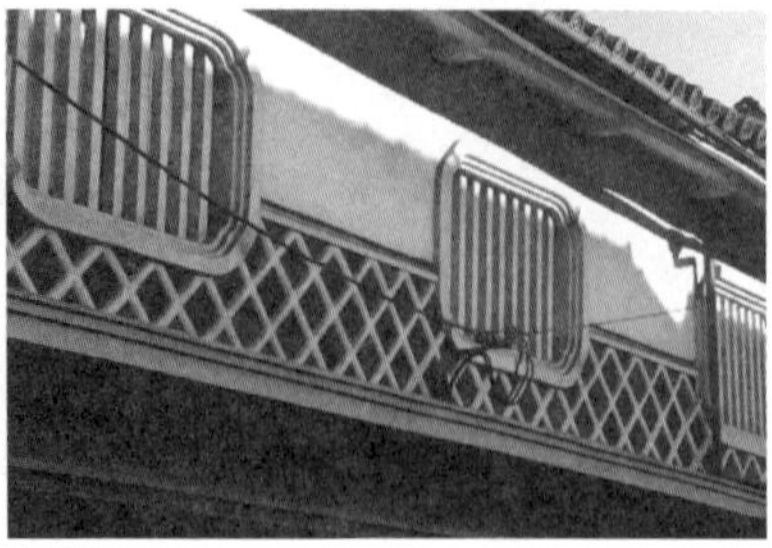

虫籠窓

西錦屋

旧玉島食糧の建物は、連島の回船問屋米屋の三宅家がここ新町に移り住み明和元年（1764）に建てたものです。石造りの柱の外観は、大正の初め星島銀行開業の折に改装されました。

新町で回船業を始めてから十代目にあたる三宅正堂さんですが、三宅家は阿賀崎村の大庄屋を務めており、太政官からの立て札や玉島の古い絵地図、古文書などが数多く残されていて、玉島湊の変遷を知る貴重な手掛かりとなっています。米蔵として使用されていた蔵は宝暦年間のものと伝えられ、窓は三層でなまこ壁の重厚な造りになっています。石畳の路地は港からの荷物を揚げる通路として利用されていました。現在の住居は三宅家が大正期に星島銀行を開業の折、土蔵の一部を取り払い住居用として建てられたものです。

三宅正堂さん　回船問屋だった頃の文書で元禄時代の取引品目を見ると、80品目を越えており何でも扱っていたようです。出荷で一番多いのは備中綿で入荷では肥料です。奄美大島の黒砂糖や北海道の昆布なども載っていますね。

三宅正堂さん宅の隣の向三宅邸は米屋の別宅として天保3年（1832）に建てられました。通りの喧騒を避けるため一間ほど奥まって建てられており、二階は黒の漆喰壁（しっくいかべ）で虫籠窓（むしこまど）、一階は仕舞格子がつけられ風格が漂う造りになっています。それまで海側の並びに住居用の建物はなく、海側は二百棟を越える土蔵が軒を連ね、玉島湊からの荷物が次々と運びこまれていました。

中野開一さん所有の土蔵は江戸中期の建物で西国屋という回船問屋の蔵でした。ここの主人・萱谷半十郎は西国半十郎として全国の回船問屋にその名が知られ、三艘の北前舟を所有していました。巨大な梁に支えられた広い軒下は、雨の時も仕事が楽なようにと考えられた物です。蔵の内部にも貼り瓦がほどこしてあり、当時描かれた落書き等も残されています。

中野開一さん　この蔵は、扉に二百年前の落書きがあり、それより古い時代に建てられたようです。太い柱の材料や建て方は丈夫で何百年も保つように作ってあります。この蔵は内部に瓦が貼ってあり、隣の蔵は内部が板張りです。平成元年からコンサートなどをして皆さんに利用してもらっています。

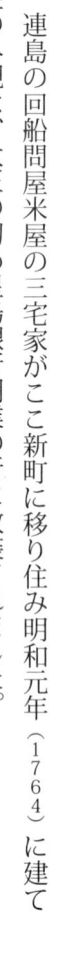

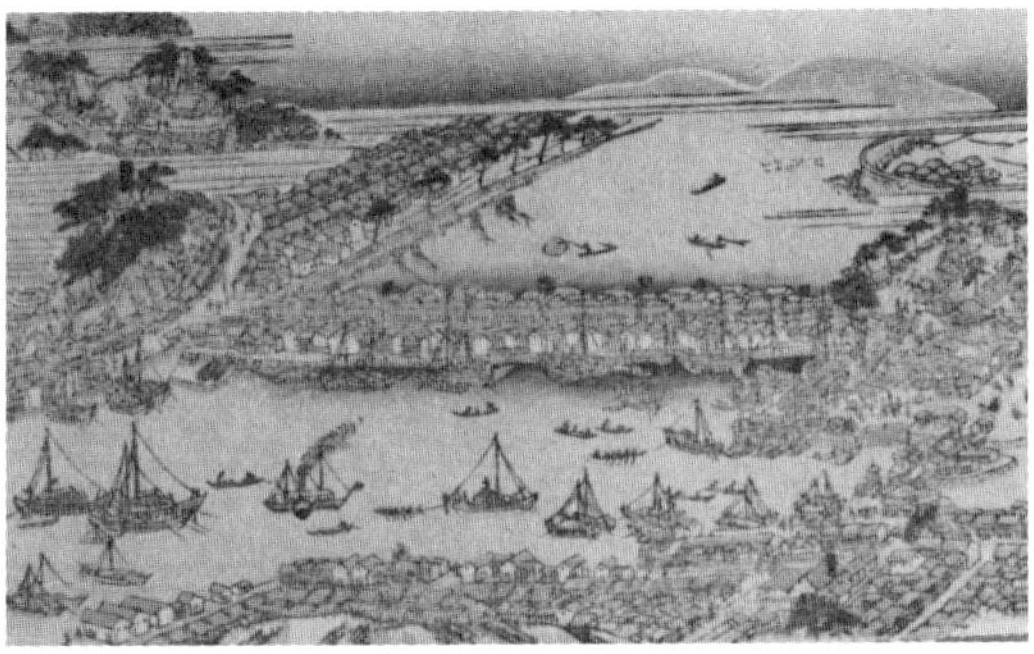
備中国繁栄鑑（部分図）

中備の魁　紙卸商　室屋

新町通りを抜け昭和橋を渡り円通寺への登り口を右に折れる通りは仲買町で、その名の通り仲買人の店が多く軒を並べていました。

明治の初めに紙問屋として開業以来、営業を続けている白神紙商店・室屋は、玉島湊の東浜で営業していた越前屋が西浜のこの地に移住してきたもので、その後室屋に引き継がれました。

井上商事が所有している建物は宝暦3年（1753）井手屋の屋号で穀物問屋として開かれました。蔵の外観は当時の様子を良く残しており井上商事の肥料の倉庫として最近まで使用されていました。

軒先に杉玉が吊るされている菊池家は、阿賀崎新田村の初代庄屋を務めた家柄です。明治11年に菊池酒造を開業。明治になり庄屋から造り酒屋になった家は多く、菊池酒造もその一つです。

菊池東さん　備中松山藩と一緒にこっちに来て開墾をしたのがうちの先祖らしいんですが、その当時の庄屋をやってました。そして明治11年に酒を始めたわけです。酒を始める前に庄屋が終って明治の始め頃は肥料の問屋をやってました。この辺りは北前船が沢山着いていて、仲買町では肥料問屋は沢山あったんです（菊池東さんは初代庄屋からは十二代目、造り酒屋の当主としては五代目です）。

玉島湊を中心として栄えた問屋街。これらの町並みは地元の人達の努力で守り継がれ、「玉島町並み保存地区」として平成7年に岡山県の指定を受けました。

通りをゆっくりと歩けば、そこかしこに江戸の面影を残す、町屋や蔵。明治、大正そして昭和にも出会える玉島のレトロな町並み。豊かな歴史と文化が時を越えて私達に語りかけてくれます。

「たましま歴史百景」第16回　2009年12月　放送

（参考文献）　「歴史散歩　玉島町並み保存地区」　虫明徳二　　「玉島地方史　下」　大田茂弥
「玉島界隈ぶらり散策」　小野敏也監修　倉敷ぶんか倶楽部編　岡山文庫
「中備の魁」　倉敷文庫刊行会　　「倉敷市史③近世上」

富たわ池（富峠の頂上辺りの溜池）

富峠

15 富峠

平地では自由に広がる道も、山地では通過しやすい谷や窪んだところを選んで踏み分け道が出来、峠道が出来ました。遙照山の峰々では、弥生時代の昔から人々の暮しが営まれており、北と南をつなぐ生活の道が自然に発生しました。その中の一つが「富峠」です。

古墳時代、この辺りは南の海に臨んで天王山古墳、北には小迫大塚古墳が築かれ、また豪族として下道臣（しもつみちのおみ）がいました。

中世には猿掛城が築かれるなど、富峠には南北の文化と暮らしの交流を支えた長い歴史があります。小田川沿いの東西の交通路としての山陽道は、この地方にとっては通り抜けの道路でしかなく、人々の暮らしに直結した生活物資の移動は横谷から富田へと南北に越える富峠に依存していたのです。

江戸時代、岡山藩により富峠の頂上に溜池・富たわ池が作られました。富たわ池はその形から「ひょうたん池」とも呼ばれ親しまれています。

天保の大飢饉の折、ここ岡山藩の富村も、深刻な状態になり溜池の造成に迫られました。岡山藩はひょうたん池を作る際、北半分の敷地は庭瀬藩領であったにもかかわらず永代借用として築きました。当時、岡山藩は31万石でしたが庭瀬藩は2万石でした。岡山藩の領地借受にも、庭瀬藩は服従せざるを得なかったといいます。しかし池の底には藩の境界線として東西に固められた小さな堤防があり、その延長線上に藩の境界を示す標石が建てられました。「従是北庭瀬領」また「従是南岡山領」と花崗岩の石柱に記されています。

岡山藩の石垣・備前積みの手法は、江戸時代の土木技術の極致と言われていました。南堤の石垣はその流れを汲む藩お抱えの石工の技で、石垣の高さは4メートル。三段積みの石組みは狂いがなく、現在もその姿を保っています。内側の波叩きは全面石垣で富地区への給水は今も行われており、池の水が枯れることはなかったといいます。この池が出来た事によって峠の頂上は急に高くなり、それにより生じた「ひじ曲がり」の道は、荷車をひく人にとって命がけの道になりました。

備前積みのひょうたん池南堤

藩の境界標石（従是北庭瀬領）

花土弘さん　その形からひょうたん池と呼ばれており、その池で小学校六年くらいの子供がよく泳いでいました。下の谷池より水温が3度程低いんです。夏には小さいエビがいて、肌をチカチカと刺すんですが、甘辛く炒って食べられるんです。

富の峠道には道祖神や石仏もそこかしこに置かれていました。ひょうたん池の南堤、用水路脇の自然石には摩崖仏が彫られています。文字はなく製作された時期は分りませんが、高さ39センチ、蓮華座に立つ苔むした姿は素朴で清楚です。

ひょうたん池の南、峠道を少し降りたところにお堂に納められた地蔵石仏があります。台には富邑、花立には矢掛町高末屋と刻まれており、富と矢掛の結びつきが偲ばれます。

ひょうたん池の北堤を少し下りた所に松の大木があり、首つり松とも呼ばれていました。今は枯れ株が腐って大きな穴が出来ていますが、その脇に地蔵石仏があり享保5年矢掛清雲と刻まれています。

この西側には、峠での犠牲者や行倒れの無縁仏を埋葬する「死人谷」と呼ばれている谷があり、この地蔵はそれを弔うために建てられたと言われています。

富峠は暮らしに身近な道としての役割を色濃く持っていました。北からの荷物を積み、富峠の頂上に着くと瀬戸内海の展望がパッと開けて旅の疲れも吹き飛んだといいます。

峠には茶屋が置かれ休憩所として利用されていました。北の茶屋には井戸の跡も残っていますが、ここでは天ぷらを味わうのが楽しみだったとか、頂上の茶屋ではお茶に添えて飴玉やお多福豆が出されていました。また南の茶屋では、ここに宿をとり賭博に興ずる仲仕達が多かったといいます。

その下には法印屋敷があり、僧侶が水垢離（みずごり）をとった堀の跡が残っています。

花土さん　お茶屋では博打とかもしていたようです。牛屋原から牛に曳かせて上がり、その賃金で一儲けしようという人達もいたんでしょうね。また途中で大降りに遭った時には、簡単な宿泊施設もあったようです。

富砲台跡

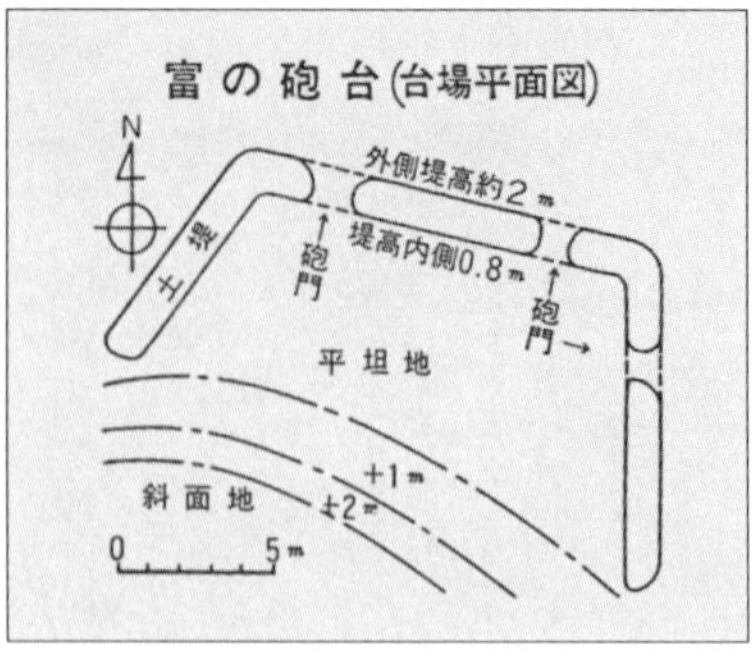

富の砲台平面図　「郷土風土記」

これはひょうたん池の北堤に立つ弥高霊場への標石です。弥高へんろ道と指で方向を示し、施主・富村と刻まれています。毎月21日には富村からも峠を越え弥高霊場めぐりに出かけていました。

江戸時代、富峠に造られたもう一つの史蹟は富の砲台跡です。ひょうたん池から西に約300㍍、谷一つを隔てた阿仙原に砲台跡が残され案内板も設置されています。横谷に面している山の斜面を利用して造られ、東西17㍍・南北7㍍の馬蹄形の土塁に、砲門と見られる三つの口が備えられています。岡山藩が幕府の命により、慶応2年6月、山陽道の警備についた折に築いたもので、今は雑木に覆われていますが、富峠に通じる道を狙える位置に設置されていました。慶応4年におきた熊田恰の玉島事変の際には、付近3ケ村から藩内の農民兵が動員され大砲3門が配備されたといいます。

花土さん　富の砲台址と、ひょうたん池のくぼんだ所、ひょうたん池の掛け用水を辿れば、直線で300㍍ありなしで、富の有志でその道を作ろうかという話もあったんです…。

お台場が築かれた頃から峠の警備は強化されて峠道の入口辺りに関所が設けられました。また関所から少し入った処には留置所もあり、軽犯罪者はここに入れ重罪人は藩に移送していました。

明治になっても、富峠は玉島港への物資の輸送に大きな役割を果たしていました。富峠の頂上から400～500㍍北側にある横谷の弥高山には昔から弥高銅山がありました。明治10年、三菱系の資本により本格的に開発。堀出された鉱石は大八車に載せられ、富峠を越えて玉島港から今の玉野市日比の精錬所へと輸送されたのです。

「玉島三度」と呼ばれる矢掛―玉島間を往復する中仕（運送業者）がおり、横谷から鉱石を玉島に運び帰りには、魚や塩、油粕などを持ち帰っていました。また横谷と牛屋原には大八車を曳く貸し牛もありました。

大正2年、ひょうたん池より一山隔てた東の窪みが切り通され待望の車道が新設されました。大正7年には玉島矢掛間をバスが運行し、大正15年になると全線3㍍巾に改修され、トラックも運行でき

富トンネル（平成16年完成）

富隧道（昭和30年完成）

る自動車道になりました。しかし自動車はまだ少なく、歩く人達は峠道が近道でもあったので 峠を利用していたといいます。

そして昭和30年「冨トンネル」が完成。大型自動車の通行が可能になりました。

さらに県道・玉島―成羽線の改修工事の一環として、昭和45年から50年にかけて道路が拡張され交通量は激増。平成16年には新しい富トンネルが開通。

富峠に代って作られた富トンネルは、矢掛と玉島をむすぶ幹線道路としての役目を担っています。

時代を越えて玉島・矢掛の生活と文化の交流を支えてきた「富の峠道」。

旅立つ人を見送った峠。家族が待つ故郷へ胸をはずませて越えた峠。峠を越えてお嫁に来た人等、先人達が悲喜こもごもの想いを持って越えた「峠道」。

富峠は交通機関の発達によってその歴史的役割を終え、今はその痕跡を留めるだけになっています。

「たましま歴史百景」第18回2010年3月　放送

（参考文献）「高梁川第49号　富峠」中山頼夫
「郷土風土記」宗澤節雄
「おかやまの峠」森文忠著　福武書店発行

カンナ流しの道具

砂鉄とりのための鉄穴流し図

16 カンナ流しと洪水

平安時代の「古今和歌集」には「まがねふく　きびの中山おびにせる　細谷川の音のさやけさ」と詠まれています。「まがね吹く」は吉備の枕詞であると共に銑鉄を作る「たたら吹く」の意味で、吉備の国では砂鉄から鉄をとって農具や刀を作り、それが吉備豪族が繁栄する源、原動力となっていました。しかし、砂鉄採掘のための「カンナ流し」は、下流の農民にとっては、どうしようもない「公害」であったのです。

「恐れながら訴訟申しあげます。…備中、備後の村々のカンナ流しが年々増加のため、濁水が増し農作物に障害があるだけでなく、土砂が大量に流出してきて川床が埋まり、中洲ができ、堤防下では悪水が流出して田畑を失ったところもあって難儀しております。ご厄介をかけ恐れ入りますが、御領地内のカンナ事業をやめるように御手配下さい」

これは天保13年（1842）8月、柳井原村、水江村、上船尾村、下船尾村、長尾村、玉島村など浅口郡、都宇郡、児島郡の34ヶ村総代が、備中国阿賀郡、備後国奴可郡の村々を相手取って、松山川（高梁川）、成羽川上流での砂鉄採りのためのカンナ流しの中止を訴えた訴訟文の大要です。

砂鉄採りのために生じる高梁川下流の水質汚濁、土砂流出による被害を訴える訴訟は、元禄16年（1703）、安永5年（1776）、天保10年（1839）、天保13年（1842）、弘化2年（1845）など、何回となく繰り返して行われた、高梁川上流の中国山地の砂鉄採り住民と下流の平地農民との利害相反する生活権の争いでした。

江戸時代の中国山地で盛んに行われていたカンナ流しというのは、山の中腹の溝を掘り谷川の水を引いて山から掘った土砂を水と共に流すと、土は流れ去って砂鉄だけが底に残り、この砂鉄をザルに取って、流水で2～3回洗ってカマスに入れて出荷するというものです。そしてこの砂鉄を木炭と共に粘土製の炉に入れて長時間送風して熱し、銑鉄や鋼を作ったのです。

復元製鉄炉（総社ウイングバレイ）

製鉄用の炭釜（総社ウイングバレイ）

この砂鉄から銑鉄をとる作業を「たたら」と言い、砂鉄を溶かして鉄をとる溶鉱炉の遺跡のことを「たたら跡」と呼び、中国山地の各所に「たたら跡」が残っています。

弥生時代の後期にはじまった製鉄は、このように「カンナ流し」と「たたら」の二つの工程によって農具、工具、武器となりましたが、稲作と共に朝鮮から伝わったものと考えられています。

文献によると奈良、平安時代になると、鉄を朝廷へ調（ちょう）として納税した地方として美作、備中、伯耆、筑前の五ヶ国があげられ、古代日本の鉄の生産地は中国山脈が占めていました。

下流と上流で訴訟事件が多発した江戸時代の最盛期には、高梁川上流には三百三十個所ものカンナ場があったと言われており、砂鉄採取のカンナ流しによる高梁川下流域の土砂の堆積による被害は明治に入っても深刻なものでした。

砂鉄が取れるのは土砂の0・15%～0・3%だけで、残りの土砂はすべて川へ流すため、下流の川床に大量の土砂が堆積、それが水害の原因になり、これを止めさせることこそ根本的な治水策であると明治17年には県令に「砂鉄営業禁止ノ儀」を提出。

岡山県会もたびたび備後地方の砂鉄採取を問題にして「砂鉄採掘停止ノ建議」を明治25年に、また「高梁川治水ニ関する建議」を明治30年と相次いで内務大臣に提出しています。

暴れ川と言われていた高梁川。明治時代、高梁川の下流に開けた平野は度々水害に見舞われました。中でも特記すべきは、明治17年8月25日深夜に発生した水害と、明治26年10月14日夜半に起きた水害でした。この二つの水害はどちらも台風の襲来によって発生したものでしたが、被害の形態は大きく異なっていました。

明治17年（1884）8月25日の水害は、ちょうど満潮時に台風が近くを通過したために気圧が低下して高潮を引き起こし、その上に激しい高浪を発生。その高潮と高浪が相乗して深夜の海岸堤防を一気に破壊し、猛る海へ人も家畜も家も舟も引きずり込みました。

明治26年、水江堤防破損「水利ロマン90年のあゆみ」

明治26年
高梁川の洪水

玉島乙島では２００戸が流出・破損して19人が死亡または行方不明。玉島勇崎でも１９１戸が流出・破損して21人が死亡または行方不明になりました。

また明治26年（１８９３）10月14日夕方から発生した水害は、明治以降では最大の被害を高梁川下流に与え、中でも真備町川辺を中心とする高梁川西岸の村々の被害は深刻なものでした。

西高梁川沿いの水江、西阿知西原、連島町西之浦の堤防が決壊し、これに酒津で堤防を崩した東高梁川の奔流が加わって、東高梁川と西高梁川に挟まれた一帯に濁流が氾濫。長期間にわたって水浸しの状態になりました。

さらに西高梁川は船穂町内でも決壊して濁流が川西の平野を洗い、玉島地域の家並みまで飲み込んだのでした。

この時の高梁川流域の被害は、浸水期間一週間、死者二百九十二名、流出家屋七百五十四戸、半壊家屋二百六十五戸、浸水家屋五千三百戸でした。

この頃の堤防は土手の上に所々竹藪がある位の貧弱なもので洪水には弱く、高梁川では神在村下原の土手が切れ、川下の川辺の町並み（現在の真備町）は瞬く間に濁流に襲われました。川辺の人達は二階建ての家や本陣宿に逃げ込み、二階へ逃げた人達は助かりましたが、一階にいた人は増水した濁流にあっという間に飲み込まれ押し流されてしまいました。低いところでは平屋の屋根の先が少し見える程の水かさであったと言われています。

この時、本陣の近くに住む17歳の友三郎も必死で我が家のわら屋根の上に逃げましたが、気がついた時には水に浮かんだ屋根の上でした。水に浮いたわら屋根は激流に押し流されながら、いつしか水島灘を漂流して塩飽本島にたどりつき、からくも一生を得ることが出来たのでした。

同じようにわら屋根に乗って流されたいくつかは、山陽鉄道の鉄橋の橋脚に激突して砕け散り、濁流の渦に飲み込まれ見えなくなった者もいたと言われています。

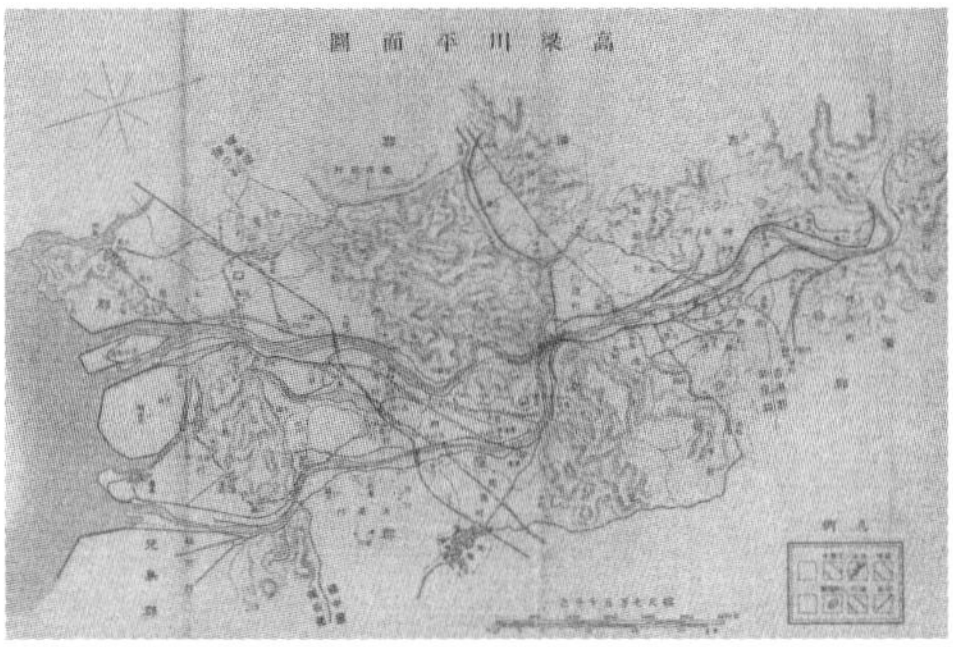

東西高梁川平面図（大正7年）

明治26年、川邊村付近破損堤防覆築
「水利ロマン90年のあゆみ」

また船穂では一の口水門と又串の堤防が決壊し、勢いにのった濁流は遠く金光の八重から占見まで流れ込み、玉島平野は一週間にわたって浸水しました。

又串の土手が切れ濁流は家の床上３ｍまでも浸水し、また濁流が押し流し運んできた30余りの大きな岩が今でも点々と水田の中に残っているとも言われています。

明治26年に起きた高梁川流域の大洪水により岡山県では明治29年全国初の「国土保安林取締規則」を出しましたが、天上川化した高梁川の治水対策に森林の保護育成などが即効を発揮するはずもなく、大量に土砂が堆積した川は改修するしかなかったのでした。

当時の高梁川は倉敷市酒津と船穂・清音の境が交わる辺りで東西に分流していました。東流（東高梁川）は酒津から今の水島港に向けて流下し、西流（西高梁川）は今の柳井原貯水池を経て玉島乙島の東を流れ、それぞれ瀬戸内海に注いでいたのでした。明治26年の水害が特にはげしかったのは、この西高梁川沿いの地域でした。

明治26年10月の大水害で抜本的な治水対策が急務となり、明治政府は国家事業の一つとして高梁川の河川改修事業を明治40年に開始したのでした。

（参考文献）　倉敷市史⑤　「高瀬通しの里」高見光海著
「水利ロマン90年のあゆみ」高梁川東西用水組合発行

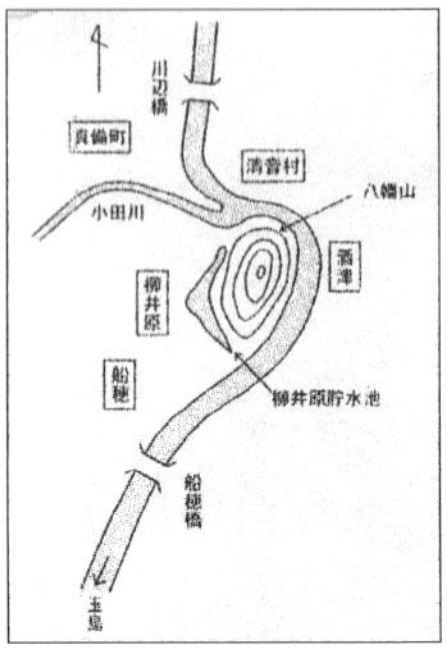

改修後の高梁川

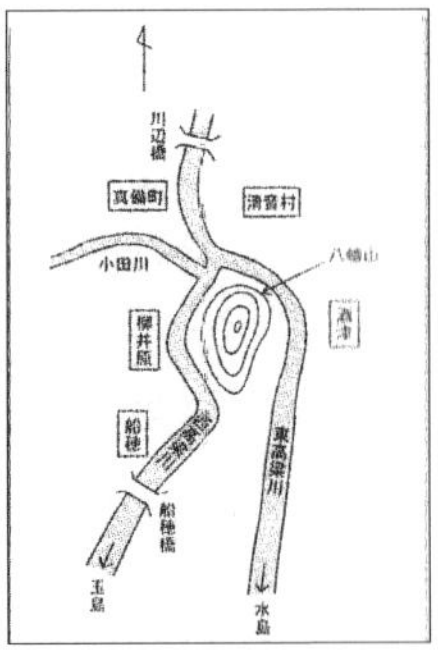

改修前の高梁川
「岡山のイコン」

改修記念碑（酒津）

17 高梁川の変遷

滔々と流れる高梁川。かつては「暴れ川」と呼ばれ、県内でも特に水害が多発する川でした。現在の高梁川は延長約百十一キロ、鳥取との県境にある花見山を源とし、途中西川、小坂部川、成羽川そして小田川などの支流を合流し、八幡山を東へ迂回、酒津付近から流れを南西に変え、川幅を広げながら瀬戸内海へと注ぐ、国管理の一級河川です。

高梁川は酒津付近で東と西に分かれ、東の流れを東高梁川、西の流れを西高梁川と呼んでいました。またその頃は上流で行われていた、砂鉄の採取により流される大量の土砂が堆積して川底が上り、あちこちに中洲が形成されていました。また江戸時代から約3百年間にわたり干拓がなされ、その干拓した土地を守る為に堤防が造られるなど高梁川は人口の川でもありました。

しかし、こうして造られた堤防は大変簡単なもので、下流の地域では水害が頻繁に起こり、上流と下流が対立して訴訟になったり、日照りが続けば干ばつとなり、水争いも絶えなかったと言います。

明治26年10月の大水害では、高梁川流域全体で死者292名、抜本的な治水対策が急務となりました。そこで明治政府は高梁川の改修を国家事業として取り組み、明治40年に基本計画を示し、明治44年から内務省直轄の改修工事に着手したのです。

改修案は色々ありましたが、取水などの都合から配水池は酒津に決められました。工事のポイントは東西の流れを一本化し、現在の総社市湛井から倉敷市水島の河口に至る全長約24キロに及ぶものでした。西の流れは小田川との合流地点の南で締め切り、東の流れは酒津から南へ流れる東高梁川を止め、新しい水路をつくり西高梁川に合流させるという計画でした。

これにより東高梁川で廃止された川の454ヘクタール余りの跡地が出来た為、道路や臨港鉄道などが整備され、そこが水島工業地帯の出発点となりました。また西高梁川で廃止となった川の跡地は干ばつに備え、農業用水の補給用として「柳井原貯水池」が整備されたのです。

北配水樋門（八ヶ郷用水樋門）

取水樋門（配水池側より）

笠井堰全景（酒津）

改修工事では、東西の流れを一本化するだけでは洪水を防ぐ事は難しく、川幅を広げ川底を掘り下げて強固な堤防を築き上げる事が必要で、工事は難攻をきわめ、周辺に住む人達も動員されたといいます。

しかし工事に着手してみると、上流の小田川沿岸の排水や、下流での農業用水の取り入れなどを巡り、それぞれに分立していた用水組合同士で「我田引水」さながらの紛争が起こったのです。

そこで改修途中の大正5年、個々の用水組合を東西高梁川用水組合として統合。高梁川の改修工事は14年もの歳月を費やし、大正14年3月にようやく完成しました。

今は市民の憩いの広場になっている酒津ですが、酒津の中心に位置する配水池、この池は旧東高梁川の河川敷を利用して作られたもので面積は約3ヘクタール余り、取水樋門より入れた水を溜め、それぞれの用水路に配水されます。

では酒津での取水と配水の仕組みを見てみましょう。まず水を高梁川から取り入れる取水です。高梁川本流にある中洲と東の岸をはさんで、高梁川を横断する石張りの固定堰を作り、その固定堰から取水樋門を通して酒津の配水池に導入しています。この固定堰は当時の岡山県知事笠井信一の名を取って笠井堰と命名されました。

次は配水です。配水池の北側にある北配水樋門には6連のゲートがあり、そこから八カ郷用水に配水されています。また南配水樋門には15のゲートがあり、現在も活用されている国内最大級の樋門です。右から倉敷用水が2連、備前用水が2連、南部用水5連、西部用水3連と、玉島、船穂地区に送水されている西岸用水3連からなります。

玉島、船穂地区には、酒津から少し下った水江の両岸に、サイフォンによる伏せ樋の樋門があり高梁川の川底を横断して送られています。

酒津の周辺は、桜の名所として親しまれ、桜の季節には多くの人出で賑わい、また夏場には美しい

水江の渡し

伏せ樋（サイフォン）

南配水樋門

水辺の環境がある広場として親しまれています。

東西用水酒津樋門は平成15年「近代土木遺産」に、さらに平成18年、高梁川東西用水路は「疎水百選」に認定されました。また平成28年には高梁川、東西用水取水配水施設と用水組合事務所、ため池、公園などを合わせて「国の重要文化財」の指定を受けています。

柳井原貯水池は柳井原の前を流れていた西高梁川を堤防で仕切り、その跡を利用したものでした。しかし近年になって高梁川の水位が上昇した際、小田川に水が逆流して洪水を起す危険があることが指摘されました。そこで高梁川への流入をスムーズにし、洪水の危険を回避するため、バイパスをつけて、現在の合流点から4キロ程下流に新たな合流点を設け、柳井原貯水池を再び川へと戻す工事が予定されています。

また「水江の渡し」ですが、これは高梁川の改修工事で村道が川底に沈んだのを受け、昭和2年に開始されたものでした。この約40メートルの「渡し」は野菜を運搬する荷車や対岸への買い物客などで船着き場に長い行列が出来るほどであったといいます。

しかし約90年の歴史を持ち、倉敷に残る唯一の渡しとして親しまれていた「水江の渡し」も百m下流に「倉敷大橋」が出来たことから、平成28年3月に役目を終え、惜しまれながら廃止となりました。

かつて「暴れ川」と呼ばれていた高梁川。苦難の改修工事を経て今は穏やかで豊かな川に姿を変え、私達の毎日の暮らしを支えてくれています。

「たましま歴史百景」第62回　平成29年6月放送

（参考文献）「水利ロマン90年のあゆみ」高梁川東西用水組合発行
「高梁川東西用水組合設立１００年のあゆみ」高梁川東西用水組合発行

（協力）　高梁川東西用水組合

板倉勝澄　平木正次筆　高梁市歴史美術館蔵

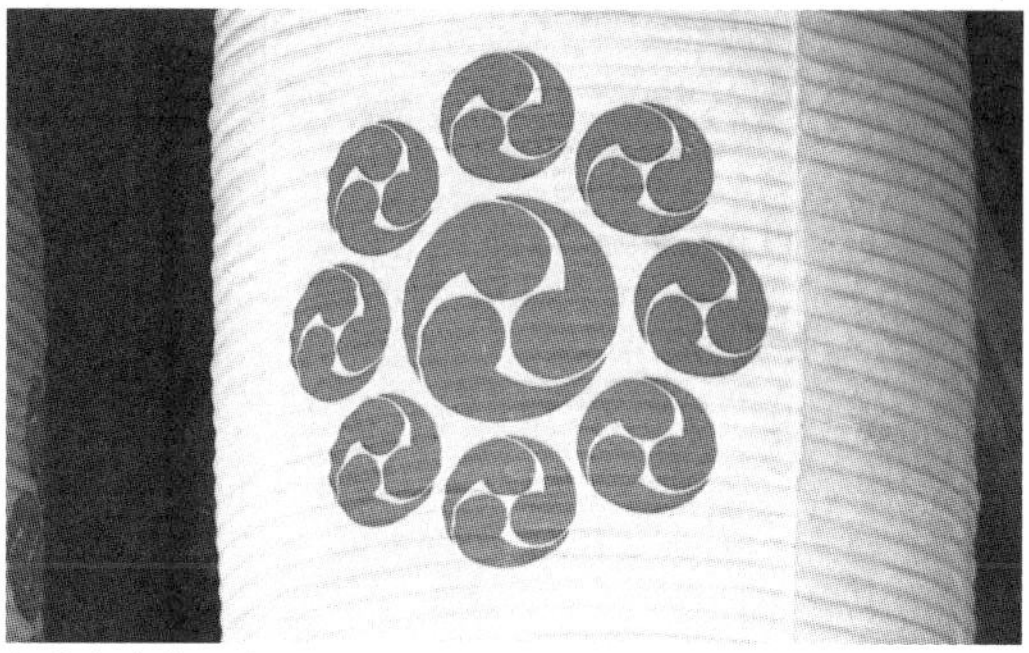
板倉家家紋　九曜巴

18 備中松山藩主　板倉氏

八重籠神社の提燈に記されている「九曜巴」（くようどもえ）は備中松山藩藩主・板倉家の家紋です。

備中松山藩は、江戸時代を通じて池田氏、水谷氏、安藤氏、石川氏、板倉氏と、藩主が5回も入れ変りました。その中でも板倉氏は延享元年（１７４４）から慶応4年（１８６８）までの１２４年間備中松山藩を治め、最も長い期間松山藩の藩政を司りました。

百二十年余りの長い治世にあって、板倉氏は飛領地・玉島にも大きな影響を及ぼしたのです。板倉氏が備中松山藩に入封したのは、延享元年、将軍吉宗の時代です。

板倉家の始祖・勝重（かつしげ）は、関が原の戦いの以前から徳川家康に仕え、慶長8年、家康が征夷大将軍になったのと時を同じくして、京都所司代に就任したと考えられています。勝重の子・重宗（しげむね）も、京都所司代に就任し、父と並び称されるほどの高い評価を得ていました。

高梁市歴史美術館所蔵の軸は、三代目重郷（しげさと）から十四代目勝弼（かつすけ）までの肖像を、昭和16年に画家の平木政次が一本の軸にまとめたものです。軸の下には、三代重郷公、四代重常公、五代重冬公、六代重治公、七代勝澄公、八代勝武公、九代勝従公、十代勝政公、十一代勝晙公、十二代勝職公、十三代勝静公、十四代勝弼公と歴代の名が記されています。

備中松山藩主としては、板倉家の初代・勝重から数えて七代目の勝澄（かつずみ）が始まりです。勝澄は伊勢亀山藩（現在の三重県亀山市）五万石の藩主でした。伊勢亀山藩は東海道の鈴鹿峠越えを控えた亀山宿で栄えていました。

備中松山藩に移封された折、表向きは五万石でしたが、山が多く、飛領地・玉島が大きな収入源で、勝澄から勝静（かつきよ）に至るまで、しばしば財政難にみまわれ厳しい藩政を強いられていました。勝静が山田方谷を登用し、藩の財政の立て直しを行った事は良く知られています。

玉島矢出町にある、西爽亭は天明元年（１７８１）藩主板倉公が玉島の領内を巡回したおりに、藩政を行ったり宿泊に使用する事を目的として建てられたものです。

山田方谷　小倉魚禾筆　高梁市歴史美術館蔵

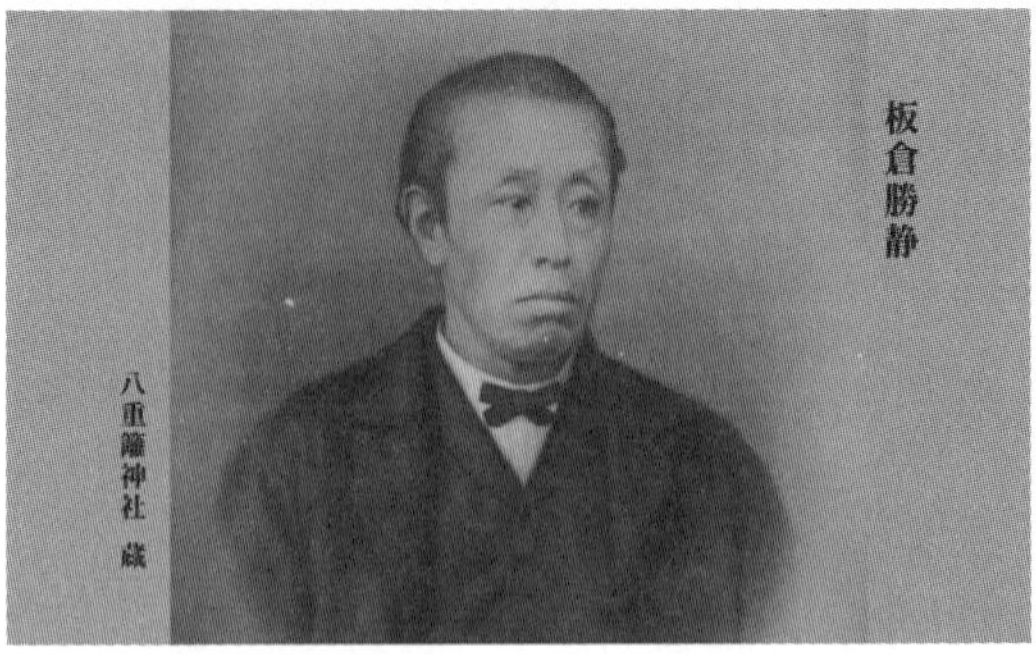

板倉勝静　八重籠神社蔵

西爽亭の当主・柚木家は玉島村の大庄屋で、備中松山藩・板倉家の奉行格吟味役などを務め、飛領地玉島の管理に携わっていました。

書院を中心とした一角は江戸時代の大名の施設を思わせる凛とした造りになっています。門は薬医門です。これは武士や公家の屋敷に用いられていた形式で、今でも時折「御成り門の通り抜け」が催されるなど、玉島の名所の一つとして保存、公開されています。

備中松山藩藩主として七代目にあたる板倉勝静。勝静は文政6年（1823）陸奥白河藩藩主・松平定永の八男として生まれ、松平定信の孫に当たります。

松平定信は天明の飢饉の折に徳川幕府の老中を努めており、寛政の改革を行った事で有名な人物です。勝静は天保13年（1842）十九歳の時に、備中松山藩の第六代藩主・板倉勝職の家督を継ぐため、陸奥白河藩松平家から板倉家の養嗣子となり、七年後の嘉永2年に勝職が隠居して第七代藩主となりました。そして、幕閣に登用され寺社奉行となりましたが、井伊直弼と対立して罷免されたのです。しかし、桜田門外の変で井伊直弼が暗殺され、文久2年（1862）幕府老中首座に就任しました。

この年は、薩摩藩士によるイギリス人殺傷事件、生麦事件が起きるなど幕府の対外政策は困難を極めていましたが、徳川慶喜の勝静への信頼は厚く、外交を担当するなど要職に就いています。

慶応3年（1867）この頃は、徳川幕府の将来を見限り、朝廷方に鞍替えをして藩の存続に勤めた藩主も多くいました。しかし板倉勝静は大政奉還の折にも将軍慶喜の側にあって対応。翌年には鳥羽伏見の戦いが起こり、京都から将軍に従って江戸へと向かいました。

以後の戊辰戦争では旧幕府方に身を置いて、上野、日光、仙台などを転戦し、函館五稜郭まで行動を共にしたのです。鳥羽伏見の戦いから一週間後には、備中松山藩への追討令が朝廷から出され、錦の御旗を掲げた岡山藩の軍勢が松山城に押し寄せました。

留守中の藩士の中には「一戦をも辞せず」という者もいましたが、山田方谷は藩と領民を守るため藩主不在のまま松山城の明け渡しを行いました。

板倉家19代当主　板倉重徳さん

板倉勝弼　平木正次筆　高梁市歴史美術館蔵

一方、勝静の命で藩士百五十余名を連れ大阪からようやく玉島に戻って来た熊田恰（あたか）の一行は松山城への帰城を許されず玉島西爽亭で足止めとなりました。玉島の街は朝廷方の岡山藩に包囲され、熊田恰は自らの死を持って隊士一同の命を助け、藩の安泰を図る為、嘆願書をしたため西爽亭で自決しました。おかげで玉島の街は戦渦に巻き込まれることなく事件は収束。町の人達は熊田神社を建て恰の霊を弔いました。

明治2年5月、函館より東京に戻った板倉勝静は自訴状を提出。勝静親子は安中藩へお預けの身となりました。10月には、藩名も、伊予松山藩との混同を避けるため高梁藩と改称。石高も二万石に減封され勝静の後を継いだ勝弼（かつすけ）が高梁藩知事となりました。勝静には嫡男・勝全（かつなる）がいましたが、勝全も父勝静と共に逃亡の身であった為、山田方谷は勝静の二代前の藩主・勝晙（かつあき）の甥・勝弼を藩主とすることで、何とか板倉家の存続を図ったのです。

方谷は勝全が帰藩した時には、藩主の地位を譲るという誓約文を勝弼に書かせていました。しかし明治5年、新政府から特旨をもって赦免された勝静は、この話を聞き「主君は簡単に改めるものではない、ましてや勝全は、朝廷から咎めを受けた身である」として、勝弼や重臣の前で誓約書を破り捨て、重臣達に勝弼への忠誠を誓わせたと言われています。

備中松山藩板倉家十九代当主・板倉重徳さん　板倉家は家康と共に栄え、慶喜と共に衰退をしていくという、徳川と運命を共にした譜代大名家です。その事に誇りを持って来た家なので、それを大切にこれからも伝えていける家にしたいと思っています。板倉勝静は、松平定信の孫という事で、強い想いを持って板倉家に来られたと思います。混乱の幕末の時代ですので、徳川と共に興して来た板倉家を、どのような方向に持って行くか大変尽力をされた、真面目で頑固という表現をされる方もおられると思いますが、強い想いを持っていたリーダーだったと思います。板倉家で伝わる言葉に「上見れば及ばぬ事の多かりき、笠着て暮らせよ、己が心に」という事があります。身分相応の暮らし、質素倹約が、板倉家に伝わっていまして、混乱の時代でしたので、身を正すという事も含めて、自分に厳しくという事が、勝静公の一番の想いだったと思います。

八重籠神社（高梁市）

板倉家の墓（吉祥寺・東京駒込）

明治4年廃藩置県により高梁藩は高梁県となり、高梁藩の最後の藩主板倉勝弼は男爵となりました。勝静は明治10年に徳川家康等を祀る上野東照宮の祠官に就任。また勝弼は三島中洲・川田甕江らの協力を得て第八十六国立銀行（現在の中国銀行）の設立に携わっています。

江戸幕府が崩壊するまでの124年間にわたり備中松山藩の藩政を執り行った板倉家。その板倉家の墓は、東京・駒込の吉祥寺にあります。

また板倉家の初代勝重と二代重宗を祀る高梁市の八重籬神社では毎年祭典が行われ、板倉家の子孫も参拝に訪れています。

幕末・維新の動乱期にあっても、徳川幕府に対する忠義を最後の最後まで貫き通した板倉勝静。それは松山藩の家臣や領民にとっては、ある意味迷惑であったかもしれません。しかし一個人の生き方として、爽やかな魅力を感じる人も多いのではないでしょうか。

生前に勝静とは立場を越えた友人であった勝海舟は「あのような時代でなければ、祖父の松平定信公以上の名君になられていただろう。廻り合せが不幸であったとしか言いようがない」と語っていたと言われています。

「たましま歴史百景」第34回　2012年5月　放送

（参考文献）　「幕末の備中松山藩」高梁市教育委員会発行
「高梁市歴史美術館コレクション選」高梁市歴史美術館編　高梁市教育委員会発行
「幕末の閣老・板倉勝静」朝森要著・福武書店

（協力）　板倉重徳　平見郡司　柚木爽一郎
吉祥寺　八重籬神社　湊区立港郷土資料館

入母屋造（巾着の懸魚）

西爽亭題字　菅茶山書

御成門

19 西爽亭

かつて千石船で賑わった港町玉島。その一角の矢出町の通りに西爽亭（さいそうてい）と呼ばれ親しまれている建物があります。西爽亭は代々備中松山藩の御用係を勤めた玉島の大庄屋・柚木家の本邸として江戸後期の天明年間（1780年頃）に建てられました。

この辺りは備中松山藩の飛領地で、西爽亭は藩主板倉候が玉島巡回の折、ここで執務を行ったり宿泊する等の施設として利用されていました。

通りに面する御成門（おなりもん）は薬医門の形式をとっています。矢を喰うから転じてその名がつけられたという薬医（やくい）門は本柱の後ろに控柱が建てられており、上の切妻屋根は本瓦葺きで柚木家の家紋・三階菱が周囲を廻っています。備中に残る民家の門としては最大級の規模を誇り、玉島湊の繁栄を象徴しています。

御成門を入ると入母屋造の玄関があります。玄関の屋根は緩やかな曲線むくりをつけた唐破風様式。懸魚（げぎょ）は巾着の彫刻がほどこされており、穏やかな雰囲気をかもし出しています。

玄関の脇のカリンの樹は推定樹齢約250年、西爽亭が建てられた頃からのもので記念樹として守られ春には可愛いいピンクの花を咲かせます。

柚木家九代目当主・柚木爽一郎さん　この建物全体を柚木家本宅または潮声楼（ちょうせいりょう）と申しておりました。そしてこちらは殿様の為の施設でして西爽亭と申しております。この西爽亭の名は、神辺の儒学者・菅茶山によって名付けられています。

御成門を入り玄関の前には籠から降りる時の足場として使った「おかご石」、そして入口には式台があり、格調ある外観を構成しています。

入口を入ると六畳の畳敷きの「玄関の間」があります。大床は幅二間。来客の携帯品の置き場としても用いられていました。

床

西爽亭平面図
「倉敷市史⑬」

玄関の間と、次の間、御成の間はL字型に配置されています。玄関の間は主屋と繋がっており、主屋に付属する座敷棟として造られた西爽亭は、床が主屋より、20センチ程高く造られています。

広縁の付いた書院はそれぞれ十畳の二間続きで、天井も高く広々とした空間が保たれています。

御成の間は藩主の御座所である事から、瀟洒でかつ格調のある造りになっています。

床は一間半で床柱は杉の面皮付き丸太が使われています。右には違い棚が備えられ、左の付書院には縦繁桟の明障子を建て、その上に吹寄せ格子の小障子がつけられています。

天井の棹縁、天井長押、落掛などは面皮柱（めんかわばしら）四隅の面に皮を残してある柱。部屋全体に数奇屋風書院造の手法が巧みに取り入れられ、わび、さびの利いた礼儀正しい造りとなっています。

長押には兎の釘隠しがほどこされています。兎は身を守るのに極めて用心深いことから困難や災害を逃れる例えに使われ、玄関の間にはおじぎをしている兎、上座の方を向いている御成の間の兎など細かく楽しい心配りがなされています。

次の間は慶応4年、備中松山藩の家老・熊田恰が幕末の戦火から玉島を守る為に自害した部屋です。天井板が少し白いのは介錯の時の血痕を削ったからで、畳の下の床板には血のりの跡が今も残っています。恰は御成の間を血で汚しては申し訳ないと、次の間を選び果てたと伝えられています。

書院の奥には湯殿、厠を設け、袖垣がこれを被っています。湯殿には畳二畳の脱衣場があり板間には湯桶が置いてありました。厠も畳二枚を敷き中央に桶箱を据え、小便器の床には竹が張り詰めてあるなど洗練された造りになっています。

柚木さん　西爽亭の座敷で祖父（柚木久太）が絵を描いていたのを思い出します。畳一畳位の少し低めの大きな机で、そこに拡げて絵を描いていました。そして庭には水を引いていました。滝があって川が流れていましたが、その中に亀のような石がありまして、その亀の石に乗って遊んでいると、叱られたことを覚えています。

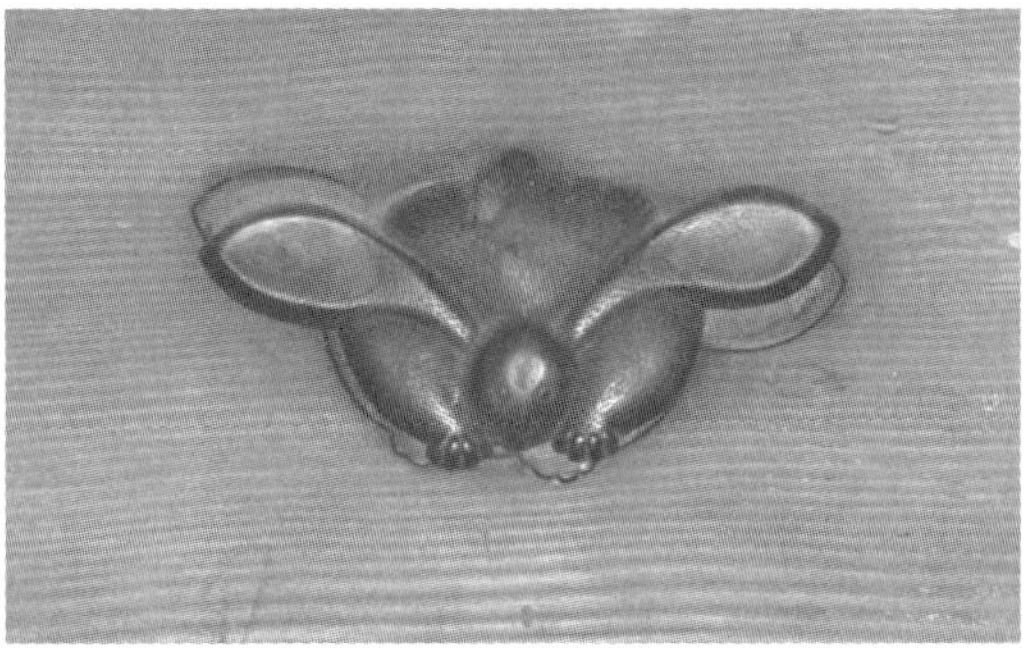

兎の釘隠し

枯山水の庭

書院から眺める庭園は自然の地形を利用して造られています。面積は2アールに近く、枯山水の形式で流水が導かれていましたが今では周りの生活排水が流れ込むためせき止められています。石組の豊富なところがこの庭の特色で、石組みの中心には大日如来を表わす大日石、周囲には釈迦石、普賢石、文殊石などが配され仏教とのゆかりが偲ばれます。

露地が苔むし緑の深い静かな庭園には随所に燈籠が置かれ、松、あらかし、もっこく、いぶきなどが茂り秋には紅葉が色づきます。

明治初年に茶室が作られた折に庭も改造されました。飛び石伝いに庭を登って行くと中程に石橋があり、その石橋を渡り茶室へと繋がっています。茶室は、台目畳三畳に、板の間を配し、炉の傍には自然木の中柱が立てられています。また庭の傾斜を利用して二畳の煎茶の間が張り出し、明り障子が静寂さを漂わせています。

平成5年、倉敷市はこの歴史ある建物を大切に保存する為、柚木家らから譲り受けました。西爽亭は当時の姿を出来るだけ残し、母屋は生涯学習施設として大黒柱など主要構造を残して会議室・和室に改築。会議室は集会、学習会等に、和室は茶道にも使える施設として幅広く開放しています。

西爽亭は平成12年、国の登録有形文化財の指定を受けました。二百年余りの時を越え、玉島の歴史を今に伝える西爽亭。その洗練され凛とした佇まいは、かつての玉島の繁栄と豊かな文化を象徴する建物として大切に受け継がれています。

「たましま歴史百景」第19回　2010年5月　放送

（参考文献）「倉敷市史13」

（協力）　倉敷市旧柚木家住宅管理会

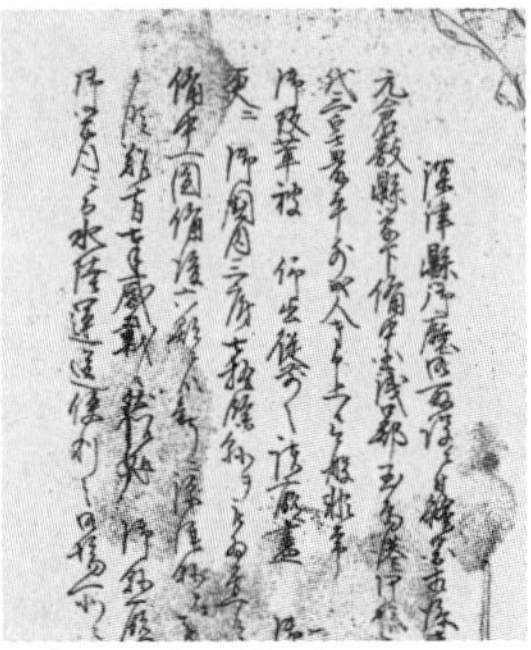
玉島に県庁の設置を
要望する建白書

小田県庁跡　現在の笠岡小学校

明治４年の廃藩置県の図

20 文明開化

江戸時代の幕藩体制は終わりを告げ、明治新政府の樹立により港町玉島にも大きな変革の波が押し寄せました。明治天皇を中心とする集権国家を目指した新政府は、明治4年7月に廃藩置県を発令。備前に岡山県、美作に北条県、そして倉敷、鴨方、岡田など備中全域と備後東部を合わせて深津県が置かれました。

深津県権令に任命された矢野光儀は、深津県庁の有力候補地であった玉島は坂が多いという事を理由に、笠岡に内定。阿賀崎村の三宅最平の他2名は、玉島に県庁の設置を要望する建白書を提出しましたが、希望を入れられる事はありませんでした。

翌明治5年6月、深津県が改称されて小田県となり、笠岡に県庁を開設しています。明治8年には小田県を廃止して岡山県に合併。翌9年、美作の北条県も岡山県に編入されました。

明治11年、郡区町村制が布かれ岡山県浅口郡の郡役所が玉島羽黒山に置かれました。

明治21年には市制町村制が施行され、翌22年玉島村と上成村が合併して玉島村。柏島村と勇崎村を合併して柏崎村。八島村と道越村を合併して池田村。陶村と服部村を合併して穂井田村など、次々と村の合併が行われました。

明治30年玉島村は阿賀崎村と合併して町制を敷き玉島町となり、35年には玉島町に乙島村、柏崎村を合併しています。

明治新政府のもと慌ただしく行われた町村合併ですが、町民の利害は必ずしも一致しませんでした。

倉敷市総務課歴史資料整備室課長・山本太郎さん　新政府は財政問題等の諸問題を解決する為、強力な集権的国家体制を作る必要から廃藩置県を断行しましたが、そういった施策に不安や危機をもった人々から抵抗を受けました。年貢軽減や旧知藩事の復職を求めて西日本各地では一揆が起こりまし

はじめての電灯（部分）
中原甕塘画

甕江座

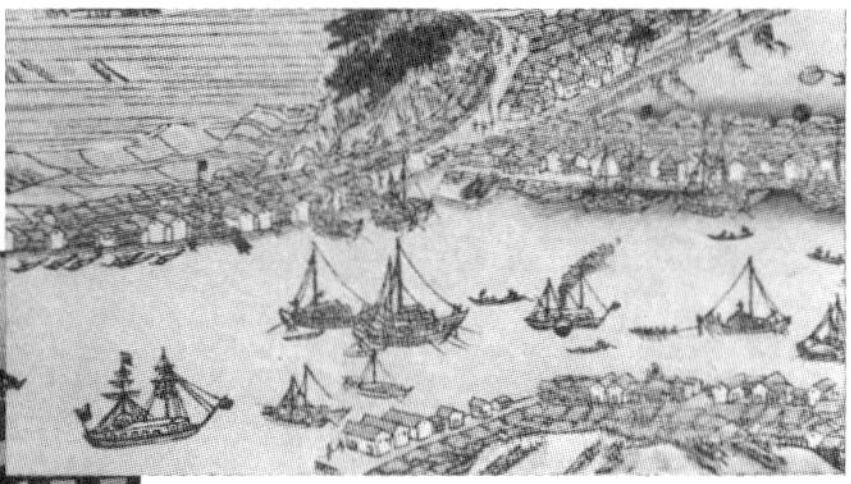

備中国繁栄鑑玉島湊（部分）

た。また市制町村制のもとで自治能力のある町村を作るため町村合併を推進しましたが、住民の郷土的な意識や感情を刺激し分村運動が起こりました。玉島町の内、乙島・上成・吉浦では歳出を巡る利害の衝突から分村運動が続けられました。

明治新政府は、独立した近代国家にふさわしい国とするため、欧米の文化や風俗習慣を積極的に取り入れる政策を推し進めました。

玉島湊は山陽の小浪華と呼ばれるほど栄えており、明治初年に発行された「備中国繁栄鑑玉島湊」には、帆船に混じって煙突から煙をたなびかせた二艘の蒸気船が描かれ、内一艘は外輪船で今まさに港を出て行こうとしています。

明治11年秋には玉島団平町に甕港座（おうこうざ）が開設され、以来娯楽の殿堂として玉島町民はもとより近隣の人々が押し寄せ大変な賑いを見せました。ここはもと柚木家の別邸「澆花園（ぎょうかえん）」で文人墨客の集いの場となっていた所でした。写真は玉島検番の美妓による舞台です。

玉島ではじめて電灯がともったのは明治16年頃、玉島紡績所の自家発電によるものでした。当時の人々は驚きこの灯を見ようと紡績所の前に押し掛けました。

明治17年に発行された「商家繁昌中備の魁」には、商家の前を行き交うハイカラな人々や賑いを見せる店内の様子が描かれています。

人々の往来で賑う玉島湊の界隈には少ないながらもガス燈が立ち、商店の軒先にガス燈風の灯り装置がついています。これらの中でまず目に付くのが人力車です。客を乗せ町中を走る人力車、店先に乗り着け人力車を降りる客等、人力車が新しい時代の花形として町の風景を形作っていました。

また人物を見てみるとステッキやステッキ代わりの洋傘を手に歩く人、傘をかざして行き交う人々の姿があります。女性はまだ和服ですが、男性の服装は様々で上下共に洋服を着て帽子をかぶりステッキを手にした完璧な洋装。また羽織、袴に帽子をかぶり、洋傘やステッキを手にした和洋折衷の男性の姿も描かれています。

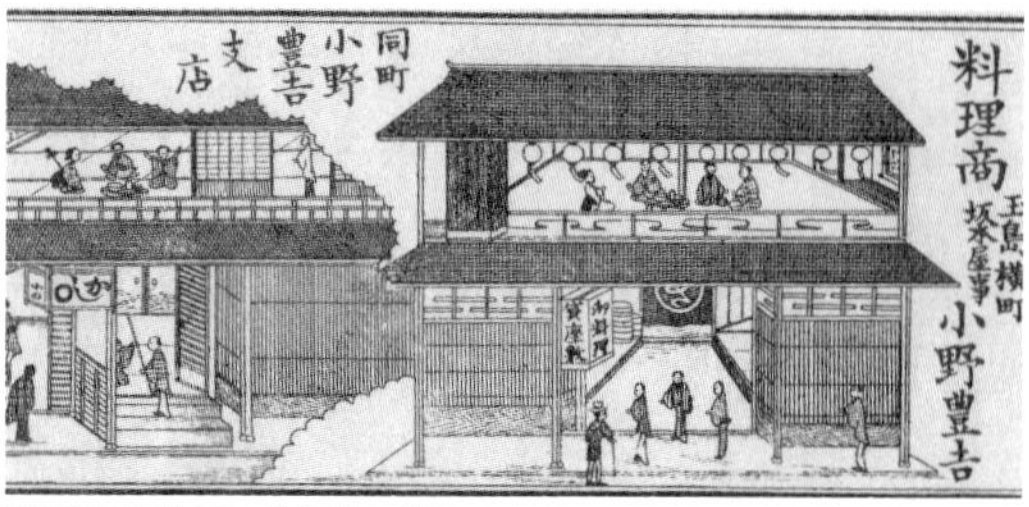

料理商坂本屋　「中備の魁」

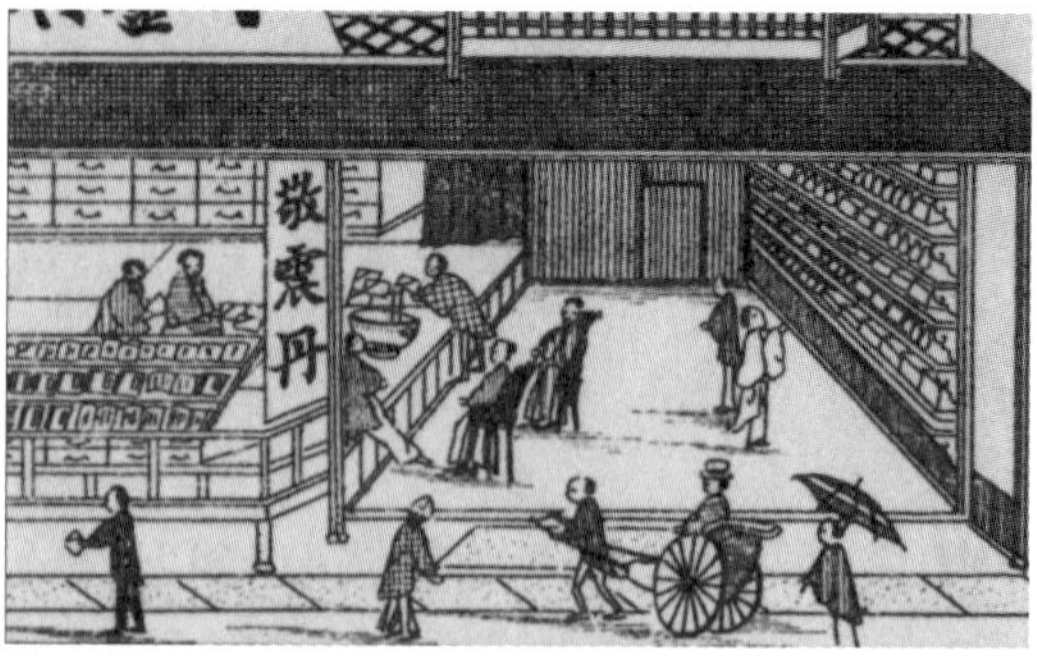
椅子が置かれた店内（部分）「中備の魁」

西通の呉服洋物商・能登彦造の田中屋や新町の書籍兼染草商・田中正平の店内には椅子が置かれており、椅子の文化がいち早く取り入れられていた様子が伺えます。

西洋品兼小間物商の児島屋では店の軒下に2段に洋傘を並べ人目を引く展示をしています。店内には帽子やバックの小間物が並び、石炭油・コールタールも売っていた様です。

「ザンギリ頭を叩いてみれば文明開化の音がする」と文明開化の象徴ともなった断髪ですが、常盤町には床浅の旗を掲げた散髪処があり、椅子に腰掛けた客の調髪に精を出す床屋の姿が描かれています。

通町の坂田回春堂、この店は沙美に海水浴場を開いた医師・坂田待園が弟に経営を依頼した薬屋です。当時は西洋の薬を扱う店がなく、和漢洋薬種問屋、理化学用機械また洋酒類とあり、薬箱の他に器機類や洋酒の瓶が置かれています。また左側に立っている旗には「製氷所」と書かれています。

新地町の吉浦屋では、旅籠の他に炭、薪、荒物を商っていたようです。炭や薪を積んだ舟が横付けされているのが見え、雰囲気からして今のビジネスホテル・商人宿のようです。

横町の料理商・坂本屋は現在の料亭で、二階には三味線や太鼓を持った芸妓と客が楽しんでいる様子が描かれています。

常盤町には三味線製造所もありました。天井からは三味線が下がり右手の奥には琴が並んでいます。芸事が盛んであった玉島がしのばれる店です。

歴史資料整備室・山本太郎さん　玉島は備中地域の中心地であり、商業活動の盛んな玉島湊を控えていましたので、明治4年にいち早く常盤町に郵便取扱所が置かれました。そして明治6年には早くも人力車が見られます。また商業取引に電信は不可欠であり、地元の人々の熱心な運動の結果、明治14年には玉島電信分局が開設しました。県下では岡山の次2番目に電信の取扱が開始されています。

印判商森田豊治朗　「中備の魁」

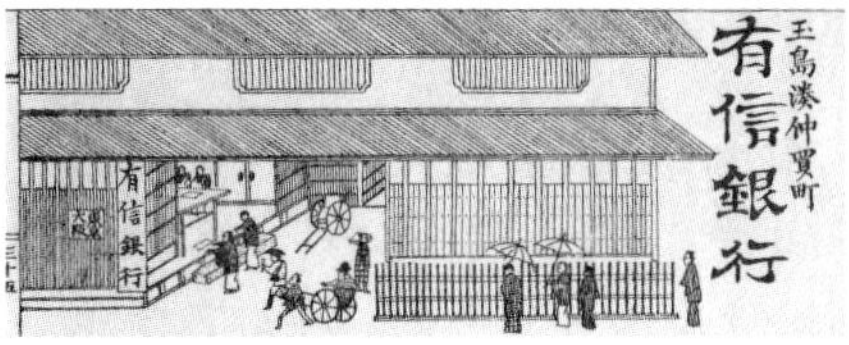

有信銀行「中備の魁」

玉島紡績所（部分）「中備の魁」

常盤町の郵便局。これは明治4年に玉島郵便取扱所として開設され8年に玉島郵便局と改称されたものですが、配達に出かける郵便夫、お金の取扱いをしていた様子も伺えます。

この他にも金融関係では、明治11年新町に設置された第二拾二国立銀行玉島支店。13年に同じく新町に開設した甕江銀行。その後仲買町に出来た有信銀行。そして共益社。また通町に金銭貸付所永盛社と次々に金融関係の営業所が設立開業しており、商港としての玉島の繁栄振りが伺えます。

本町には印刷屋もありました。一等印判商・森田豊治郎とあり、郵便局や裁判所、更に各種銀行が集中していた玉島では印刷の需要も多くあったものと思われます。

また「中備の魁」の中で目を引くのが、明治14年に開設された玉島紡績所です。国の殖産興業政策の一環で操業を開始した玉島紡績ですが、敷地全体をブロック風の石積みで基礎を固め、その上をフェンスで厳重に囲い敷地内には煉瓦造りの重厚な建物が建てられています。

近代国家の夜明け「明治維新」。江戸時代より港町として栄え、様々な文化や物資が港を通して入って来た玉島の町の界隈には、人力車が走りガス燈が灯り西洋文化がいち早く花開いたのです。

「たましま歴史百景」第40回　２０１３年2月　放送

（参考文献）　「玉島今昔物語　上巻」　渡辺義明著
「玉島風土記」　森脇正之著　岡山文庫
「倉敷市史⑤」　倉敷市史研究会編
「商家繁昌　中備の魁」　高瀬安太郎編
「玉島要覧」　安藤嘉助編

（協力）　倉敷市歴史資料整備室

松尾神社（七社神社境内・南浦）

酒造り（部分）

21 酒造り

岡山の酒どころと言えば備中。中でも玉島、浅口は古くから酒造りの盛んな所として知られていました。現在、玉島税務署管内で造られている日本酒の量は年間約６７００㎘。岡山県全体の四分の一を占めています。

玉島の酒造りが発展したのは、高梁川の豊富な地下水が酒造りに適していた事、また玉島湊をひかえ積み出しが容易であった事、それに加えて全国的に有名な備中杜氏を黒崎や寄島にかかえ、働き手に恵まれていた事などが挙げられます。

備中杜氏の起源は元禄時代、浅口郡大島村、現在の笠岡市大島の青年、浅野彌治兵衛であると言われています。彼は難破して神戸の灘に辿り着き、酒造場に雇われて技術を修得し持ち帰りました。

この頃、杜氏は賃金が良く優遇されていた為、寄島や黒崎など山が海に迫り、農地の少ない僻地の中で杜氏を目指す者が増え、備中杜氏と言われる集団が出来ました。

明治中期になると、備中杜氏が百名、蔵人は三千名を越えるまでになり、積み出しに便利な玉島に多くの酒屋が出来、活気を見せるようになりました。

そして明治30年、浅口郡酒造組合を設立。玉島に事務所が置かれました。また明治37年頃には、南浦の七社神社の境内に酒の神様、京都嵐山の松尾神社の分社を建立しお祭りが盛大に行われていました。

明治40年、東京で開かれた第一回全国清酒品評会で、里庄の杜氏・平野利八が造った上成牧酒造の三角正宗が優等に入賞。第二回、第三回でも優秀な成績を修め、玉島の酒、岡山の酒としての名声を馳せるようになりました。

大正４年、備中杜氏は３９２名を数え、県内はもとより四国、九州、韓国にまで働きに出ていました。

昭和28年、玉島酒造組合と改称。事務所も現在の酒造会館に移りました。また岡山県杜氏連合会も玉島酒造会館に置かれ、各地に働きに出ている備中杜氏が、毎年３月に自分が造った酒を持ち寄り、ここで盛大に品評会を催していました。

昭和32年、玉島税務署管内の酒造場は36あり、税務署の総税収約８億円の内、酒税が６億円を占め

酒造王国（池田勇人書）
菊池酒造蔵

菊池酒造
（玉島仲買町）

玉島酒造会館（玉島中央町）

ていたのですから玉島にとって酒が如何に大切な産業であったかが伺われます。

しかし、その頃を境に家庭用冷蔵庫の普及からビールに押された事、また高度成長により水島工業地帯に働き手が流れ、季節労働者である酒造りが敬遠された事などで酒造りが次第に衰え始めました。

昭和63年には備中杜氏も65名に減り後継者も少なく高齢化が進んでいます。昭和62年玉島税務署管内の酒造場は25軒に減少。税収は8億2千6百万円。岡山県下では倉敷の3億2千9百万円、津山の2億4千4百万円と比べても断然トップで、県下の酒造生産量の4分の1を玉島が占めています。

現在、玉島税務署管内で日本酒を造っている造り酒屋は、三千鶴酒造「三千鶴」、一鱗酒造「一鱗」、菊池酒造「燦然」、山本酒造「玉美人」、舞姫山本本店「舞姫」、仁科哲郎酒造「里見鶴」、赤沢酒造「沢泉」、酔宝酒造「酔宝」、川上庄七本店「吉備正宗」、藤田酒造「金光賀真」、桜冠酒造「桜冠」、垣内酒造「若魂」、不二菊酒造「不二菊」、浜屋酒造「内海長」、神露酒造「神露」、丸本酒造「賀茂緑」、平喜酒造「新婚」、嘉美心酒造「嘉美心」、磯千鳥酒造「磯千鳥」と19軒あります。

淡麗で甘口と言われる玉島の酒は、酵母菌の発酵などバイオテクノロジーを駆使した品質改良の新しい分野と、のれんを重んじ杜氏を中心とする蔵人集団の古い伝統がうまく溶け合い、備中杜氏の名声と共に生き続けています。

岡山県杜氏組合連合会の事務所は昭和63年、玉島から岡山に移されましたが、玉島の酒造会館には現在も池田勇人が書いた「酒造王国」の額が飾られています。

（昭和64年「玉島百景」で放送したものです）

平成28年度の玉島税務署管内の造り酒屋は、菊池酒造「燦然」不二菊酒造「不二菊」神露酒造「神露」丸本酒造「賀茂緑」平喜酒造「喜平」嘉美心酒造「嘉美心」磯千鳥酒造「磯千鳥」の7軒に減り、玉島の酒造会館は閉鎖され、池田勇人書の「酒造王国」の額は菊池酒造に掲げられています。

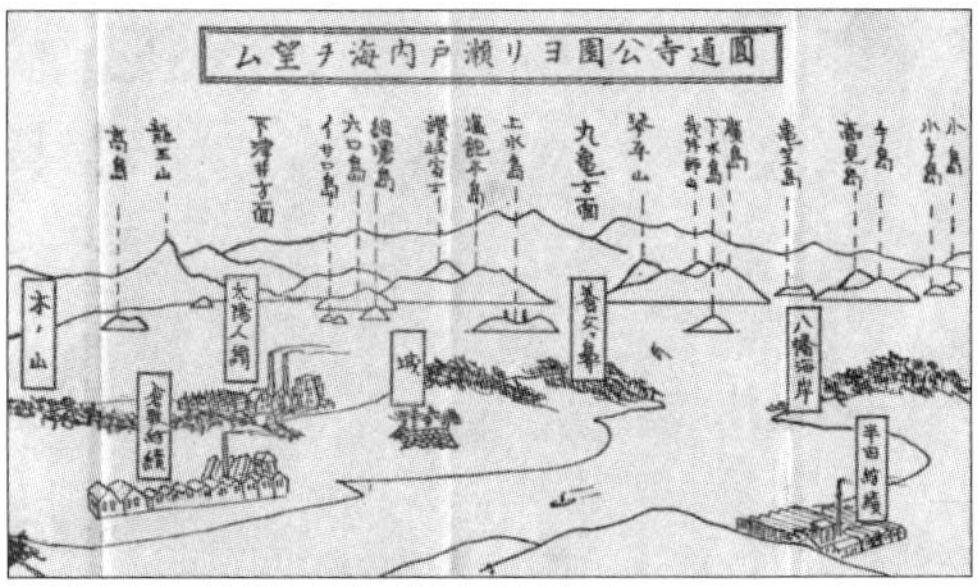

円通寺公園展望図　「円通寺公園案内」

玉島紡績（部分）「中備の魁」

綿の実

22 紡績産業

玉島は干拓され出来た町です。海を埋め立て塩を含んだ田畑に稲作は向かず、大量に綿が植えられました。そして明治になり、玉島で最も早く発達した近代産業が、綿花を原料とした「紡績」でした。

玉島では明治15年、乙島に「玉島紡績所」が開かれました。明治27年、柏島に「柏崎紡績所」そして昭和11年、乙島の坂田新開に「太陽レーヨン」が操業を開始しています。

昭和11年に、玉島商工会が発行した円通寺公園案内には「乙島の海岸に煙突の高く聳えているのが太陽人絹、港の東岸に立ち並んだ建物が倉敷紡績玉島工場、それと相対し西岸に見えるのが半田紡績です」とあり、紡績工場が玉島の主要産業であった事がうかがえます。

明治新政府は殖産興業政策の一環としてイギリスから紡績機10基を購入し、助成を与えて民間に払い下げる事を発表。綿花の集産地であった玉島では、国立第二十二銀行玉島支店長・難波二郎三郎が名乗りをあげ、ミュール二千錘の払い下げを受けて、明治15年に岡山県下で初の紡績工場「玉島紡績所」の操業を開始しました。

「玉島紡績所」は順調に業績を伸ばし西日本最大の紡績工場となり、明治31年、第二工場を建設した折には紡錘機二万五千錘に達し、従業員は千三百名を越していました。しかし、過度の借入金と設備投資、それに日清戦争の不況が災いして操業わずか17年で破産したのです。

明治32年、工場は、債権者・坂本金弥の手に渡り、坂本金弥は吉備紡績株式会社を設立して操業を継続しました。しかし明治37年の日露戦争後、綿糸の輸出がストップし主に輸出用の綿糸を製造していた吉備紡績は大打撃を受けて経営が立ち行かなくなりました。坂本金弥は、工場を売却する事を決意。倉敷紡績の大原孫三郎との間に買収の交渉がまとまりました。明治41年倉敷紡績・玉島工場になりましたが、この買収により、倉敷紡績の工場設備は一躍二倍。買収してみると、経営面は弱かったものの技術・設備の面では大変優秀で、倉敷紡績の技術革新に大きな影響を与えたと言われています。

玉島紡績所（部分）「玉島風物絵巻」中原甕塘画

坂本金弥

大正3年、第一次世界大戦が勃発。綿糸の輸出が急増しかつてない好況が訪れました。昭和7年、日本はイギリスを押さえて世界一の紡績国となり、倉敷紡績玉島工場では紡錘機三万六千錘に達し、玉島の町も活気づきました。

しかし、第二次世界大戦の激化により、昭和17年に操業を休止。倉敷航空機工業に貸与され紡績機はスクラップとして供出されたのです。

戦後は、機械修理工場として細々と経営していましたが、昭和33年、地元乙島の池田金吾が買収して「山陽紡績株式会社」とし、紡績工場の再開を果たしました。しかし、4年後の昭和37年には、愛知県に本社を置く近藤紡績傘下の山陽紡績玉島工場となり操業を続けたのです。

明治15年に岡山県下初の紡績工場として、乙島に開設された「玉島紡績所」は、経営母体を次々と変えながらも操業を続けて来ました。しかし、平成14年ついに操業停止となり、平成20年に工場が解体され、歴史あるノコギリ屋根の紡績工場はすっかり姿を消してしまったのです。

向陽台高等学校玉島学園元主事・森本昌江さん　工場の敷地内に学校があり、子供達は寮から制服を着て登校し、普通の高校と同じような授業をしていました。A番B番があって一週間交代ですが、A番は朝の九時から十一時半まで勉強し二時から夜の十時まで仕事。九時から二時まで仕事をした子は、三時から五時半まで勉強していました。仕事が繊維実習として単位がもらえるので、三年間で高校を卒業しました。子供達は岡山の県北、九州、五島列島などからも来ていました。最初の頃は、二百名位でしたが、最後の頃は三〜四十名位でした。卒業後は、工場に残る、短大や看護学校に行く、家に帰る等でした。

一方、柏島の柏崎精米所は玉島紡績所に遅れる事十二年の明治27年、玉島紡績の廃物紡績機を譲り受け「柏崎紡績」として操業を開始。しかし操業と同時に始まった日清戦争の不況で株は急落。営業不振が続き操業と休業を繰り返しました。

半田紡績玉島工場　安藤弘志氏撮影

柏崎紡績（玉島柏島）

明治34年、大阪の原綿商半田綿行からの借金が3万円以上にもなり、借金棒引きで、工場は大阪に本社を持つ半田綿行に譲り渡され「半田綿行紡績部玉島工場」となりました。

半田綿行玉島工場は、第一次世界大戦の好況が手伝い設備を拡張。昭和15年頃には製紡機五万五千錘に達し、倉敷紡績玉島工場を抜いて県下屈指の大工場になったのです。

しかし、ここも第二次世界大戦の時、建物は陸軍兵器廠に貸与されました。やがて終戦となり昭和24年、半田綿行を「半田紡績」と改称して綿から合成繊維への転換を図り、いち早くスフ糸メーカーとして事業を再開しました。翌25年に勃発した朝鮮戦争の特需の波に乗って設備を近代化させ、半田紡績ではテトロンを原料とする合成繊維工場へと発展。

昭和38年には姉妹会社の柏島紡績を統合しました。しかし昭和48年の石油ショック、また異常なインフレに始まる経済不況で大きな打撃を受けた半田紡績は、昭和61年、一世紀に及ぶ操業に幕を閉じたのです。

こちらは乙島にあるクラレ倉敷事業所です。玉島でいち早く始められた紡績が、クラレの玉島工場で受け継がれています。坂田貢により開拓された坂田新開で、昭和11年「太陽レーヨン」は操業を開始しました。この頃玉島では乙島の「倉敷紡績」、柏島の「半田紡績」が共に県下屈指の紡績工場として隆盛を誇っていましたが「太陽レーヨン」でもスフ紡錘機三万錘を備え、一日の生産量、人絹24トンスフ68トン東洋一の人造繊維工場と称せられたのです。

太平洋戦争が始まった昭和16年、太陽レーヨンは「帝国繊維」玉島工場として操業を続けていましたが、昭和18年、転換工場として三菱重工水島航空機に貸与されました。

戦後「帝国繊維」は、絹糸の復元を認められて操業を再開。昭和25年には過度経済力排除法により帝国繊維が分割されて中央繊維となり、スフ糸の生産工場となりました。

昭和31年、倉敷レーヨンと中央繊維の合弁会社「玉島レーヨン」となり本格的なレーヨン工場として生産を開始。昭和39年に「倉敷レーヨン」に吸収合併され、クラレエステルの生産を始めました。

クラレ玉島工場内

太陽レイヨン（玉島乙島）

昭和45年「倉敷レイヨン」は「クラレ」に社名を変更。全社的には、クラリーノを始めコンタクトレンズ・人工臓器など、様々な化学製品を事業化、非繊維部門を拡大しています。

「クラレ玉島工場」でも大方は非繊維製品を生産していますが、クラレエステルなど、クラレ発祥の源であった繊維の製造が、ここクラレ玉島工場で続けられています。

明治維新と共に、玉島近代化の先駆けとなった紡績産業。度重なる不況や戦争に直面しながらも、その火を消す事なく玉島の主要産業として続けられてきました。

今では、クラレ玉島工場が、その輝かしい紡績の歴史と伝統を受け継いでいます。

「たましま歴史百景」第42回　２０１３年４月　放送

（参考文献）
「玉島変遷史」玉島郷土研究会編
「玉島風土記」森脇正之著　岡山文庫
「円通寺公園案内」中村唯一編　玉島商工会発行
「回顧・六十五年」倉敷紡績・社史編纂委員編
「玉島要覧」玉島町・玉島商工会
「写真集・玉島」森脇正之編
「玉島の歴史」玉島商工会議所発行
「中備の魁」高瀬安太郎編

（協力）
倉紡記念館　株式会社　クラレ
クラレ倉敷事業所
倉敷紡績株式会社　倉紡記念館
倉敷市歴史資料整備室
玉島商工会議所　玉島図書館

番所山（沙美）

常夜灯（川崎みなと公園）

甕江（亀山付近）神前神社蔵

23 玉島の海運① 江戸・明治・大正

ヨットや釣舟が並び、静かなたたずまいを見せる玉島の港。

玉島湊は甕江（おうこう）、甕の港（かめのみなと）と呼ばれていました。これは中世亀山の辺りが甕（亀山焼）の積出し港であったことから名付けられたと伝えられています。

波の穏やかな瀬戸内海は古くから海上交通が盛んで、干拓によって玉島湊が造られるまでこの辺りでは連島や南浦などが湊として機能していました。

徳川幕府が政権を取り泰平の世が訪れた江戸時代の初期、備中松山城の城主となった水谷公は高梁川の浅瀬を利用して玉島湊を築き、高瀬通しで備中松山と玉島を結びました。

高瀬通しなどを通じ備中一円の物資の集散地となった玉島湊は急速な発展を見せ、玉島にも多くの回船問屋が生まれたのです。

江戸時代には船による物資の流通が盛んになり、そして東廻り航路、西廻り航路などの開設により、北は北海道から南は九州を巡る海上ネットワークが出来上りました。玉島湊は東廻り航路、西廻り航路の寄港地として急速な発展を見せ、千石船の帆柱が林立していました。

羽黒神社の玉垣には、玉島湊に出入りをしていた回船問屋の名が寄進者として刻まれていますが、大阪や徳島などの瀬戸内沿岸をはじめ、遠くは秋田、酒田など日本海沿岸にも船が行きかっていた事がわかります。当時は海難も多く船が沈んで没落する回船問屋も珍しくなかったようで、羽黒神社に奉納されている千石船の絵馬からも航海の無事を祈る想いが伝わってくるようです。

港公園にある二基の常夜灯の一つは土手町の有志により港町に、もう一つは柚木家の寄進で矢出町に置かれていた物で夜には灯りが点され港を照らしていました。

沙美東浜に突き出た岬は番所山と呼ばれ、徳川幕府により海の関所、遠見番所が置かれていました。番所は玉島湊に出入りする船や沖を通る船を監視する為に設けられたもので、抜け荷やキリシタンの防止、また難破船の救助にも当たっていました。

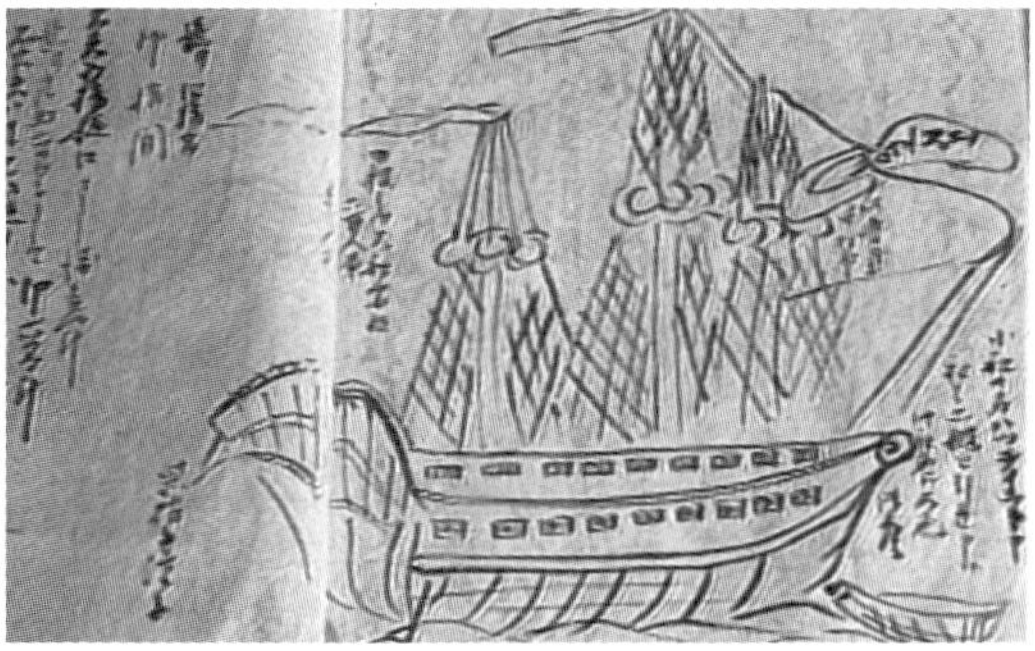

ロシア船の絵図（渡辺家蔵）

遠見番所記録、見聞録（渡辺家蔵）

明治維新まで七代に亘ってその役を務めた渡辺家では、番所屋敷の払い下げを受けて海岸沿いに建物を移築し現在もその姿を留めています。

渡辺家に保存されている古文書の中には、遠見御番所記録や見聞録の他「異国船渡来事情写し」という一冊があり、ロシア船の絵図などが書き添えてあります。これは嘉永6年（1853）黒船来航に驚いた幕府が各地の番所に配ったものと思われます。

江戸時代の末期になり鎖国が解かれると各藩では競って外国貿易に従事する蒸気船を購入。松山藩でも文久2年（1862）川田甕江の意見を入れて、イギリス製の外輪船・快風丸を購入し軍事に備えると共に、江戸、北海道などに産物も輸送しました。また幕府ではこの船で遠くインドやアメリカなどに航海することを考えていました。

明治6年、柏島の船頭・佐藤利八と他3名は紀州へ通う途中暴風雨に会い、漂流して台湾に流れ着きました。この時村人の略奪に会い、これが翌年の台湾征伐の一因になったと言われています。

明治の文明開化とともに西洋の技術が入ってきましたが、和船がまだ国内海運の主力を占めていたようで、明治13年の玉島港の入港船舶数は、五百石以上の船が１７３隻、五十石以上五百石未満の船が２７６隻と記録されています。

この頃までの玉島港は千石船で賑わっていましたが、明治15年西洋型帆船が入港。21年には蒸気船が入港。それ以来千石船の往来は減り、玉島港の水深が浅い事も手伝って大型船を持つ廻船業者は玉島港から次第に姿を消したと言います。

これと反対に二〜三百石位の船の所有者は時代と共に船の改造を行い、新しい航海の技術を取り入れて生き残り、明治29年これらの海運業者らによって玉島汽船合資会社が設立されました。

明治34年には山陽本線が全面開通し、それまでの貨物輸送をほぼ独占していた海運業者は鉄道と競合するようになりました。

玉島港の千石船「写真集玉島」

移築された番所小屋（渡辺家蔵）

こうした時代の流れの中、玉島在住の帆船所有者40数名が集まり、明治43年玉島帆船組合が設立されたのです。しかし帆船はどこへ行くのも風まかせで、二日、三日と風待ちをする事もしばしばでした。しけの時などは十日以上も足止めされることもありました。このため玉島から長崎県の壱岐まで40日もかかったという記録も残っています。

そして大正時代に入ると帆船は次第に発動機船へと変り、玉島帆船組合でも60馬力の発動機船・二神丸を進水させました。

こうして潮と風に頼る帆船の時代に別れを告げ、内海航路の小型船もいよいよ新しい時代へと一歩を踏み出しました。

（平成2年に「玉島百景」で放送したものです）

戸島丸進水式（服部金太郎氏撮影）

堀越丸「写真集玉島」（四国定期連絡船）

24 玉島の海運② 昭和・平成

内海航路の小型貨物船が帆船から発動機船へと変わり始めた昭和の初期、玉島帆船組合でも発動機船の建造が進められました。昭和10年頃には百トン以上の発動機船10数隻と数台の自動車を持ち、玉島と神戸、大阪間を毎日定期便で結んでいました。

玉島帆船組合が最も盛んだった時は１２０隻前後の所属船を持っていました。玉島港も非常な賑わいで、昭和11年の貨物取扱量は６３４０万円、延べ３万５千百隻が玉島港を利用していました。

また四国との連絡航路もあり、丸亀へは定期連絡船「堀越丸」が1日に2往復していました。

昭和16年太平洋戦争が勃発し、玉島の機帆船も徴用を受け乗組員も戦争へと動員されました。そして燃料も統制され、港は火が消えた様になったのです。

戦争が終わり昭和22年には川崎埋立地の岩壁工事が完成し、荷揚場が整備され中国海運局玉島出張所も開設されました。

航路標識や灯台の整備も進み、昭和25年に玉島灯台事務所が設置されました。26年には八幡山に30㎞の彼方まで光が届く25万触光の灯台が建設され、28年玉島航路標識事務所となり「たましま」「第4ずいこう」「たまひかり」などの灯台見回り舟が順次配属されました。

玉島港は昭和28年全国で82番目の重要港湾に指定され、外国船も入港出来る様になりました。

この8ミリフイルムは、昭和33年加瀬野造船建造の第3戸島丸の進水式を写したものです。香西義男さん所有の第3戸島丸は積載量55トンで、主に瀬戸内のミカンを玉島や笠岡に運んでいました。

またこちらは昭和35年にやはり加瀬野造船で造られた明神丸で、今ではほとんど見られなくなった焼玉エンジンの様子が見られます。

昭和33年玉島地区海運組合が設立された時は木造船が殆どでしたが、この頃から徐々に鋼船の建造が始まり、その後の経済成長と共に船の大型化高速化が進み機帆船は次第に姿を消していったのです。

E地区と源平大橋

E地区護岸工事（平成2年）

この間、昭和45年には玉島地区海運組合所属船58隻の内、半数の29隻が鋼船となり、昭和50年には殆ど全てが鋼船となっています。こうした船の大型化に伴い、水深の浅い玉島港は時代の流れから取り残されて、昭和45年には中国海運局出張所も廃止されました。

それとは対照的に一大工業地帯を控えた水島港の発展は著しく、昭和35年、玉島港は水島港に併合されその一部となりました。そして水島工業地帯の一部である玉島E地区に新しい港が造成され、玉島港の中心はE地区へと移っていったのです。

平成元年の入港船舶数はわずか約二千六百隻で、年間五万～六万隻入港する水島や宇野よりはるかに少なく、笠岡の一万六千隻と比べても、約六分の一でしかありません。

しかし、貨物の取扱い量は水島、岡山、宇野に続いて県下四位で笠岡の六倍、年間約百九十万トンです。これらの数字は貨物中継基地としての現在の玉島港の姿を物語っており、乗降客や乗組員で賑わうかつての港町玉島の面影とは違います。

玉島の船主が集まって作られた玉島地区海運組合も昭和48年に水島地区と合併し、倉敷地区海運組合になりました。しかし海運業者も次第に減り、玉島地区で見ると昭和45年に四十八社五十八隻あった組合所属船も平成2年には十五社二十一隻と約三分の一になっています。

これは鋼船の建造には多大の資金が必要なため、個人所有が多い玉島では船の老朽化や船主の高齢化に伴って廃業する海運業者が多かったためと思われます。

水島港に統合された玉島の港の復活は、昭和42年以降進められた玉島E地区の第一期整備に始まりました。昭和62年から工事を着手したE地区第2期造成事業（浚渫土処理護岸事業）は平成4年に護岸締め切りを行い、平成6年には浚渫土処理護岸が完了して、人工島「玉島ハーバーアイランド」百八十五《ヘクタール》（最終二百四十五《ヘクタール》）が出現しました。ここに外貿公共埠頭の整備事業も完了し、商業港としての基盤が出来上がったのです。

倉敷みなと大橋

玉島灯台

その後、平成8年9月に玉島地域と人工島を結ぶ「玉島ハーバーブリッジ」が完成したことに続き、4号埠頭（7・5メートル岸壁、4バース）を内貿ユニットロードターミナルとして整備を行い、平成14年にはすべてを供用開始。6号埠頭（10メートル岸壁、2バース）も外内貿コンテナターミナルとして整備を行い、平成14年3月に1バースを供用開始して残り1バースも平成16年4月に供用開始しました。

このように発展した玉島の港を中心に、水島港は平成15年に「特定重要港湾」に昇格後、平成23年には「国際バルク戦略港湾」に選定されました。

平成26年の取扱い貨物の主なものは鉱産品、化学工業品、金属機械工業品、農水産品などで中四国トップの貨物量を誇っています。

また平成29年には国際物流拠点・玉島ハーバーアイランドと、生産拠点・水島コンビナートを結ぶ延長約2・6キロの「倉敷みなと大橋」が出来て移動時間が短縮。物流コストの削減が図られました。

「港と共に生まれ、港と共に育った玉島」。港によって発展した玉島は港の衰退と共に賑わいを失い、釣舟やヨットが並ぶのどかな玉島港の姿からはかつての繁栄を想像することはできません。

しかし、港としての機能は、玉島E地区、玉島ハーバーアイランドと沖へ沖へとその機能が移り、国際海上輸送の拠点としてさらなる発展を続けています。

（平成2年に「玉島百景」で放送したものに追記しました）

（参考文献）　山陽新聞2016年7月18日付け「進化する国際海上輸送の拠点」

現在の玉島警察署

玉島警察署（昭和2年浅口郡役所より転用）

25 官公署の変遷

(玉島警察署)

玉島警察署は、明治9年6月、県下に5カ所の警察派出所が設けられ、その一つとして当時の浅口郡玉島村に第3警察出張所が設置されたことに始まります。

当時は浅口郡、後月郡、小田郡、下道郡の4郡を管轄（浅口郡一円及び現在の倉敷、水島、笠岡、井原、総社の各警察署管内を管轄）また、玉島、笠岡、井原、矢掛、川邊に巡査屯所がありました。

最初の第3警察出張所は矢出町にありましたが、明治10年2月には玉島警察署と変更され、巡査屯所を廃止。小田郡に笠岡・矢掛、下道郡に川邊、後月郡に井原、浅口郡に通町・鴨方・早崎の7分署が置かれました。

次いで明治13年10月に本町に移転。明治19年10月、警察区割の改正により浅口郡と下道郡を管轄し、下道郡に川邊分署が置かれました。

さらに明治26年11月の改正により本警察署管轄区域を浅口郡一円と改め、2年半後の29年4月、玉島町大字玉島に移転しています。

昭和2年5月、玉島町阿賀崎の旧郡役所（大正11年建築）のあとを警察署庁舎として使用。

戦後の昭和23年3月、警察法施行に伴い、国家地方警察浅口地区警察署と玉島町、金光町、鴨方町、寄島町の4自治体警察に分かれました。

昭和29年7月、岡山県警察が発足し玉島警察署となりました。

昭和45年5月、旧郡役所跡の建物が老朽化と狭小のため現在の位置に庁舎を新築して移転。

平成19年11月、庁舎の老朽化から現在地で建替え整備を行い、県下初の警察署付設射撃場が併設された新庁舎として業務が開始されました。

玉島警察署の現在の管轄区域は、玉島、船穂、真備、浅口市、里庄町です。

玉島郵便局「中備の魁」

玉島電報電話局（清心町の一角昭和31年に竣工移転）

玉島電報電話局（基礎コンクリートの杭打ち、清心町）

（玉島郵便局）

明治政府は明治4年近代化政策のひとつとして郵便制度を創設。江戸時代の通信制度は飛脚による公用通信が最優先で、政府が公私共に自由な通信業務を行うこととしたのは画期的なことでした。

玉島郵便局の歴史は古く、明治政府による郵便制度が創設され、東京~長崎間の郵便業務が開始された明治4年12月に置かれた「玉島郵便取扱所」が始まりです。

明治6年「玉島郵便役所」となり、明治8年「玉島郵便局」と改称。為替の取扱いを開始しました。

明治10年「玉島村ノ内玉島郵便局」に改称。明治12年、貯金の取扱いが開始されました。

明治14年、岡山について県下で2番目に、玉島中島町の三宅半平宅に「電信局」が設置されました。（電信は玉島にとって不可欠なものでした。その日の取引所の立会値が、羽黒山から遥照山の通称メガネで手旗信号を望遠鏡で読み取り、児島の常山を経て岡山経由で大阪市場に伝達していました）

明治17年発行の「中備の魁」には玉島港常盤町の郵便局が掲載され前に飛脚らしき姿も見られます。

明治19年三等郵便局となり「玉島郵便局」と改称。

明治36年、通信官署官制の施行に伴い「玉島電信局」を併合。明治42年、電話交換業務が開始。

郵便（明4）→電信（明14）→電話（明42）と明治の末年までに公用通信が整備されました。

昭和7年、新町に赤屋根の新館が出来て移転。

昭和24年、電信電話業務が郵便業務から切り離されて電信電話公社が発足。以来清心町の一角に「玉島電報電話局」新局舎を建築することになり、同31年竣工移転しました。電話交換はその時まで電電公社の委託業務として行っていました。

昭和42年に「玉島郵便局」局舎が現在の場所に新築移転されました。

平成11年、外国通貨の両替および、旅行小切手の売買の業務取扱を開始。平成19年、郵政民営化に伴い、併設された郵便事業玉島支店に一部業務を移管。

平成24年、日本郵便株式会社発足に伴い郵便事業玉島支店を玉島郵便局に統合現在に至っています。

タバコ試験場（玉島柏島）

玉島簡易裁判所

史蹟、玉島区裁判所跡の石碑

（玉島裁判所）

玉島裁判所は明治9年、羽黒山中腹（清龍寺の本殿）に設置されたことに始まります。当時の管轄区域は備中国の内、賀陽郡、都宇郡、窪屋郡の3郡を除いた備中一円でした。

清龍寺北門の階段を下りた所に「史跡・玉島区裁判所跡」の石碑が建てられており、側面には「明治9年11月法務省令により岡山の次に設置。備中一円を管轄」と記されています。

明治11年に管轄区域の一部変更があり、14年10月には玉島治安裁判所と改称。明治20年8月、州崎（玉島図書館のあたり）へ移転。明治23年、玉島区裁判所と改称されました。

昭和10年の管轄区域は、浅口郡一円、倉敷市、都窪郡の内、帯江、菅生、中洲、清音、常盤、山手、三須。吉備郡の内（岡田、川邊、二万、穂井田、呉妹、箭田、薗、新本、山田、久代、神在、秦）でしたが、現在（平成28年）の玉島簡易裁判所の管轄区域は、倉敷市内の内、玉島支所と船穂支所の所管区域と浅口郡及び浅口市です。

また刑務所としては、明治10年、玉島監獄が岡山の次に設置されました。明治43年、玉島区裁判所に並んで岡山監獄玉島出張所が設置されましたが、大正3年に一時廃止。大正11年1月には再設置され、同10月、監獄官制改正により岡山刑務所玉島出張所と改称されました。

昭和4年12月、司法省告示第42号により、玉島刑務支所と改称されています。

（専売局岡山たばこ試験場）

専売局岡山たばこ試験場は柏島に置かれ昭和8年に開庁。翌年から試験を開始しました。管轄区域は大阪、京都、和歌山、兵庫、岡山、広島、山口、鳥取、島根、香川、愛媛、徳島、高知の2府11県でした。葉タバコの栽培試験研究、タバコの病虫害に関する試験などが行われ、内地はもちろんの事台湾、朝鮮、満州などからも視察に訪れていました。

（参考文献）　倉敷市史⑤近代上　玉島要覧　写真集「玉島」森脇正之編

鉄製の霞橋

木造の霞橋　「岡山の交通」岡山文庫

26 交通網の発達

明治2年、新政府は全国の関所を廃止。自由な往来が可能になり、鉄道や道路、橋等の整備が急務となりました。

山田方谷が明治6年に起草した「備中玉島港より伯州米子港に至る車路開通の存意書」に「道路の開通は往還の便利のみならず、人民の知識を開き風俗を同じくするの基本なり」と記しています。方谷の言う南北へ通ずる道は峠越えで、道路の拡張と峠の改修は不可欠となりました。

交通路の整備には、河川への架橋が必要でした。近世は政治的また軍事的な意図で橋をかけなかった事例もあり、高梁川では渡し舟が橋の代わりをしていました。

船を使い南北を結ぶ大きな役割を果たしていた高梁川ですが、東西を結ぶ道路を建設する上での障害となり明治8年、弁財天渡しがあった所に「霞橋」が架けられたのです。

上成～西之浦間２９１メートル、対岸が霞んで見えるほどの長い橋ということから「霞橋」と名付けられたといいます。橋は木製で洪水の度に流され、修理や補強がしばしば行われていました。

昭和3年、国道大改編が行われ木製の霞橋の下流50メートルに新しい霞橋が完成しました。長さ６１６メートル、幅６・４メートル、自動車の対面交通が可能で、当時としては中国地方第1位の長さ、七連のアーチが美しい鉄製の霞橋は玉島が誇る新名所の一つとなりました。

今では、二輪車と歩行者の専用の橋になっていますが、交通量の多い主要国道2号線の橋として、約40年間にわたり大きな役割を果たして来たのです。

霞橋は何といってもその交通量の多さが特徴でした。昭和43年、片側二車線中央分離帯を持つ自動車専用の橋・新霞橋が完成。慢性的な渋滞がようやく緩和されました。

里見川にかかる「大正橋」。大正橋がかけられたのは霞橋に遅れること40年、大正天皇即位御大典記念として大正4年にかけられたもので幅一間の木桁橋でした。

明治末期の玉島駅　「倉敷・総社の100年」

木造の大正橋　「倉敷・総社の100年」

また水島工業地帯の発展に伴い、水島～玉島間の渋滞が見られ、水玉ハイウエイが昭和52年に出来、時には1時間以上もかかった水島への通勤時間が15分程で済む様になったのです。

玉島バイパスは玉島地区の交通渋滞の緩和を目的として整備された国道2号線バイパスです。昭和52年工事に着手し昭和60年側道と高梁川大橋の供用を開始。旧2号線は国道４２９号になりました。

山陽自動車道は、昭和63年早島から玉島そして福山東までが開通し、平成9年に全線開通。神戸を起点に、下関に至る山陽自動車道の開通により、玉島インターから日本各地へ繋がる高速道路の旅が楽しめるようになりました。

「汽笛一声新橋を」に始まる鉄道唱歌に「金比羅宮に参るには玉島港より汽船あり」の一節がありま す。その頃流行した鉄道唱歌に歌われた町は、県内では岡山と玉島だけで玉島の人々の自慢でした。

玉島駅が出来たのは明治24年7月14日の事です。汽車は岡蒸気と呼ばれ、人々は弁当やむしろをかかえ黒煙をあげて走る汽車の見物に出かけたといいます。

山陽線の路線予定地では、田畑の消失はむろんの事、それまでの交通体系の変化がおきる事を懸念。当時の玉島は港で栄えており港の近くに駅を作る事に反対を唱えたのです。そして港から3キロも北に離れた長尾に駅を作り、駅名だけは「玉島駅」と名付けました。しかしこの事は結果的に玉島の発展を遅らせる一因となったと言われています。

港が廃れるのではないかと心配された玉島駅の開設でしたが、駅発足当初は港と駅がそれぞれの特性を生かした形で連携。四国へ行く人達は玉島駅に下車し、人力車や馬車などを利用して玉島港へと急ぎ、駅から港への道路にはガス灯がともされ旅館も数多く建ち並びました。

また玉島駅から溜川を通り港に通じる用水路が整備され、これにストンポッチという可愛い愛称の小型蒸気船を浮かべました。ストンポッチの終点は港橋の北側、古い石垣が水面に残る辺りにあり、乗降客で賑いを見せていました。

備讃連絡運輸　安藤實氏蔵

山陽線（玉島駅を西から写したもの）大正13年以前
安藤實氏蔵

しかし明治43年、岡山～宇野間の鉄道が敷かれ、同時に宇野港から四国高松への連絡航路が開かれると、玉島港から四国への連絡船の乗客や貨物は火が消えた様に少なくなってしまったのです。

玉島でも、港と駅を結ぶ鉄道建設計画は繰り返し論議され、明治44年、玉島軽便鉄道の計画が出されましたが価格面での折り合いがつかず、大正5年の町が経営する私鉄計画案も実現には至りませんでした。

大正8年に玉島合同運送が出来、玉島駅からの乗合自動車が運行。大正10年には玉島町長・安藤嘉助が備讃連絡運輸を設立、玉島～金光、玉島～連島と路線を広げています。

高梁や新見からの物資や人は、高梁川から船穂の一の口の水門を通り、高瀬通しで玉島港へと船でつながれていました。

山陽鉄道から北へレールを敷き南北の鉄道輸送の計画が持ち上がった折には、玉島駅を起点とするようにとの要望が出されましたが、倉敷駅を起点とした「伯備線」が昭和3年に開通。伯備線が玉島駅を起点としなかった事は、後に出来た新幹線の駅としての有効活用にも影を落としています。

鉄道輸送の利便性はますます高まり大正13年に山陽線が複線化。この写真はまだ単線の頃の玉島駅を西から写したものです。駅道の改修はしばしば行われ、昭和7年に全線舗装され「駅道改修記念碑」が建てられました。

昭和36年、玉島市は駅と港を繋ぐ延長6キロの臨海鉄道の建設に着手しましたが、地盤の軟弱部分を発見。資金難も手伝い工事半ばにして断念しました。

旧国道2号線の北、新川には川を跨ぐ鉄橋の跡が残り、国道を跨ぐはずであった線路の橋桁は車道として利用され、古い鉄道と水路が交差し、「幻の玉島臨海鉄道」の跡が時代の移り変りをそこに残しています。

幻の臨港鉄道跡

玉島臨港鉄道建設工事
昭和36年頃 「写真集・玉島」

昭和45年、岡山~博多間の山陽新幹線の工事が始まりました。そして、昭和50年3月10日、玉島駅は新幹線の停車駅の仲間入りを果たし、山陽鉄道の開通以来長く親しまれてきた「玉島駅」の名は「新倉敷駅」と改称されたのです。

玉島では新幹線がもたらす効果をフル活用しようと、駅前広場は、タクシー乗り場やバス乗り場が整備され、駅前大通りは中央分離帯が設けられた二車線道路になり、駅前の周辺の情景は大きく様変わりをしました。

「たましま歴史百景」第45回 2013年7月 放送

(参考文献)
「岡山の交通」 藤沢晋著 岡山文庫
「岡山の駅」 難波数丸著 岡山文庫
「写真集玉島」 森脇正之編 国書刊行会発行
「玉島風土記」 森脇正之著 日本文教出版
「玉島風土記物語巻二」 渡邊義明著
「玉島今昔物語下巻」 渡邊義明著
「目で見る岡山・玉野の百年」 郷土出版社発行
「目で見る倉敷・総社の百年」 郷土出版社発行
「写真集岡山県民の明治大正」 山陽新聞社出版局発行
「倉敷市史⑤」

(協力) 家守修二

水道紀功碑題字（犬養毅書）

水道紀功碑（玉島支所）

27 上水道の変遷

これは玉島支所の一角に建てられている「水道紀功碑」です。「明治45年広瀬正雄が町長になり苦心の末に高梁川のほとりの上成に井戸を掘り、さらに貯水池を吉浦、狐島の二カ所に設けここから鉄管で町まで水を引き人家に給水する計画をたて大正5年に竣工。こうして豊かな清水が得られたので住民の水の悩みはやっと解消された」と記されています。

題字は犬養毅。計画給水人口は5千人。玉島町を挙げての事業でした。水道敷設の機運が高まった背景には飲み水の確保が困難な地域特有の事情がありました。

玉島は干拓によって海を埋め立てて出来た町で、井戸水が出ず、出ても塩分を含み、飲み水にはなりませんでした。さらに花崗岩に由来する鉄分、マンガンなども混ざり濁っていました。人々は濾過して飲んでいましたが病原菌の除去までは難しく、チフスやコレラにしばしば悩まされていました。そのため新町など干拓により出来た町では西山、丸山、山下町などの山麓や丘陵に散在する井戸まで飲水を汲みに行っていました。飲み水にしない使い水などは、軒下に水瓶をすえて雨水を溜めて使っており、夏などはそれにボウフラがわきボウフラをかき分けながら顔を洗っていたといいます。

高杉寛さん　秋葉町に最高井戸という良い水のでる井戸があったんです。この町に住む人は、そこから運んでもらって、飲み水に使うように一樽いくらとかで買っていました。

明治45年広瀬正雄が町長の職につき、この状態を何とかせねばと水道を敷くための調査が始まりました。まずお姫稲荷のところを水源地にしようと、ここの地下水を県の衛生試験場に送ると、海を埋めた土地だから塩気があり、しかも田圃水だから衛生上危険であるという事で不合格。そこであちこち調査をした結果、次は高梁川西の上成の地下水ではどうかという事になり、県で検査を受けると今度は標準以上の塩素を含んでいるのでとまた不合格でした。しかたなくさらに2～3尺竹筒を深く差し込むと内務省の試験場では少々の塩分はあるが差支えないとようやく合格を得たのでした。

玉島上成（水道に使われていた水の湧き出ている所）
昭和63年頃

町会議員三宅元雄

いよいよ水道工事となると巨額の経費が要るので町で債権の発行が必要です。然し当時町債の発行には政府の許可がいりました。そこで当時の総理大臣大熊重信と同じ早稲田大学出身の町会議員三宅元雄に白羽の矢が立ち、三宅は拝み倒されて上京。

先ず岡山出身の犬飼毅に会い、大熊総理大臣への紹介状を貰い町債発行の許可を得たといいます。大正12年、水道紀功碑の題字を町債発行の世話になった犬養毅に依頼しました。

こうした幾多の困難を乗り越え6万8千6百円の巨費を投じて大正5年7月に給水を開始。県下では岡山市に次いで2番目の水道でした。この時の給水範囲は市街地だけでしたが井戸水の出ない干拓地に住む住人にとっては本当に恵みの水であったのです。

玉島に早く水道が整備されたことについて、小西伸彦吉備国際大学准教授は「玉島町が県内有数の港町だったことから外部からの病気の流入防止に加え、商取引を滞りなく継続する経済・産業上の必要性もあって整備を急いだのではないか」とみています。

この番組を放送した昭和63年頃は、その当時水道に使った井戸の水が上成の田圃の片隅から少しづつですが湧き出ており冷たくて美味しい水でした。

このようにして開始された水道でしたが、昭和4年、守安類四郎が町長の職に就いた頃、水道水に多量のクロームが混じっていることが分り水源を井戸水から高梁川の表流水、すなわち川の水に変えようとの話が起こり、昭和8年霞橋に近い上成の高梁川の河川敷に取水口を設けて給水することになりました。

昭和27年玉島町は玉島市になり給水地区もどんどん拡張されていったのです。しかし玉島市の塩辛い水道は戦後になっても容易に解消せず、昭和33年6月には上水道に塩分が入って製氷業者が大量の氷を捨てる、また昭和35年、満潮時には汐留の堤防を海水が越えて高梁川に入り水道に塩分が混じるなど、毎年のように水道に塩分が入って玉島市民を悩まし続けました。

水瓶

取水井　船穂町水江

高杉寛さん　水源地が川下でしたから塩辛い水が夏には度々ありました。大潮の時には堰止めを越えて海水が入りますから自然に飲み水が塩辛くなるんです。ですからその当時に大きくなった人は前歯が筋になって黒くなっとりました。

そこで玉島市は水源地を6キロ上流の倉敷市西阿知町内の高梁川河川敷に変更する計画を立て旧倉敷市の同意を求めて昭和37年に新しい水源が完成。同時に隣接する船穂町へ水道を延長。3年後の夏には給水範囲を金光町にも広げています。

水島工業地帯が形成され始めた昭和35年頃からは水の需要が急増。上水道の需要が急増した頃、水源として頼りとされていた高梁川には自由に取水できる余裕がほとんどなくなっていました。

高梁川から離れた場所で井戸水を取水すれば国や県の許可は不要ですが、そういう場所もほとんど尽きていました。それでも取水するには上流にダムを造って渇水期に水を補給するか、すでに取水権を持っている所から水利権を譲ってもらうしかありませんでした。県南部上水道配水組合は高梁川東西用水組合の農業用水の転用を図り、昭和40年6月農業用水の水利権を取得したのでした。

昭和41年倉敷市片島町に水源井を開発し、取水井で揚水試験を始めると高梁川の川向うの船穂町内の井戸の水位が急に低下。揚水を停止すると水位が回復するという異変が起きたりしました。

昭和42年倉敷、児島、玉島の3市が合併し、人口31万人の新しい倉敷市が誕生。しかし水道事業はすぐには一本化されませんでした。元倉敷市水道局職員の浅原孝大さんは「高梁川からの導水距離に応じて水道料金に地域差があり、住民や市議から是正を求める声が相次いだ」と話します。

倉敷市の水道は6区域に分かれていた事業が昭和45年に統合され玉島給水区となりました。水道料金は段階的に改定し翌年の昭和46年に市域で統一されたのでした。

上成浄水場

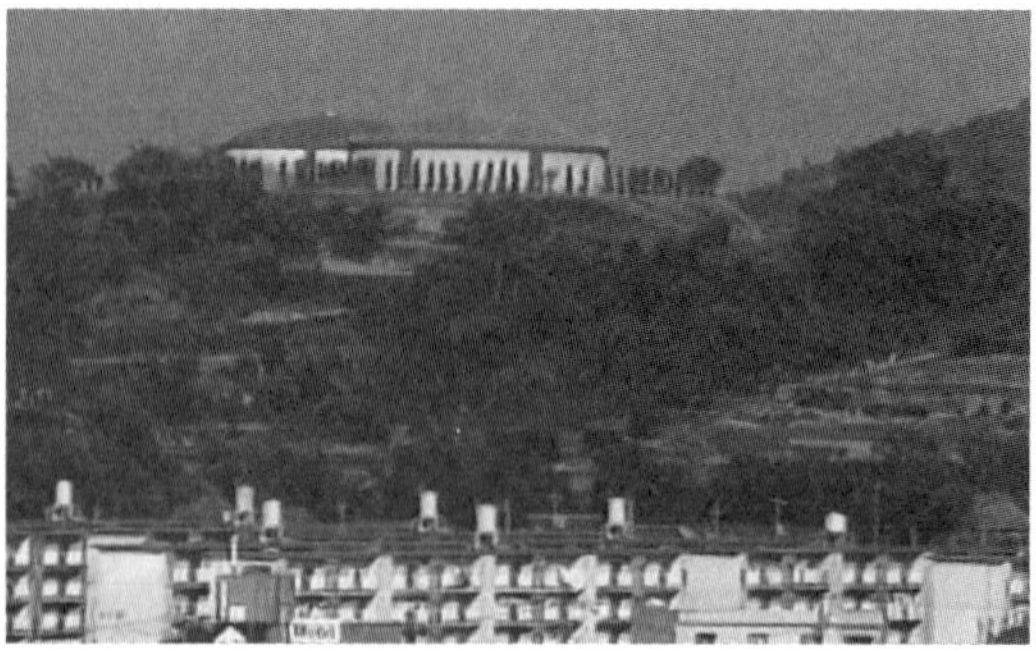
白銀山配水池

昭和48年夏、激しい渇水のため高梁川水系に激しいカビ臭が発生。片島水源系統の給水地域から苦情が多発した為、片島浄水場にオゾン処理装置を設備しました。

平成7年（１９９５）の阪神大震災を契機に安定給水の対策を強化。地震の揺れや水の異常流出を感知し自動で水道管の弁が閉じる「緊急遮断弁」を導入。また災害時などに隣り合う給水区域間で水を融通するための水道管のループ化も進めました。

平成28年（２０１６）現在、倉敷市内の水道管は総延長３２２５キロ。48万都市の各家庭に水を届け、水道普及率はほぼ百%。平成27年（２０１５）の調べでは倉敷市の水道料金は県内15市のうち最も安い料金となっています。また現在の玉島地区の水道水は上成浄水場から送られており原水が高梁川の伏流水です。伏流水は表流水と比べて臭いがなく、ミネラルが適量含まれており、日本人が最も好む硬度の水です。

大正５年（１９１６）玉島町での通水開始から百年。幾多の困難を乗り越え、私達の暮らしを支える安全で安心できる水。この美味しい水は高梁川の伏流水です。
私達は、母なる川・高梁川の恵みを毎日享受し暮らしているのです。

（昭和63年「玉島百景」のインタビューを追記しました）

（参考文献）
「倉敷市史7」倉敷市史研究会編倉敷市発行
「倉敷市の水道通水百周年」山陽新聞２０１６年7月10日付
「玉島こぼれ話」藤田荒次郎著

第二十二国立銀行
「中備の魁」

甕江銀行
「中備の魁」

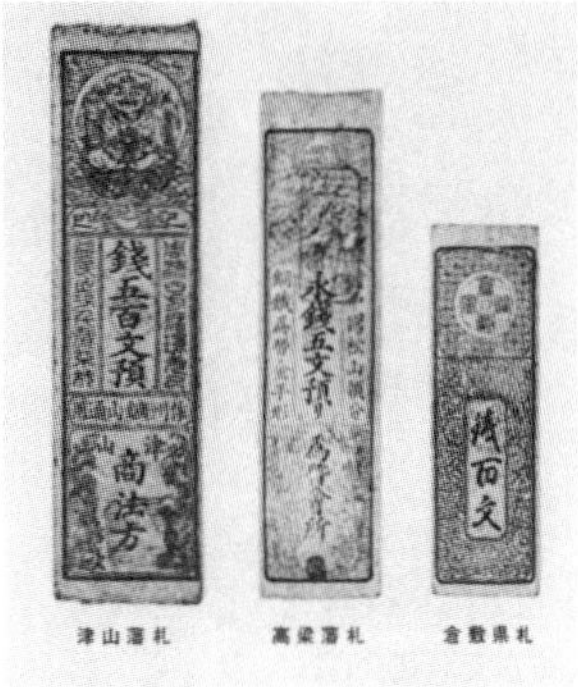

藩札 「中国銀行五十年史」

28 金融機関

明治になり、備中一円の経済の中心地でもあった玉島には多くの金融機関が置かれました。明治新政府は金融制度の近代化に努め、明治5年「国立銀行条令」を布告。それまで各藩で発行されていた藩札の使用を禁止し、新紙幣との引換えを行ったのです。

明治10年、岡山に「第二十二国立銀行」が設立され、翌年の11年には「第二十二国立銀行　阿賀崎出張所」がいち早く新町に置かれました。当時銀行があったのは県下で岡山、高梁、玉島の3ヶ所だけでした。

また、玉島に初めてつくられた民間の銀行は「甕江銀行」で、明治13年これも新町で操業を開始しています。頭取は妹尾一三郎、取締役兼支配人は井上栄三郎、取締役は萱谷平十郎と大西久佐衛門といった玉島の有力者達でした。(妹尾一三郎は港問屋大西屋の経営者で県会議員も務めました)

続いて明治15年、仲買町に「有信銀行」が操業を開始。(有信銀行を創立した三宅最平は阿賀崎村の戸長、名誉村長、山陽鉄道会社の発起人の一人でした。)

21年には「永盛社」という金銭貸付をするところも通町に出来、24年には仲買町にあった銀行類似会社の「共益社」が「共益銀行」になっています。

当時県内にある私立銀行は10行でしたが、その内、玉島に「甕江銀行」「有信銀行」「共益銀行」と、3行もが軒を並べていたのです。

明治28年、長尾村村長・小野暎太郎は、玉島紡績の田辺為三郎らと共に株式会社組織の「玉島銀行」を阿賀崎村に設立しました。

また同じ年には「共益貯蓄銀行」が設立され、甕江、共益の2銀行も株式組織になりました。

そして翌29年には「玉島商業銀行」も設立されています。

玉島信用金庫西支店の内装

玉島信用組合設立・大正３年　「写真集玉島」

明治31年、第二十二国立銀行も株式会社化され「二十二銀行」と改称しました。明治34年、金融恐慌が起り、柏崎紡績や地元実業家への多額の貸出金が回収不能になり「共益銀行」「共益貯蓄銀行」ともに臨時休業の後、破産に追い込まれました。

大正になり第一次世界大戦が起こると、産業界は活況を呈しました。大正３年、阿賀崎の仲買町に「有限責任玉島信用組合」が設立。組合長・太田幾次郎の献身的な努力に支えられて発展し、今日の「玉島信用金庫」の基礎が築かれました。

大正7年「星島銀行玉島支店」が新町に置かれました。新町にある建物には鉄格子がはめられ銀行であったなごりを留めていました。

星島銀行は大正13年、大阪に本社を持つ加島銀行に営業を譲渡し「加島銀行玉島支店」として営業が続けられました。

大正8年、小さな銀行の乱立を憂えた岡山県知事は、地元資本による有力銀行を設立するため、「玉島銀行」など7銀行の代表を県庁に招き合併の必要性を説きました。しかし、当時すでに三原、矢掛、小田、長尾、黒崎、西阿知など広範囲に店舗を持っていた「玉島銀行」は、頭取・小野映太郎の説得も効を奏さず、合併案は株主総会で否決され「玉島銀行」を除いた残り6行が合併して「第一合同銀行」が設立されたのです。

翌年の大正9年には、最初から参加に前向きであった「甕江銀行」が「第一合同銀行」と合併をしました。４年後の大正12年、「玉島銀行」も合併を余儀なくされ、玉島銀行本店の跡に「第一合同銀行玉島支店」が移りました。

また新町の「加島銀行玉島支店」も、翌13年「第一合同銀行」に移管されています。このように、「第一合同銀行」は県南の中小の銀行を相次いで合併。昭和5年に県北部の銀行を併合した「山陽銀行」と合併し「中国銀行」が誕生したのです。

玉島信用金庫西支店

玉島信用金庫の旧本店

大正12年に「二十二銀行」が「安田銀行」に吸収され「安田銀行玉島支店」となりました。その時に新築されたのが現在の「玉島信用金庫西支店」の建物です。

外装に赤レンガ、また吹き抜けのフロアーには漆喰の丸柱が立ち、木の手すりが廻りを取り囲むなど、大正期の銀行建築の重厚な趣が残されています。

昭和2年銀行法が公布され、資本金百万円に満たない銀行は無資格銀行とされ、単独融資が認められず資本金10万円の「玉島商業銀行」は解散しました。かつては6つの銀行が営業を競っていた玉島も昭和の初め頃には「安田銀行」と「中国銀行」それに「玉島信用組合」の3つに整理されたのです。

昭和10年、「玉島信用組合」は仲買町入口の三角地に木筋コンクリートでスクッラチタイル貼りの本社を新築し移転。

昭和26年、信用金庫法により「玉島信用組合」は「玉島信用金庫」と改称されました。

また昭和23年「安田銀行玉島支店」は「富士銀行玉島支店」となりましたが昭和28年に閉鎖され、業務は「富士銀行倉敷支店」で引き継がれる事になりました。

一方、昭和5年に開設された「中国銀行」は、昭和21年中国銀行の第3代頭取に浅口郡乙島村出身の守分十（ひさし）が就任。守分十は戦後の中国銀行の再建を担い30年余り頭取として地元岡山の経済発展に大きく寄与しました。現在の「中国銀行玉島支店」は昭和37年に建て変えられたものです。

現在、岡山県下では「中国銀行」に次ぐ地元金融機関として定着している「トマト銀行」ですが、「トマト銀行玉島支店」の前身は昭和14年に置かれた「興国無尽玉島営業所」でした。「興国無尽」は「三和無尽」になり、昭和26年「三和相互銀行」と改称。さらに昭和44年「山陽相互銀行」と名称を変更し、平成元年、相互銀行から普通銀行へ転換して「トマト銀行」となりました。

中国銀行　玉島支店

玉島信用金庫本店

現在では玉島に本店があるのは「玉島信用金庫」のみです。平成14年に「玉島信用金庫」は「倉敷信用金庫」と合併して新しく「玉島信用金庫」としてスタートしました。この合併において「玉島」の名が消えることはありませんでした。

平成25年現在「玉島信用金庫」は本店以外、岡山県下に20の支店を数え、着実な経営で地域経済を支えています。

明治新政府による新しい経済制度導入後、いち早く銀行が置かれた玉島。玉島に数多く設立された金融機関は地元玉島の経済の動向と深く係わり、設立、合併、解散が繰り返されてきました。

そして現在の玉島には「玉島信用金庫」を始め「中国銀行」「トマト銀行」「広島銀行」「笠岡信用組合」などの各支店が置かれ玉島の経済活動を支えています。

「たましま歴史百景」第46回　２０１３年９月　放送

（参考文献）
「倉敷市史⑤」
「倉敷市史⑦」
「写真集玉島」　森脇正之編
「玉島変遷史」　玉島文化クラブ発行
「中備の魁」　倉敷文庫刊行会　高瀬安太郎編
「中国銀行五十年史」　創立五十年記念誌編纂委員会編
「中国銀行八十年史」　八十年史プロジェクト編

（協力）
貨幣博物館
倉敷市歴史資料整備室
玉島信用金庫
中国銀行

塩田神社（玉島柏島）

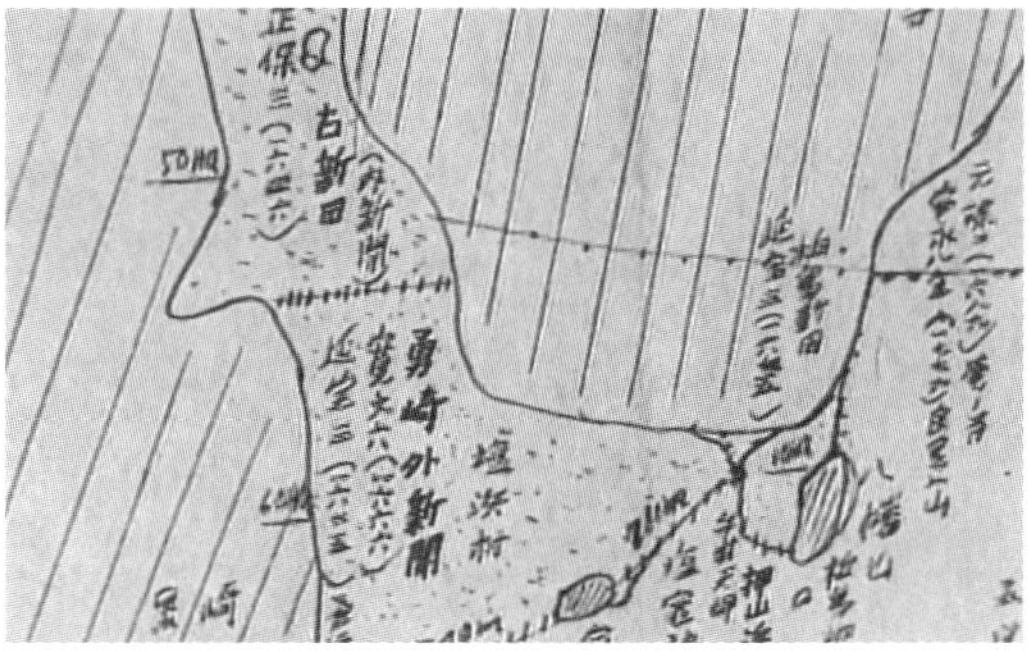

勇崎内新開・外新開

29 勇崎塩田

今ではドライバーの卵達が汗を流している玉島自動車教習所にはかつて塩田がありました。浜子と呼ばれる塩田労働者が真夏の太陽の下で、それは過酷な労働に当たっていました。

勇崎浜の塩田は松山藩主・水谷勝隆が領内の塩の確保を目的として、正保2年（1646）柏島と黒崎の間の海峡を埋立て勇崎内新開50町歩を完成させたのが始まりです。

二十年後に二代目の松山藩主・水谷勝宗がその沖に勇崎外新開60町歩を完成。更に柏島の沖を開拓し押山浜10町歩の塩田を作りました。

これらの工事の担当を命じられたのは当時柏島小山崎に住んでいた中塚長太夫でした。長太夫は塩田技術にも通じていて勇躍してその任にあたりましたが、この入浜新田の造成は容易ではなかったようで、長太夫は人夫たちといっしょに海岸の掘立小屋に寝起きしたといわれています。

勇崎内新開は阿賀崎唐船の横土手と呼ばれている堤防（当時230メートル）と、古土手と呼ばれる勇崎外浜と黒崎を結ぶ堤防（当時290メートル）の間に開発された塩田でした。そして一番最初に出来た浜ということから「元浜」という地名が残されています。

勇崎内新開が出来て二十年後の寛文6年（1666）に、古土手からさらに沖に潮止めの堤防・宝亀堤防が築かれ、勇崎外新開が造成されました。黒崎小原から宝亀山まで堤防一キロを築き、宝亀山から羽口港まで七百メートルを結びました。しかしこの完成によって元浜は塩田としての機能を失い、農地として使われるようになっています。

中塚長太夫は工事の功績が認められ、以後中塚家が代々勇崎浜の庄屋を勤めました。その後中塚家はこの塩を利用した「塩蒸し桜鯛」など玉島の名産品を生み出し、今も玉島の名産品として製造が続けられています。小山崎にある塩田神社は中塚家の二代目が建てたお社で、元は柏台四丁目にありましたが団地造成にあたってここに移されました。

勇崎塩田「写真集玉島」

明治17年の台風「モタエのおじいさん」

また柏台の第3公園の前にある塩田池（しおたいけ）は、塩田の跡地を水田にする為に造成された池で、塩田池という名もそこから起こりました。

勇崎村は延宝3年（1675）までは塩浜村と呼ばれていました。松山藩領主水谷勝宗が視察に訪れた時に、村名をつけて下さるようにとお願いをしたところ、「東は赤崎（阿賀崎）西は黒崎、間に位置しているから夕崎と名付けたらよかろう、しかし夕の字はよくないので勇と書くように」とのことで「勇崎」と命名されたと伝えられています。

塩業の最盛期は寛文11年（1671）頃のことで、全村の9割までが塩田で占められ、海水を煮詰める釜屋敷が70軒を超えていたといわれます。

宝亀堤防は小原から延長1・5キロ。宝亀を越え柏島の西端まで続いており、この堤防の内側の勇崎村はゼロメートル地帯であった為、高潮や津波の脅威にいつも脅かされていました。

寛政元年（1789）6月、高梁川が決壊し、元浜横土手が切られ河水が浸入。村中が海面のようになり、塩蔵が冠水し塩がことごとく流失しました。

明治17年8月25日の台風の際には堤防が4ヶ所決壊し、村中が泥の海となり21名の死者が出て、塩田は全滅したという事です。

勇崎浜の塩田は干拓されて約300年間にわたり入浜式の塩田でした。入浜式塩田では砂浜に海水を入れ砂を動かして太陽に当て「かん水」即ち塩分を多量に含んだ海水を取り、釜屋でそのかん水を煮詰めて塩を作っていました。

最盛期が真夏であるため、炎天下で海水を運んだり「まんぐわ」という道具で砂を掻きならす作業は大変な重労働であったようです。

浜子をしていた中藤悦二さん（88歳）に浜子唄を歌って頂きました。「浜子さんとは承知で惚れた、夜釜炊きとは知らなんだ、浜子さんでも昔は武士じゃ、一日九合の扶持を取る…」この唄は、まんぐわで砂を掻きならす時などに歌った唄で、この唄を歌える人も少なくなってしまいました。

流下盤（手前）と枝条架（奥）

この労働から人々が解放されたのは、昭和16年頃から始まった枝条架の採用、さらに同29年頃からの流下式塩田への改造でした。

枝条架というのは、竹の小枝の束を数段重ねた上からポンプで汲み上げた海水を散布し、小枝を伝って落ちる間に水分を蒸発させて塩を取る方法でした。

また流下式というのは、塩田に傾斜をつけて海粘土で塗り固め、炭がらを敷き、海水を流して水の蒸発をうながす方法で枝条架と併用されました。

しかしこの流下式塩田から10年余り、製塩方法の画期的な発展があり、塩田そのものが要らなくなってしまったのです。

それは工場で海水を直に煮て塩を作る方法の発達と「イオン交換膜製塩法」の確立でした。そして塩は塩田で作られるのでなく工場で海水を直接濃縮して作られる様になりました。

こうして３００年以上続いた勇崎浜の塩田は昭和34年全面的に廃止されたのです。

（昭和62年「玉島百景」で放送したものです。）

沙美海浜院

吉田親之の碑（玉島黒崎）

30 沙美海水浴場と周辺

美しい浜と言う響きの良い名前の沙美海水浴場は、日本で一番最初に出来たといわれる海水浴場で、番所山の麓には沙美海水浴場の創設者で黒崎村の村長・吉田親之（ちかゆき）の碑が建てられています。

気候が温暖で白砂青松の美しい浜。しかも遠浅で潮の流れが極めてゆるやかな沙美。ここを海水浴場にしようと、先ず最初に白羽の矢を立てたのは玉島の開業医・坂田待園（たいえん）でした。

結核の治療などに海水浴が有効な事を医学雑誌で読み、それに共鳴した彼は先ず当時の黒崎村村長吉田親之に協力を求めました。吉田村長は快諾してくれたのですが、地元の漁民達は「ここは先祖伝来の漁港であり、この浜は網を干すのに大切な場所で、海水浴客の遊び場にするなどもっての他である」と強硬に反対。これをようやくなだめすかし海水浴客のための仮小屋が諏訪山の下に建てられたのが明治13年のことでした。すると利用客が押し寄せ、明治15年には番所山付近に沙美海浜院という宿泊施設が建てられました。これが沙美海水浴場の始まりです。

日本最初と宣伝されている大磯ロングビーチは明治18年の創設なので、ここ沙美は日本最初の海水浴場であるというわけです。

沙美海浜院の院長には医師の坂田待園があたり、結核患者の自然療養所としての役目を持っていました。また彼は牛を飼い牛乳を飲むことを勧めたりもしました。そしてこの海浜院は潮場や蒸風呂の設備も揃い年間を通じて利用されたのです。

沙美海水浴場の東端にある番所山。ここには江戸時代に幕府の命により通行の船舶を取り調べたり薪や水を補給する番人がいましたが、明治元年に廃止され、番所山にも海水浴客の宿泊施設が建てられ、今もその瓦が残っています。

大正期になると海岸にはお金持ちや有名人の別荘も建てられ都会的な雰囲気が漂っていたようです。

大正14年発行の浅口郡誌に載せられた沙美の解説文には「海にせまりて冬暖かく、土地乾燥して霜を

雨笠の松（本性院・玉島黒崎）

坂田待園沙美に海水浴場「モタエのおじいさん」

見る事まれなり、夏時海陸風吹きて涼し、海岸東西に延長して長汀曲浦の間、白砂横たはりて潮流また緩やかなり」と記されています。

沙美海水浴場は東は矢崎より西は岩谷の鼻に至り、諏訪山を境として東浜九百メートル、西浜千五百メートルの二つの浜に分かれています。今では海水浴場としては西浜が東浜をしのいでいますが、明治、大正期の沙美海水浴場は東浜にありました。

沙美西浜が開設されたのは東浜より60～70年の後、昭和22年のことです。西浜の開設者・原田綱治さんは朝鮮で海産物問屋を経営し成功した人で、終戦で郷里に引揚げ再起を志してここに海水浴場を開く計画を立て着々と実行に移しました。海岸の砂地を利用して栽培した熱帯植物園もその一つで、今も原田さんの家に大きなフェニックスが3本残っています。

白砂青松の海岸をもつ海水浴場として賑った沙美海水浴場でしたが、高度経済成長の昭和40年頃から付近の海岸の埋立に伴って潮の流れが変り、遠浅の砂が削られ水島工業地帯の工場排水による赤潮も発生。すっかり賑わいを失ってしまいました。これではいけないと昭和58年から16億円をかけて、県による人工海浜工事が行われ、砂を大量に投入。駐車場やトイレなどの施設が整備され、椰子の木が植えられ、平成元年に完成。平成8年には「日本の渚百選」に選ばれました。

沙美東浜の上、矢崎山には雨笠松で有名な本性院があります。

本性院境内の立札には『昭和四十六年四月十六日　倉敷市指定「天然記念物」クロマツ　樹齢約三〇〇有余年、目通り2.7メートル、樹高5.5メートル、東西南北共に16メートル。安永年間（1772～1780）に本性院の第十四世住職真寛（しんがん）上人が付近の山から移植。第十七世住職実亮（じつりょう）上人が先端を止め枝を傘形にした以後中央が盛り上がって美しい傘の形になった。嘉永元年（1848）備前の儒者・雲岳師が「雨笠松」と命名。』と記されています。

住職は「雨笠の松は一度の手入れに11人夫かかり、年に一度の手入れはかかせない」と言います。

恵池の碑
（玉島黒崎）

また天台宗本性院は備中浅口第七番観音霊場でご本尊は千手観音菩薩。平安時代に慈覚大師により開かれたと伝えられており、元は沙美の上谷にありましたが、後にそれより少し東の化け谷に観音堂を移しました。そして今から約二百年程前の安永年間にこの地に移り、この裏山が矢崎山なので「矢崎山円福寺本性院」と名乗ったという事です。

本性院から少し西へ行った所に「恵池」という池があります。恵池のある黒崎村は元禄6年（1693）に備中松山城主の水谷勝美が没して以来、徳川幕府の領有となり、主に倉敷代官所の治下にありました。天明6年（1786）2月、鴨方の朱子学者西山拙斎は友人の勇崎村庄屋中藤子元と共に、黒崎村沙美を訪れました。

当時の沙美は戸数百余りの小さな村でしたが、西山拙斎は、人々は純朴で、朝は早く起き、漁業、農業に励み、皆仲よく暮らしている。そして年貢は先んじて完了するという有様であると、沙美の里の人達の純朴を褒め称えて詩を作り、その詩を時の倉敷代官が幕府に上申したところ、幕府から白銀20枚が贈られたのです。

これを喜んだ地元の人達はそのお金で池を掘ることとし、皆で力を合わせて鋤で掘っては、モッコで運び、水を湛えました。池の面積は10畝（1アール）。池の水は田んぼに利用され、お蔭で立派な田になりました。そしてこの池を「恵池」と名付け、碑を建て、この事を後の世に残したのです。

西山拙斎は恵池を次の歌にしました「曇らしなこの里人の心をも照らす恵の池のかがみは」

（昭和61年頃に「玉島百景」で放送したものに追記しました）

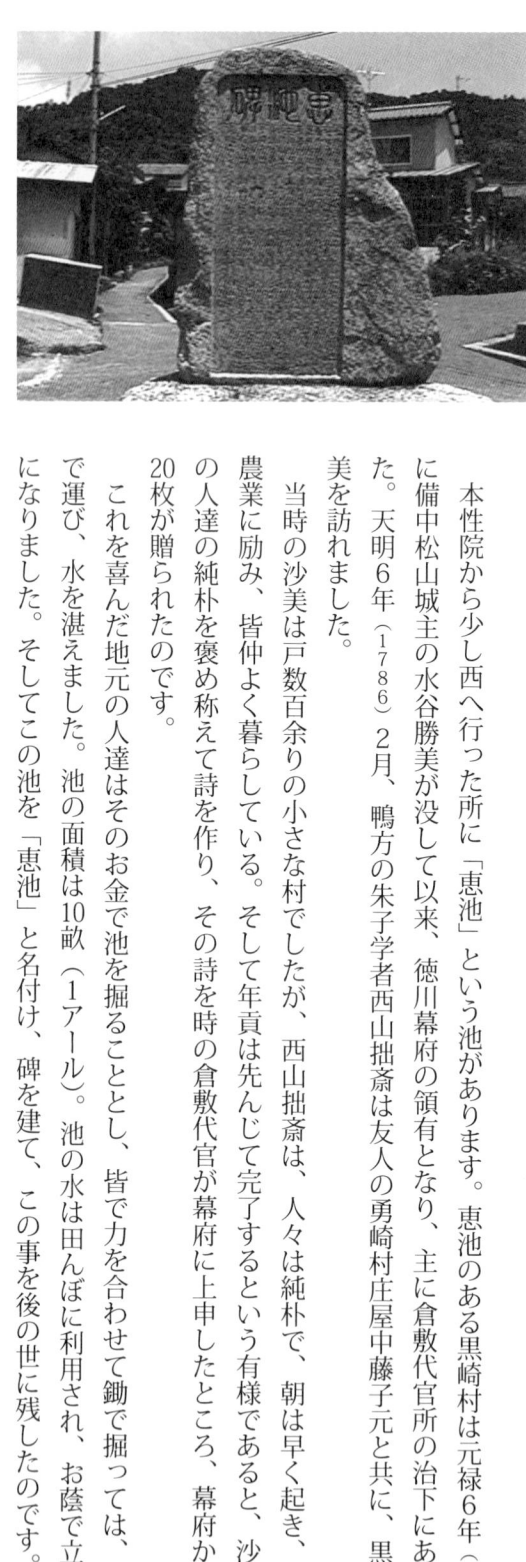

ボール盤　大生14年大阪産業博に出品

滝沢鉄工所玉島工場　昭和8年

滝沢鉄工所玉島工場全景

31 滝沢鉄工所

滝沢鉄工所の歴史は乙島に生まれた滝沢修作、七三郎の兄弟が、大正11年、大阪の小さな町工場に「滝沢鉄工所」の看板を揚げたときに始まります。

兄弟の父・滝沢嘉三郎は乙島で何代も続いた旧家の当主でした。しかし明治末期、連島の大規模な干拓地を購入して失敗。莫大な借金を抱えたのです。

こうした状況の中、兄弟は新天地を求めて大阪へと出ました。兄の修作は住友伸銅所に入社。弟の七三郎はボール盤を作っていた槙田鉄工所に入社。二人はお互い技術を修得して自信がつけば、自営の鉄工所を持つ夢を抱いていました。

七三郎は大正9年旋盤一台を設置してボール盤の製造を開始。兄の修作も住友伸銅所を辞めてこれに参加。そして大正11年8月大阪の小さな町工場で「滝沢鉄工所」として操業を開始したのでした。

七三郎が工場の運営にあたり、修作は販売経路を求めて東奔西走。兄弟の性格は兄・修作が誠実でおっとりとしたタイプ。弟・七三郎は豪気で決断力のある機敏なタイプでした。この二人の性格がうまくかみ合い、生産、販売と徐々に軌道に乗りました。

大正14年、大阪産業博に最新型ボール盤を出品。翌15年工場を拡張。これを機にボール盤だけでなく旋盤の製作を手掛けるようになりました。

昭和6年満州事変が勃発し軍需景気が到来。大阪陸軍造兵廠などからの大型受注で工場は俄かに活気づきました。そして昭和8年、故郷玉島に千五百坪の用地を取得し新工場を建設。製品の種類も多岐にわたり、この時、彼等の弟・滝沢敬が玉島工場の責任者となっています。

昭和10年には大阪河内の布施町に本社工場を新設。工場の拡充に伴い、翌11年には玉島工場に「滝沢青年学校」を開設し、見習い生全員を入学させピーク時には在籍数七百名を数えていました。

昭和16年太平洋戦争の開戦で船舶需要が高まり軍からの指示で久保田鉄工所と提携して船舶用エンジンの生産を手掛けました。一方で三菱重工水島工場への航空機用部品の供給も指示されたのです。

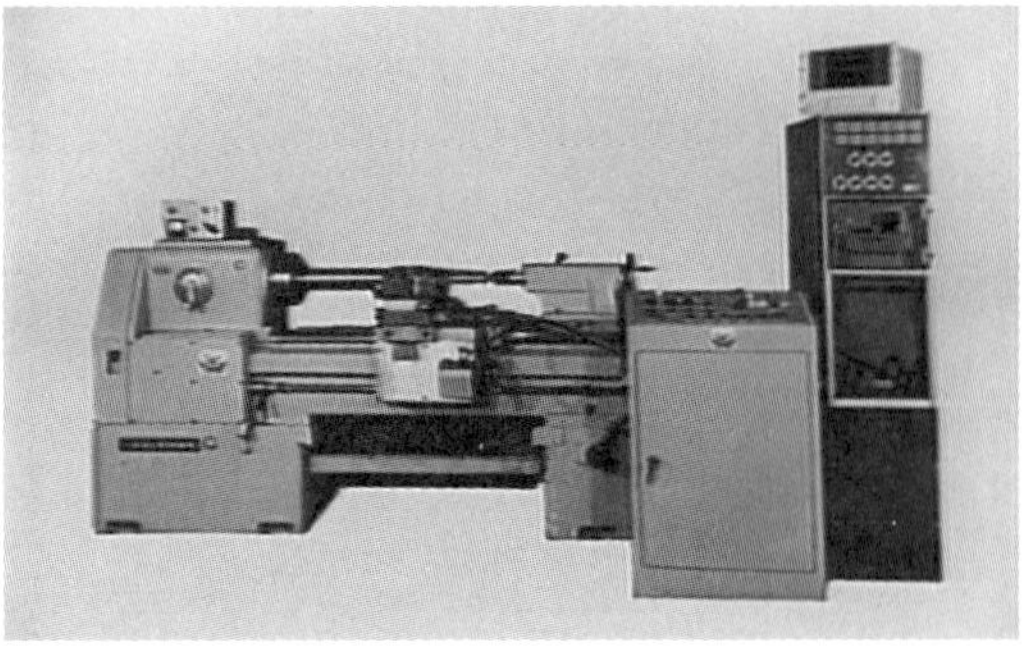

NC旋盤一号機

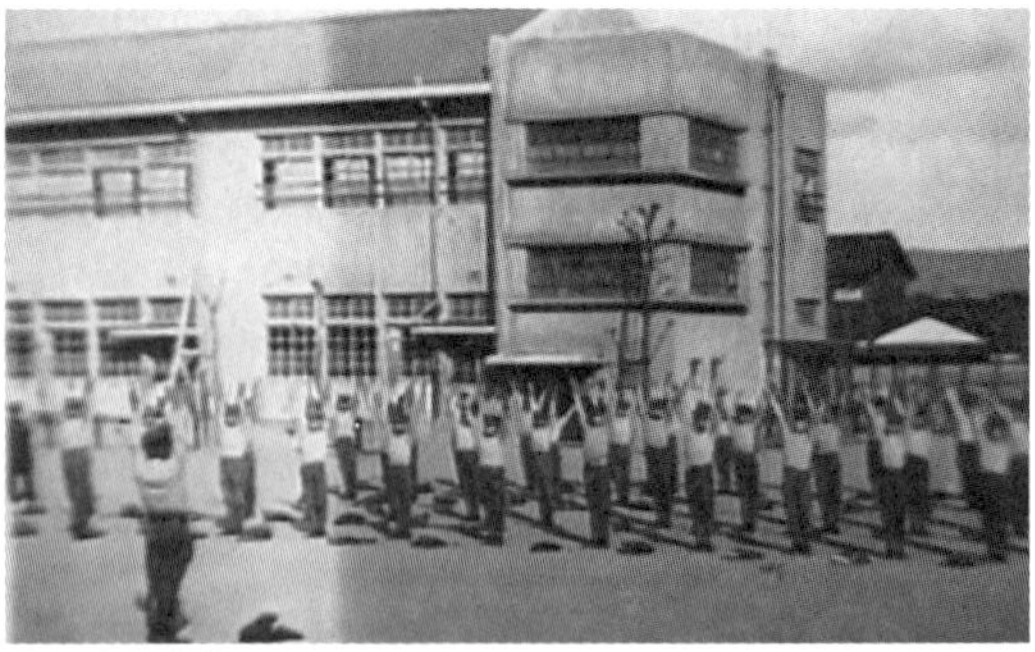

滝沢青年学校

戦争が終わり連合軍ＧＨＱは工作機械製造の禁止を指令。工場は火が消えたようになりました。しかたなく農機具の製造で仕事を繋ぎましたが収益も不安定で給与の遅配、欠配に直面。ストライキも起き、この頃が滝沢鉄工所の歴史の中で一番苦しい時代でした。工場閉鎖の声も出る中、七三郎は自分一人になっても会社を守ると存続を主張。

昭和25年、朝鮮動乱による特需が起こり、ＧＨＱからの許可が下りて工作機械の生産を再開。工場にもようやく笑顔が戻りました。昭和32年には東京の国際見本市へ大型旋盤を出品。他のメーカーに比べ工作機の再開が早かったこともあって生産力の回復は群を抜いていました。

そうした中、昭和33年1月に七三郎が病に倒れ60歳で他界。さらに同じ年の7月、兄修作も66歳の生涯を閉じたのです。わずか半年の間に偉大な創業者を二人亡くしましたが、後継者に恵まれ岩戸景気も手伝って業績は急速に向上。

昭和37年、大阪証券取引所の第2部に上場。翌38年には東京証券取引所にも上場を果たしました。そして39年には岡山市撫川に新工場が完成。昭和40年代に入って工作機の自動化が進展した事などによりＮＣ工作機普及の兆しが見えると素早く対応。43年には第1号機を始動させ先進技術への新しい歩みを始めました。

昭和40年代にはドルショック、オイルショックと続き産業界の投資意欲は沈滞。そこで国内の不振を輸出でカバーするため、47年台湾に現地生産販売会社「台湾滝沢機械」を設立。さらに54年にはシカゴに現地販売会社を設立。国際化路線に踏み出し40年代の不況を乗り切ったのです。

55年には業界で初めて専用工場によるＮＣ旋盤一貫生産システムを採用。更に高精度高能率のマシニングセンターの開発に成功し、総合工作機械メーカーとしての体制を確立しました。また工作機械に留まらずファクトリーオートメーションの商品化にも成功しています。

そして平成2年、光ケーブルを導入した24時間無人化工場が完成。世界十数カ国を相手とする国内有数の工作機械メーカーとして発展を続けています。

（平成2年に「玉島百景」で放送したものです）

小堀遠州像（頼久寺蔵・岡山県高梁市）

遠庵（萱谷家茶室・玉島阿賀崎）

32 茶室文化

江戸時代の中頃から千石船の出入りする港として栄え文人墨客も多数往来した玉島湊。北前舟による交易を通じて、経済力を持った玉島の庄屋や湊問屋の旦那衆が茶の湯を楽しみ、多くの茶室が作られ旦那衆の交流また商談の場として使われることも多かったようです。

平成2年から行われた東京学芸大学による玉島の町並み調査の報告書には「玉島に存在する数多くの茶室は、茶の庶民的、地方的伝承を見事に顕しており、この地の文化と歴史を考えるに当って非常に重要な要素である」とまとめられています。

茶の湯の本来の目的は「おもてなしの心」と言われています。玉島で茶の湯が行われるようになったのは近世初頭のことです。江戸時代初期慶長九年（1604）から10年余り、備中松山藩藩主として玉島を治めた「小堀遠州」は遠州流の創始者でした。その直接の影響は明らかではありませんが、玉島での茶の湯の始まりは18世紀の初め頃、京都から遠州流の家元が玉島に来て指導したことに始まります。

平成25年3月、岡山県立大学の熊澤貴之准教授の引率で玉島のお茶室めぐりが行われました。

岡山県立大学デザイン学部准教授熊澤貴之さん　茶室は五十とも百ともあったと言われる街ですが、これは全国的にも特徴のあることで、玉島にすばらしい文化が根付いていた証しであり、玉島の文化を象徴するのが玉島の茶室だと思います。どうしてこんなに沢山の茶室があったのか、それは、玉島は備中松山藩の外港として栄え卸問屋が発展。町人達が商売をする上で、人間関係を築く上で、茶室を上手く活用したことが垣間見られると思います。

現在でも、玉島には多くの茶室があると言われていますが、その中でも藪内流の茶室が多いようです。藪内流普及の起源は、寛政12年（1800）高運寺の建立に遡ります。

高運寺の総本山・西本願寺は藪内流で、高運寺によって紹介された茶道は玉島の庄屋や富裕商人の間に広まり生活に深く根付いて行きました。

「遠庵」の額（萱谷家茶室）

西爽亭茶室外観（玉島矢出町）

新町から円通寺に上る坂の途中に萱谷家の茶室「遠庵」（えんあん）があります。萱谷家は新町の庄屋・西国屋で、茶室を玉島湊が見晴らせる地に設けました。遠庵は萱谷家の主人・萱谷平十郎の藪内流免許皆伝に伴い、家元の茶室・雲脚（うんきゃく）の写しが認められ建てられました。

石を繰り抜いた石炉（がんろ）・丸みを帯びた土壁など、簡素な素材が用いられ、緊張感みなぎる構成となっています。名前の遠庵は、藪内流の主要な茶室・燕庵（えんあん）に由来したものです。また遠庵には茶会記も残されており、玉島での茶道の歴史を知る上でも重要なものです。

矢出町にある旧柚木家の西爽亭は、文化庁の登録有形文化財の指定を受けています。茶室は他の建物から独立していて、石組みの庭を通り川にかかる石橋を渡って入るようになっています。

抹茶席・仙風閣と煎茶席・招流閣からなり、吹きさらしの廊下を挟んで隣接しています。裏の水屋の入口には、織部の石燈籠と井戸が設けてあります。仙風閣は台目畳三畳に板の間を配し、自然木の中柱が特徴的な数奇屋造りです。二畳の煎茶席・招流閣は庭の傾斜を利用して設けられており、下は水が流れていました。老朽化が激しく内部への立ち入りが出来ず惜しまれます。

中央町一丁目にある新町の回船問屋・若屋山本家の茶室「和敬庵」は築三百年の本宅を抜け、奥のプライベート空間に位置しています。手入れの行き届いた露地には待合があり、鉄の粉が塗り込まれた壁土は光を受けると僅かに光ります。茶室は天井が特徴的で、客席の上が平天井、点前畳の上にある天井は客席より一段低くし、床脇の天井は屋根の勾配をそのままに利用しています。一階は四畳半が二間、二階には三畳と八畳の茶室が設けられ、洗練された繊細な造りが施されています。

熊澤さん　間口が狭くて奥行きが深くプライベート性の高い所に茶室があり、そこに客人を招き入れ腹を割った話をして人間関係を築く、そういう空間、総合芸術としてレベルの高い空間があったと思います。今回一年を通して研究をし、茶会と言っても茶を飲むだけでなく、食事をしたり、お酒を飲む、茶室へのアプローチにも様々な演出があり、食事の内容など事細かく凝縮されて演出されていた。そしてその中で商売の話、また街を良くしたり、政治の話もしていた事が見えてきました。

安藤家茶室（柏島天満町）

仙風閣（西爽亭の抹茶席）

里見川沿いには、和菓子金光堂の別宅・滄浪亭（そうろうてい）があります。飛び石伝いに露地を抜け、蹲（つくばい）で手を清め入った玄関には、煤竹（すすだけ）を組んだ丸窓があります。床の脇壁には三日月形の墨蹟窓（ぼくせきまど）があり、東南の櫛窓（くしまど）からの光が、天気の良い日には床に丸く映り込み、趣を増します。柱は様々な種類の木が使われ、天井は竹皮を編み込んだ編代天井、炉は弁柄が塗られる等、京都の職人を呼び寄せ造らせた茶室は、客を楽しませる斬新な工夫が随所に施されています。

天満町の安藤家にも茶室があります。安藤家は元々陶器・漆器を扱う商家で、奥の三室に炉が切ってありました。安藤家二代目の主人・安藤嘉助は玉島商工会議所初代会頭、玉島町町長を務めた人で、奥の茶室は書院風の造りになっており、八畳の広間としてつくられたこの茶室で、玉島の町についての話し合いも行われていたものと思われます。

玉島に残る茶室の多くは町屋の中に巧みに取り入れられています。窓からは海や川また庭が見晴らせ、入口もにじり口ではなく、立ったまま入れる貴人口（きにんぐち）が設けられる等、開放的な構造を持つ茶室が多いようです。

熊澤さん　すばらしい茶室が残っていますが、それは持ち主の方の努力で現存しているのが現状です。世代交代もあり老朽化もあり多くの茶室が倒されています。これからは持ち主だけでなく、社会でどう支えていくのか、社会で玉島に根付いたすばらしい文化をどのように支えていくのかが大きな課題だと思います。

今回紹介した茶室は藪内流が主でしたが、玉島では裏千家や表千家の茶室も点在。遠州流は長尾でその伝統が受け継がれています。煎茶は昭和の初め頃、柚木家の久我小年（くがしょうねん）が、煎茶玉川流宋家として門弟を教え、玉川茶寮煎茶法という本も出しています。

玉島高等女学校が前身の玉島高校には、校内に昭和10年に建てられた茶室「玉芳亭」があり、今で

備後屋茶室の貴人口（玉島阿賀崎）

玉芳亭（玉島高校の茶室）

も茶道の藪内流の稽古が生徒達に受け継がれています。

玉島幼稚園の園児達も、遊美工房主催の出前講座で抹茶碗を作り、自分で作った碗で抹茶を飲むなど、幼い時から玉島の伝統文化に触れる試みがなされています。

平成24年に出来た玉島交流センターには、茶室「良寛の間」が設けられ、玉島のお茶文化の継承に一役かっています。

また昭和23年からは毎年4月、円通寺で良寛茶会が開催されています。岡山県三大茶会の一つとして知られ、近隣から多くの人が訪れます。

玉島おかみさん会は、玉島のお茶文化を伝え残すため、玉島で催しがある時には出来る限りお茶席を設けてお茶の接待を行い、気軽にお茶が飲める町「おもてなしの町・玉島」を目指しています。

玉島の歴史文化に深く係り、長く育まれ受け継がれてきた「茶の湯」。今も町のあちこちで、おもてなしの心が息づき、茶室保存の努力も続けられています。

「たましま歴史百景」第43回　2013年5月　放送

（参考文献）「倉敷市史④近世（下）」
「玉島変遷史」　玉島郷土研究会編　玉島文化クラブ発行
「玉島の茶室」　岡山県立大学生田国男・熊澤貴之

（協力）柚木爽一郎　遊美工房
（写真提供）小松和夫　渡邉英二

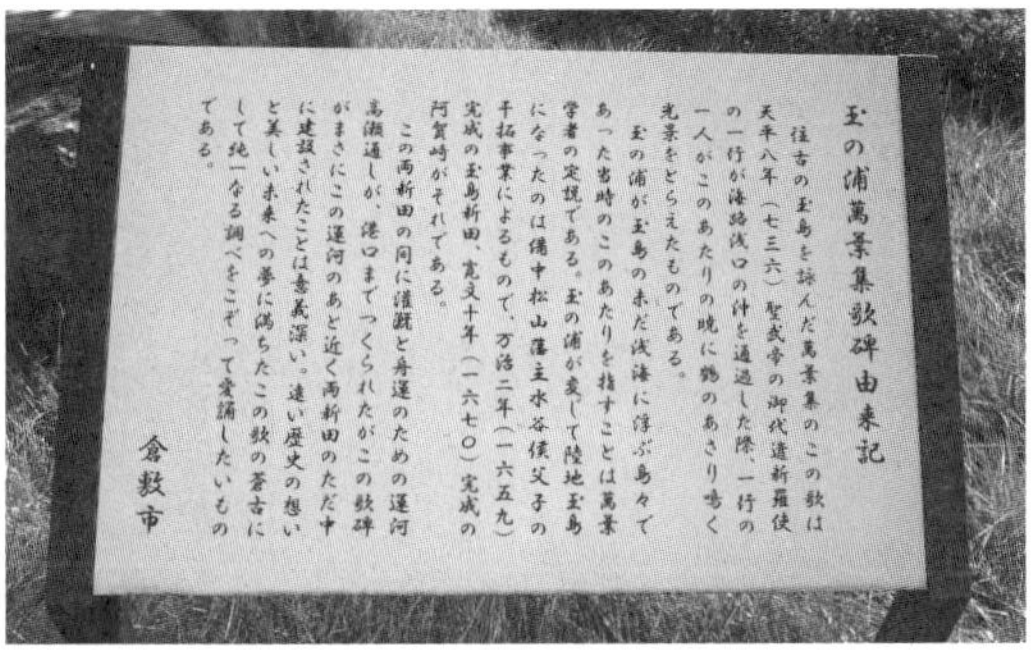

歌碑の説明板

万葉集の歌碑（玉島交流センター）

33 玉島周辺を詠んだ歌

「ぬば玉の夜は明ぬらし玉の浦にあさりする田鶴（たづ）鳴渡るなり」 万葉集巻十五・三五九八

古より風光明媚な玉島には、各所の美しい景観や風物が詠み込まれた歌が数多く残されています。

万葉集巻十五に遣新羅使の歌として載せられた歌の中の「玉の浦」が現在の玉島付近であるというのは万葉学者の定説となっており、この歌の歌碑は玉島交流センターの前庭に置かれています。

万葉集巻十五にはあと2首の玉の浦の歌があります。

「玉の浦の奥（おき）つ白玉拾へれどまたぞ置きつる見る人をなみ」 万葉集巻十五・三六二八

「秋さらば我が舟泊（は）てむ忘れ貝　寄せ来て置けれ　沖つ白波」 万葉集巻十五・三六二九

甕の積出し港として「もたいのとまり」と呼ばれていた頃の歌

「ころ舟に酔う人ありとききつるはもたひにとまるけにやあるらん」 大宰大弐高遠「夫木集」

「昔より酒造るてふ吉備の国是やもたひのとまりなるらん」 宗恵「続松葉和歌集」

大嘗会（だいじょうえ）というのは、天皇即位の式に全国より選定された田の米で酒を造り、神に供え祭る重大な儀式でした。その米を奉納するために選ばれた田を主基田（すきでん）といいます。

大嘗会和歌には、天皇を讃えて主基国の地名や山河の景観を詠みこむ定めがありました。

大嘗会和歌集に玉島の地名が見られるということは、玉島が主基田に選ばれたことを示しています。

「昔より名付けそめたる富山は我が君が代の為にぞありける」 読人不知　９４６年

これは大嘗会和歌集にのせられた歌で、主基方備中国風俗神歌と題し富の富山を詠んでいます。

「大島のいさごも見えず往鶴の年の行衛は君がまにまに」 読人不知　９５５年

その頃の大島は笠岡の大島から黒崎に連なる一帯の山脈でした。これは大嘗会和歌集に大島と題して玉島の黒崎が詠まれた備中国風俗神歌です。

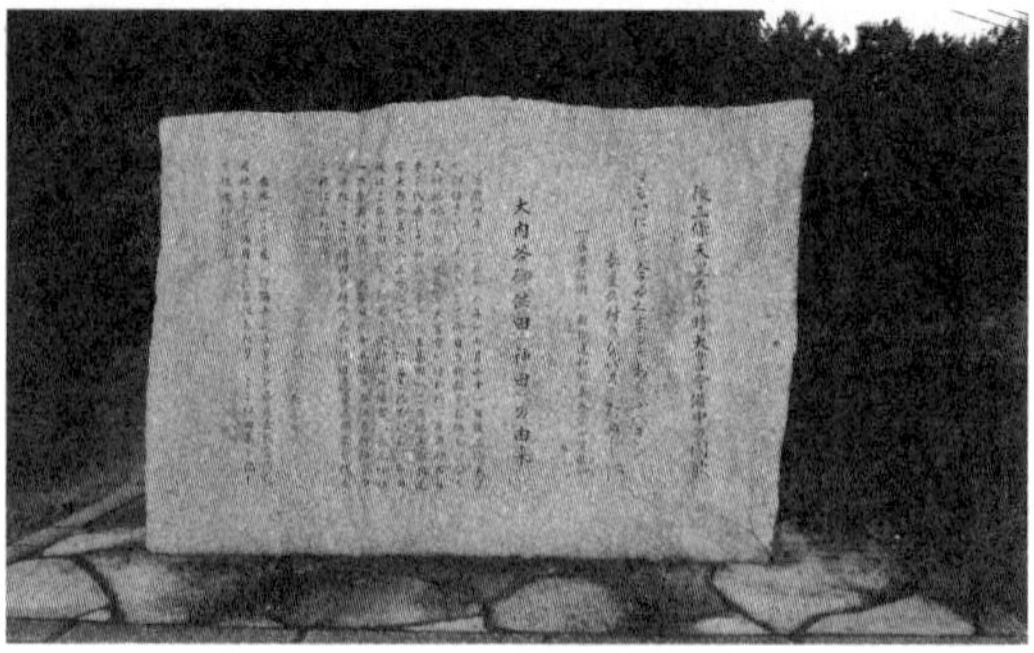

長尾の村の歌碑（県道倉敷笠岡線脇）

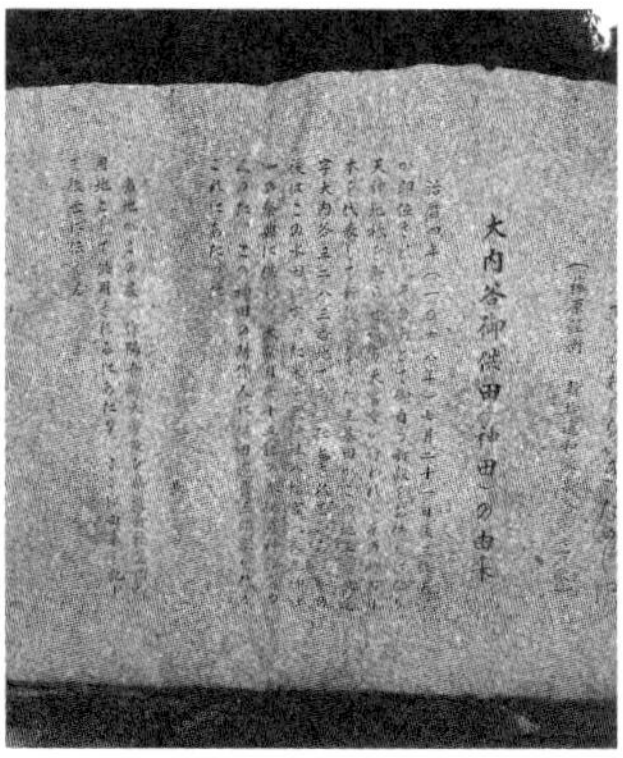

神田の由来の説明板

「富山の風まさりけり君が代は峰の白雲たゆたふまでに」　内蔵権頭善滋朝臣為政　１０１６年

大嘗会和歌集に載せられた歌です。

「はこび積むもたいの泊舟出して漕げどもつきせぬ貢ものかな」　藤原家隆　１０４６年

甕を運び出す港であった亀山の甕の泊を詠み主基方備中国と題し大嘗会和歌集にある歌。

「しじに生る柏の島の青柏いのりわたりて卯月にぞとる」　藤原家経　１０４６年

大嘗会和歌集に載せられ、柏島に舟をつないで柏を採る人が画かれた屏風を見て詠んだ歌。

「天のはら明けて戸島を見渡せばなぎさ静かに波ぞよせくる」　藤原家経　１０４６年

海に臨んで家が建っていた戸島（乙島の旧名）に波が静かに寄せると詠まれています。

「種わける苗代水をせきあげて富田の郷にまかせてぞ見る」　藤原経衡　１０６８年

大嘗会和歌集に富田郷河水苗代と題して詠まれた歌です。

「亀島の池に来て住む真鶴（まなづる）は久しき友と思ふなるべし」　藤原経衡　１０６８年

池の鶴を見て大嘗会和歌集に「八島亀島の池」と題し詠まれたものです。

後三條天皇即位の時の大嘗会の歌で長尾の村が詠まれ、歌碑は、くらしき作陽大学を下った県道脇に置かれています。またこの歌は新拾遺和歌集にも載せられています。

「はるかにぞ今行末を思ふべき長尾の村の長きためしに」　藤原経衡「新拾遺和歌集」１０６８年

以上、これらの大嘗会和歌集に載せられた作品は中央の人々によって歌われた玉島の風情ですが、地元の人々の手で芸術が育てられるようになったのは近世以後のことでした。

玉島八景歌の皿

天和3年（1683）松山城主水谷公の家僕松原伊佐衛門が、近江八景になぞらえ玉島の八つの名所を詠み「玉島八景歌」として残しました。天和年間は新町を中心とした玉島湊が大きく発展した時代で、玉島八景歌には、江戸時代前期の玉島の風情や息吹が聞こえてくるようです。

甕江晩鐘　「漕ぎ寄せよ沖ゆく船も入りあいの鐘にもたえの泊りたづねて」

阿賀崎秋月　「秋ぞかし入江の水の底までもなほあがさきと澄める月影」

松陰有照　「海士人（かちびと）のたく藻の煙しばしまて夕日いざようまつ影の里」（松陰は勇崎の事）

長尾晴嵐　「山鳥の長尾の山や春きぬらんゆく末遠き風のおとずれ」

乙島夜雨　「夜の雨に袖さえぬれてよせかえる浪の音々島音（しまね）ぞさびしき」

水島帰帆　「うたかたの波の水島あと消えて日も夕凪に船かへる見ゆ」

七島落雁　「八重霧もおほかた晴れて七島の苅田のおもに雁落つる声」

富山暮雪　「豊年のしるしは雪にあらわれて入り日かぎろふとみやまの峰」

江戸時代も中期（元禄時代）に入ると町人の間にも文化が普及。内海有数の港として栄えた玉島は風光に恵まれ、玉島に来遊する文人墨客も多く、町人文化が華を開きました。

川田甕江が「市人みな詩、書、画をもて遊ぶ」と言ったように町人文化は一般化し、問屋の主人達は茶の湯を楽しみ和歌や漢詩に思いを馳せました。

（参考文献）　玉島変遷史

乳牛の牛小屋

岡田藩弥高開拓事務所

34 弥高山開拓史

玉島市街地の北に馬の背の様に横たわる標高３７０ﾒｰﾄﾙの弥高山。南に水島コンビナートをはじめ、内海の島々は墨絵のように浮かび、遠く四国連峰、岡山平野、北に中国山脈、西は福山市のあたりまで見渡せます。

弥高山の名がはじめて書物に見えるのは清少納言の枕草子で、その一節に「峯は、ゆづるはの峯　阿弥陀の峯　弥高の峯…」と書かれています。

山頂には緑の牧場が広がり、放牧された牛が玉島の街を見下ろしながらゆっくりと草を食んでいます。のどかな弥高山にも苦しい開拓の時代がありました。弥高山の山頂部には太古から人が住みついていたようで、開拓が進むにつれ弥生時代の石器や土器が沢山出土し開拓地の人々を驚かせました。この地の開発は天保９年（１８３８）岡田藩政時代にさかのぼることができます。そして明治新政府の廃藩置県によって緑を失った岡田藩の藩士が入植。未開の原野が生活の場として少しづつ切り開かれたのでした。しかし当時の開拓は規模も小さく山の様子を変えてしまうには至りませんでした。

自然の地形を変え植生までも変えたのは昭和の開拓でした。昭和21年、海外からの引揚げ者などが次々と新しい農地を求めてこの山に入植。入植世帯は59戸を数え、開拓地としての新しい村作りが始まったのです。

入植者の一人三宅明さん　私は郷里が連島なんです。引揚げて帰り、職業に窮して農業に経験がないから昭和22年頃に父が単独で入植しました。私は学校に行っていたんですが、一年休んで父の手伝いをすることにしました。でもとてもじゃないが開墾が一年位で進むわけじゃなく、ついに学校をあきらめました。

此処には以前からの八十八ヶ所のお大師様があったんです。そこで私んちは二年程お大師堂を借りて住んでいました。でもそこから通っていては開墾実績が伸びないということで、自分達で丸木を

弥高山放牧場

当時の弥高山の開拓仲間

使って小屋を立て雨風をしのぎました。小屋は6坪位のものでしたがそこに十年程住みました。

道は荷車を引いて通れるくらいで生産資材の搬入も搬出も出来ない状態でした。

また当面の間は開墾をしても土地は強酸性土壌ですしどうにもなりませんでした。そのため割り木を作って水島辺りに売りに行ったりもしました。それはハードな肉体労働でして、水島まで往復に20㌔以上で、荷車を引いて行くので足の裏から血が出る程の難儀もしました。

電気の導入が昭和31年でした。それまではカンテラ暮らし。ランプで農業書をあさって勉強しました。でも夢がありましたね。

当面の生きる糧を求め一番最初に始めたのが葉タバコでした。何故葉タバコかというと軽いので搬出が楽だというのが理由でした。その後、道路がついて蔬菜栽培をしたり果樹を作ったりもしたんですが、父が入植後の苦労がたたって結核で倒れたんです。

せっかく作った農地は草に埋もれてしまい、その後の営農計画がだめになってしまいました。しかたなく、その草を有効利用するには酪農しかないのではないかと考え、乳牛を一頭買い求めました。

次々と酪農が広がり、昭和33年には4軒の酪農家が出来ました。それが弥高山での酪農のスタートでして、結果的に弥高山の経済的飛躍に繋がったと思います。

農業で食べることが出来るまで十年の年月を要しました。その間、想像もつかない位の生活をしましたが、その十年で学んだものは自分のプラスになっていると思います。後悔はしていません。良かったと思っています。

戦後、出発した県内四百ヶ所の開拓地の内、現在も残っているのは四ヶ所だけです。弥高山の開拓は数少ない成功例の一つでした。

それは町に近いという立地条件もあったかもしれませんが、何と言っても開拓者達の不屈の精神とたゆまぬ努力によるものでした。

現在は牛乳・玉子・野菜などが多く生産され20軒の酪農家だけで、1日に牛乳瓶4万本分の牛乳が出荷されているという事です。

（昭和63年に「玉島百景」で放送したものです。）

清滝寺の図書館（昭和24年）

新町の図書館

巡回文庫レオ号（昭和29年）

35 玉島図書館

玉島図書館は、第二次世界大戦後の混乱期いち早く市民による市民のための図書館として誕生した図書館です。玉島文化クラブの会員が約一千冊の本を持ち寄り、清滝寺の本堂を借りて昭和24年3月1日玉島町立図書館の開館式が行われました。

玉島文化クラブは戦後の市民運動の担い手としてユニークな活動を押し進めていました。玉島図書館は町立図書館でしたが、その経営は文化クラブに委託されていたのです。

会員になれば一ヶ月十円、一般の人は一日二円の入館料を払って利用しました。開館した翌3月には1日に平均78冊の本が読まれ、4月からは一般貸し出しも始まり夏には夜間開館もしました。

その頃岡山県内の公立としては、県立図書館のほか岡山市立図書館があるだけでした。玉島図書館は公立図書館としては県下3番目、町立としては初めての図書館でした。

玉島図書館が名実ともに町立、町営となったのは昭和26年5月、新町の青年学校の跡へ移ってからでした。公布された図書館法の趣旨に沿って入館料は廃止され、閉館式の閲覧は開館式の閲覧に変更され、誰でも自由に本を手に取って読めるようになりました。

玉島開拓の恩人水谷公にちなむ水谷文庫、良寛にちなむ良寛文庫、また日本文化センター分室としてアメリカ軍部の図書や映写機が置かれたのもこの頃のことでした。

玉島町は昭和27年1月に単独市制を敷きました。そして翌年2月長尾町を合併、同じく4月には富田村、黒崎町を、昭和31年4月には穂井田村の一部も合併して市の面積は4倍以上になりました。

これに応えて図書館では、巡回文庫の配本を始めとし沙美海浜文庫、林間文庫などを設けました。また玉島ライオンズクラブでは昭和31年の創立にあたり、小中学生向けのライオンズ文庫を寄贈。

創立五周年記念事業として巡回文庫用の三輪軽自動車「レオ号」を寄贈しました。そしてこの車で、巡回文庫の箱を学校、部落、婦人会、青年団などに配本して廻ったのです。この他、ファデット文庫、

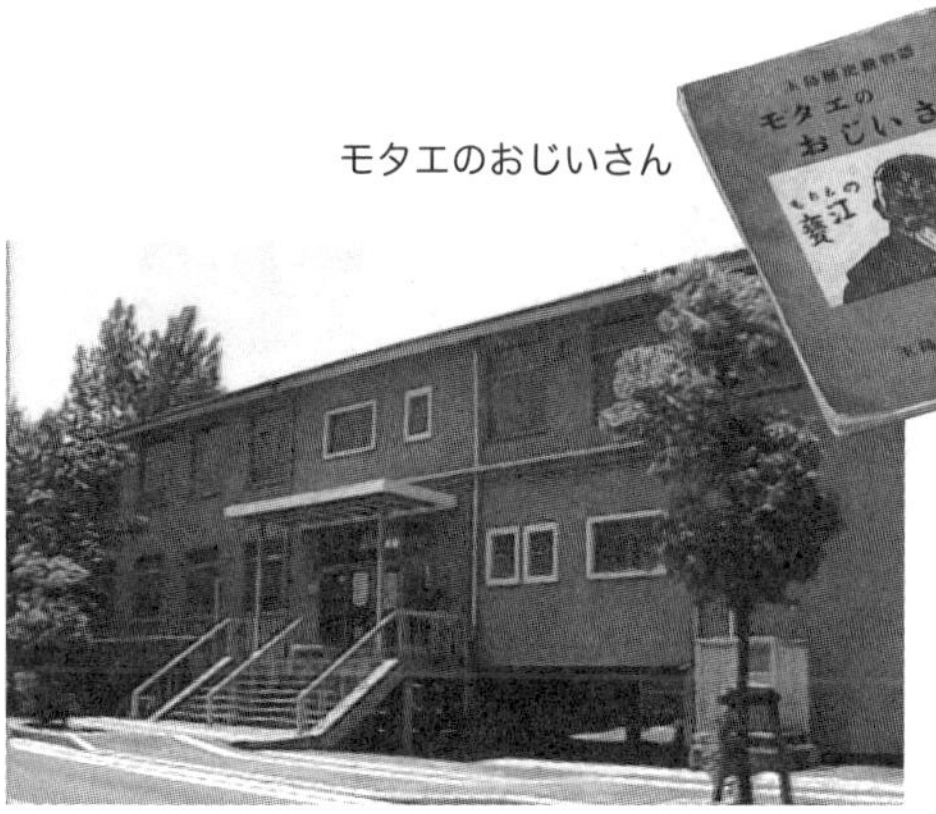

モタエのおじいさん

旧玉島図書館

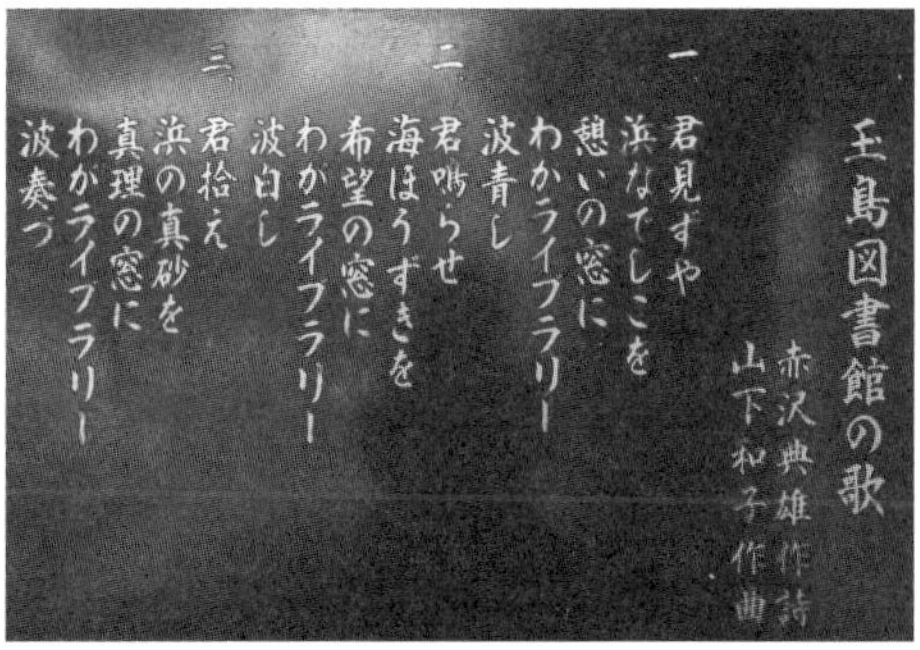

玉島図書館の歌のレリーフ

家庭文庫、ロータリー文庫、甕江文庫なども出来、蔵書の数も次第に増えました。

また図書館では郷土史を編集し「モタエのおじいさん」「玉島変遷史」「聖良寛」「水谷公三代の遺徳」「俳人中塚一碧楼」「画人坂田一男」「玉島百年の歩み」「甕江　川田剛」などを相次いで世に送り、郷土史に新分野を開拓し郷土資料の保存に役立てたのです。

このように文化活動が一斉に開花したのは、時の町長安藤嘉助、医師藤田荒次郎、画家柚木久太ら代々の玉島文化クラブ会長を始めとする会員らの熱意、それに森脇正之や初代専任館長赤沢典雄らの実行力によるものと言われています。

しかし図書館の建物は老朽化し雨漏りもする有様でした。一方では一日の入館者が三百名にもなったので新館建設の機運が高まり、玉島市では清心町埋立地の一角に新館を起工し、玉島市立図書館として昭和39年1月に完成しました。この開館を祝って玉島出身の池田遥邨画伯より60号の大作が贈られました。

昭和42年倉敷、児島、玉島の三市合併がおこなわれました。翌43年巡回文庫の自動車「良寛号」を購入。

現在の玉島図書館は倉敷市立玉島図書館として昭和63年5月に移転オープンしたものです。駐車スペースがゆったりと取られ、大きなガラス窓からは明るい陽射しが差し込み、ワンフロアーの広々とした空間は親しみやすい図書館となりました。

またこの時に倉敷市の四図書館のコンピュータオンラインが稼働。また同年9月館内でのビデオ視聴も開始されました。

平成21年、ICタグゲート監視システムが稼働。平成27年7月からは延長開館が始まり、平日は午前九時から午後七時までと増々利用しやすくなりました。

玉島図書館の入口には、初代館長・赤沢典雄作詞の「玉島図書館の歌」のレリーフが飾られています。

（平成元年に放送した「玉島百景」の原稿に追記しました。）

第一回運動会（明治41年）

玉島小学校校章

36 玉島小学校

一、仰げば高き遥照の　高ねの松も年ごとの　霜と雪とにあいてこそ　操の色はあらわるれ
二、かえぬ操を我どちの　文のやまじのしおりにて　おきてを守り一筋に　すぐなる道をたどるべし
五、わが里の名の玉島の　玉とならずばやまじちょう　心おこしてもろともに学べや学べいざともに

今の小学生には少し解りにくい玉島小学校の校歌。作詞作曲者は不明。でもこの校歌は長い年月、玉島小学校で歌い継がれて来た校歌なのです。

玉島小学校の校章は錨と桜で、玉島の「玉」と小学校の「小」の字を表わしており、港町玉島の小学校であることがデザインされています。

元の校舎は通町から円乗院への途中の三角寺にありましたが、明治41年4月、現在の地に移転。玉島尋常高等小学校として創立しました。

当時の児童数千二百五十名、県下でも有数のマンモス校でした。玉島町内で高等小学校を併設している学校はここだけで、併置校と呼ばれ、乙島、上成、柏島などからも地元の尋常小学校を出て、まだ勉学を続けたい子供達が遠くから通って来ていました。

明治22年頃には、明治時代の文語定型詩の完成者として有名な薄田泣菫（すすきだきゅうきん）が連島から片道10キロを歩いて通い、玉島尋常高等小学校を卒業しています。

この写真は明治41年、今の地に移転をしての第一回運動会の写真です。袴をはいた女子生徒のダンス。オルガン、バイオリンを弾く教師の姿も見られます。また同時に行われた男子生徒の体操は木製銃を手に持っての教練でした。今では学校の周りは国道や家に取り囲まれていますが、校庭の向こうには田んぼが広がっています。

大正元年、その頃の玉島は港で栄え生徒数も多く、千人余りの児童が収容出来る木造校舎が完成。当時の門柱が今も校庭に残されています。

プール（昭和33年完成）

工作教室（昭和４年完成）

昭和４年に出来た工作教室は大変立派なものですが、現在も残っている校舎の中で一番古い建物です。ここで樋口一郎、塩津精一、高屋重夫など画家としても名をなした図画の先生が指導にあたり、進んだ図画教育が行われていました。かつて風流問屋などと呼ばれ文化の栄えた町の伝統が息づいていたためかもしれません。

昭和16年、太平洋戦争が始まった年に玉島町立玉島国民学校と改称。その頃の写真を見ると地雷が校庭に置かれ時勢を物語っています。

昭和22年に玉島小学校と改称して戦後の新しい教育が行われるようになりました。

そして昭和33年に25ｍプールが完成。当時プールのある小学校はほとんどありませんでしたが、子供達が港で泳ぐと危ないことと、川は不潔だとの理由で地元有志の寄付で作られたもので、地元の教育への関心の深さが伺えます。

昭和41年から、それまであった木造校舎を順次取り壊し、鉄筋校舎への建て替えが行われ現在に至っています。

また玉島の中心的な存在として特殊学級も置かれ、昭和33年に知的障害児の学級が、昭和48年に言語障害児の学級、昭和51年に難聴児の学級、昭和55年に情緒障害児の学級が開設され、きめ細やかな教育が施されています。

明治41年、現在の地に玉島尋常高等小学校として創立以来八十年余り、二万人余りの卒業生を送り出してきました。

創業以来、植え継がれて来た松の木が今も青々と校庭の周りを彩り、玉島小学校の歴史を私達に伝えているようです。

（平成２年「玉島百景」で放送したものです）

（注）校舎の完成は平成29年３月15日。構造は、鉄筋コンクリート造（一部鉄骨造）で地上３階、棟屋１階建てです。学習の中心となるメディアセンター（図書館）を校舎の中心に配置することで生活の中心に本がある環境となっています。

円乗院仮校舎（明治40年）

第一回卒業生（明治38年）

37 玉島高等学校

岡山県立玉島高等学校は現在の在校生徒数千五百名余り、玉島で唯一の普通科高校です。創立以来八十年余りの歴史を持つこの学校は、明治37年、地元での女子教育をとの要望に応え玉島高等小学校に付設して作られました。

開校当時の生徒数は55名、校舎は通町から円乗院へ向かう道筋の途中の本町にありました。２年後には生徒数も１２５名と倍増し、現在の山下町の五軒屋校舎に移転して独立。

その頃グランドピアノを購入。ピアノのない女学校は少ないと熱心に寄付をつのり町当局の援助を受けてようやく買ったピアノでした。

明治40年五軒屋校舎から移転して円乗院を仮校舎としました。翌41年には、玉島高等小学校の跡地の三角寺に移転。その頃の生徒数１６８名。バラック建ての教室は学級数に足りず、一つの机を複数の生徒で使うという状態でしたが、木綿の筒袖に袴姿の女性徒達の意気は高かったようです。

明治44年、高等女学校令の改正により玉島女学校は玉島町立実科高等女学校と改称。校舎も三角寺から円乗院の下にあった本町新川校舎へ移転し、まがりなりにも全校２５０名が一ヶ所に集まりました。この頃の通学は徒歩でしたが金光、穂井田、連島からも歩いて通っていました。

大正５年玉島町立高等女学校と改称。そして大正12年新しい校舎が現在の阿賀崎に完成。学校創立以来20年でようやく安住の学舎が出来たのです。

昭和3年、町営から県営に移管されて岡山県玉島高等女学校と改称。昭和6年には校歌が作られました。校歌は「大和乙女の鑑とて」で結ばれる女学校らしい和やかな雰囲気の歌でした。

昭和8年に同窓会館が落成。昭和10年には茶室「玉芳亭」が地元の篤志家の寄付で建ち、女子教育の場としての施設、内容の充実が図られました。この茶室は現存している建物の中で一番古い物で、堅いコンクリートの校舎の間に、女学校時代のやわらかい雰囲気を今に残しています。

玉島高等学校の校章

岡山県立玉島高等学校

阿賀崎校舎（大正12年）

昭和12年、日本は中国への本格的な侵略を始め、学校でも集団勤労作業などが行われるようになりました。やがて太平洋戦争が始まると防空演習や竹やり訓練なども実施されて、大戦も末期になると女学生も学校で勉強していることは出来なくなり、玉島レーヨン、滝沢鉄工所、クラボウなどの軍需工場に動員されたのです。

ようやく戦争も終わり、昭和23年岡山県立玉島高等学校と改称。翌24年商業高校と統合して普通科は現在の玉高の場所で東校舎、商業科は現在の玉商の場所で西校舎と呼びわけられました。

そして昭和25年からは男女共学の普通科、商業科、家庭科を持つ総合高校になったのです。

共学初年度は、商業科から大学進学を希望する男子が20数名、東校舎にやって来て多くの女子生徒の中で男子生徒は小さくなっていたようです。

昭和32年には大岩徳二校長の発案で万葉植物園が作られ注目を集めました。

昭和33年学則が改正され、普通科は岡山県立玉島高等学校。商業科は岡山県立玉島商業高等学校として分離独立をし、東校舎は岡山県立玉島高等学校に、西校舎は岡山県立商業高等学校になりました。これに合わせて新しい制服が作られ、校章も一新しました。校章は月桂樹三葉を中央に配し、その間に勾玉二個ずつを抱き合わせる形で入れたものです。

こうして玉高と玉商は分離しましたが、その後も剣道、美術の授業は商業に行って受けたり、部活動は互いに行き来をし、また玉高、玉商合同音楽会が開かれたりもしました。

昭和40年頃からは次第に進学校として能力別クラス編成などが行われ大学受験体制が整い、現在の進学率は95%を越えています。

玉島高校での学生生活は受験を控え勉強に追われる3年間ですが、その中でも生徒達は比較的自由に学校生活を送り、体育祭、文化祭などにも青春のエネルギーをぶつけているようです。

平成元年度で創立以来この学校を巣立った生徒数は1万7千名を越えました。

大正12年、玉島町立玉島高等女学校がこの地に移転した時に植えられた南京櫨の木が、今も正門の横に大きくそびえ、時代と共に移り変わって来た生徒達の登下校を見守っています。

（平成2年「玉島百景」で放送したものです）

玉島商業学校独立記念手拭（昭和3年）

玉島商業学校開校式（大正15年）

38 玉島商業高等学校

岡山県立玉島商業高等学校。この学校の歴史を紐といてみると、大正15年5月10日、玉島商業学校の開校式に始まります。

その前年、玉島町議会で玉島町立玉島商業学校の設立を議決。玉島町長の中塚一郎が初代校長に任命され、阿賀崎の玉島農商補習学校を仮校舎として、一年二年の生徒を同時に募集。一年生41名、二年生59名が入学し開校式が行われました。

男子生徒の中等実業教育の場として出発した玉島商業学校の当時の校歌には「み国の富をはかるべき、務めは我等が肩にあり、いざもろともに手をとりて、世界の市場に乗り出さん」と高らかにうたわれています。

昭和4年、現在地に新校舎が落成して移転。岡山県立玉島商業学校と改称しました。

昭和13年には新町北の埋立地を生徒全員で整地しグランド造りに励みました。そして、その頃から体育関係の各部が活躍を始め、昭和11年には野球部が県予選で優勝。13年と14年には駅伝が県予選などで優勝。「質実、剛健、勤勉」の男子教育の充実が見られたのです。

池田徳五郎さん（玉島商工会議所会頭） 玉商の卒業生は中堅どころの企業でたくさん活躍されています。私は剣道部に入ってたんですがね、校訓は質実剛健でしてね、非常に厳しい学校でした。

昭和19年、大戦の戦況が深刻化し、商業学校から工業学校に組織の変更を余儀なくされましたが、終戦の翌年、再び商業学校に復帰。

昭和23年、新しい学制によって、玉島高等学校に組織を変更。翌24年県営に移管し、岡山県立玉島高等学校西校舎と改称されました。

甲子園出場（昭和44年）

情報処理実習室（昭和63年）

そして、25年男女共学を実施。それまでの玉島高等女学校は岡山県立玉島高等学校東校舎となり、普通科の男子生徒は女学校であった東校舎に通うことになりました。

昭和30年、野球部が東中国代表として甲子園大会に初出場をしました。

昭和33年、岡山県立玉島高等学校から商業科が分離して独立。岡山県立玉島商業高等学校と改称し独立記念式典も催され、現在の校章もこの時決められたものです。

昭和42年43年と続いて庭球部が国体の団体戦で連続優勝。

昭和44年には野球部が春の選抜甲子園に出場して準決勝まで勝ち進み玉商野球部の名を全国に轟かせました。その後、49年にも甲子園大会の出場を果たしています。

昭和49年、それまでの木造校舎を取り壊して新しい鉄筋校舎への建て替えが行われ、現在の姿になりました。

昭和61年には創立60周年記念式典が行われ、校訓もそれまでの「質実、剛健」から「誠実、勤勉、礼儀」と変わりました。

昭和63年には産業振興教育の校舎が新築され、情報処理実習室が置かれてコンピューターやパソコンによる教育の充実が計られています。

現在の在校生徒数は八百名余り、その内女子生徒が80%を占め、卒業生の70%以上が就職をしています。

岡山県立玉島商業高等学校を巣立った卒業生は一万人を越え、今も県内外で活躍を続けています。

（平成2年「玉島百景」で放送したものです。）

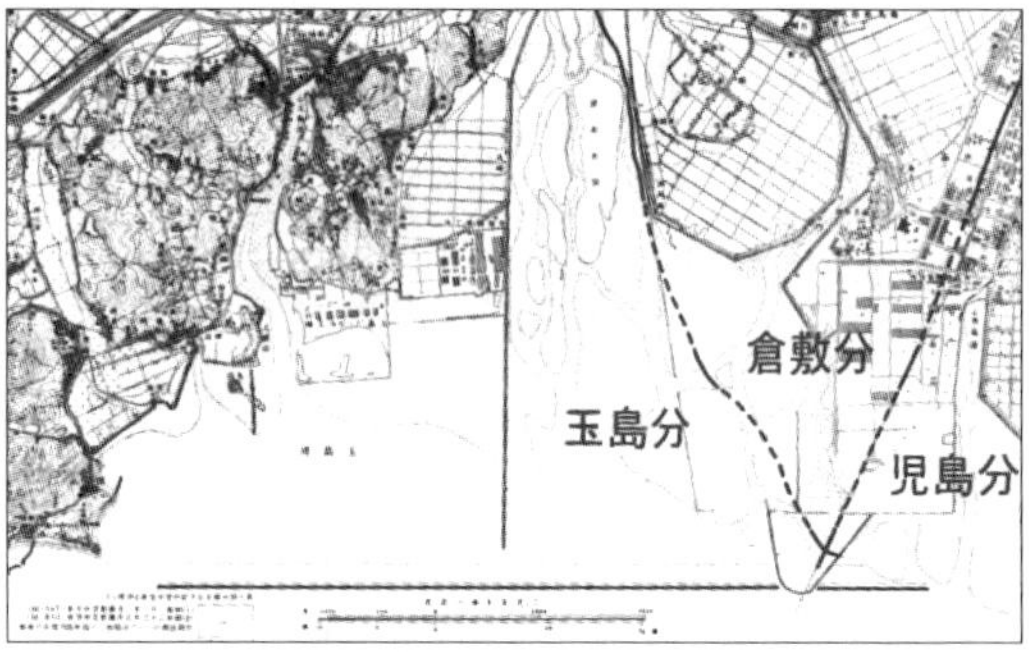

昭和34年の地図　原田格二氏蔵

玉島市役所前　昭和41年12月22日
服部金太郎氏撮影

39 三市合併（倉敷市　児島市　玉島市）

昭和41年12月22日。この日は朝から，三市合併反対の市民約５００人が、玉島市役所に詰めかけていました。午後3時前、滝沢市長、遠藤市議会議長と、合併賛成派議員の乗ったバスが市役所前に着くと、約１５０人がバスを取り巻き、待機していた県警機動隊が議場に誘導したのです。

滝沢市長が三市合併提案理由の説明に入ろうとすると、反対派議員が演台に詰め寄りマイクの紐を引きちぎるなど大混乱、反対派住民約１００人も議場になだれ込み、やじと怒声の中で三市の合併が可決されました。

数名の反対派議員の逮捕者まで出して可決された「三市合併」。三市合併の直接の契機となったのは、現在のＪＦＥスチール、当時の川崎製鉄が造成を予定していた埋立地・Ｄ地区の帰属問題でした。

昭和37年10月1日、川崎製鉄から埋立の申請が県知事に出され、翌年の5月、倉敷、児島、玉島の三市市議会に諮問されました。

倉敷市議会は同意しましたが、児島・玉島の両市議会の同意は難航。埋立後の帰属については児島・玉島両市と協議のうえ決定されたい、との但し書きが付けられました。

Ｄ地区の帰属問題は単に行政区域の拡大だけでなく、製鉄所完成後に見込まれる相当な額の固定資産税などの課税問題がからんでいました。しかし昭和40年3月31日、帰属未定のまま川崎製鉄に埋立許可が下り造成工事が始まりました。

金谷市議　小規模で一般会計が3億5千万位の予算ですから、人件費や臨海鉄道の跡地の借金の処理とかやっていくと、市民が要望するような水路とか道路の改良とか、一般建設財源が当時で3千5百万というのが年間予算ですから、ほとんど大きい事業はするわけにいかない、そういう状況では川鉄からの税金が頼みの綱でした。

山陽新聞　昭和41年9月18日付

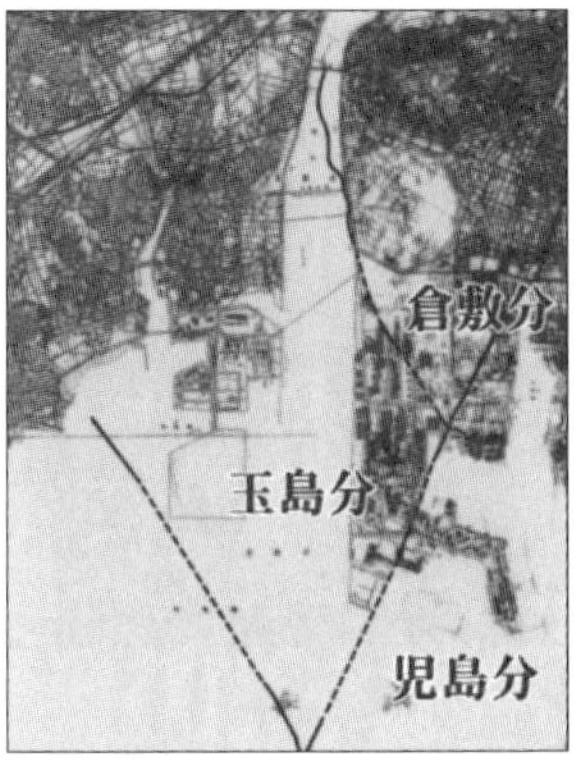

昭和42年の地図
原田格二氏蔵

倉敷市史⑦に「合併問題は、まず玉島市議会議長が倉敷市議会議長を訪れ申し入れた。財政的にも苦しい現状を打開するためには合併が最善の策だ、と強い主張が出てきていた」とされています。

しかし申し入れから三日後、滝澤玉島市長の発言として「遠藤玉島市議会議長らは倉敷市議会へ合併の申し入れをしたというが、議会同士で合併の検討をしようという程度の事だと思う。倉敷合併については私も基本的に賛成だが、きわめて慎重に対処しなければならない」と昭和40年11月16日の山陽新聞に書かれており、この頃はまだ倉敷・玉島両市の合併は提起されてはいるものの、良く調査研究すべき、との慎重論が支配的でした。

そうした中、翌年の昭和41年6月、倉敷市が固定資産税・都市計画税として川崎製鉄に約一千万円を課税したことから、D地区の帰属問題が一気に表面化しました。

三市の市長は、県に調停を依頼。しかし「県側は、三市が納得できる線で境界を引く事は難しいとの見解を正式に伝え、三市合併の動きを暗に支持する意向をほのめかした」と昭和41年9月18日の山陽新聞に掲載されています。

大正5年の地図を見ると、玉島町と連島村の境界線は西高梁川の河口の猪木新開のある中洲の東側にあり、そこから斜め東に向かって南下しています。そして東高梁川を境としていた連島村と児島郡福田村の境界線は、斜め西に向かって南下し玉島町との境界線と交差しています。

連島と福田が倉敷市に合併した後の昭和34年の地図でも、境界線は殆んど同様となっており、これらの地図の境界線を合併直前の昭和42年の地図に重ねると、川崎製鉄の敷地の中に玉島町と倉敷市の境界がある事が判ります。さらに、これを埋立地南部の地図と合わせてみると、川崎製鉄の主要部は殆んど玉島分となる事になります。又、南東の先端部は児島分となり、こうした境界の問題を解決するには、三市合併が中央にとって都合の良い策であり、それが大きな圧力となったものと思われます。

滝沢市長　川崎製鉄のメインの高炉が座っている所は、昔の地図からいけば玉島に所属する位置にある。玉島としては固定資産税を確保せにゃならん。倉敷は倉敷であれば倉敷分だと言い張る訳で、こうなると行政訴訟だが、行政訴訟となると十年、十五年たっても、結論が出たり出なかったりで、お

正しい建築をPR
県 新年から実行委設け
七五%が二月に反対
三市合併でアンケート
賛否は選挙で問え
議員総会で意見交換
児島会議所 市長を招いて

山陽新聞　昭和41年12月8日付

三市合併合同調査室

互いが争う事は隣り合せで不幸なことで、この際大同合併をしようと、それには倉敷と玉島だけでなしに児島分も一部あるので児島に話をしたら児島も合併しようということになり、三市合併することに方針を決めて議会に図ったわけです。

昭和41年9月23日の山陽新聞に「大山倉敷市長は三市合併推進の意向を表明。今この機会を逃したら明くる年の2月には市儀会議員選挙もあって永久に実現しない」と語ったと報じられています。倉敷市議会は、翌年の2月が議員の改選期となっており、もし合併が決れば議員の任期が2年延長される特例があること、また合併を選挙の争点にしたくないということから、任期が切れる前に合併を決めようという思惑があったようで、この事が結果的に余りにも急いだ合併の一因となりました。

12月5日、三市いっせいに新都市建設推進決議を行い2月合併に向けて事態が動き始めました。12月8日の山陽新聞には玉島商工会議所が行ったアンケート結果として、全面的賛成は22%　全面的反対55・8%　慎重に審議をしてからが19・2%で、75%が2月合併に反対となっていました。

玉島商工会議所・商店街などの商工業者は、今回の三市合併は対等合併とはいえ合併後に予想される玉島地区の地盤沈下を懸念。また三百年の歴史を持つ「玉島」という名前への思い入れは強く、玉島市が倉敷市となってしまう事に反発、反対運動を繰り広げました。

滝沢市長「商工会議所が反対しとったからなあ、倉敷に合併したら玉島の商業が倉敷に取られてしまうという考えで絶対に反対だと、市としては議会に図って議会の同意を得て進めていかんといけないと判断したわけです」

玉島では12月10日頃から、市長や議長が出席して玉島各地で合併説明会を開きました。しかし、日増しに反対派による質問が長引き、乙島小学校で行われた17日の説明会では夜7時40分から翌日の11時10分までの15時間半に及び、翌18日に上成で予定されていた説明会は中止となっています。

玉島市議会　昭和41年12月22日

玉島市役所

金谷議員　これだけ大きな問題ですから各小学校単位で説明会を開こうとしたわけで、これは良かったと思いますが、結果的に反対運動が強すぎて途中でなくなってしまって、議会での決着ということになり、住民の声を反映することは出来なかったわけです。

エスカレートする反対派の声に賛成派は危機感を強めていきました。２月合併に向け12月22日に合併協定書と覚書に調印をすることになり、その前日、賛成派の議員達は家族に行き先も告げず、ひそかに鞆の浦の仙酔島に集結し調印に備えたといいます。

遠藤三則議長　賛成派がだんだん脱落していく状態になりこれ以上脱落するのを待っとったら数が足らんようになるというわけで。

12月22日、倉敷で21項目からなる合併協定書の調印を終えた賛成派の一行は、15時過ぎに玉島に帰還しました。そして16時10分に開かれた玉島市議会は、遠藤議長の「お計り致します。原案に賛成の方はご起立を願います…起立多数。原案は可決されました」と、やじと怒号がうずまく中、16時28分に閉会。わずか18分の間に三市合併は決議されたのです。

西議員　皆立っとんじゃもん…数の勘定をするにも反対派も皆立っとんじゃから、三百年の歴史がある玉島の名が消えたのはほんの十秒程です。

昭和42年２月１日「太陽と緑と若さのあふれる」町・倉敷、のスローガンのもと面積２６６k㎡人口27万５千人余りの、新しい倉敷市が誕生しました。

２月１日付の山陽新聞紙上で、滝沢前玉島市長は「合併をめぐってPRの期間が短く、皆様の充分な理解が得られなかったのは残念で反省しています。合併して良かったとの実感が味わえる日が一日でも早く来るよう努力を続ける決意を固めています」と述べました。

山陽新聞　昭和42年3月7日付→玉島市の市章

玉島市閉庁記念写真　昭和42年1月31日

新しい倉敷市長の選挙は翌月の3月5日に行われましたが、低投票率の下、実質的に信任投票のような形で、旧倉敷市長大山茂樹氏が当選。合併後の舵取りを担うことになりました。

36％と戦後最低の投票率は単に有権者の無関心で片付けられるものではなく、三市合併を短期間に強引に推進した大山氏への批判が棄権につながったと見られています。

昭和42年の三市合併は、対等合併とはいえ、玉島が独立の市ではなく倉敷市の一部となったことにより、玉島にあった法務局が倉敷に統合。またＮＴＴや中国電力の玉島営業所も倉敷に統合されるなど、玉島市にあった色々な出先機関は、少しづつ姿を消し倉敷に一本化されています。

三市合併からもうすぐ五十年。「玉島駅」が山陽新幹線の停車駅として「新倉敷駅」となり「玉島」の名前が消えたことに寂しさを覚える人も、次第に少なくなりつつあります。

「たましま歴史百景」第51回　２０１４年7月　放送

（参考文献）「岡山県市町村合併誌　続編」岡山県
「倉敷今昔写真集」倉敷新聞社
「倉敷市史⑦」
「山陽新聞」山陽新聞社

（協力）岡山県立図書館　原田格二　田辺宏三

（注）インタビューは平成9年に、玉島テレビで放送した「合併への道」を使用しました。

羽黒神社

玉島の玉　柚木家蔵

40 玉島地名考

私達が住む土地には地名があります。何時からかこの地に先人が住みつき、生活の必要から地名を付けました。地名は先人達が刻みつけたその土地の歴史なのです。

玉島は三百年余り前までは海で、多くの島をつなぎ合わせ干拓して出来た町です。そのため地名には島や崎の付く名が多く見られます。

（玉島） 先ず玉島（たましま）という地名の起こりから見てみましょう。「玉島」という地名の由来には幾つかの説があります。矢出町の柚木家に保存されている二つの玉石。この石は、玉島干拓のおりに出たと言われており、この石が出た所を「玉谷」と言い、この美しい玉石が掘り出されたことに因んで「玉島」という名が付けられたと言われています。

もう一つの説は、玉島干拓のおりの基点となった羽黒神社のある羽黒山。羽黒山は阿弥陀島と言う、ふっくらとした玉のような島で「玉島」と呼ばれていて干拓の基点になったことにちなみ「玉島」と付けられたとも言われています。また万葉集に残されている「ぬばたまの夜は明けぬらし玉の浦にあさりする鶴鳴きわたるなり」の玉の浦は「玉島」のことであると言われていて、「玉島」の地名は、その玉の浦から起こったのではないかと考える説もあるようです。

（矢出町） 西爽亭のある矢出町（やいでちょう）。この矢出町の名は、柏島と乙島の海峡を挟んで繰り広げられた、源平水島合戦に因んでいます。源平水島合戦のおりの流れ付いた矢が出て来たことから「矢出町」と名付けられたと言われています。

（乙島） 次に乙島（おとしま）の地名ですが、乙島にある戸島神社。戸島神社は乙島の古い名に因んで戸島神社と呼ばれたと神社の縁起に記してあります。また「戸島」が「乙島」になったのは「としま」に敬称の「お」を付け「おとしま」となり、また島の地形も乙の字に似ていました。また「乙」の字は乙姫・乙女など美称に用いられていることから「乙島」に変ったものと考えられています。

上成岩

旭井（乙島水溜）

（水溜） 乙島にある水溜《みずたまり》。ここには古くから旭井、夕日井という井戸があり、この井戸はどのような日照りの時も枯れないと言われ、そこから「水溜」という地名が付けられたと伝えられています。

（堀貫） 産業道路が貫いている堀貫《ほりぬき》。この辺りはかつては海で干拓により出来た土地です。東の水溜と、西の船堀の丘陵の間を掘り貫いて水路が作られ「堀貫」と名付けられたと考えられています。

（上成） 現在の高梁川の西に位置する上成《うわなり》。上成には、昔大きな岩があり、波のぶつかる音が周囲に響き渡っていたので「上鳴」と呼ばれるようになったと言われています。そして「鳴る」という字を縁起の良い「成る」に改め「上成」としたようです。

（長尾） くらしき作陽大学近くの県道脇に、平安時代中期の大嘗会和歌集にある「はるかにぞ今ゆく末をおもふべき長尾の村のながきためしに」という碑が建てられています。長尾《ながお》の地名はその頃すでにあったようです。長尾が干拓される以前の海岸線をたどってみると、長い尾っぽ状の岬の地形が見られ、そこから「長尾」と呼ばれるようになったと考えられています。

（百々） くらしき作陽大学の、北にある百々《どうどう》。その一角に小さな祠があり、百々神社のいわれが記してあります。「どうどう」は水が流れ落ちる音や波の打ち寄せる音で、その昔この辺りが川か海であった頃に「どうどう」という水の音がしており、それが地名に転移したようです。

（鉾島） 長尾には、小さな丸い島のような形の鉾島《ほこしま》があります。鉾島は、西暦二百年頃、神功皇后が三韓征伐に向かわれる途中、長尾の沖に船を停泊して休まれました。この時、小島の頂きに鉾を突き立て兵を募られた事から、その島が「鉾島」と呼ばれるようになったと伝えられています。

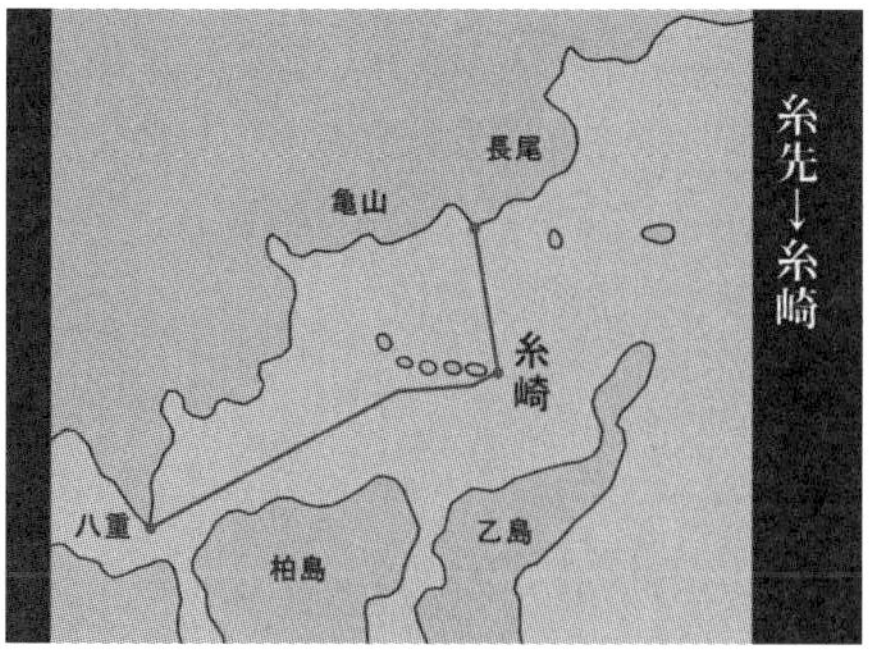

岡山藩と松山藩の境界線

鉾島（玉島長尾）

（二万）船穂の北にある二万（にま）。この地名は鉾島で、神功皇后が兵を募ったおりに、二万人の兵が集まったという事跡に由来すると言われています。これは古事記、日本書紀に並んで古い備中国風土記逸文に「吉備のある村から二万人もの兵が集まり、これを天皇がたいそう喜ばれ「二万の里」の地名を賜った」とのせられており、地名説話の中でも非常に古いものです。

（富）富（とみ）は玉島の北西部に位置し、緑深いこの里に海との係りを感じる事は出来ませんが、その昔は前に波が打ち寄せ漁港として栄えており「富」の名はその事に由来すると言われています。大嘗会和歌集の中に「昔より名づけそめたる富山はわが君が代のためにぞありける」とあり、中世にはすでに「富」の名があったことが伺えます。

（道口）富田にある道口（みちくち）。古代、瀬戸内海は近畿と九州を結ぶ重要な交通路でした。古い記録には「道口の津」という名称も見られ「道口」は矢掛、小田などに通じる「道の入口」でした。そして、道の口がつまって「道口」と名付けられたと考えられています。また嘗ての下道郡「しもつみち」への入口に当たるため、しもつみちの口から「道口」となったのではないかいう説もあります。

（糸崎）八島の糸崎（いとざき）。江戸時代の前期、松山藩主となった水谷勝隆は、高梁川の浅瀬に着目して船穂沖、長尾沖と次々と干拓を進めました。しかし当時、亀山、道口の辺りは、岡山藩池田家の領地で、干拓がだんだん西に進んできたのを見た岡山藩は、沖合いの島である七島に領民を移住させ、七島より北は岡山藩の領地であると主張。そこで松山藩との境界を定めるのに、金光町八重の糸元田より島地まで糸を引きました。その糸の先「糸先」が転じて「糸崎」と呼ばれるようになったということで、今でも糸崎から金光町八重まで当時の藩境いを示す水路が残っています。

（亀山）亀山（かめやま）にある神前神社の一帯には、亀山焼と呼ばれる陶器を焼いた窯址がいくつも残っています。神前神社境内の立札には「この地、亀山は、十世紀前後、盛んに甕を作っていたので「甕山」（かめやま）と呼ばれるようになった」と書いてあり「甕」が、縁起の良い「亀」の字になったと思わ

君が岩（玉島服部）

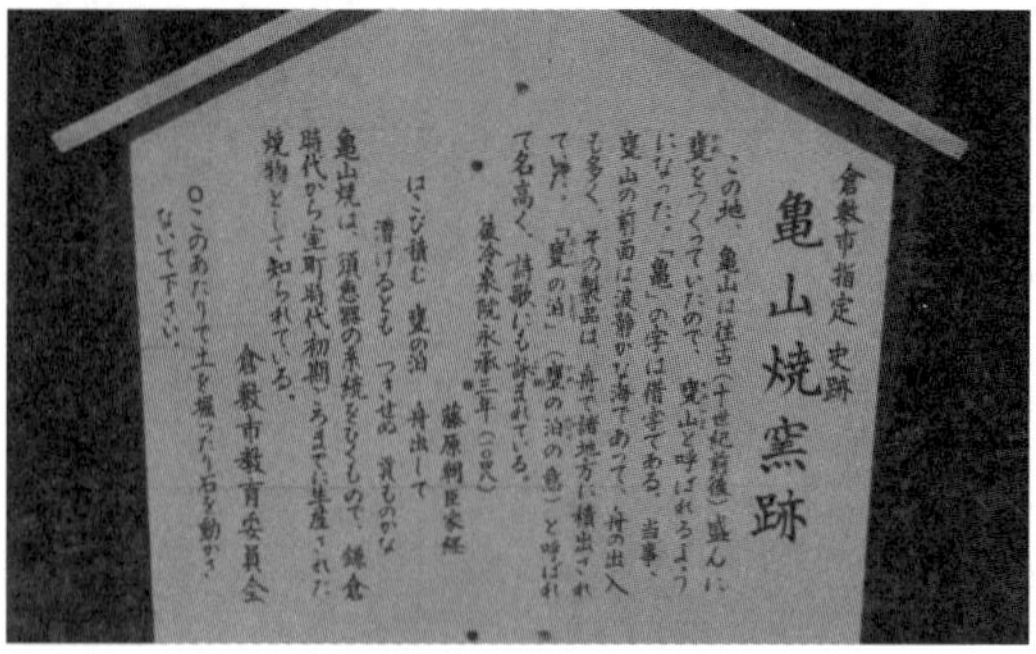

亀山焼の立札 神前神社境内

れています。また亀山の沖が海であった頃は、甕を積み出す港、甕の泊（もたいのとまり）と呼ばれており「はこびつむもたいの泊　舟出して　こげどつきせぬ　貢物かな」という歌が大嘗会和歌集に残されています。

（陶）陶（すえ）には、亀山焼の源流と言われている寒田瓦窯跡があります。陶では、七世紀から九世紀にかけて陶器が盛んに焼かれていました。生産された品を「スエキ」陶工の集団を「スエツクリベ」そしてその場所を「スエ」と呼びました。これが「陶」の地名の起こりで、近くでは金光町の「須恵」山手村の「末奥」などがあり、どちらにも古代の窯址があります。

（服部）服部（はっとり）には君が岩と呼ばれている岩があります。君が岩の角には玉島まで二里とかかれた石柱が残されており、この君が岩より北が「服部」で、南が「陶」です。服部は呉服部（くれはとりべ）から転化したものです。呉服部は中国・三国時代の呉の国から帰化した機織り職人のことで、瀬戸内海を渡り呉服部がこの地に住みつきました。その「呉服部」（くれはとりべ）が「服部」（はっとり）という地名になったと考えられています。

（柏島）では次に柏島（かしわじま）のほうに目を転じてみましょう。「ししに生る柏の島の青柏いのりわたりて卯月にぞとる」という歌が、藤原氏時代の大嘗会和歌集に載っています。この歌からも、十一世紀頃には柏島と呼ぶ島が備中国にあった事が判ります。又柏島には、柏の木が多くあった事から「柏島」と名付けられ「柏」はおめでたい字なので、今日まで変ることなくそのまま使われていると考えられています。

（久々井）柏島の北に位置する「久々井」（くぐい）。この辺りは、干拓される前は干潟に恵まれており、渡り鳥の「くぐい」が群棲していたことから、「くぐい」と呼ばれるようになったのではないだろうか。また、柏島には沢山の水源となる井戸が多くあり、九つの井戸の九々井が「九」より、久しいの「久」を使って「久々井」になったとも言われています。

唐船暗礁
「浅口郡史蹟名勝天然記念物」

沙美

（阿賀崎） 阿賀崎（あがさき）は、古くの文献には明崎、または赤崎と記してあります。「明崎」は柏島の東に位置し、早く日が明ける崎から「明崎」また赤い崎「赤崎」と呼ばれ、そのアカに、お目出度い文字の、阿と賀が当てられ「阿賀崎」となったのではないかと考えられています。又一説には、仏に供える水、閼伽（あか）の水を汲む場所があった事から、閼伽崎と呼び「阿賀崎」になったとも伝えられています。

（勇崎） 勇崎（ゆうざき）は当初、塩浜村と呼ばれていました。この地を干拓した松山藩主水谷勝宗が浜の堤で休んでいた時、村の者が、命名を願ったところ「東は明崎で、西は黒崎である。その間にあるから夕崎。しかし、夕方の夕の字よりは、勇ましいの勇の字を当てるが良い」ということで「勇崎」と付いたと伝えられています。

（唐船） 唐船（とうせん）は、この辺りがまだ海だった頃は、潮の流れが早い水道で航海の難所でした。そして唐からやって来た船が、折からの強風で難破。それを見ていた村人達が、唐の人達の霊を慰めるため、ここに唐神様を祀りました。この事にちなんで「唐船」と呼ばれるようになったと言われています。浅口郡史蹟名勝天然記念物に「唐船暗礁」と掲載されているこの岩は、里見川の堤に露出していたが河床改修工事のおりに撤去されたと記されています。

（屋守） 屋守（やもり）は元は、イエモリと書く「家守」でした。これは古く山守部（やもりべ）の子孫が住むことから付いたとも、またここには黒姫伝説の黒瀬神社があり、黒姫の屋敷を守るという意味から「屋守」とついたとも考えられています。

（沙美） 沙美（さみ）は美しい浜、その名通りの地名で、かつて白砂青松の砂浜が広がっていました。高倉上皇の厳島行幸記に「び中のせみというところにつかせ給ふ」とあり、その頃からサミと言う地名があったと思われています。また「沙美」は左に見るの「佐見」と書かれていました。これも黒姫が屋守に住んでいた時、左側に見えるから佐見と名付けられたのではないかとも伝えられています。

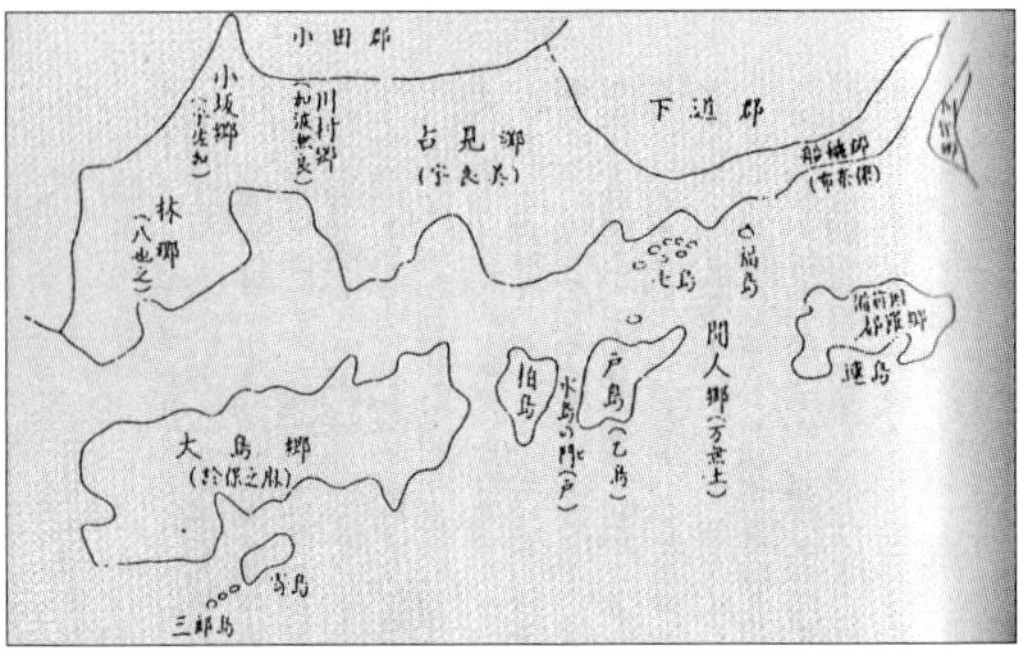

浅口郡八郷「玉島風土記」

玉島に残された数々の美しい地名。地名の由来については色々な言い伝えがあります。地名は私達の祖先が自分の住む土地を愛し、そして名付けたものが多く、地名には先人達の熱い思いが込められているのです。

「たましま歴史百景」第27回　２０１１年2月　放送

（参考文献）　「郷土風土記」宗澤節男編
「玉島むかし昔物語」渡辺義明編
「ザ・玉島　玉島地名考」水川侑也作
「玉島風土記」森脇正之著

（協力）　利久園　出口祥三　牧弘志

（追記）十世紀の始め頃に編纂された和名抄（わめいしょう）には備中国九郡の中に浅口郡の名が見られます。安佐久千（あさくち）の字も当てていたようで、以来現代に至るまでこの名称は使われており、名称の起源は高梁川（もと川島川、松山川と呼ばれた）の海への出口の浅くなった所という意味でした。
「和名抄」には浅口郡八郷の名が挙げられています。
阿知　間人（萬無人）　船穂（布奈保）　占見（宇良美）　川村（加波無良）
小坂（乎佐加）　林（八也之）　大島（於保志磨）
の八郷で、玉島周辺は間人（萬無人）にあたると言われています。

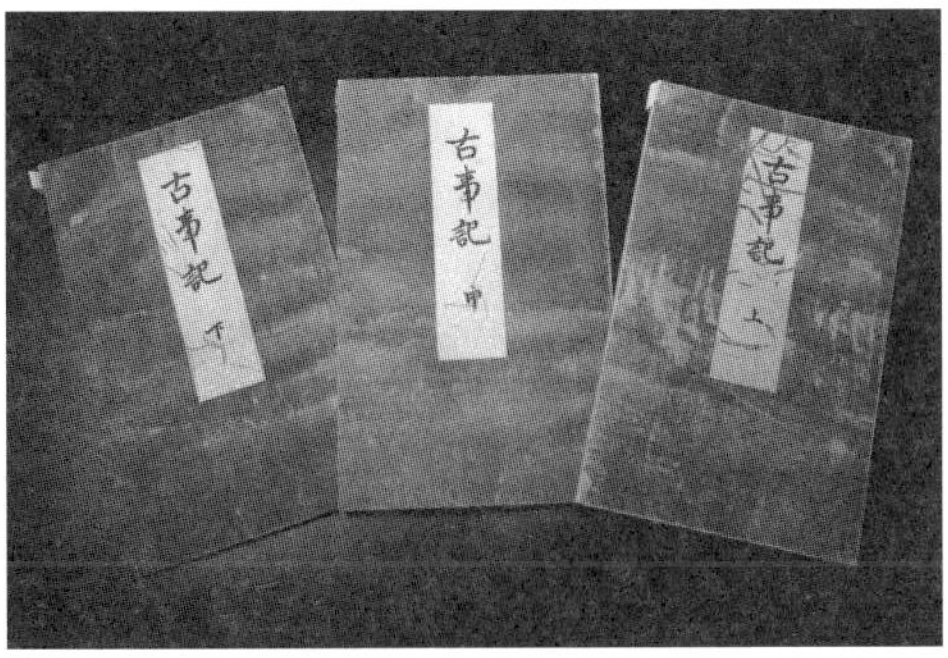

古事記

黒姫ゆかりの黒瀬神社（玉島黒崎屋守）

41 記紀にみる説話（黒姫伝説・ミズチ退治）

「記・紀」と並び称される奈良時代の史書「古事記」と「日本書紀」。この二つの史書に地元玉島と船穂の説話が残されています。それを紐解いてみると日本の歴史の中で、その地方がどのような意味を持っていたのかが見えてくる場合があります。

（黒姫伝説）

ではまず古事記下巻の中に出てくる「吉備の黒日売（くろひめ）」黒姫の考察から始めましょう。玉島黒崎屋守のはずれにある黒瀬神社は黒姫ゆかりの屋敷跡と伝えられています。昔、黒姫というそれは美しい娘がいました。その噂は難波の宮におられる仁徳天皇にも伝わり、天皇は黒姫をお召しかかえになりました。天皇は黒姫をたいそうお気に入りになり、その寵愛を一身に集めるようになりました。しかし天皇には石之日売（いわのひめ）という嫉妬深い皇后がおられ、黒姫はこの石之日売にひどく妬まれて、吉備の国に戻される事になりました。

この時舟で帰っていく黒姫をご覧になって天皇が詠まれた歌

「沖辺には小船連らく黒ざやのまさづこ吾妹（わぎも）国へ下らす」

（沖の辺りには、小船が連なって浮かんでいる 私の愛しい人よ 船に乗り故郷へ帰ってしまうのか）

これを聞いた石之日売は益々激怒し、人を遣わして黒姫を船から引き降ろし歩いて帰らせました。都に残された天皇は黒姫をどうしても忘れる事が出来ず、益々恋しさを募らせ、皇后に淡路島に見物に行くと嘘をついて、島伝いに吉備の国の黒姫に会いに行きました。そして丘の中腹に新しい仮の御殿を建てました。それが現在、新殿（にいどん）と呼ばれているあたりと思われています。

「山県に蒔ける青菜も吉備人と共にし採めば楽しくもあるか」

（山の畑に蒔いている青菜も　吉備の娘と一緒に摘めば　なんと楽しいことでしょう）

新殿（玉島黒崎屋守）

黒姫人形

仲むつまじい時を過ごした二人でしたが、天皇が都に帰還の時、黒姫が涙ぐみながら詠んだ歌。

「倭方（やまとへ）に西風（にし）吹き上げて雲離れ退き（そき）居りとも我忘れめや」

（貴方のお帰りになるやまとの方へ　烈しい西風が吹いて　雲がちりぢりに吹き散らされるように
この身は遠く離れても　どうして貴方の事を忘れましょうか）

「倭方に往くは誰（た）が夫（つま）隠り処（こもりづ）の下よ延（は）えつつ行くは誰が夫」

（大和の方へ帰って行かれるのは誰の夫なのでしょうか、心の底で愛しく想っていながらも都へ
行っておしまいになるのは誰の夫なのでしょうか）

一人残された黒姫は、新殿の少し上の方に屋敷を移し切ない心を癒しました。その屋敷のあとが、現在の黒瀬神社だとも言われています。

古事記の中に出てくる「吉備の黒日売（くろひめ）」にゆかりがあると言われている場所が、岡山県には数箇所あります。一つは玉島の黒崎で、また近くでは旧山手村から総社にわたる一帯の土地です。

旧山手村であるという説は、古事記にも記されている「しかくして黒姫　其の国の山方の地に　おほまし、まさしめて」というくだりの「山がた」が転じて「山手」になったものである、と言うのを根拠としています。また総社市にある「こうもり塚古墳」は「くろひめ塚」とも呼ばれ、黒姫の古墳ではないかと言われています。しかしこうもり塚は6世紀につくられた古墳であり、仁徳天皇の時代と、およそ百年のずれがあり無理があるのではないかと思われています。

玉島の黒崎ではないかという説は、仁徳天皇が黒姫を偲んで詠んだ歌「沖へには、小船連らく、黒ざやの、まさづこ吾妹国へ下らす」という歌の中の「黒ざや」は黒崎ではないかという説。また2人が新居をかまえたことから付けられたのではないかと思われる「新殿」という地名。黒姫の屋敷を守るということから付けられたのではないかという「屋守」という地名。「黒崎」の姫という事から「黒日売」＝黒姫と呼ばれたのではないかという説。また沙美は黒瀬神社から左に見えるから左見「沙美」というのではないかという事などを根拠としています。

何れにせよ古事記に出てくる、美しく悲しい太古のロマンス「吉備の黒姫」。仁徳天皇に愛された吉備の美しい娘が、玉島黒崎の娘であったのではないかと考えたいものです。

ミズチ退治

水別水天宮（船穂町柳井原）

（ミズチ退治）

では次に「日本書紀」巻第十一、仁徳天皇のところに出てくるミズチ退治の伝承を紹介しましょう。船穂町柳井原から高梁川沿い、真備町川辺へ至る道の左脇に水別れ水天宮の祠がひっそりと祀られています。この辺りがミズチ退治伝承の地といわれています。

吉備の国の川島川、現在の高梁川の川股にミズチという大蛇のような恐ろしい生き物が住んでいました。道行く人がそこを通るとこのミズチの毒を受けて多く死んでいました。

そこで当時この地方を治めていた笠臣（かさのおみ）の祖先にあたる県守（あがたもり）がこのミズチを退治してやろうということになり、中身をくり抜いた三つの瓢箪（ひょうたん）を川の淵（ふち）に投げ入れて「やいミズチ。汝はしばしば毒を吐き道行く人々を苦しめてきた。今吾が投げ入れるこの瓢箪を沈めることが出来るなら許してやろう。しかし沈められないなら成敗をする！」と大声で叫びました。

するとミズチは鹿に化けて瓢箪を引き込もうとしましたが、瓢箪は一向に沈みません。この様子をじっと見ていた県守は、頃は良しと剣を抜いて川に飛び込み、ミズチを斬り殺し更に水底に潜んでいた仲間もことごとく斬り殺しました。殺されたミズチの血で川の水は真っ赤に染まったといいます。このことがあってから、この地を「県守（あがたもり）の淵（ふち）」と呼ぶようになりました。

これにより天皇は、賦役を軽くし租税を減らし20年余りも天下泰平の世が続いたと記してあります。

就実大学人文科学部非常勤講師　難波俊成さん　原文は日本書紀に書いてあります。日本書紀仁徳天皇六十七年ということで、五世紀頃の話であろうと思われます。川島川、今の高梁川は川の中に島があることから川島川といわれていたようですが、ちょうど水別水天宮のあるこのあたりで、高梁川は東と西に分かれていました。ここに大蛇がいて人を苦しめていたという話になっています。この北には小田川と高梁川が合流する地点があり雨期にはぶつかり合って大きな水害が起こり非常に難儀していました。そのことを大蛇に仮託して説話が出来たのではないかと思われています。

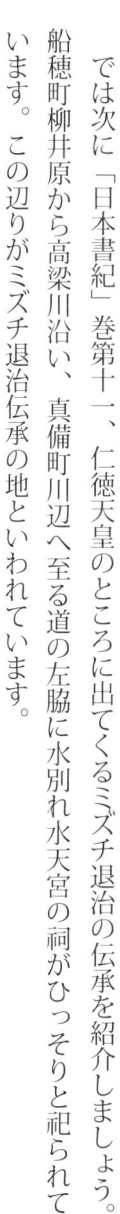

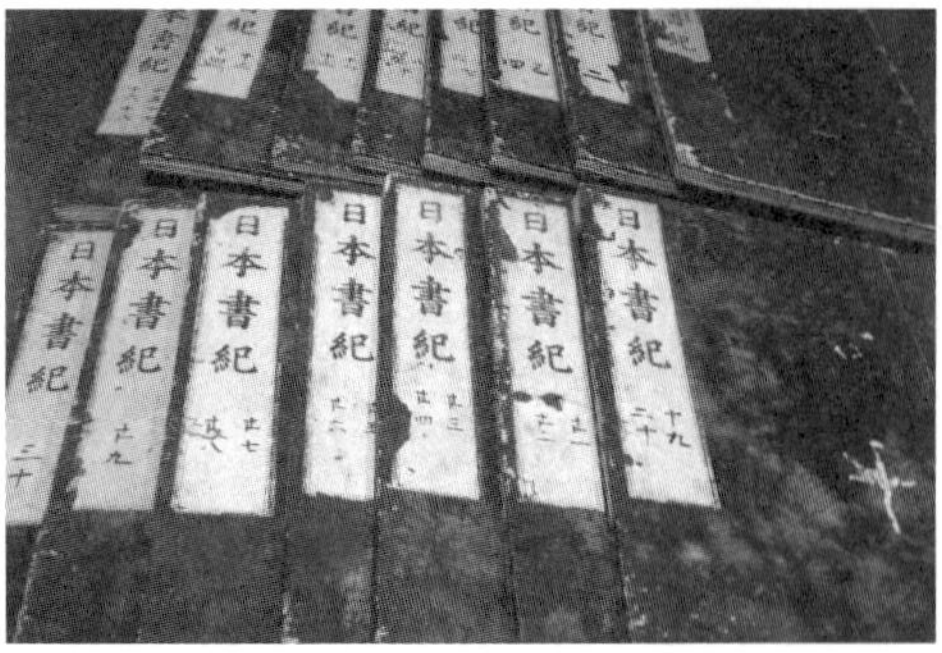

日本書紀

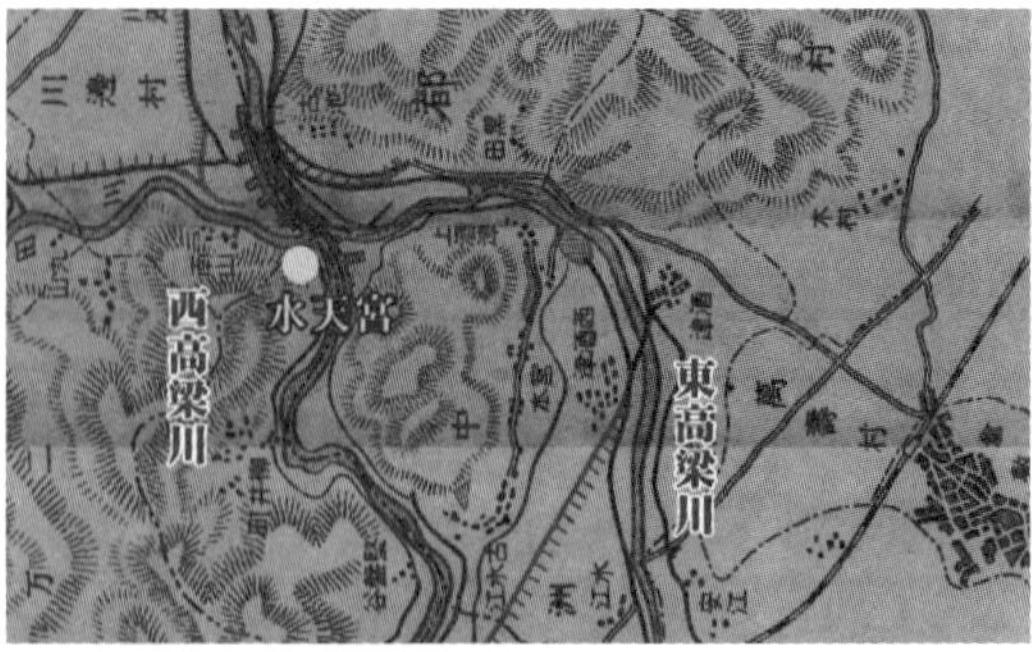

東西高梁川平面図（部分・大正7年）

ミズチ退治の伝承事件があったのは、古墳時代の初め、吉備の国の各地に豪族がいた頃のことです。当時の瀬戸内海は柳井原や酒津八幡山の山裾まで海が入り込んでいました。ミズチ退治の場所は、川島川、今の高梁川と小田川の合流点で、雨期になると、両河川から流れ込む激流で、たびたび洪水による被害が起こっていました。

この頃、有力豪族は古墳だけではなく地元の農民を動員して土木工事を行っていました。「日本書紀」に出てくるミズチ退治の話は、ミズチのように蛇行しながら大雨のたびに氾濫していた小田川と高梁川の合流点の治水土木工事を、この地方を統治していた笠臣の県守が完成させ、その功績をたたえ、書き残したものではないかと考えられています。

古事記と日本書紀「記・紀」に残されているこれらの説話。その真偽はともかくとして、奈良時代に編纂されたこの代表的な史書に記録され残されているということは、よほど重大な事であったと推察されます。

「たましま歴史百景」第5回　２００８年11月 放送

（参考文献）
「玉島むかし昔物語」渡辺義明編
「高瀬通しの里　物語船穂風土記」高見光海著
「日本古典文学全集Ⅰ　古事記」小学館
「日本古典文学全集3　日本書紀②」小学館
「倉敷市史②古代・中世」
「水利ロマン～90年のあゆみ」高梁川東西用水組合編

千年比丘尼

坊山の庵

42 千年比丘尼

玉島の北部・富田亀山の東にある坊山の小高い丘には千年もの間、年もとらなければ死にもしない千年比丘尼（せんねんびくに）が住んでいたという伝説が残されています。

さて、この話は亀山の麓がまだ海であった頃に遡ります。亀山に住む漁師がある日、珍しい魚を釣りあげました。体はボラに似た形をしていますが、顔はまるで人間の赤子のようでした。

その日は丁度秋祭りで、漁師の家に近くの人達がご馳走をよばれにやって来ました。漁師が「珍しい魚が取れたから食べてつかあせえ」とお膳を配りました。

しかし気味が悪くて誰一人箸をつける者はいませんでした。おまけに「どうぞお土産に」と包んで差し出された時には一同ただ顔を見合わせるばかりでした。

帰る途中に無気味な話が次々に出て、皆は土産の魚を海に捨ててしまいました。ところがその中の一人はかなり酔いつぶれていて捨てるはずの魚を着物の袂に入れたまま自分の家に持って帰ってしまいました。

この者の家には一人の美しい娘がおり、魚の包を見つけると何とも思わず食べてしまいました。娘はその時は何事もなくすんで年とともに益々美しくなりました。

婿を取ると子供も出来て親子は仲睦まじく暮らしていました。それから何十年かの月日が流れましたが不思議な事に人魚を食べた娘は少しも年をとらないのです。

知らない人は息子の嫁かと聞く位で、更に数十年がたって婿は死に息子はいいお爺さんになりましたが、人魚を食べた女は少しも年をとりません。

やがて子供も死んでしまい、家族の皆がいなくなった小屋に一人寂しく暮らしていました。

村にはこの若い姿をしたお婆さんがどれだけ生きて来たのか、何才になるのか誰も知った人はいませんでした。彼女はつくづく人生の儚さ虚しさが悲しくてならないのでした。そして髪をおろして比丘尼となりました。

何時の頃からか彼女は「千年比丘尼」と呼ばれるようになり、坊山の庵を後にして浅口郡金光町占見の津熊の森に居を移しました。

ビャクシンの木
元玉島市天然記念物
(富田亀山)

旅に出る千年比丘尼

比丘尼が旅に出たのは魚を食べた日から数えて百回か二百回目の秋祭りの日でした。祭太鼓の響き渡る中朝早く旅立ちましたが、人々はこの不思議な比丘尼を見送りに集まって来ました。

比丘尼は杖を岸辺に突き刺し「この杖の木が、つくまでには帰ってきますよ」と言って舟に乗り、霧の中に消えていきました。そしてその「つくま」が津熊の地名になったと伝えられています。

その日の事を村人達はいつしか忘れていましたが、岸辺に比丘尼がさしておいた杖から芽が出て、その芽は勢い良く空に伸びていきました。「枯れ木に花が咲くというが、不思議な事があるもんじゃ、比丘尼が帰って来るのももうすぐだろう」と村人達は話しあいました。

然しそれから何年かの日が流れましたが比丘尼は帰って来ませんでした。樹はぐんぐん伸びて大きく枝を張り見事な姿になりました。この樹を見て人々は比丘尼の噂をして懐かしがりました。

それからまた何十年もの月日が流れ、亀山の海は干拓されて平野になりました。ある時、一人の村人が若狭の国を旅していましたら、そこで年老いた比丘尼に出会い、問われるままに備中の国の亀山から来たことを告げると「ああ懐かしい。亀山は私が住んでいた所です。今でも人魚が採れますか」と尋ねました。

「今では人魚が取れるどころか海は干拓されて田んぼになっています」と答えると、比丘尼は世の移り変りをはかなみ寂しそうな様子でしたが、それから間もなく若狭で死んだと伝えられています。

「若狭郡県誌」によると、何時までたっても年を取らない仙尼がいたので「若狭」という国の名が付けられたと記されています。また亀山では、何時までも年を取らない人の事を「あの人は人魚を食べたのではないか」と言い合ったといいます。

亀山の東に坊山という所があり、千年比丘尼の庵があったと伝えられています。

また此処に千年比丘尼が植えたというビャクシンの大きな樹があり、元玉島市の天然記念物に指定されていましたが、梨の病原菌の宿り木になるという事で惜しくも切り倒されてしまいました。

(昭和62年「玉島百景」で放送したものです)

取調べ中の新四郎と利兵衛
玉島商業高校漫画研究部

血染めの石　玉島長尾

43 長尾百姓一揆・土佐屋の仇討

（長尾百姓一揆）

長尾にある岡田家の祠の中には晒（さらし）に包まれた石が祀られています。この石は江戸時代の中期、長尾で起きた百姓一揆を伝える血染めの石と言われています。玉島湊が繁栄を見せていた宝暦年間、玉島村、長尾村、勇崎村などは、現在の京都丹波亀山藩の飛領地でした。

山国・丹波亀山藩の五万石の内、飛領地玉島の一万二千石が藩の財政に占める比重は大きく、玉島五軒屋には丹波亀山藩の代官所を構えていました。領主が遠い丹波亀山に住む代官所の役人にとって、藩に対する最も大きな責務は決められた年貢を納めることであり、農民の生活に対する細かい配慮は手薄になっていました。こうした事情を背景に「長尾の百姓一揆」が起きたのです。

時は宝暦2年（1752）毎年続く飢饉に村人は耐え切れなくなり、代官所に年貢を減らしてくれるようにと哀願しましたが、頑として受け入れられませんでした。激怒した村人達は庄屋の家になだれ込み家屋敷を破壊し凶作に備えて貯えていた蔵から米俵数十俵を持ち出しました。

代官所は直ちに厳しい取調べを始めました。死罪は免れず村全滅の可能性も出てきました。この時23歳の新四郎と19歳の利兵衛という若者が、自らが首謀者だと名乗り出て村の者一同に代わり、その罪を引き受けたのです。

二人は死罪と決まり、高梁川の川原で打首となる日が来ました。村人達はどうにかして命乞いをしようと、檀那寺・船穂の宝満寺住職にすがりました。宝満寺の住職は遅れては一大事と籠で現場へと急ぎました。しかし、住職の籠が処刑場に到着した時、すでに二人の首は討ち落とされ川原は血に染まっていました。時に宝暦2年の夏、7月19日の事でした。その同日同時刻、打首になった二人が信仰していた長尾八幡宮の松王様の大松が晴天で風もないのに突然倒れ、村人に打首を伝えたと言われています。

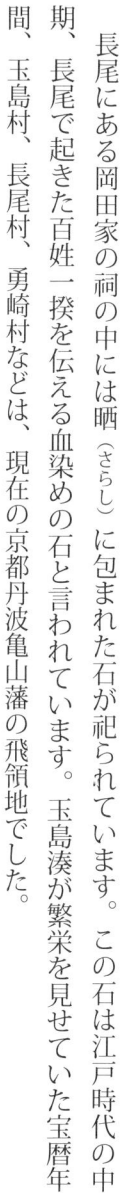

この事件の後、長尾の村人達は処刑に間に合わなかった宝満寺の檀家を離れ、善昌寺に移りました。処刑から16年後、善昌寺の和尚は寺の梵鐘（ぼんしょう）に二人の法名を刻み、その冥福を祈りました。

善昌寺の、岡田家の墓地には「俗名新四郎七月十九日」と刻まれた墓が祀られ、今尚、祭礼が続け

夜討ちの岩之助

新四郎の墓（善昌寺・玉島長尾）

められた川原の血染めの石が御神体として祀られ、その哀しい事件を伝えています。また新四郎の家にはお社が建てられ、処刑場から晒に包み持ち帰えられています。

（土佐屋の仇討）

江戸時代の後期、文化文政の頃玉島で起きた仇討事件「土佐屋の仇討」。その事件の背景はどのようなものだったのでしょうか。

玉島出身の大阪相撲に玉手山という力士がいました。めっぽう力が強く侠気があり人気者でした。ある時、玉手山が大阪から玉島に帰るおりに岩之助という遊び人を連れて帰りました。この岩之助は大阪で良くない所業がありましたが、改心して真面目になるから玉島へ連れて行って欲しいと頼まれたのです。断れない気性の玉手山が連れて帰り、身の立つ様に色々と世話をしてやりました。

しばらくは岩之助も、真面目に暮らしていましたが、次第に地金を現し、酒は飲む、賭博はする、金は足らぬ、という有様になって来ました。そして近隣の者から「岩之助に迷惑を蒙っている」としばしば話が持ち込まれるようになり、玉手山は岩之助を呼び出し、激しく叱り折檻をしました。力ではかなわない岩之助は、一旦家に帰りました。そして自分の悪い事は棚に上げ「おのれ玉手山、他人の面前で恥辱を与え、その上殴るとは…」と仲間を集めて仕返しの機会を狙ったのです。文政9年（1826）6月6日、その日は、朝から暴風に加えて大雨。時こそ来たれと岩之助は二人の手下を連れ玉手山の家に忍び寄りました。

玉手山の家は円乗院の下手、玉谷にありました。雨戸をはずし家の中に入ると、玉手山は酒に酔ってぐっすりと寝込んでいました。「玉手山。思い知れ！」と怒鳴って斬り付け、倒れるのを見定めると闇にまぎれて消えていったのです。

玉手山には光蔵という弟がおり、分家して近くに「土佐屋」という店を開いていました。光蔵が駆

玉手山の墓（円乗院・玉島乙島）

け付けてみると、兄は血に染まり虫の息。「岩之助にやられた、仇を取ってくれ」と一言言い残して事切れたのです。享年47歳でした。

光蔵は兄の葬儀を済ますと、早速、仇討のお許しを領主板倉候に願い出ました。そして岩之助が今の滋賀県・江州草津で籠屋の親分になっている事を嗅ぎ出し、一族郎党7名で、草津の宿に乗り込んだのです。光蔵らは芸子を上げて大散財の後、明日の遊山の為と言って籠を注文。籠かきの名を書き出させ、その中に岩之助の名があるのを確認して、準備にかかりました。

午前10時、籠は玉川の堤に着きました。そこで一休みと言って籠を止めさせ、仲間2人が前後に廻り、逃げ道を防ぎ、木陰に隠れていた光蔵らは大声で仇討の名乗りを上げたのです。前後から、包囲された岩之助は、もはやこれまでと光蔵に向かってきましたが「兄の仇！」と先祖伝来の名刀で一太刀を浴びせ、とどめを刺しました。玉手山が討たれて11年目の6月15日の事でした。

本懐を遂げた一行は玉島に帰り、玉手山の墓に報告してから松山藩に出頭しました。そして領主からお誉めの言葉と太刀一振りを賜り、名字帯刀を許され面目を施しました。

玉手山の墓は円乗院の裏山に静かに建っており、土佐屋の仇討の話しは、今尚、地元で語り継がれています。

「たましま歴史百景」第30回　２０１１年９月　放送

（参考文献）「玉島要覧」玉島商工会発行
「玉島地方史」大田茂弥編　玉島地方史研究会
「長尾郷」小野立身著

（挿絵）玉島商業高校・漫画研究部（長尾百姓一揆）
さとう洋品店（土佐屋の仇討）

（協力）円乗院　善昌寺

杓島

船幽霊

44 民話・伝説①

民話や伝説は私達の心の故郷です。人から人へ伝えられた民話や伝説にはこれを信じた人々の心が秘められています。民話や伝説から私達の祖先が何を恐れ、何を喜び、何を願ったかをうかがい知ることが出来るのではないでしょうか。

(船幽霊)

玉島の沖に上水島、下水島という二つの無人島があります。それから更に1キロ程沖合いに大柄杓島、小柄杓島と呼ばれる周囲百～二百メートル位の4つの小島があり、この島には恐ろしい伝説が伝えられています。今から八百年余り前、平安時代も末の頃の事です。初冬の水島灘に、幾百とも知れぬむくろが浮きつ沈みつしていました。これは源氏と平家が戦った水島の合戦で命を落とした武者達でした。

それから長い年月が流れ江戸時代のある夏の夜の事、一艘の船が水島灘にさしかかって来ました。玉島の灯りが見え始めた頃、船に寄せる波の合間から人が呼ぶような声が聞こえてきました。よく聞くと「杓を貸せ、杓を貸せ」とうめくように言うのです。

この辺りに水島合戦で命を落とした源氏の兵の魂がさまよっていると聞いていた船頭は、その亡霊のなせる業と思い、水夫に「水が欲しいのだろう、杓で一杯水を汲んでおやり」と言いました。

水夫が柄杓に汲んだ水を海に投げ込むと、暗い海から一本の白い腕がぬっと出て杓を掴みました。それが合図であったかの様に、あちこちから無数の白い腕が波間から舟を取り囲むように現れたのです。見るとどの手にも柄杓が握られており、その柄杓からザアザアと海水を船に流し込んで来ました。そして船の中は海水で一杯になり、遂に沈んでしまいました。

噂はまたたく間に広がって「玉島沖を通る時にゃ船幽霊に気を付けにゃならん、柄杓を貸せという声が聞こえても、必ず底を抜いた柄杓を貸してやるようにせにゃならん」と語り伝えるようになりました。

この伝説により、この辺りの島が柄杓島、杓島と呼ばれるようになり、悲しく恐ろしい話を今に伝えています。

でべそ島

糸崎橋

(でべそ島)

勇崎の沖、すぐ目の前に見えるぽっこりとした島はデベソ島と呼ばれています。これは雷が裸で遊んでいる子供のおヘソを沢山取って空で暴れていた時その中の一つをポトリと落として出来たのがこの島だと伝えられています。海にポッコリと突き出た島、海のデベソのようでとても可愛い島です。

(どうどう釜)

新倉敷駅の北側に、百々（どうどう）という部落があります。この部落は高丸山のふもとで、北へ行くと吉備郡穂井田村に出られ、付近に青く澄んだ舟岩の池もある寂しい所でした。

ここには昔、狐がたくさん住んでいました。

里人が山を下り、町からたくさん買い物をして天秤棒をかついで夕方帰ってくると、狐が美しい女に化けたり、黄金の釜に化けて待っていました。

里人は、狐の美人に話しかけられるまま相手になっていると「お風呂にどうぞお入りなさい」と言われ池の中に落とされたり、食べ物を持っていれば、だまして食べ物を取り上げられたり、また家に帰ってみると重箱の中は空っぽになっていることもしばしばであったといいます。

(負うたひき臼)

玉島と長尾の境に糸崎橋という橋があって、当時非常に淋しかったこの辺りには夕暮れになると、たくさんの狐が出ていました。

ある日のこと、長尾の商人が玉島で用事をすませて日もとっぷりと暮れたころ、玉島土手を帰りながら、この辺りは狐が出るというが、もし今夜出てきたらこちらからだまして縛って土産に持ち帰ってやろうと思いながら歩いていました。

やがて暗い横道から美しい女が子供を背負ってやってきました。女狐は「もしもし、どちらまでお帰りになりますか」と尋ねてきたので「爪崎までです」「そうですか私も爪崎まで帰りますので一緒させて下さい」そしてしばらく行くと「誠に申し訳ないのですが、この子をおぶって下さいませんか、私は長尾のほうに用事がありますので」と言って狐の子を男の背中に負わせました。

亀山焼（神前神社蔵）

戎端（玉島八島）

男は「よし！」とばかり、狐の子をしっかりと背負うと大急ぎでわが家に帰り「おい、開けてくれ」と言いながら背中の子狐を下してみたところ、何とそれは大きなひき臼であったということです。

（戎が端の金の恵比寿様）

神前神社（かんざき）の東に突出した台地があり、ここは戎が端（えびすがはな）と呼ばれ、かつては海に突き出た半島になっていました。この戎が端には昔お社があり、金の恵比寿様を祀っていたと言われており、この金の恵比寿様には次のような伝説があります。

伊部（いんべ）の備前焼が盛んになったのは亀山焼の技術を盗んだからで、そればかりか戎が端にあった金の恵比寿様も備前焼の積出港である片山の船頭が盗んで行ってしまった。それが今の備前片山の恵比寿様であるというのです。

この話には、かつて隆盛を誇っていた亀山焼が次第に衰え滅びていく有様に涙を飲んだ当時の人々の無念の思いが感じられます。

今から約八百年前、備前の伊部地方で良質の土が見つかり陶器が焼かれるようになりました。この備前焼は亀山焼とは比べものにならないほど質が良く、広く各地で使われるようになりました。そして甕の港（かめのみなと）、甕の泊（もたいのとまり）と呼ばれるほど栄えていた亀山焼の繁栄は、伊部の備前焼に奪われてしまったのです。

当時の事情を物語る資料はほとんど残されていませんが、伊部で焼物を始めるのに当り、先進地である亀山に見習職人が来て、亀山焼の技術を修得して帰ったということは考えられます。

備前片山の恵比寿様が、戎が端から盗まれたものかどうかは今となっては知るすべはありませんが、亀山焼の繁栄を備前へ持ち去られたと考えた当時の人々の複雑な想いが、この伝説を生み語り伝えてきたのではないでしょうか。金の恵比寿様は亀山焼そのものだったのかもしれません。

（昭和62年「玉島百景」で放送したものです）

君が岩（玉島服部）

おい志地蔵（玉島富）

45　民話・伝説②

（おい志地蔵）

富に「おい志地蔵」という地蔵が祀られており次のような話が残っています。昔、富村の庄屋に女中奉公をしているおい志という娘がおりました。ある日、留守番をしていたおい志は日頃から団子が欲しくてならなかったので、誰もいないのを良いことに団子を作ってこっそりと食べていました。するとその最中に家の人が突然帰って来て、びっくりしたおい志はその団子を喉につまらせて、そのまま死んでしまいました。庄屋はおい志を不憫に思い、その霊を慰める為に地蔵を祀りました。

今でもこの地蔵に団子をお供えして願をかけるとご利益があると言われており、台座の石には「おい志童女、天文六年三十月五日」と刻まれています。

（君が岩）

穂井田小学校を少し過ぎた辺りの県道に「君が岩」と呼ばれる大きな岩があります。

元和2年（1616）見慣れない大きな船が亀山の港に着きました。徳川家康の命を受け、河内の国から岡田藩主としてやって来た丹後守伊東長実の一行でした。

驚いたのは亀山村の役人です。殿様の乗り物を用意しようとしましたが亀山には馬もお籠もありません。そこで与右衛門がお殿様を背負って行くことになりました。しかし身体が直接お殿様に触れては恐れ多いと、自分の背に一枚のこもを掛けて体を隠し「殿様、背負い奉らん」と申し上げ、殿様が背負われての異様なお国入りとなりました。

行列は亀山の西光坊坂を登り峠を越えることが出来ました。峠を越えれば岡田領です。しかし与右衛門も殿様も大変疲れたので殿様をこの岩に下ろして休憩をしました。

それ以来この岩を「君が岩」と呼ぶようになったという事です。

殿様は村人達の心を尽した応対を喜ばれ、亀山村は塩浜で薪が不自由であろうと、以後、岡田領の弥高山の下草刈りが許され、亀山村は大いに助かったという事です。

「良寛の心を伝える港町たましま」

烏帽子岩（玉島沙美）

（烏帽子岩の大蛇）

沙美部落の西の端、上水尻という山の中腹には烏帽子岩という岩があります。昔、この辺りにとてつもなく大きな大蛇が住んでいたと伝えられています。夜になると烏帽子岩に姿を現し、岩の上に鎌首をのせ漁火のまたたく瀬戸の海をにらみつけていました。

このサーチライトの様に光る大蛇の二つの目玉を沖合いから見た人は、たちどころに悪寒を催して高熱にうなされたという事です。また草むらから草むらへ松の木を引きずっている様な大蛇の散歩を見た人の話や、近くの笹山では大蛇の通った跡が川の流れの様に笹がなぎ倒されていたという話も伝えられています。そしてある日、この大蛇が海を渡って下水島へ泳いで行ったとき、鎌首をもたげて一直線に泳ぐ姿は実に壮観であったそうです。

（弁慶岩）

黒崎沙美の海岸の背後に弁慶山という松と緑に覆われた美しい山があり、この山にはその昔、巨人の弁慶が住んでいました。危害を加える訳ではないが昼寝をすれば、そのいびきで家並みを揺るがせ、くしゃみをすれば岸辺の釣舟を転覆させ、どうにも困るので里人達は相談の結果、この弁慶にどこか適当な所へ移ってくれないかと頼みました。弁慶は身の置き所がないのを嘆き、ため息をついては村中に旋風を巻き起こしておったが、思案の末、四国山脈に居を移すことを決意してこの山にそびえる巨石を足場として一気に四国へ飛び渡りました。その時ふんばった弁慶の足跡が、ちょうど海をまたぐような形で直径50㌢のものが2つ、その岩に残されたのでその岩を「弁慶岩」と呼んでいると伝えられており、弁慶岩の上に立つと、晴れた日には四国の山並みまできれいに見渡すことが出来ます。

（島地の蜘蛛（くも）の火）

昔、島地の山に火の玉が走るという話が伝えられていました。雨雲が低くたれこめた真夜中、島地の糸崎、稲荷神社の森の上にパッと怪しげな赤い火の玉が上がると見る見るうちにあたかも生き物のように島地の山の上を西に走って行き、西の山の端まで来ると今度は東に走り、しばらくその火の玉は森の上を飛び廻って消えるのです。それが北川、亀山部落から良く見えていました。

備前屋の強盗

むろの切り株（船穂町鶏尾）

そして翌朝これを見た村人達は「昨夜、島地の蜘蛛がまた出たぞ」と口々に伝えたのです。この火は蜘蛛の仕業であると信じられていました。しかしこの島地の蜘蛛の火も明治24年、山陽鉄道が建設されるとなくなりました。

こうした現象は九州の有明海に「不知火」と言い海上に漁船もいないのに無数の光が横に広く現れる時があります。これは遠くの漁火が光の屈折で見えるものと言われていますが、今はもう見る事の出来なくなった島地の蜘蛛の火、これは一体何だったのでしょうか。

（庄山の埋蔵金）

長尾の善昌寺の裏には庄山という山があります。この丘陵は墓地になっており、その墓地へ東の方から登る小径の側に昼でも薄暗い茂った竹藪があります。

ここには昔むろの大木がありました。四、五百年はたったと思われる大木で今は切り株になっていますが、このむろの大木の下に財宝が埋まっているというのです。

元亀元年（1570）当時難攻不落で知られた庄氏代々の居城である松山城は、美作一帯に大きな勢力を持っていた三村元親に攻められて城主・庄高資は討死にしました。この時城を落ち延びた家臣がこの地に住み、財宝を隠したと言われています。そうした歴史的背景と共にこの地に「朝日さす夕日輝く庄山のむろの木の下銭一万貫あり」という言い伝えが残ったのです。


さて、この庄山に眠る謎の埋蔵金の発掘に取り組んだ男がいました。この男は「楽さん」と言って、古文書に詳しい人物であったと言われています。昭和の初め、庄高資の埋蔵金を掘り出そうとした彼は村の人に黄金狂いだ気違いだと言われながら、この大木の下を数十日を費やして堀り続けました。

しかし埋蔵金を見つけることは出来なかったのです。楽さんと親しかった古老は「楽さんは庄氏の埋蔵金を巡る数多くの謎を古文書で知っていたようだ、彼は世間で言われるような気違いではなかった」と言います。そして彼の生涯の夢をかけた発掘は失敗に終り、庄山の地底深く眠るという莫大な財宝の伝説も永遠の謎となってしまいました。

このむろの大木のあった根元には、悲運の城主・庄高資の残党を供養する祠が今も祀られています。

鬼の小便岩（玉島長尾）

江尻家の墓地（玉島長尾）

（備前屋の強盗）

北川部落の東端、爪崎との境の土堤根に接して西側、ここは備前屋と呼ばれた長者江尻屋の屋敷跡と伝えられています。備前屋は寛文10年（１６７０）岡山の池田藩が八島沖を干拓したとき、干拓のために尽くした功で七島沖の広い土地を藩主から賜わり、岡山から移り住みました。

この備前屋にある年の瀬に数人の強盗が押し入りました。賊は覆面をして顔をかくしていましたが、その中に顔をベンガラを塗って変装した者がいました。

一味は家族の寝室に入り、一同を縄でしばり悠々とめぼしいものを盗んで引き上げて行きました。その時、台所の隅の女中部屋に寝ていた下女は目をさまして、大釜の下のかまどの中に逃げこみ、中からおそるおそる外の様子を見てハッと驚いたことに、ベンガラの男はまさしくわが家の番頭でした。

夜が明けて村中の人が見舞いに来たときその顔もあったのです。図々しいその顔をじっと見ていた下女は「あーら番頭さん、耳の裏に、ゆうべのベンガラがまだ残っていますよ」驚いたのは番頭、とうてい言い逃れられぬ罪をさとって、一味とともに首をつって死んだということです。

爪崎から野呂に通じる道の西側にある丘陵の辺りの中腹には今も備前屋江尻家の墓地が残り、昔の我が領地を見下ろしています。

（鬼の小便岩）

新倉敷駅の北西、天神山の近くに野呂という部落があります。その部落へ行く途中の道端にタタミ半畳ほどの黒い色をした岩があり、この岩には何やら真ん中あたりから下の方に向かって大小二本の白い線があります。

これは昔この辺りに大鬼や小鬼が多く住みついており、野呂や爪崎あたりの部落に出没しては人を脅して酒や食べ物を盗み、それを持ち寄ってはその日の収穫を自慢し、この岩の上で酒宴を開いておりました。そして、岩の周りを縦横無尽に飛び跳ね廻っては気炎をあげるのがならわしでした。

今も残る二本の白い線の太い方が大鬼の小便の跡、細い方が小鬼の小便の跡と言われ「鬼の小便岩」と呼ばれています。

（昭和62年「玉島百景」で放送したものです）

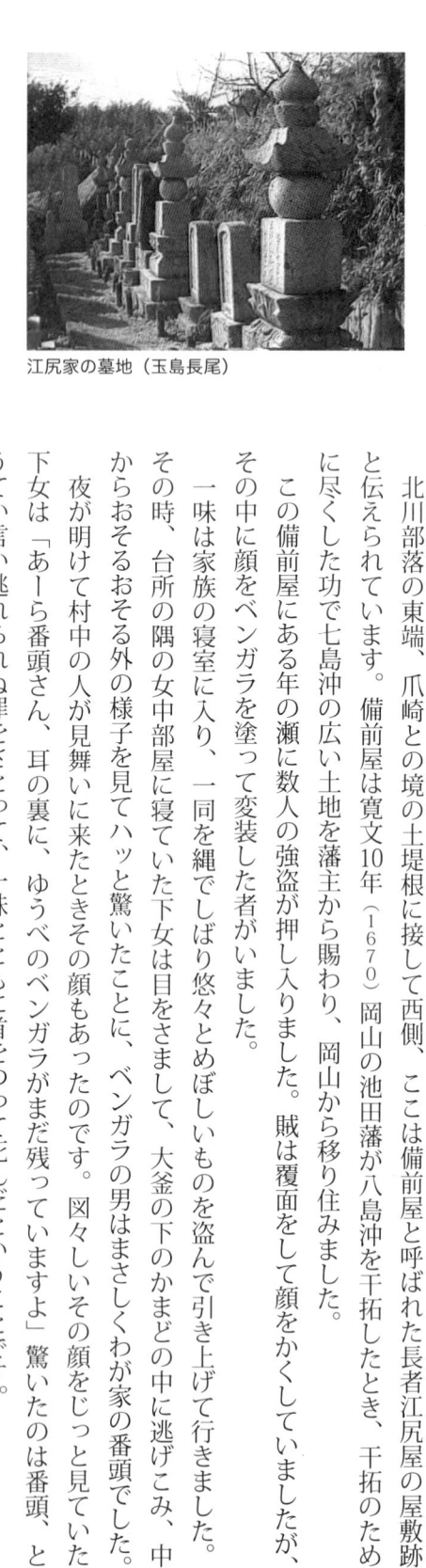

金の鶏が鳴く坊山の古墳（玉島八島）

お玉さんの墓（円乗院）

46　民話・伝説③

（お玉さん）

円乗院の墓地には玉島干拓を指揮した大森元直の墓があり、その側に小さなお墓があります。

このお墓の主は「お玉さん」と呼ばれ、今から三百年余り前の干拓の際に人柱となった若くて美しい娘の墓だと伝えられています。

寛文10年（1670）に着手された玉島阿賀崎新開の干拓ですが、阿弥陀山という小さな島の西にある阿弥陀水門は濁流の流れが速く、水門の基礎を築けども築けども流されてしまうのです。

そこで人々は「これは海神様のたたりに違いない、誰か海神様の怒りをなだめる娘はいないだろうか」と言い合うようになりました。

その時、人々の祈りと願いを一身に担い、自ら名乗り出た娘が居りました。その名は「お玉」という18歳の若くて美しい娘でした。そして阿弥陀水門の底に沈められたお玉さんのお蔭で難工事もようやく終わり、阿賀崎新田が完成したと伝えられています。

お玉さんを祀る祠は新町の一角にあり、難航した阿賀崎新田干拓の歴史を今に伝えています。

（金の鶏）

今は桃畑になっている富田北川にある坊山（ぼうやま）と呼ばれている小高い丘、この丘には元旦の夜に「金の鶏」が出て鳴くと、古くから言い伝えられていました。

また次のような唄も伝えられています「朝日さし夕日輝くこの丘に黄金千ばい朱千ばい」と、この伝説を受け継いだ村人達にとっては関心の強い小山でした。

近くの人の話では「昔年寄りが言うのに、この周辺に七つの瓶が埋めてあり、元旦の日には金の鶏が鳴きよった、そこには石が露出しており、今は小さくなっておるが面影はある」とのことです。

「朝日さし夕日輝くこの丘に黄金千ばい朱千ばい」これに似た唄は日本国内で百以上も判明しており、これは古墳を賛美した唄なのです。

立派な古墳の内部は往々にして朱が塗られ、中からは金属の遺物などが出土することもよくあり、

万佐の蛙

天王山古墳周辺

また古墳が造られるのも朝日や夕日を受けて輝くような場所であることが多いためです。

坊山にもすぐ北に谷塚というこのあたりでは大きな古墳があります。この金の鶏の伝説の元は古くは谷塚を指していたのか、それとも坊山にも古墳があったということなのかもしれません。

(万左の蛙)

昔、長尾に万左という正直なお爺さんが住んでいました。万左は朝早くから夜遅くまで働き、貯えたお金を大切にしまっていました。ところが用事が出来て2～3日家を空ける事になりました。留守の間に一番気掛かりなのはお金のことでした。

色々思案したあげく庭先の桐の木の根元に穴を掘り埋めることにしました。そして「私の大切なお金よ、もし誰かがお前を取りに来たらお前は蛙に化けてくれ」とこんこんと言い聞かせて埋めました。ところが悪いことに近所に住むばくち打ちの権太がこれを盗み聞きしていました。「よーし分った」とうなずいたかと思うと万左の出かけた後、早速お金を掘り出してお金を自分の腹巻にしまい、その後へ捕まえて来た蛙を沢山埋めておいたのです。

そんなこととは知らず正直者の万左が帰ってきました。急いで桐の木の下を掘ってみるとお金はなく蛙が何十何百とぴょんぴょん飛び出して来るではありませんか。

万左は蛙たちに言いました。「こりゃわしじゃが、わしが戻って来たんじゃが。早うお金になってくれよう」と泣くように頼みましたが、蛙はそしらぬ顔でぴょんぴょんと飛んでいってしまいました。

(庄屋の火事)

天王山の西側、浜部落に通じる地帯は昔は塩田でした。江戸時代の初期、干拓が行われ塩田はそのまま新田となり、この地帯は上竹新田と呼ばれるようになりました。

この新田の中に七島村を支配する庄屋、平井弥左衛門の屋敷がありました。藁葺の大きな主屋を囲む屋敷かまえはさすがに付近を圧するものでした。

ところが、ある夜突然この大屋根から火があがったのです。「火事だ！」村人達があれよあれよと騒ぐ中、折りしもの風にあおられて、庄屋の屋根も大きな音をたてて夜空を焦がして焼け落ちました。

火伏せの金仏

夜が明けると現場検証が行なわれました。屋根の焼け跡から油の染んだ布きれが見つかりました。

誰かが油を染ました布に火を付けて屋根に投げ、放火したに違いないと断定。厳しい犯人探しが始まりました。

焼け跡に残った布きれと同じ縞目の布を探して一軒、一軒を調べて廻ったのでした。そして島地の部落の家でその縞目の物が見つかったのです。

覚えのないその家の人の必死の弁解も聞き入れられず、犯人と断定されて引き立てられました。

当時の放火の罪は重く追放の刑に処せられ、無実の罪に泣くこの一家の夫婦は巡礼姿に身を変えて四国巡礼の旅に出ました。一年後、郷里に帰ってみましたが、庄屋の家には何の変化もなく、再び旅に出ました。二年後、帰ってみると、庄屋の家に異変が起きていました。それは朝、家人が起きてみると土間に人の足跡の形の穴がポッカリと出来ていました。

そして三年後、帰ってみると弥左衛門は死んでいたということです。

（火伏せの金仏）

ある夜のことです。円通寺の和尚が「金仏が焼けている！」と小僧たちを起し、水をかけさせました。いくらかけても金仏はシュンシュンと湯気を上げるばかりで火はなかなか修まりませんでした。

数日が過ぎたある日、江戸から見知らぬ男がやって来て「その節はどうも有り難うございました」と頭を下げるのです。「はて何の事？」と問えば、数日前に江戸で大火事があり、その時円通寺の定紋入りの提灯が掲げられて消火を助けてくれたと言うのです。和尚はしばらく考えてから、その男を金仏様の前に案内しました。以来この金仏様は「江戸の大火を救った金仏」「火伏せの仏様」と呼ばれるようになりました。

この金仏は宝暦八年（1758）港問屋の萱谷半十郎が寄進したもので、江戸の大火は宝暦十年（1760）のことです。そして円通寺の石庭にある金仏様は、火伏せの霊験あらたかな仏様として倉敷市の文化財に指定されています。

（昭和62年「玉島百景」で放送したものです）

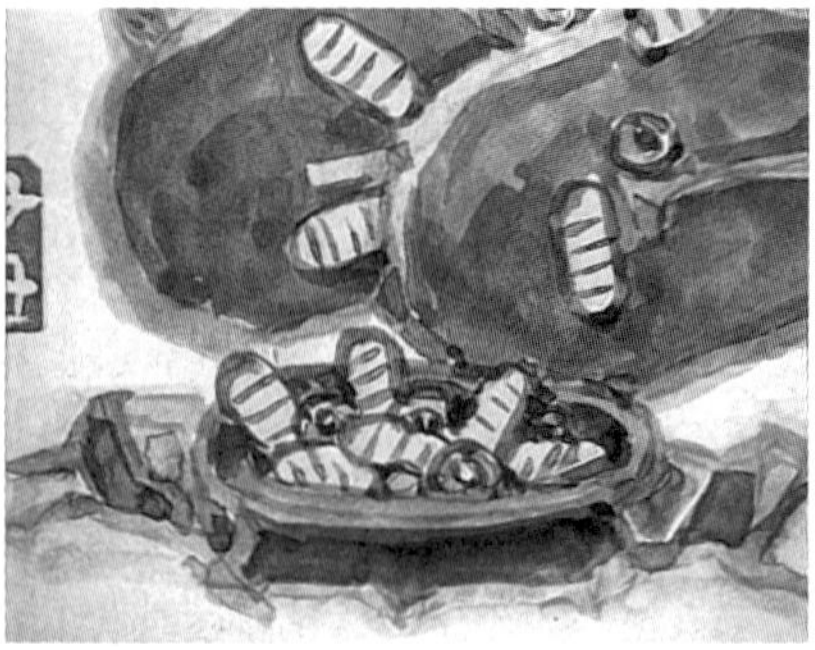

かくした壺

青入道

47 民話・伝説④

（かくした壺）

玉島乙島に木野山遊園地という桜の名所があります。この遊園地の下手の畑の中に5～6本の小さい松林がありました。

昔この辺りに大金持ちが住んでいました。この大金持ちは泥棒にお金を盗まれるのを一番心配していました。そして自分の寝所にある床の下を掘って、そこに大判、小判をぎっしりと詰めた壺をこっそりと隠していました。ところがある夜火災が発生し、その広大な家屋敷はことごとく灰燼に帰し、その大金持ちも焼死してしまったのです。

それから間もなくの事です。村人達は焼け落ちた大金持ちの屋敷跡に出る「青入道」の姿に震え上がりました。そして、あの人は毎晩「青入道」になって、かくした壺の見張りに立っているのだろうと噂しあいました。それを聞いた庄屋は、そこに小さなお厨子をお祀りし金持ちの冥福を祈りました。それからは「青入道」の噂も聞かなくなったという事です。

（道満石）

玉島長尾に「道満石」と言われる大きな石が明治20年頃まであったそうです。

その昔、玉島長尾地方では悪病が大流行して可愛いさかりの多くの子供を失い、両親は悲嘆にくれながらそのいたいけな亡骸を堂山という墓地に葬りました。ところが翌日墓参してみると、墓は無残にもあばかれ小さな亡骸はその影さえ見えなくなっていたのです。

村人達の悲しみと恐怖は言語に絶するもので、僧侶に頼み石をもってこれを封じてもらいました。それからは悪病で多くの子供を失うというようなことはなくなり、また墓をあばかれるというようなこともなくなりました。

そしてその後、子供が死ぬたびにその石を借りてきて墓の上に置きました。

その石は「道満石」と呼ばれ、卵形で重さ40キログラム程であったと言います。

唐船「モタエのおじいさん」

唐神様（金光町唐船）

（唐船）

金光教本部のある木綿崎山の東に、今でも津というところがあり、昔は海岸であったことを示しています。この津はこの付近の良港で塩を焼く釜もありました。船が津の港を出て金光町の八重の瀬戸に差しかかると、ここが海の難所で、引き潮の時には海水が東西から元浜の水道へ吸い込まれるように流れ、おまけに暗礁がありました。

旧暦の11月3日、その日は西北風が激しく吹いて波が高かく寒い日でした。唐からの船はまだ日が高いので甕の泊まで行こうと思うたのであろうか、午後3時過ぎにこの元浜水道にさしかかったのでした。折からの風が吹きつけ、船は南へ南へと流され帆を降ろしても櫓も舵も思うに任せず、とうとう暗礁に乗り上げてしまいました。

船はメリメリと響きを立てて船底に大きな穴が開き、どうするすべもなく海の中に沈んでしまいました。唐から運んできた貢物も船乗り達もあっという間に波に呑まれてしまいました。

唐船の山の上には、今でも「唐神様」と呼ぶ神を祀った社があります。これは部落の者が、ここで遭難した唐の人達の霊を慰める為に建てたものです。

その暗礁は里見川の中に横たわっていましたが、大正13年の河床改修工事で取り除かれました。また、ここが干拓された折、この話にちなんで「唐船」と名付けられたということです。

（龍宮の娘）

乙島の海岸に三吉という働き者の心やさしい若者が住んでいました。村人たちは「三吉、三吉」と可愛がっていましたが、嫁の来手がいませんでした。

あれほど気立てのよい三吉が何故嫁にめぐまれないのかと不思議がっていましたが、三吉はそのような事を気にする様子もなく家業に精を出していました。

彼は木こりから帰って来ると、海岸に出て行って沈んでいく太陽に両手を合わせて何かを祈り、手にしている松の小枝を海中に投げました。彼がその日に山から持ち帰った木の中で一番美しい松の枝でした。そして「龍宮さまにあげます」ともう一度手を合わせるのでした。

毎日このような事が続き、ある日三吉が山から帰って来ると輝くばかりの美しい娘が家の前に立っ

良寛像（新倉敷駅南口）

ていたのです。「毎日、松の枝を有難うございます」と娘は海の底の龍宮からやってきたのでした。
こうして、三吉はこの龍宮の娘と暮らすことになりました。このことはたちまち村の評判になり、やがて殿様の耳に入り「ぜひ、その女を城に奉公に出すように」としつこく言ってよこし、それを断る三吉に無理難題を吹きかけました。
しかし賢明な龍宮の娘は三吉を助け、この難題を切り抜けて幸せに暮らしたということです。

（盗人に間違われた良寛さま）


ある日の事、円通寺の下の西山というところの家で物がなくなり、家人は誰かが盗人に入ったものと犯人を捜していました。

それから間もなく家人は野良仕事に出て家を留守にしていましたが、帰ってふと家の周りを見ると一人の乞食坊主がうろうろとしているのを見つけました。

「こやつが家のものを盗んだ盗人に違いがない」とばかりに、その坊主をなぐりつけました。しかし坊主は木像のようにじっと立っているばかりでした。

「白状しろ、お前が盗んだんだろう」と重ねて責めても一言も言いません。

そこへ寺から下りてきた二人が通りかかり「これは円通寺の国仙和尚さまが越後の国からはるばるお連れになった雲水さんだ。何という事をするのだ、それにしてもどうして言い訳をなさらぬのか」と問いました。

良寛は「人に疑いをかけられた以上、言い訳をしたとしても何にもならん」と答えたといいます。

円通寺で修行中の良寛のことは、玉島の人はその頃は、ほとんど知らなかったのでした。


（昭和62年「玉島百景」で放送したものです）

戸島神社神輿

養父ヶ鼻飛石　「浅口郡史蹟名勝天然記念物」

48 戸島神社

戸島神社（としまじんじゃ）は明治4年、乙島戸島山の養父母宮（やぶもぐう）に、八幡山（やはたやま）の八幡宮（はちまんぐう）が合祀されたものです。その折に、乙島の古い名称、戸島を用いて「戸島神社」と呼ばれ今日に至っています。

戸島神社が祀られている養父ヶ鼻は海にせり出した島で、松の木が生い茂り、沖には磊石（ごろごろ）と呼ばれる岩が点々としていました。白砂青松の浜からは瀬戸内の島々が一望され、養父ヶ鼻海水浴場がありました。

養父母大明神・養父母宮の創立年代は分りませんが、古の昔からこの地にお宮が鎮座していたと伝えられ、室町時代の前期、小幡大和守友義入道が養父母宮の社殿を造営しました。そのおりに寄進されたという剣と鑑がありましたが戦後ＧＨＱに没収され、今は写真だけが残されています。

この養父母宮を再興したのが乙島の庄屋守屋氏です。安土・桃山時代の一五八〇年頃、守屋伊勢守が近江、現在の彦根市から移住。その際に、滋賀県犬上郡の多賀大社を勧請し鎮守としました。

それが村人達の信仰を集めるところとなり、寛文９年（１６６９）養父母宮に社殿を再建して遷宮したと伝えられています。

八幡宮の創建年代は判りませんが、棟札に天和３年（１６８３）に松山藩主水谷勝宗が本殿建築用材の寄進をしたことが記されています。当時、乙島には養父母宮・八幡宮と二つのお宮がありましたが、近世の資料には常に両氏宮とか両氏神と記されており、二つのお宮に格差はなかったようです。

八幡宮の別当寺は近くにある常照院でした。また養父母宮を再建した守屋氏は、祭礼の際の読経を常照院に頼むようになり、養父母宮の管理も依頼したりしていました。

養父母宮・八幡宮を管理するようになった常照院は、寺の立場から神前に魚を供えることに異議を唱え始め、守屋氏はそれは氏子の心に適わないとして拒否しました。

しかし享保の飢饉を機に祭礼に魚を供えることが中止され、当番への振る舞いも精進料理になり、海の男でもある氏子達は、憤懣を内に秘める事になりました。

三艘船

岩殿神社

弘化3年（1846）守屋氏は村人からの寄進をつのり、京都の仏師に130両余りもの大金を支払い神輿を購入。神輿は養父母宮と八幡宮の二社兼用の物で、村の一体感の新たな象徴にもなりました。

戸島神社の神輿は日本三体神輿の一つとも言われ、秋の祭りの時にだけ神庫の中から出され乙島の誇りとして今も大切にされています。

別府信吾さん元倉敷市史編纂委員　守屋氏も自分の古いやり方を認めて欲しい時期もありましたが氏子の数も増え、村の一体化というか融和を図る為に立派な神輿が作られました。神輿も大変な値段ですが、蔵は火事にも強いよう油石灰が塗りこんであり運賃も含めて230両も掛かったようです。

戸島神社の祭神は伊邪那岐尊（いざなぎのみこと）、伊邪那美尊（いざなみのみこと）、天照皇大神、玉依姫命、天兒屋命（あめのこやのみこと）、太玉命（ふとだまのみこと）そして応神天皇、神功皇后、仁徳天皇、仲哀天皇です。

表参道の170段余りの石段の中程には大鳥居があります。境内の中程にある岩殿神社は、今でも祭りの際には大きな障害になっていますが、江戸の中頃この大岩を撤去しようとクサビを打ち込んだところ、何やら赤いものが滲み出て来て計画を中止。おわびに祠を建てお祀りをしました。

本殿の裏山には龍王社と山神社があります。雨乞いの神として知られている龍王社ですが、創立年代は分っていません。大三島の大山祇神社の分霊を祀る山神社は、乙島字・山の神にありましたが昭和47年土地開発によりこの地に移されました。

飛地にある末社としては泉谷の荒神社、天神ハイツの天神社、城の八幡山神社があります。

明治4年に養父母宮と合祀された八幡宮の跡地には、三つの末社が残り松殿神社と呼ばれていました。昭和21年に八幡山（やはたやま）神社と改称し今日に至っています。

戸島神社の秋季大祭は、昭和43年から10月最終の土曜日に式典が行われ、翌日曜日に御神幸式が行われています。御神幸式の当日は、朝まだ暗い5時に3台の御船、9台の千載楽、1台の壇尻、奴、鬼、獅子等が戸島神社に集り神事が行われます。午前6時、神輿を先頭に制作年次の古い順に乙島の町に向かって出発します。御神幸は東まわり、西まわりと隔年ごとに交代し、その路筋、休憩場所等も決まっており、年毎に各地区が大当番を受け持っています。

千載楽・高地

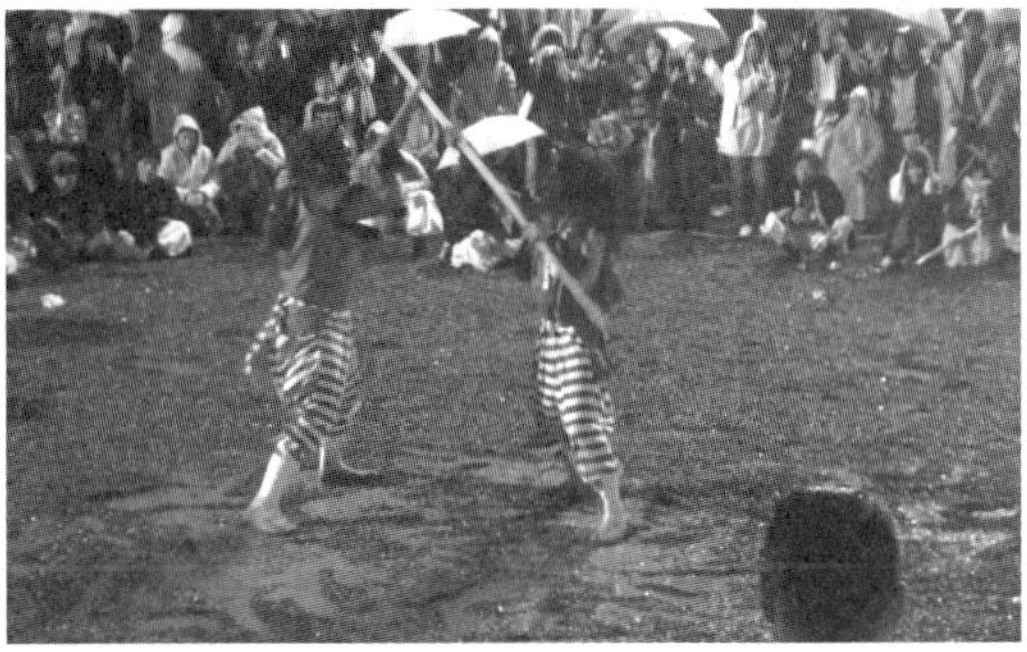
鬼　城・岡之辻

約10時間余りをかけて乙島地区内を巡行。巡行が終ると「お宮入り」になります。まず先頭をきって神輿が担ぎ上げられます。夕闇せまる中、灯りに映えてきらきらと輝くさまは神々しく、手を合わせる参拝者の姿も見られます。

神輿に次いで上って来るのは奴です。奴は神輿の行列の安全を守るため先頭を来ます。次に御舟や千載楽、壇尻が製作年次の古い順にお宮入りします。まず藪の第二戸島丸、この後中山、川崎、船堀、高地、渡里、前新田、小高地の千載楽。城・岡之辻の八幡丸、北泉の千載楽、泉谷の荒神丸、畑の壇尻と続きます。170段余りの石段を1ﾄﾝ近くもあるという千載楽を右に左にと蛇行しながら担ぎあげ、若者達の力と意地の見せ場となっています。

上るとまず拝殿に参拝し、大勢の参詣人が見守る中、境内を華々しく練り「差した」の合図で一勢に差し上げます。これが乙島祭りのクライマックスで観衆のどよめきと拍手が起こります。

そして奴、鬼、獅子の踊りが奉納されます。「奴踊り」は諸国の大名が参勤交代の折に踊っていたものです。黒のハッピに草鞋をはき、腰に刀を差し、槍や大鳥毛を投げ合いながら踊ります。

その後は、城・岡之辻による「鬼」です、赤鬼と青鬼が樫の棒を持って激しく打ち合い、棒の音が境内に響きます。最後は畑の獅子舞で、五穀豊穣・家内安全を祈り「男獅子」3頭が「五段返し」を舞います。この獅子舞が済むと華やかな乙島祭りも幕を閉じます。

近世末期の祭礼要素を残しながら、海に係る地域の歴史と特性を加え、氏子を中心とした強い結束により守り伝えられて来た乙島祭り。平成4年、倉敷市の重要無形民俗文化財に指定されました。長い歴史を持つ乙島祭りを執り行ってきた戸島神社。戸島神社は祭りと共に乙島地域の中心となり、人々の心の拠り所として大切に守られています。

「たましま歴史百景」第31回　２０１１年11月　放送

（参考文献）「倉敷市史③・⑧」「戸島神社史」瀧澤士壽・大島崇雄編　「写真集玉島」森脇正之編
「高梁川52号　乙島祭り」原田力編　「浅口郡史蹟名勝天然記念物」原田虎平編

（協力）戸島神社　大島崇雄　原田力　別府信吾

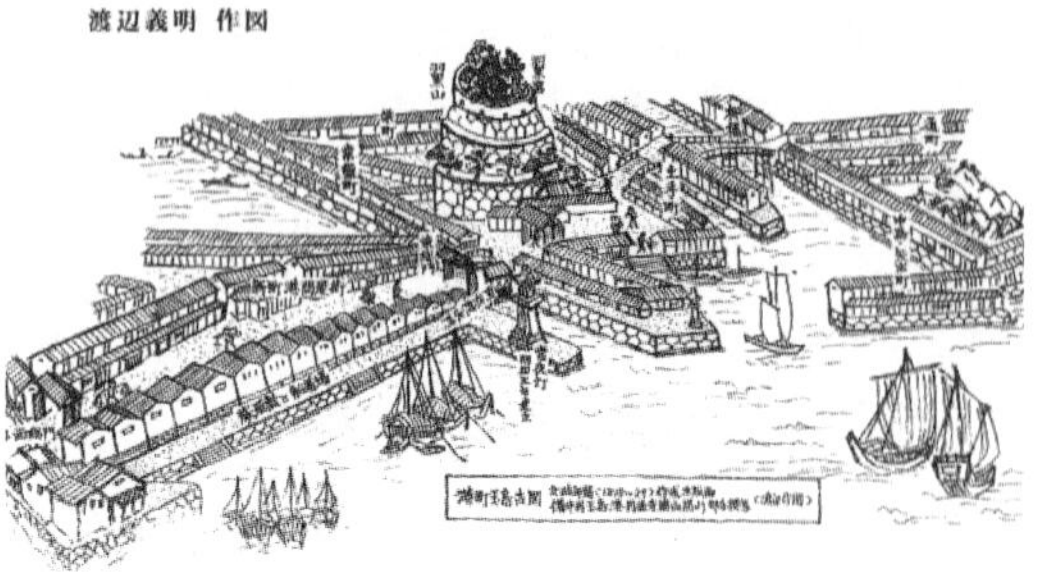

港町玉島古図　渡辺義明作図

羽黒神社拝殿

49 羽黒神社

玉島干拓の成就を祈願して建てられた羽黒神社。羽黒神社は玉島が生まれ、育ち、そして繁栄する姿を見守ってきました。

羽黒神社は、万治元年（1658）備中松山城城主・水谷勝隆が玉島の干拓に先立って、基地となる阿弥陀山に山形県の出羽三山の一つ、羽黒山にある水谷家の氏神・出羽（いでは）神社の御神霊を移し、羽黒宮として祀ったことに始まります。

勝隆は岩礁の島・阿弥陀山の周囲を三段の石垣積みにし、最上段を境内として「羽黒宮」を造営したといいます。旧北参道の脇には築造当時の石垣積みが見られます。

勝隆の後を継いだ勝宗は寛文5年（1665）阿弥陀山を羽黒山と改め、羽黒宮の社殿を改築して羽黒大権現とし、干拓工事の完成と水谷家の武運長久また干拓された土地の繁栄を祈願しました。

羽黒宮を基点として干拓が進められた玉島ですが、文政年間の版画の模写からも、羽黒宮を中心に玉島の街が形成されたことが偲ばれます。

羽黒神社宮司　福田隆さん　羽黒神社は一六五八年、瀬戸内海に浮かぶ小さな島に祀られました。そして昨年、鎮座三百五十年のお祭りをしました。玉島湊築港三百五十年。玉島の街もそこから始まったということで、羽黒神社の地番は　玉島一番地　として昔からきたわけです。ただ今は玉島中央町一丁目ということになりましたけれども。羽黒神社を中心に玉島の街が出来たので羽黒神社と玉島の街は歴史が全く一緒でございます。

羽黒神社の祭神である玉依姫命は商売繁盛の神様で、玉島湊問屋の主人達や全国各地から玉島湊に入港する船主からの厚い信仰を受けていました。

羽黒神社の玉垣には地元はもとより北海道、新潟、大阪、四国、九州などの寄進者の名が見られ、玉島湊での商品取引の地域的な拡がりを知る手掛かりにもなっています。

明治30年頃の天神祭　「写真集玉島」

玉龍大太刀　岡山県重要文化財　羽黒神社蔵

羽黒神社の宝物殿には玉龍大太刀が収納されています。逸見竹貫斎が羽黒神社絵馬伝にこもり約60日で仕上げたもので、純金の眼を施した龍が刻まれ、生命力に富み激しさと美しさが調和した刀剣として、岡山県の重要文化財に指定されました。

寛文6年（1666）寄進の、長さ1・57メートルの大太刀は倉敷市の重要文化財の指定を受けています。

水谷公が建立した拝殿は絵馬殿になり、現在の拝殿は安政元年（1854）に再建されたものです。拝殿の改築の際に奉納されたと思われる隋神坐像は、像の高さ63センチ、大変精巧な作りで豊かな彩色が施されています。また拝殿・向殿の格天井には、205種にもおよぶ薬草の植物絵が白神澹庵により描かれています。

拝殿の両脇には元禄5年、水谷勝美により寄進された一対の六角石灯籠が置かれています。保存状態も良く、簡素で豪快な作りから市の重要文化財の指定を受けています。

石門は拝殿の改築を記念して、新町の問屋中原利右衛門が寄進したものです。

絵馬殿には、明治初年に寄進された「世直しの図」、明治2年に奉納され、奉納者として松前伊達と記され、玉島湊の賑わいが描かれた「玉島湊之図」、また玉島干拓の様子が描かれた絵馬もあり貴重な資料になっています。

羽黒大権現は明治3年の神仏分離令によって羽黒神社と改められました。羽黒神社の瓦には寺を現す卍の印がついており、神仏混合であった頃のなごりを色濃く残しています。

境内には、水谷公三代の遺徳を偲んで祀られている水谷神社を始め、住吉神社、菅原神社などの末社があり、幕末に玉島の地を戦火から守った熊田恰（あたか）を祀る熊田神社もあります。末社の一つである菅原神社の天神祭りは、江戸時代から続く町をあげての祭りです。

この写真は明治30年頃のもので、神輿を乗せ、和船を連ね玉島湊を廻る御座舟や見物人の様子がうかがえます。昭和15年頃まで玉島天神祭りは瀬戸内三大天神祭りの一つとして大層賑わい、玉島町の人口2万人が6万人になったと言われる程の盛況振りでした。

小羽黒石　清瀧寺蔵

戦後の天神祭「写真集玉島」

虫明徳二さん　天神祭りは備中一円の人が、また玉島の親戚の人が天神祭りにはやって来る、賑やかな祭りでした。お神輿は一つと思われている方もおられるようですが、春の水谷神社・住吉神社の神輿。夏の天神祭りの神輿。羽黒神社の神輿と三台あります。

この写真は戦後復活した天神祭りで、通町商店街に繰り出し良寛音頭を踊る子供達です。現在でも天神祭りは氏子達によって守られ、八月第一金曜の夕刻に社前祭を行い、土曜の夕刻より海上渡御。その後、若者達に担がれた神輿は街をねり神社に帰還します。

羽黒山の中腹にある天台宗叡山派清瀧寺。水谷勝隆の後をついだ勝宗が寛文5年羽黒宮を改築して羽黒大権現としたおりに、羽黒宮の鬼門に当る位置に別当寺として羽黒山清瀧寺を建立しました。初代開基の仙海和尚は、勝宗の父・勝隆の弟で、京都の青蓮院から開山として招かれました。清瀧寺本堂には、厨子に納められた水谷公三代の位牌があり、住職によって今も日々香華が手向けられています。

羽黒山、月山、湯殿山の羽黒三山の形をした小羽黒石は、下館から松山城まで背中に担いで運ばれ、羽黒大権現改築のおりに御神体として祀られたと言われています。この他、宝物として青蓮院の尊證親王の筆による羽黒大権現の軸などがあります。

羽黒山の裾には清瀧寺の別院があり、羽黒大権現の額も掲げられています。清瀧寺の前には、ここで修行した玉島出身の歌人僧澄月の「民の戸を守るや世々の羽黒山かげしく海の深き誓に」という碑があり、人々の暮らしを守る羽黒山の様子を詠んでいます。

平成20年には、羽黒神社鎮座三百五十年の式典が盛大に行われました。

拝殿鬼瓦のカラス天狗を模した、ゆるきゃら「はぐろん」が平成26年に誕生。春祭りにはカラス天狗仮装大会も行われています。

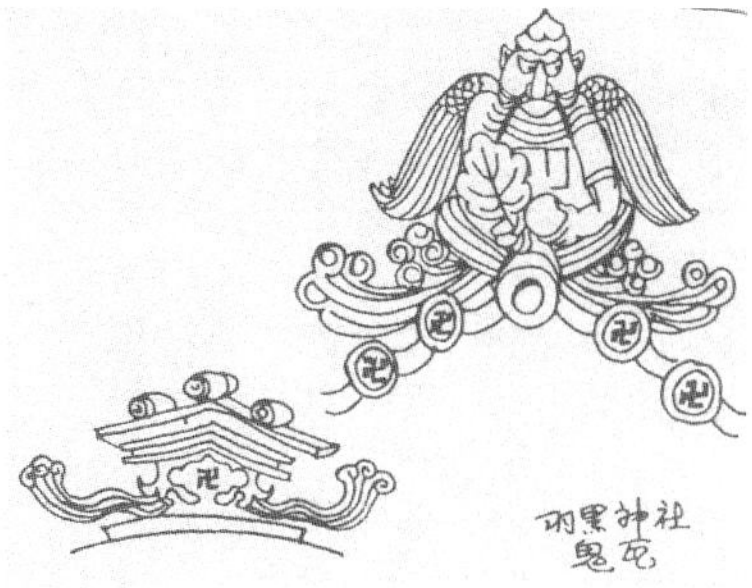

羽黒神社鬼瓦

神仏混合の名残　卍の瓦　羽黒神社

カラス天狗の鬼瓦　羽黒神社

羽黒神社の地番は「玉島一番地」です。その地番が示すとおり羽黒神社を中心として街が拡がり、古くから町の氏神として、また玉島湊に出入りする人達の航海の安全と商売繁盛を祈願する所として敬われてきました。

玉島湊の繁栄と共にあった羽黒神社。羽黒神社拝殿の鬼瓦・カラス天狗が翼を拡げ、玉島の街を見下ろしています。

「たましま歴史百景」第14回　２００９年10月　放送

（参考文献）
「羽黒神社鎮座三百五十年祭記念誌」羽黒神社奉賛会
「水谷左京亮勝宗公三百年祭記」
「写真集玉島」　森脇正之編　国書刊行会
「玉島の歴史」玉島商工会議所
「ぼっこう玉島」虫明徳二著

（協力）
清瀧寺
羽黒神社

随神坐像　羽黒神社

羽黒神社拝殿の格子天井　白神澹庵画

出羽神社（山形県）

秋田回船問屋の玉垣

羽黒神社玉垣

50 羽黒神社の玉垣

玉垣はその神社に信仰を寄せる人々の寄進によるものであり、慣習として寄進者の名を刻んであるので、その刻まれた字によって寄進者の出身地などを知る事が出来ます。

羽黒神社は万治元年（1658）松山藩主水谷勝隆が玉島新開の干拓工事の成就と安全を祈るお宮として建立しました。そして地元問屋街の人々や玉島湊に立ち寄る全国各地の千石船の船主らの信仰を集めて寄進を受け、玉垣にそれらの人々の名前が刻まれました。

この玉垣を元に玉島湊で行われていた商品取引の地域を確かめてみましょう。

総計623基ある玉垣の内、出身地を記したものは163基あり、内玉島地区が84基、岡山県内が38基、残り41基が日本全地区にわたっています。寄進者の出身地が記していないものは、あえて刻む必要のなかった地元の氏子によるものと考えられます。

玉島地区の奉納者を見てみると長尾1、鉾島19、爪崎10、道越1、堤下10、上成6、吉浦18、狐島10、水溜1、乙島1、西山1、亀崎2、船宮1、勇崎2、黒崎1、となっており、これらから新町、仲買町などの他にも玉島湊に出入りする船と商品取引の関係をもっていた玉島周辺の町人の範囲が伺われます。

次に岡山県内の奉納者を調べて見ると、新見3、吹屋3、岡田1、総社1、倉敷8、連島1、味野1、天城1、岡山18となっています。東の岡山を除けば、これは高梁川を利用する高瀬舟の商業圏の分布を明瞭に示しています。

次に日本全域の奉納者の図を見てみると函館、秋田、輪島、加賀の橋立、出雲、下関、広島県の大竹、尾道、福山、四国の丸亀、高松、阿波、また兵庫、大阪に及んでいます。次頁に記した日本地図の「点線」が北前船の航路であり、この航路の道筋から北海道、東北とも取引があった事が分ります。

数では大阪の11基と阿波徳島の9基が多く、やはり天下の台所大阪、藍の産地阿波と盛んに取引があったようです。

更に注目されるのは、秋田廻船問屋の1基と、松山領御蔵仲使の3基があります。秋田廻船問屋は北前船と呼ばれ、遠く蝦夷北海道の海産物をもたらした日本四大廻船の流れをくむもので、玉島湊の往時の隆盛を如実に示しています。

松山領御蔵仲使は松山藩の年貢米取扱いをする藩有数の町人か、又は柏島が天領であったので天領の幕府年貢米を取扱う町人の所在を示すものと見られています。

羽黒神社の玉垣のもうひとつの特徴は、その刻字の上にそれらの家の商標が刻まれている事です。玉垣自体は何れの神社でも見られる物ですが、これは必ずしも一般的に見られるというものでなく、四国の金比羅宮など海上安全と商品取引の繁栄を願う神社でこの商標が多く見られます。

商標は一見して、その家を標示するもので、△□○を基本とした枠の中に、屋号か名前の頭文字、或は取扱商品を記したものが大部分です。これらの商標は判り易く、文字が読めない人でも模様化された形で認識出来るようになっており、このようなところからも先人の知恵に触れる思いがします。

（昭和63年「玉島百景」で放送したものです）

北前船の航路

鬼（富八幡神社社宝）

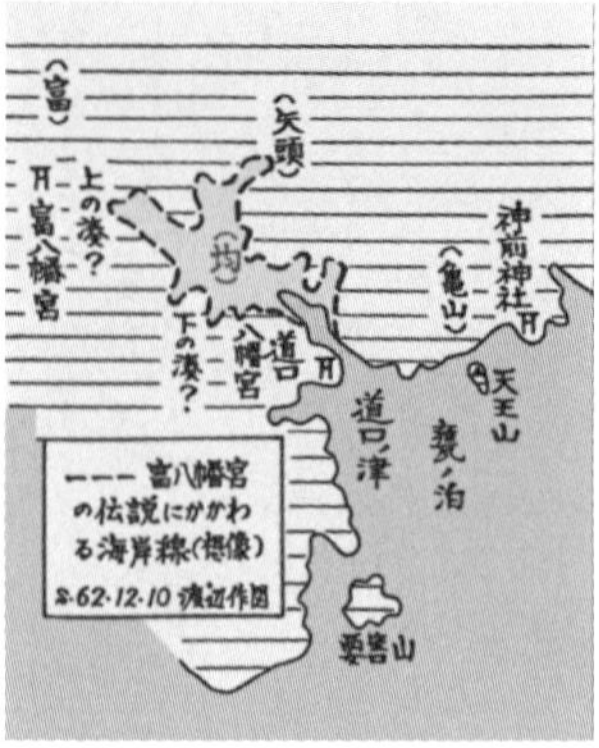

富田地区の神社位置図
「玉島むかし昔物語」

51 富田地区の神社

玉島の北西に位置する富田の里。斜面は桃畑に覆われ、のどかな緑深いこの里に、海との係りを感じる事はありません。しかし昔は入り江が、亀山から道口、富にまで深く入り込んでいました。富の辺りを「上の湊」そしてその下を「下の湊」と呼び、海に突き出た岬には、富八幡宮、道口八幡宮、神前（かんざき）神社などが祭（祀）られています。

（富八幡宮）

富集落の南側にある丘に「富八幡宮」があり、その裏山・八幡山には点々と大きな岩があります。山や巨石が御神体という信仰の形式は各地に見られますが、この辺りからも祭祀に使われたと思われる土器片が発見されており、この巨石群は四世紀から七世紀にかけて祭が行なわれていた祭祀遺跡の磐座（いわくら）ではないかと考えられています。

かつては、この観音が端の下にまで波が打ち寄せていました。そして、この八畳岩と呼ばれる突き出た大岩の上に村人が立ち、沖に向い「潮が引いたか、満ちたか」と呼ばわる祭礼行事が行われていたといいます。今でもこの大岩に立つと、水島、瀬戸大橋、四国まで見渡せ、潮を見るのには絶好の場所であったことが偲ばれます。

平安時代に創建されたという富八幡宮は「御崎神社」と「八幡神社」二つの神社が祀られています。祭神は、御崎（おんざき）神社は玉依姫命。また八幡神社は仲哀天皇、応神天皇、神功皇后と伝えられています。御崎神社と八幡神社の縁起には両社共、海に係る事柄が記されています。

社宝として鬼面が保存されています。起源は判りませんが吉備津神社にも、温羅（うら）の鬼面が保存されており、御崎神社という名前と合わせて、吉備津神社との係りが感じられます。

社殿は拝殿、幣殿、本殿と繋がっています。現在の本殿は明治36年に改築されたものですが、廻りに施された彫刻や屋根の瓦も立派なもので、当時の氏子達の深い思いが偲ばれます。

富八幡宮拝殿の彫刻

富八幡神社

富八幡神社氏子総代・赤沢洋一さん　この本殿が建てられた時に吉備の神社を建立された大工さんが応援して下さったと伝え聞いています。昔は富、上郷、池畝、金光などこの一円の守り神で、そして漁師の方々の守り神であったと聞いています。

明治37年からは富村のみの氏神として祀られていますが、かつては岡山藩が支配する上竹、下竹、亀山、道口、富の5つの村の総氏神でした。そのため神社の東西に参道が設けられており、各村々から上りやすく作られていたようです。

富八幡宮から北へ降りた辺りに「主基田」（すきでん）があります。主基田は、天皇が即位の際に行われる儀式「大嘗会」（だいじょうえ）に奉納される米を収穫する水田の事です。今でも「神の田」と書いて「神田」（しんでん）と呼ばれています。

花土弘さん　この上の段がおこぎ田という田んぼで、献上する米を作ったのはこの下の段で神田といわれている田んぼです。ちょうどこの上に地下水が出ている所があって、他は日焼けしていても、この田は米が出来たので、ここが主基田に選ばれたんじゃないかと思います。

大嘗会和歌集には新しい天皇の御代の栄えを祈念し、主基田に選ばれた土地の地名風物を詠み込んだ歌が残されています。

天慶九年（９４６）、村上天皇の即位にあたり

「昔より名づけそめたる富山はわが君が代のためにぞありける」　村上天皇御代（９４６）

長和五年（１０１６）、後一条天皇の即位に際しては

「富の山風まさりけり君が代は峰の白雪たゆたふまでに」　後一条天皇御代（１０１６）

そしてちれき治暦一年（１０６８）後三条天皇の即位の時にも

「種わける苗代水をせきあげて富田の郷にまかせてぞみる」　後三条天皇御代（１０６８）

これらの歌から平安時代の中期に3度にわたり主基田として富の地が選ばれたことが判明しています。

浦安の舞　道口八幡神社

道口八幡神社

(道口八幡宮)

道口に鎮座する「道口八幡宮」。道口八幡神社の創建の記録はありませんが、この辺りが海に面していた頃、神功皇后、応神天皇、大己貴命、玉依姫命を祀り、海上の安全を祈ったのが始まりとされています。御神体が栴檀(せんだん)の木で造られており、氏子が栴檀の木で作った下駄を履けばたちまち神罰が下ると言われていました。

絵馬殿は高床式の構造で、かつての拝殿が移築されたと考えられています。そして明治、大正に奉納されたという絵馬が掲げられています。

道口八幡神社では、昭和15年、皇紀二千六百年の奉祝行事として作られた巫女による神楽「浦安の舞」が現在も伝えられており、年に3回、5地区が持ち回りで当番を務め、小学生の女の子達によって舞いが奉納されています。

原田智恵子さん　**女の子達は最初は曲にも慣れないし大変なんですが、5月から始めて7月の夏祭りまで週2回熱心に練習して、祭りが終ると皆さんに誉めて頂いてとても喜んでくれます。**

(神前神社)

亀山の小高い丘の上にある「神前神社」。この付近一帯が海だった頃、この神前神社のある亀山の台地も海に突き出た岬でした。

祭神は猿田彦命、素戔嗚命(すさのおのみこと)、天穂日命(あめのほひのみこと)です。もとは天王山にありましたが、寛文10年富田八重沖の干拓が成り、新田の入植者も次第に増加した延宝6年(1678)神埼山に八重、道越、七島、亀山、島地の鎮守を神崎山に合祀して、神前宮を創建したと言われています。

太老神社宮司・桑野尚明さん　**祭神は猿田彦命で天照大神の孫である、ニニギノミコトが高千穂に天下りされる時に案内をされた神様で、交通安全・海上安全の神として慕われています。以前は神の崎と書いて神崎でしたが、猿田彦命の流れから神の前と書く神前神社となったと言われています。**

神前神社の周りが海の頃の想像図

牛頭天王　神前神社拝殿

現在の社殿は明治35年に改築され、拝殿には江戸時代後期頃からの絵馬が38点奉納されています。神前神社の南側の大鳥居には「神前大明神」と刻まれていますが、この鳥居の建立は江戸後期の天保5年（1834）のことです。当初から大明神と呼ばれていたのではなく、各村々の鎮守を合祀したことによるものと考えられています。

神前神社の拝殿の両脇の格子戸の箱型厨子の中には、二体の木彫りの像があります。東に祀られているのが牛頭天王（ごずてんのう）で悪疫退散の神様です。神前神社が遷宮される前に鎮座していた天王山の地名は、この牛頭天王を祀っていた事によるのではないかとされています。

西に祀られているのが、大歳天神（おおとしてんじん）です。学問の神様で、この地が天神ケ鼻と呼ばれていたのもこれによるものです。この大歳天神のオオトシが転じてホオトシとなり、天神が鼻の岬を航行する帆船は必ず帆を落として通らなければならないとされ「帆落とし天神」と呼ばれていました。

神前神社がある亀山では、鎌倉から室町時代にかけて亀山焼が盛んに焼かれ、目の前の甕の湊・甕の泊（もたえのとまり）から積み出されていました。境内には亀山焼窯址の立て札が建てられており、神前神社の宝物庫には亀山焼の壺が保存されています。

時代の流れと共に沖が干拓され、海を臨む神社としての形跡はなくなりました。しかし富田地区に残るこれらの神社は氏子達によって大切に守られ、人々の祈りの場として、また祭りなど地域の催しの中心的な存在として受け継がれています。

「たましま歴史百景」第22回　２０１０年８月　放送

（参考文献）「吉備文化の心と形」吉備人出版　「郷土風土記」宗澤節雄編
「玉島むかし昔物語」渡辺義明編　「私の富物語」中山頼夫著
「富八幡神社・御崎神社　概要と富の歴史」小野敏也編

（協力）小野敏也　花土弘

春日燈籠　柏嶋神社参道

柏嶋神社

52 柏嶋神社、海徳寺

「しじに生ふるかしわの島の青柏祈りわたりて卯月にぞとる」　藤原朝臣家経

柏島の名が初めて書物に登場したのが大嘗会和歌集に載せられたこの歌で、平安時代の中期、後冷泉天皇が即位されたときのことです。「祈りわたりて」と詠まれたこの歌からも、かつて島であった柏島には早くから神を祀ったお宮があったことが伺えます。

（柏嶋神社）

三方に海が開け、かつての玉島湊に面し古くから八幡山と呼ばれていた、ぽっこりとした小山の頂きに柏嶋神社があります。

「この島にもと、柏の霊木あり瑞雲たなびけり　人これを柏の神社と称す」とあり、古くからこの地に神が祀られていた様ですが、四百年の歴史を持つ柏嶋神社は、安土桃山時代の天正12年（1584）赤澤兵庫頭政信により建立されたもので「八幡宮」と呼ばれていました。

明治45年、本殿と幣殿の改築を行い、翌年の大正元年に御崎神社を合祀して柏嶋神社と改称されました。昭和15年に幣殿、釣殿、拝殿の改築をして現在の姿になっています。祭神は、誉田別尊（応神天皇）、気長足姫命（神功皇后）、吉備津彦命です。

また境内の西に豊浦神社があり、東に大歳神社、荒神社、稲荷神社、厄神社、大森神社が祀られています。毎月一日には朝早くから参拝の人が訪れ、お接待が行われています。

柏嶋神社宮司・亀山昭三さん　月次祭と言いまして毎月一日にお参りに来られます。以前に比べ、此の頃は増えて百人位はお参りに来られます。現在、柏の木は一本だけ境内にあります。以前は松の木が多かったのですが松喰いにやられ少なくなってしまいました。

平成御大典記念として、平成2年に春日燈籠50基が設置され夕闇迫る頃参道を照らします。

物表智応和尚像　海徳寺蔵

柏嶋神社秋季例大祭

今は枯れてしまいましたが、松並木が参道の両側に長く続いていて、西の鳥居の前、かつての八幡小学校、今の立花容器の工場のあたりには馬場がありました。

玉島港をはさみ東側には戸島神社が見渡せます。南には玉島灯台があり港を照らしていましたが　今は役目を終え、川崎港公園に頭頂部がモニュメントとして置かれています。

海に突き出した岬に位置し、市民の憩いの広場になっていた柏嶋神社ですが、昭和36年地元出身の俳人・中塚一碧楼（いっぺきろう）の句碑が建てられ一碧楼句碑公園が出来ました。

その時に建てられた「病めば蒲団のそと冬海の青きを覚え」の句が備前焼の板に刻まれています。平成7年には「橋をよろこんで渡ってしまふ秋の日」と「ほうぼう一匹の顔と向きあひてまとも」の二つの句碑が建てられました。

また東側の参道を少し入った斜面には16基ほどの句碑が並び、自由律俳句の旗手・一碧楼にふさわしい句碑公園となっています。

秋には、柏嶋神社の秋季例大祭が行われています。柏島の各部落からの千載楽が石段をかつぎ上げられ奉納されます。お神輿は朝から町内を巡行し夕方にお宮に帰ってきます。

(海徳寺)

柏島宮地には海徳寺があります。備中浅口西国三十三観音霊場・第二番の馬乗山海徳寺。

馬乗山の名は戦国時代、この辺りに畑山城、小山崎城等の城や砦が点在しており、裏山に馬場があったことから馬乗山海徳寺と呼ばれていました。

海徳寺は曹洞宗・総持寺派の寺で、室町時代の末期、文明6年（1474）この村の領主赤澤家の菩提寺として、鴨方の長川寺二世・密山章厳和尚によって創建されました。創建当時、下克上や一揆が頻発して寺は衰微。

永正2年（1505）長川寺四世、物表智応（ぶっぴょうちおう）和尚によって再興され、海徳寺の開山堂に

海徳寺本尊・聖観世音菩薩とその胎内仏

虚空蔵菩薩

は再興開山として、物表智応和尚の木造と位牌が祀られています。

慶長元年（１５９６）裏山が崩壊して伽藍が埋没。翌年、近くの畑山城城主赤澤久助（きゅうすけ）が再興し田畑山林を寄進しました。久助の墓は海徳寺墓地に祀られ、毎年五月、同族一門が集り追悼法要を行っています。

これは天保2年（１８３１）本堂改築の折の棟札です。「馬乗山海徳寺は馬頭観音霊場なり。左右に不動明王と毘沙門天があり行基の作。本堂は長い年月で傷んでいたが松山城城主・水谷勝宗の寄進で新たに出来た」とあり裏には「屋根替えのおりに、約百六十年前、寛文十年の棟札を見つけたが、文字が薄く良く読めないので新しくしてここに記した」とされています。

本尊の聖観世音菩薩には胎内仏が納められていて、はらみ観音と呼ばれ、子授け、安産の観音様として親しまれています。

海徳寺第二十三世武義道和尚　私が子供の頃は馬頭観音と聞いていましたが、十年位前に帰って来た時に先代から聖観音であると聞きまして、正式に見てもらったら聖観音ということで今は聖観世音菩薩としておまつりしています。

また海徳寺には虚空蔵（こくうぞう）菩薩が祀られ、毎年陰暦の3月13日、十三歳になった子供の智恵詣とも言われる十三参りが催されています。

平成23年に改築された開山堂には、昭和40年頃制作の頭上に十二支を備えた十二神将が祀られました。

境内には大師堂があり、弘法大師空海が祀られています。弘法大師は真言宗の寺で祀られているものですが、曹洞宗の海徳寺になぜ大師堂があるのかその理由は定かではありません。

寺の前にある池は弁天池と呼ばれています。昭和の初め頃までは池の中にお堂があり、弁天様が祀られていました。

坂東三十三観音

秩父三十三観音（石割れの観音）

山門と鐘楼の築年月は判りませんが、かなり古く海徳寺の歴史を偲ばせています。

江戸時代末期、関東から海徳寺の十三世住職として迎えられた即法玄中和尚は、円通寺周辺の西国三十三観音に合わせて、海徳寺の東の丘に坂東三十三観音、西の丘に秩父三十三観音に一体を加え、百観音霊場を開きました。秩父三十三観音霊場の魔崖物が彫られた岩の割れ目には、安産にご利益があるとされる石割れの観音様が祀られています。

観音道は戦時中の混乱で荒れ果てていましたが、先代の住職・武慶三（けいざん）和尚をはじめ、地元有志らの手で復興されました。

かつては柏の木が生い茂り海に浮かぶ島であった柏島。長い年月を経て守り継がれて来たこれらの神社・仏閣からは、大嘗会和歌集に「祈りわたりて」と詠まれていた、かつての柏島の姿が浮かんで来るようです。

「たましま歴史百景」第44回　2013年6月　放送

（参考文献）「柏嶋馬乗山海徳寺　棟札解読」　安原幸彦著
「玉島要覧」　安藤嘉助編　玉島商工会発行
（協力）　柏嶋神社　海徳寺

法道仙人像（寶満寺）

寶満寺　五本筋の灰筋塀

53 船穂の寺

弘法大師・空海により開かれた真言宗。船穂にある寶満寺（ほうまんじ）、鶏徳寺（けいとくじ）、高徳寺（こうとくじ）は、いずれも高野山の金剛峰寺を本山とする真言宗の寺です。

（寶満寺）

高梁川沿いに開かれ船穂の平野部を見下ろすように佇む、暁瀧山千手院寶満寺。入口に本殿が、客殿の前には弁天池があり落ち着いた佇まいを見せています。

かつてこの一帯は北に山を背負い、南に海が開ける景勝の地でした。大化年間（６５０）の頃に中国の僧・法道仙人により、この地が寺を開くには絶好の場所であるとして選ばれ、開基されたと伝えられています。

寶満寺・松本義正住職　寶満寺は、法道仙人が中国から渡って来られ、掘っ立て小屋のような物をこの地に建てて布教をされたのが始まりと伺っています。近畿地方にも法道仙人が開基されたという寺がいくつかあり、私は法道仙人は実在の方と思っています。この寺は千手院寶満寺です。江戸時代の頃から本尊様が薬師如来に変りましたが、それまで千手観音を祀っていたので、千手院という名が引き継がれています。また昭和59年に火災に遭い、平成2年に再建されたおりに、大日如来が本尊として祀られています。

室町時代の明応2年（１４９３）と天文3年（１５４３）に、それぞれ当時の住職に朝廷より院宣（いんぜん）が下されたという記録が残っています。江戸時代の寛永年間には、頼誉上人という住職が衰微した本堂、大師堂、客殿などを次々と再建し、寶満寺の中興の祖となりました。明和2年（１７６５）領主・松平紀伊守の帰依を受け祈願所に定められました。寛政8年（１７９６）には京都の御室御所、いわゆる仁和寺の御用所を命じられ、さらに嘉永5年（１８５２）には灰筋塀が許され、寺を取り囲む土塀には、五本線が配されています。また現在は高野山準別格本山の格式を有しています。

薬師如来坐像　寶満寺の旧本尊

聖観世音菩薩　鶏徳寺本尊

寶満寺は船穂神社の別当寺でしたが、明治初期に神仏分離令が発布され、この仏像はその折に船穂神社から移され、寶満寺に祀られているものです。神仏習合の仏像らしく後ろに光背があり、手には宝珠と剣を持っています。また船穂神社の別当寺のなごりとして八幡大菩薩を祀った鎮守が本堂の裏山にあり、その中に応神天皇の神像が安置されています。

昭和59年には本堂が火災のため焼失。本尊の薬師如来像と、脇立の日天、月天の立像、また十二神将などが消失してしまいました。庫裡は火災を免れて三百年ほど前の姿を今に残しています。

平成2年に本殿が再建され、新しい本堂には京都の仏師による大日如来の木像が祀られ、脇立として日天、月天の立像があります。また右手には弘法大師、左手には不動明王が祀られています。

戦後の昭和23年には、「たから保育園」が敷地内に創設されました。また今では毎月二十一日に写経会が開かれ、檀信徒達が早朝から集まり熱心に写経会が行なわれています。

（鶏徳寺）

船穂の最高地点・平石山を背にし、遠くは四国や瀬戸大橋も望む地に、平石山鶏徳寺観音院はあります。鶏徳寺は大同2年（807）弘法大師により開基されたと伝えられる真言宗の寺です。本尊の聖観世音菩薩は、高さ1・5メートル、備中松山藩の領主・水谷公によって勧進されたもので、江戸時代の初め貞享3年の作とされ、船穂町時代に重要文化財の指定を受けていました。脇立ちには持国天と多聞天が祀られています。また本堂から向かって左手には沢山の仏像が祀られています。これは明治の始めの廃仏希釈で廃寺となった前谷小角の法蓮寺や、北谷の北の坊に祀られていた仏像、また平安時代中期の火災で焼失したお堂や伽藍の仏像などが祀られているようです。

鶏徳寺に伝わる「鶏徳寺観音縁起」によると「この地に古くは、七伽藍と三重の塔や、鎮守の宮が2つがあった」と記され「境内古地図」にはそれらの様子が残されています。

鶏徳寺・松本信正住職　お寺の古地図には、現在ぶどう畑になっている所に六坊があり左右に大門の跡、三重の塔、金堂等が記されています。またぶどう畑から古銭が出たと伺っています。昔は田畑

鶏徳寺の竜灯木

鶏徳寺境内古地図

などもあったようで、それでもってお寺の経営や再建をしていたようです。本尊は聖観世音菩薩で、水谷公の祈願所になった時に寄進されたものです。その前には黄金の十一面観音があったそうですが今はありません。

また山門の左脇にある竜灯木（りゅうとうぼく）と呼ばれる、いぶきの木の切り株は、天武天皇のお手植えと伝えられ、船穂町の重要文化財の指定を受けていました。この切り株には言い伝えがあります。それは、平安時代の元禄元年（970）浪江という漁師が沖合いで魚をとっていたところ、網に黄金の観音像がかかり、早速、鶏徳寺に納めました。それからというもの、毎年7月17日と大晦日、節分の夜の三度、南の海から昇った竜灯がこの木の梢に留まって海を照らしました。以来、寺が栄え、七堂伽藍が建立されたといいます。長元2年（1029）に火災により全てを消失。しかしこの竜灯木だけは不思議にも生き残りました。

また寿永元年（1182）源平水島合戦のおりにも竜灯があがり、その灯に戦勝を祈願した平家がみごと勝利を収めたことから、霊験あらたかであるとして再建されました。

しかし江戸時代の末期にはこのいぶきの木も枯れ、今は2㍍余りの株だけになり、その上に常夜灯を載せ郷土の記念物として保存されています。

江戸時代に入り、備中松山藩水谷勝隆が鶏徳寺を船穂干拓成就の祈願所としています。また二代目勝宗が、寛文10年（1670）本堂の観音堂を再建しました。

また鶏徳寺には赤穂浪士の片岡源五右衛門の位牌があります。赤穂浪士の残された子供は仏門に入った者が多く、前谷小角の法蓮寺に片岡源五右衛門の子が入山して、亡き父母の位牌を供養していました。しかし明治の廃仏稀釈で法蓮寺が廃寺となり、この位牌も鶏徳寺に移されました。

法蓮寺跡には、この住職の墓が歴代住職の墓と共に残り、境内にあった六地蔵には赤いよだれ掛けが今も掛けられています。

平成7年に鶏徳寺の本堂は再建されました。かつては鶏徳寺がある平石山の山裾にまで海が入り込んでいましたが、今では南に向かって拡がる急斜面で、マスカットの栽培が盛んに行われています。

高徳寺山門

高量大明神　高徳寺

（高徳寺）

高梁川沿いの田園風景の山裾に、高量山永寿院高徳寺はあります。高徳寺も高野山を本山とする真言宗の寺です。鐘楼を兼ね備えて重層に造られた山門は珍しい建築様式で、朱塗りの鐘つき堂がひときわ映えています。

高徳寺は元は上船穂郷犬神にあり、日光山永寿院田中坊と称していました。寛永15年（1638）に中興の祖・宥智和尚が、高量山大明神境内の新島と言われていた現在の地に移し、高量山高徳寺としたのが始まりとされています。そして高量大明神の祠が寺の鎮守として今も祀られています。

野中智紹住職　この寺の始まりは、ここから東へ800㍍程行った所に、小山一族が氏神として高量大明神を祀られており、それから二百年程して、こちらの場所に永寿院高量山高徳寺として移されたものです。毎朝6時に鐘をついていますが、それを合図に起きる方もおられるようですし、本堂で365日、私と一緒におつとめをされている方もおられます。

本堂に納められている本尊は、室町末期の作と伝えられる毘沙門天で秘仏となっており、写真でしかその姿を見ることは出来ません。また厨子の扉の内側には、吉祥天と禅尼師童子が描かれています。本尊が納められている前には、平成18年の大改築のおりに新しく作られた毘沙門天と吉祥天、禅尼師童子の像が置かれています。

また左側には十一面観音が祀られており、その前の小さな厨子の中には、男女の融合を表す歓喜天が納められ、これも秘仏となっています。客殿の南に隣接して建てられている護摩堂には隋求明王の木像が祀られています。

境内には江戸時代からの六地蔵があり、時折顔を出す兎も親しまれています。

高徳寺の近くに2箇所、飛地の境内があります。北に見える竹林の中には、隋求明王菩薩を祀るお堂がありましたが今はお堂はなくなり参道の石段がその名残りを留めています。

また南には延享3年（1746）に勧進された金比羅宮があります。金比羅宮への信仰は、かつてこの

毘沙門天　室町期作　高徳寺本尊

辺り一帯は遠浅の海で、四国との交流も盛んであったことによるものです。
江戸中期の宝暦年間には堂塔伽藍が増築され、境内もほぼ現況の規模にまで拡充されていました。しかし明治の廃仏毀釈、また太平洋戦争の梵鐘の供出などにより次第に荒廃し、戦後一時期は無住の状態にまでなっていました。
昭和44年、本山の推薦により高橋道範住職が着任して、本堂の再建や境内の整備を行いました。また平成18年には平成の大改築が行われ、外観、内装ともに一新され、周辺の風景とも溶け合い美しく堂々とした姿になっています。

船穂に残る寺院や仏像の数々。人々が心のよりどころとしてきた信仰の姿。それぞれの寺は時代の流れの中で変遷を繰り返し、今も静かに佇んでいます。

「たましま歴史百景」第25回　２０１０年11月　放送

（参考文献）「高野山真言宗備中寺院めぐり」高野山真言宗備中宗務支所
「高瀬通しの里」　高見光海著　日本文教出版

（協力）暁瀧山千手院寶満寺
平石山鶏徳寺観音院
高量山永寿院高徳寺

殺生禁断の木札

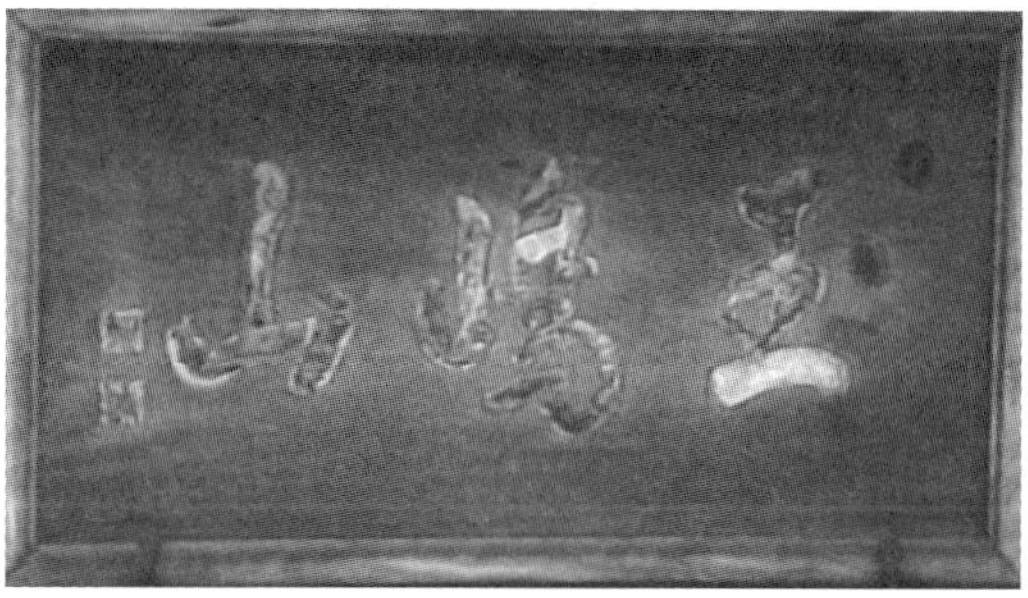

玉島山の門額

54　玉島山安福寺　円乗院

玉島乙島にある円乗院は、寺号を安福寺、山号を玉島山、比叡山延暦寺を本山とする天台宗山門派の寺です。円乗院の歴史は古く、今から千百年余り前、平安時代の前期、貞観4年（862）に天台宗山門派の祖である慈覚大師（円仁）によって開かれたと伝えられています。

寺伝によれば、最初開かれたのは玉島山の頂上あたりで、本尊としては阿弥陀如来が祀られていましたが、鎌倉時代末期の文保2年（1318）に火災を起し、建物、古記録などを失ってしまったということです。焼失した円乗院を復興したのが、このあたりを領有していた小幡入道祐本友義で、火災から46年後の貞治3年（1364）に本堂を現在の位置に再建しました。

寛文3年（1663）に大改修が行われ、寛文5年（1665）には備中松山城城主水谷勝宗が朱塗りの山門を寄進していますが、大正時代に起きた台風のため倒壊し、今ではその山門に掛けられていた「玉島山」の額だけが残っています。

山門の前には昔、馬を繋いだ馬場があり、ばべの並木が参道を美しく飾っています。現在の山門は大正9年に通町の砂糖問屋佐藤家が寄進したものです。

門前の石垣は亀甲を模したもので、江戸城、二条城などに使われているものです。また馬道の石畳は中央がこんもりと盛り上がり、水切りをするよう非常に手間をかけた造りになっています。

伽藍には本堂、観音堂、位牌堂、毘沙門堂、庫裡、大仙院などがあります。

寺宝に「毎月六済日殺生禁断　弘安十年三月六日、於玉島浦依佐山聖禁　殺生忽不可出節殺生真記」その上に金剛界大日如来を示すバンという梵字が刻まれた殺生禁断の木札があります。この木札は漁民に対する布告で、毎月六の日には漁獲を禁止し慈悲の心をあらわすようにと定めてあったことが分ります。火災の焦げ跡がうっすらと残っていますが、弘安10年（1287）は鎌倉時代中期の頃であり、当時から玉島の浦と呼ばれていたことが判り、この木札は玉島にとっても貴重な資料となっています。

山門を入って右手にある大泉院は、昭和32年に鳥取県の伯耆から勧進したもので、本尊として地蔵菩薩がまつられています。

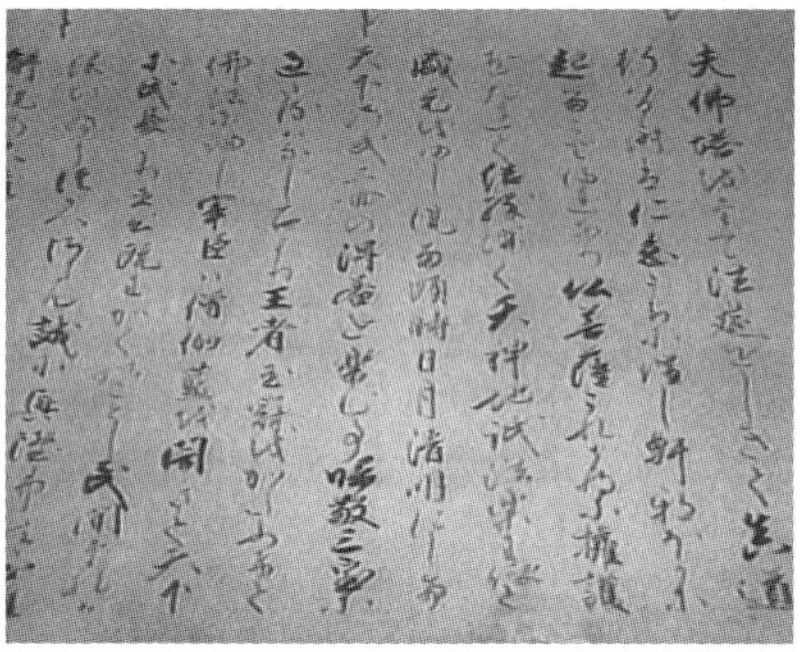
常念仏縁起書（澄月書）

円乗院本尊

現在の本堂は、第四十一世住職井上覚然和尚の元、壇信徒が一丸となって、5年の歳月をかけ昭和61年11月に総工費3億1千万円をかけて完成したものです。本尊は鎌倉時代の作と伝えられている阿弥陀如来で、脇立ちとして観世音菩薩と勢至菩薩がまつられています。

古い本堂は東に移して創建当時の姿に復元し観音堂とし、その跡に新しい本堂が建てられました。

円乗院に保存されている「常念仏縁起書」は、この寺で修業した僧澄月の筆によるものです。彼は江戸時代後期に平安和歌四天王の一人と言われ全国にその名が知られていました。この常念仏縁起書は、彼の僧としての見識を伺うことの出来る貴重な資料です。

また同じく江戸時代後期、玉島山下町に住んでいた文人画家黒田綾山が書いた天台山の六曲一双の大きな屏風も保存されています。

観音堂の東側には八嶋稲荷大明神がまつられています。この八嶋様はタヌキで、四国の屋島から渡ってきて玉島山に住みついたそうで、屋島の合戦を人に見せておどしたり、草の葉を小判に変えて、そのお金で魚を買って食べたり、また和尚に化けて法事に行って御馳走を食べてしまったりというような話が残っています。その八嶋大明神のタヌキの骨が納められているという木箱には嘉永4年3月18日没と記してあります。

庭前には「玉渓松」と呼ばれる、樹齢二百年の傘形の名木がありました。東西18m、南北15mの円形に枝をひろげ寺庭の大半をおおって見事な景観をなしていましたが、昭和23年頃松くい虫のため枯れてしまい、今は二代目の玉渓松が植えられています。

この寺の墓地には玉島開発の恩人大森元直、歌人瀧口美領、相撲の玉の尾・玉手山などの墓石があります。

現在の檀家千数百の円乗院では2月3日には豆まき、8月17日には盆踊り、大晦日には除夜の鐘など様々な行事が行われ、町の人達に親しまれています。

（昭和63年「玉島百景」で放送したものです。）

天保年間の備中玉島湊円通寺築山図

円通寺本堂と良寛像

55　良寛修行の寺　円通寺

良寛修行の寺として知られている円通寺。茅葺屋根の本堂の脇には、円通寺で修行中の良寛の姿の像が建てられています。

円通寺は奈良天平の昔から観音霊場の信仰の地でした。聖観世音菩薩が祀られ人々は「星浦観音」と呼び親しんでいました。観音堂は現在の本堂の東の墓地の辺りにあったと伝えられています。しかし何時の頃からか、お堂は荒れ果て雨露にさらされていました。

江戸の中期、玉島の港が賑わいを見せるようになった頃、災害や疫病が流行し「こんな災難に会うのはあの星浦の観音様を粗末にしているからに違いない」という噂が広がったのです。そこで備中松山定林寺の住職をしていた徳翁良高に悪病退散の祈祷を受けたところ病がばったりと無くなりました。これは良高和尚のご高徳と星浦観音の功徳に違いないと、お堂の再建に着手。元禄11年（1698）良高和尚を開山として補陀洛山円通庵が開かれました。

その後円通寺と改められ、天保年間の円通寺築山図には塀をめぐらした寺の構えが描かれ、左には石庭が広がり、下には玉島湊の様子も見られます。

補陀洛山円通寺は曹洞宗のお寺です。境内は花崗岩が露出した山肌の地形に応じて配置がなされ、周囲の自然に溶け込み、禅寺としての凛とした佇まいを見せています。

本堂は茅葺の屋根を一気に葺きおろし、上には本瓦の箱棟が乗せられています。

星浦観音と呼ばれている本尊の聖観世音菩薩は、像の高さ62センチ　寺伝では奈良時代の高僧・行基の作と言われています。

本堂の奥には開山堂があります。開山・徳翁良高の木像が安置してあり、台座の下には良高の墓塔があり、このような形式は珍しいものです。

円通寺開山堂　　開山・徳翁良高の木造

円通寺本尊　聖観世音菩薩

右脇の宝塔には、良高の袈裟や托鉢の鉢が納めてあります。また左側の木碑には良高の略伝が記されており、それによると良高は眼光が鋭く豊かな頬、美しい頬髯を持ち、度量が広くて優しい人であったとされています。

円通寺では良高和尚亡き後、高僧が相次いで住職となりました。中でも第三世良機、第十世国仙、第十一世玄透などは有名です。

第三世の良機は後西天皇の皇女・光照院宮を教え、その縁により円通寺本堂に掲げられている額には菊の紋章が施されています。

第十世の国仙は良寛の師として有名ですが、良寛以外にも多くの門弟を育て、また円通寺の寺格を宗門の中でも最高の常恒会（じょうごえ）に引き上げたりもしました。

次の第十一世・玄透は、後に本山永平寺の第五十世となり、永平寺の中興の祖として仰がれました。円通寺の定紋が本山永平寺と同じ「久我リンドウ」であるのはこのことによります。

現在の住職・仁保哲明師は第二十九世にあたり、昭和62年から円通寺の住職を務めています。

仁保哲明住職　円通寺は開山の由来からすると玉島の街をお守りするという意味合いの寺だと思います。今、地域では里山がだんだん廃れ、それによって集落が疲弊するという状況も起こっています。円通寺を皆さんの里山としてお参り頂けたらと思います。

円通寺本堂の奥にあり、訪れる人もなくひっそりとしているのは住職の部屋・高方丈（たかほうじょう）です。高方丈の土台になっている千畳岩とよばれている大きな岩は、広さが二百七十六畳（五〇〇㎡）近くもあります。この高方丈で、良寛は国仙和尚から印可の偈（いんかのげ）という修行を終えた印を与えられたと伝えられています。

良寛堂と呼ばれている建物は、もともと修行僧の寝起きする衆寮（しゅりょう）として建てられたものですが、良寛が円通寺での修行時代をここで過ごしたことから良寛堂と呼ばれています。

本堂の東にあるのは坐禅堂の白雲閣（はくうんかく）です。白雲閣では夏の早朝坐禅や修学旅行で訪れた

円通寺定紋の久我リンドウ

高方丈と千畳岩

生徒達の坐禅会等が開かれ、良寛の修行をしのぶ禅寺として広く親しまれています。

仁保哲明住職　円通寺は曹洞宗の寺で、今は参禅道場という、一般の人が坐禅をする道場の形をとっています。かつて良寛さんの時は僧侶に修行させる、僧堂専門の道場でした。

円通寺本堂の裏にある秋葉宮は火伏せの神様として知られ、毎年1月24日、地元の人々により祭典が行われ、天狗の姿をした秋葉三尺坊大権現のお札が火除けのお守りとして配られています。

円通寺の石庭は山肌に露出した花崗岩が自然のままに並び、殆ど人の手が加えられていないところに特色があります。自然が形作った景観の見事さは古くから世に知られていました。十三の塔からなる宝篋印塔と、青銅の地蔵菩薩は石庭の美しさを一層引き立てています。

地蔵菩薩は、新町の港問屋・萱谷半重郎が宝暦8年（1758）に寄進したもので、頭から台座まで2メートル20センチもあり、県下最大の青銅露座地蔵で倉敷市の指定重要文化財です。この金仏は江戸の大火を救ったという伝説により「火伏せの金仏様」としても知られています。

石庭の上にある中国様式の茶室・友松亭（ゆうしょうてい）は本町の豊島屋大野友松氏が昭和7年に寄進したものです。円通寺では毎年、春と秋に茶会が催され、特に春の良寛茶会は岡山県三大茶会の一つとして盛大に開かれ、満開の桜のもと多くの人出で賑わいます。

仁保哲明住職　円通寺の良寛茶会は、戦後円通寺が疲弊しまして、有志の方達が集まって、この円通寺を復興しようということになり、二十七世の矢吹活禅和尚が発起しまして、良寛さんのお茶会が作られたわけです。

本堂の裏山にある石書般若塔。これは天明の飢饉で亡くなった人々を慰めるため、湊問屋の中原利衛門が寄進しました。六百巻の般若経の文字を一つの石に一字づつ書いて塔の下に納めてあり、修行中の良寛が書いた文字も混じっています。

石書般若塔

青銅露座地蔵菩薩

円通寺の石庭

本堂を東へ少し降りた所に、覚樹庵（かくじゅあん）跡という標識が建てられた空き地があります。覚樹庵は円通寺第二世良英の隠居の庵として建てられ、良寛はその庵の六世に当るのではないかと考えられています。春には良寛椿と呼ばれる椿の古木が白い可憐な花をつけ、その下には良寛の辞世の句「形見とて何か残さむ春は花夏ほととぎす秋はもみじ葉」の碑が建てられました。

仁保哲明住職　良寛さんは全国的にもネームバリューがあって、今では良寛さんが円通寺で修行したことが知られ、良寛さんを慕う人達や研究されている方々が訪ねて来られます。

白華山（はっかさん）円通寺公園にある観音道は、山中の雑木に覆われていた多くの観音像を掘り出し、観音奉賛会により整備が行われ、毎月十八日には多くの参詣者が訪れ接待が行われています。また昭和61年には星浦観音堂も建立されました。

円通寺は良寛修行の寺として岡山県史蹟に、そして円通寺公園は名勝地に指定され、岡山県の大切な史蹟名勝として保存活動に力が注がれています。

奈良天平の昔から星浦観音と呼ばれ信仰を集めていた円通寺。近世玉島湊の発展と共に再建されて以来、円通寺は三百年余り玉島の発展と共に今日に至りました。そして現在では良寛修行の寺として、また玉島観光の拠点として、多くの人々が訪れ親しまれています。

「たましま歴史百景」第15回　２００９年11月　放送

（参考文献）「良寛修行と円通寺」岡山県良寛会編　萌友出版
「玉島の良寛遺跡案内」森脇正之著　倉敷文庫

ムツ神父功績板

西町の教会

キリスト教の布教
明治16年頃　中原甕塘画

56 玉島カトリック教会

「良き種ここに播かる」玉島カトリック教会の入口横に刻まれている石板は、明治20年頃、玉島で布教に務めたムツ神父の功績をたたえたものです。

玉島カトリック教会は今から百年余り前、フランス人のヴァスロン神父が玉島で布教活動をしたのに始まり、明治15年玉島に講義所が開設。明治20年、玉島講義所にムツ神父が派遣され、伝道師・若林松次郎と共にこの地方一帯に布教を展開しました。

そして明治32年に西町の旅館を購入して玉島教会として独立。2階を聖堂に、1階を集会所として西町教会が開かれました。これは岡山で2番目のカトリック教会でした。

昭和30年に「海星幼稚園」を開園。昭和32年、中央町の現在の地に新しい教会が完成して移転。現在に至っています。

昭和4年に入信の赤沢喜代次さん83歳　入信の時は反対がありました。父も母も悩みました。でも父は船乗りでして、九州、五島、平戸、天草などにも行っていたので、私が入信してから父も兄も弟も入りました。西町の教会の中は家庭的な雰囲気で大きな火鉢が置いてあり10人以上が座れました。この教会は焼けてしまって今は跡形もありません。教会の後ろに円通寺の山があって、岩肌のくぼみにマリア様をお祀りしてありました。戦争中は大変でしたが、これは精神的なもの、信仰ですから動揺はなかったです。

信者会会長・花房弘さん　戦争中は信者の方は家庭の中で信仰を守っておられたようですが、神父さんは憲兵などから迫害を受けられたようです。

毎年12月24日のクリスマスイブのミサで賛美歌を引き立て、美しい音響を聖堂いっぱいに響かせているパイプオルガンは昭和60年3月にドイツから輸入されたものです。

玉島カトリック教会

丸窓のステンドグラス

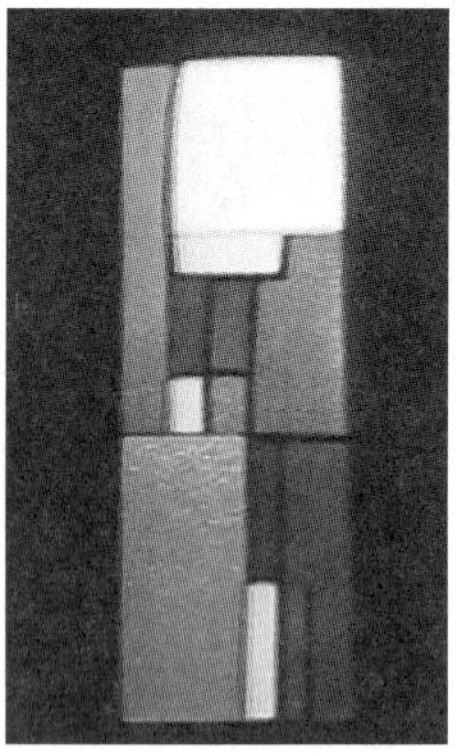
「レイタケノ」の隠し文字のステンドグラス

また聖堂の周りを美しく色どっているステンドグラスは昭和60年に完成したものです。

聖堂正面のステンドグラスは、左側が信仰を表す緑が基調となり、中央が希望を表す黄色、右側が愛を表す赤で構成されており、朝のミサではこのグラスを通して差し込む陽の光が聖堂の壁や祭壇を美しく彩ります。

側面のステンドグラスの全9面は、開閉式の窓であることから、軽い有機ガラスで作られており、主任司祭達17人の名前をかくし文字で図案化したもので、窓の一つには、大正時代のレイ神父と竹野神父の名前が隠されていて、よく見ると片仮名でレイタケノと読む事が出来ます。

後のステンドグラスは港町玉島への福音伝来と、旧西町教会の58年の歴史を表しています。

図案をした渡部武徳さん　この教会の百年近い歴史を限られた画面の中に凝縮させて、教会の信者、また外から来られた方に何かを問いかけるデザインにすべく苦労しました。後ろの丸窓については中から見る以外に、前のバス通りから見た場合でも反射光によってきれいに見えるようになっています。

このステンドグラスの下には「無原罪の聖母」と題された幼いキリストを抱いたマリアの絵があり、この絵は一八八〇年代の古い絵でパリからムツ神父により伝来されたものです。

集会所にある大きな絵は「玉島のキリスト」と題され一九七二年ルイフランセンがこの教会に来て書き上げた作品で、右側に港、左側に倉が図案化されています。

併設の海星幼稚園は、昭和55年から「お告げの聖フランシスコ会」のシスター達によって運営され、カトリックの精神に基づいた幼児教育が行われています。

玉島の地に百年の歴史を持つこの教会は、ベルギー淳心会ヴェルウイルゲン神父の下で２９０名の信者が家庭的な信仰集団を形づくっています。

（昭和62年「玉島百景」で放送したものです）

浅野家墓所

柳井原ハリストス教会

57 柳井原ハリストス正教会

三角屋根の「小さな教会」柳井原ハリストス正教会。ハリストス正教は明治時代に日本に広まったキリスト教の一派で、柳井原教会は中国地方に残る唯一のハリストス正教会です。そして、ここには日本人最初のイコン画家・山下りん（1857～1939）が描いたイコン画があります。

柳井原にハリストス正教が伝えられたのは明治28年のことでした。柳井原東畑の浅野又六の次男・浅野久吉（1847～1903）が明治22年42歳の時に松江で入信。久吉（きゅうきち）は軍人で陸軍少尉でしたが、明治28年日清戦争が終わると陸軍を退役。郷里柳井原に戻って、自宅を仮の教会堂としてハリストス正教会を創立しました。農作業をしながら熱心に伝道を続け、親戚関係を中心に7戸を洗礼に導き、柳井原教会の基礎を築いたのです。

ハリストス正教の伝来は、文久元年（1861）ロシアの宣教師ニコライの函館来日からと言われています。その為かハリストス正教は今でも北海道や東北地方などを中心に多く分布しています。

岡山県下では県北の津山を始めとし、県南では柳井原の他、岡山、児島、味野、連島、妹尾、笠岡、日比、上成、加須山などにありました。しかし日露戦争やロシア革命、また二度の世界大戦の影響で信者は減り、今では柳井原が中国地方で唯一のハリストス教会になっています。常駐の神父はおらず昭和62年から徳島ハリストス教会の小川神父が年に6回の祈祷を行っています。

徳島ハリストス正教会長司祭小川公さん　浅野家と高橋家が信者として残っていて教会を保ってこられたんです。明治36年に日露戦争があって、それ以後どうやって保っていくかということと、跡継ぎのない信者さんも多く減る一方ですが、何とか信仰を保っていきたいと思っています。

柳井原ハリストス教会が見晴らせる丘に、この地で布教を始めた浅野一族の墓所があります。創始者久吉と息子の墓には軍人の階級と十字架が刻まれています。これは久吉の兄初太郎夫婦の墓で神僕亜留天門　神婢馬留哈（しんぼくあるてもん、しんぴまるふぁ）と洗礼名に漢字を当てて表記しており、神僕神婢

山下りん

教会内部

ハリストス正教の十字架

はいずれも神に仕える者という意味です。またこちらのは初太郎の長男熊太郎夫婦の墓で洗礼名イオアン・マリアをカナで記しています。

柳井原ハリストス教会の聖堂は昭和38年に移築されました。元々は神戸にありましたが、昭和25年大阪に移され、昭和38年大阪教会の新築に伴い柳井原が譲り受けたものです。

聖堂の屋根には十字架があります。ハリストス正教では十字の上にキリストの名を記す札木が付き、下の横木はキリストの足台とされています。30人も入れば一杯になりそうな室内は白い壁に囲まれ、小さいながらも聖堂が備えるべき内部条件を整えています。多くのイコン画が飾られ、日本人最初のイコン画家・山下りんによるイコン画もあります。

鐸木道剛・元岡山大学教授（現東北学院大教授） 柳井原に山下りんの作品は4点あり保存状態が良く、裏に贈った年代が書いてあり資料としても良い物です。もうすぐプーチン大統領が来日し山口を訪れますが、ロシア側は山下りんの「復活」を日本との友好の品と見ており、山下りんの事を研究しているんですが、日本の安倍首相や岸田外務大臣は知っておられないと思うんです。ロシア側の片思いになっているんですね。

イコン画はキリストや聖書の説話をもとに描かれた神の肖像画です。「神の国の映し、神への窓」であって個人的な美術表現ではなく、あくまでも模写で一般の絵画のように制作者の署名はありません。

山下りんは日本初の公立の美術学校・工部美術学校の女子学生第一期生でした。しかし明治13年に中退し、イコン画を学ぶため単身ロシアに渡り、苦難の末日本人最初のイコン画家になった女性です。帰国後は東京のニコライ堂の画房で世俗を離れてイコン製作に没頭しました。

白石孝子さん（柳井原教会の信者でイコン画家） 信者の家にはイコン画があり、イコン画に向かってお祈りをしていますので、イコン画は神に向かって開かれた窓と思っていまして、非常に神聖なものです。特にルネッサンス以降、人間中心の社会になって来たのとは全く反対に神中心の世界を描

コゼリシチナの聖母

赤の聖母子の裏書

赤の聖母子

き、もちろん署名もありませんし、自分で勝手に描いていくことはしません。イコン画はそこが一般的な絵画と一番違うところです。

柳井原正教会には小品も含め10点を越えるイコン画があり山下りんの作品は4点あります。当初、りんの作品は1点でしたが、閉鎖した倉敷の加須山や九州の大分から移されたことが裏書きから判明しています。

「赤の聖母子」りんの作品で最初から柳井原にあったものです。イエスを抱いた聖母マリアの半身像で赤色の服が画面をひきしめマリアの初々しさ純粋さを強く感じさせます。裏書に「柳井原教会祈祷公物東京正教明治二十八年之を送る」とあり、浅野久吉が教会を立ち上げた年に送られたもので、最初は彼の自宅に掲げられていました。

「コゼリシチナの聖母」幼児イエスと聖母マリアの親愛に満ちた姿が描かれ、青を基調にした彩色で清々しく表現されています。裏書きに「加須山教会」と記されており、倉敷の加須山から移ってきた物です。

「祝福するキリスト」キリストの清潔で高貴な感じが漂う図柄で、この作品の裏書きにも「加須山」と記されています。

「復活」は処刑されたキリストの復活を現す重要な図柄です。画面の中央に、復活したキリストが立ち、両側に天使が配され、キリスト復活の喜びが溢れています。この裏書には「大分正教会」と記されており、九州の大分から移されたものです。

柳井原教会の「復活」は、日露関係の歴史上において重要な役割を果たした、エルミタージュ美術館所蔵の山下りんのもう一枚の「復活」と同じ図柄です。

それは明治24年に日本を訪問中のロシア皇太子ニコライが滋賀県大津で警護の警官に斬り付けられた大津事件に端を発します。大津で斬り付けられた皇太子は予定を変更し、神戸で休養を取ってから帰国する事になり、山下りんの「復活」が急遽神戸に運ばれて献上されました。これを受けとったニコライはたいそう気に入り聖像に口付けをし、帰国してからも宮中に掲げていたといいます。

復活　左・柳井原教会蔵　右・エルミタージュ美術館蔵

祝福するキリスト

皇太子はニコライ二世になり、ロシア革命によって処刑されたため、大津事件で献上された「復活」は長く行方不明になっていました。その後「復活」がエルミタージュ美術館に所蔵されていたことが一九八七年、岡山大学の鐸木教授らの調査によって確認されたのです。

鐸木道剛教授　日本の教会は来日するニコライの誕生日の祝いに復活を贈ることで準備していたんです。それを山下りんが描いて、周りは金蒔絵で。これはエルミタージュにありましたが、87年に僕と岡山大学のロシア史の安田先生で協力してこれを見つけたんです。それまではロシアでも何か判らず、正体不明だったんですが、これは大津事件の作品だという事でエルミタージュで展示を始めました。

大津事件は戦争に発展してもおかしくないほどの事件でした。ロシアでは山下りんの「復活」は日本との友好の証と認識され、大津事件から百年後の一九九一年、ゴルバチョフ大統領の来日に先立ち、博覧会に出品するためシベリア鉄道で運ばれ日本に里帰りを果たしたのでした。

日露友好の「眼に見える遺産」と言われている「復活」、そしてそれと同じ作者による同じ図柄の作品が柳井原のハリストス正教会に現存していることを知る人は余りいません。

明治28年に始まった柳井原ハリストス正教会。今では、中国地方で唯一のハリストス教会となり、祈祷日には岡山県下だけでなく近隣の県、またロシア等からの日本に滞在中の信者らが集まり、その信仰が静かに守り続けられています。

「たましま歴史百景」第60回　平成29年2月放送

（参考文献）　倉敷市史5、高瀬通しの里　船穂町史　柳井原史
「岡山のイコン」岡山文庫　倉敷の歴史11号
「山下りん研究」鐸木道剛著　岡山大学文学部研究叢書35
「山下りんとその時代展」鐸木道剛監修読売新聞社発行

（協力）　徳島ハリストス正教会　柳井原ハリストス正教会
浅野健児　白石孝子　鐸木道剛

信州伊那に流された聖人

仏乗寺第十五世日英師の
得度を受けた
「絵で知る日樹上人伝記」
花田一重氏文・画

日樹上人像
高越澤太郎氏模写

58 信念を貫いた　日樹上人

玉島の黒崎屋守に生れ、日蓮宗大本山池上本門寺第十六世にまで登りつめた「日樹聖人」。しかし日樹（にちじゅ）は徳川幕府の要請に対し、日蓮宗の信者以外からの布施は受けず、供養も施さないという「不受不施」（ふじゅふせ）の信念を貫き通しました。権力に迎合することなく流罪となった日樹聖人。その数奇な生涯はどのようなものだったのでしょうか。

日樹は今から四百年余り前の天正2年（1574）黒崎屋守で、吉田八佐衛門通次の次男として生れました。幼名は佐衛門と言い、小さい頃から覇気盛んで負けず嫌いな少年でした。父・通次は鴨山城城主・細川下野守通董から「通」の字を与えられています。そして日樹17歳の時わが子を侍にしようと、備前常山城城主・戸川肥後守達安に仕えさせました。しかし翌年、法要で我が家に帰ったおり、一人のひな僧が住職らと共に上座に座っているのを見て、それまで侍が一番偉いと思っていたのにと、両親に出家を願い出たと伝えられています。そして18歳の時、生家にほど近い黒崎村屋守の仏乗寺（ぶつじょうじ）を訪ね、仏乗寺の住職・日英から剃髪得度を受け名を「日樹」と改めました。

その後まもなく、師の日英は彼の才能を見抜き東国へ修行に行く事を勧め、下総の国・現在の千葉県成田市の東・匝瑳市にある日蓮宗の学問所・飯高談林（いいだかだんりん）へと旅だったのです。

飯高談林では日尊師につき仏学に精進を重ねました。その後、飯高談林近くの中村談林の第六世となり、45歳までここで仏学を教え「学問に退転なきよう」その厳しさを諭しました。またこの間に江戸浅草の長遠寺を開いています。

学徳を認められた日樹は元和5年（1619）46歳の時、日蓮宗大本山、池上本門寺第十六世貫守となり、合わせて鎌倉比企谷妙本寺の貫守にも任命されました。

これはその年に日樹が書いた十界曼荼羅です。玉島黒崎の故郷を後にして30年足らず、異例の抜擢でした。

身延山の日遠師池上本門寺に入山

日樹が開眼供養した加藤清正側室の墓塔（池上本門寺・東京）

五輪塔(池上本門寺境内)

日蓮宗大本山池上本門寺の境内には、日樹の信奉者たちによって建てられた五輪塔があります。これは日樹が本門寺貫主として在任中のもので、五輪塔に彫られている名前等が不受不施派を研究する上での資料になっています。

また本門寺境内には、日樹が開眼供養をした石塔として前田利家の側室が建てたものや、加藤清正の側室を祭った塔などがあります。

日蓮宗大本山池上本門寺学頭　市川智康師　これは加藤清正公の側室のお墓です。加藤清正公は日蓮宗の法華経の信者でしたので、本門寺にお墓を作られ日樹上人が開眼されたということです。もう一つ前田利家公の寿福院という方のお墓も本門寺にありまして、今は文化財になっています。

寛永3年（1629）徳川二代将軍・秀忠は夫人の菩提を弔うため、各宗派の僧に増上寺で経を詠むよう要請をしました。しかし池上本門寺の日樹は不受不施派の論旨から「たとえ幕府の命といえども法華経の信者以外に経を施すことは出来ない」とこれを拒否。一方、同じ日蓮宗でも、幕府との軋轢を望まない受布施派の山梨県身延山久遠寺の日遠らは、池上本門寺を奉行所に訴え出たのです。

寛永7年2月、原告身延山久遠寺派と被告池上本門寺派が江戸城内に召出され、裁きが行われました。この両者の対論は、身延山と池上の地名から「身池対論」（しんちたいろん）と言われています。「身池対論」は幕府に順応する身延側とそうでない池上側との対論で、最初から池上本門寺の不受不施派を追放することが目的の裁きでした。

そして日樹は池上、鎌倉両山の貫主の座を追われ、信州飯田城主・脇坂淡路守安元にお預けとなり、伊那（現在の長野県飯田市）に流されることになりました。この裁きに憤慨した三名の法弟は自害し、数名の僧は裏門から何処ともなく消え去ったといいます。

一方、この身池対論に勝った身延山では、日遠が池上本門寺の新しい貫主に命じられ、その入山の行列は刀を抜いた武士、抜身の槍を立てた護衛など、お供の者、実に数百人に及び、敵地を占領したかのような光景を呈したといいます。

日樹上人供養塔（長勝寺・東京）

日樹上人墓所　長野県飯田市市指定史跡

これは信州飯田に流された日樹が亡くなる三ヶ月前に書いた「十界曼荼羅」です。
日樹のもとには、その徳を慕って密かに庵を訪れる人は絶えず、日樹聖人に書いてもらったという十界曼荼羅は、今なお信者達の家に祀られています。
流された日樹は病の床につき、寛永8年（1631）5月19日、法弟や身近な人達に見守られて他界しました。流罪になって僅か1年余り、58歳でした。
13回忌には、長野県飯田の草庵跡に五輪塔が建てられ、今でも5月19日の命日には池上本門寺から墓参団が訪れています。

市川智康師　現在でも5月のご命日の日には本門寺貫主の名代として誰かが飯田までお墓参りに行っています。飯田はお墓だけなんですが、かつての信者さん達やまたその流れの人達が、今でもお墓を守って下さっています。日蓮宗の檀家ではない他宗の方でも日樹上人の教えが連綿として伝わっているのでしょうか、今でも集まりを持っておられ、日樹上人の影響の大きさを感じております。

大本山池上本門寺の近くの長勝寺（東京都大田区池上）には日樹の供養塔があります。これは日樹の33回忌に建てられたもので、流された後も不受不施の信仰が、池上本門寺の膝元でも根強く存在していた事が伺えます。

日樹は長野県飯田に流された時、池上本門寺第十六世を除歴されていましたが、昭和6年になり日樹聖人三百遠忌にあたり、池上本門寺歴代寛主に複歴されました。

黒崎屋守の法福寺境内には、日樹没後25回忌に法弟の日仙が建立した高さ六尺一寸（1・85メートル）の無縫塔があります。大正14年発行の浅口郡史には「法福寺裏、竹薮の中に高三尺ばかりの墓あり」とだけ書かれており一般的には忘れられていたようです。
昭和36年、仏乗寺住職・原田智詮師や、玉島中央病院院長・高越澤太郎さんらにより、墓所や参道が整備され日樹上人遺徳顕彰会が結成されました。

日樹上人像（部分）高越澤太郎氏模写

日樹上人無縫塔（玉島黒崎屋守・法福寺）

また、その事業の一環として、花田一重さん編集の「日樹聖人伝」と「絵で知る日樹聖人伝記」が出版されています。

その中に高越澤太郎さんは「我が郷土から出た日樹聖人は江戸城内でも誰の前でも一歩も譲らず、所信を披瀝する古武士の風格とも言うべき意志の人であった」と記しています。

徳川幕府という大きな権力にも、怖めず臆せず、不受不施の法義を貫き通した「日樹上人」。

日樹が剃髪得度を受けた仏乗寺は老朽化のため取り壊されてしまいましたが、空き地に残る墓石だけがそのなごりを留めています。

「たましま歴史百景」第21回　２０１０年7月　放送

（参考文献）　「日樹聖人傳」花田一重編　日樹聖人遺徳顕彰会発行
「絵で知る日樹聖人」花田一重編　日樹聖人遺徳顕彰会発行
「浅口郡史」岡山県浅口郡役所編・発行

（協力）　日蓮宗大本山　池上本門寺
長勝寺（東京都大田区）
玉島中央病院院長　髙越秀和

玉島新開開拓の図

測量中の大森元直「モタエのおじいさん」

59 新田開発作事奉行　大森元直

玉島の新田開発史上で最も重要な地点は玉島上成爪崎新田二百二十町歩の開発でした。松山藩主水谷勝隆はこの新田開発に当り、作事奉行として大森元直を起用。そして出来た玉島新田村こそ玉島繁栄の源でした。

大森元直は慶長6年（1601）備中八田部（現在の総社市）に生まれました。祖先の大森彦七盛長は湊川の戦いで楠正成の軍を打ち破り、その功により足利尊氏により伊予の守護に任ぜられた武士で「太平記」の中にも登場しています。元直の祖父・盛元の時、足利家の滅亡と共に刀を捨てて帰農。備中八田部村に移り住み庄屋となりました。

戦国の世に終わりを告げ、徳川幕府の幕藩体制も整備された三代将軍家光の時、備中松山城城主となった水谷勝隆は高梁川の浅瀬を利用しての干拓を推し進め、領土の拡張を図ろうとしました。

そして玉島上成爪崎新田の干拓にあたり、誰か海の事情に明るく土木工事の出来る人物を探していたところ、領内の八田部村の庄屋・大森元直が河川の水利工事に深い経験を持ち、海の事情にも明るく、庄屋として村民の人望も厚いということを聞き、万治2年（1659）元直57歳の時、彼を玉島新開作事奉行に抜擢したのです。

干拓工事を一任された元直は八田部村の仕事は家族に任せ、乙島に仮住まいをしました。そして、まず各所に観測点を設け、潮位、潮流、風速などを観測、自ら泥沼や葦原に分け入って測量をし、堤をいかにして築き川の水を何処から海に流すか等の下調べを行いました。

そして、万治元年にこの工事の成就を祈願する為、城主水谷勝隆の旧領地、常陸国下館の羽黒宮を阿弥陀山に移してお祀りをしました。これが現在の羽黒神社です。

玉島・上成・爪崎新田を作るための堤防は乙島の矢出から阿弥陀山そして長尾の爪崎を結ぶ2・5キロ余りにも及ぶもので、水路と港の境界には4ヶ所の水門を設けました。そして万治2年（1659）に玉島上成爪崎新田2百20町歩が完成したのです。出来上がった新田は元直の通称から治郎兵衛新田とも呼ばれました。

大森元直墓（円乗院）

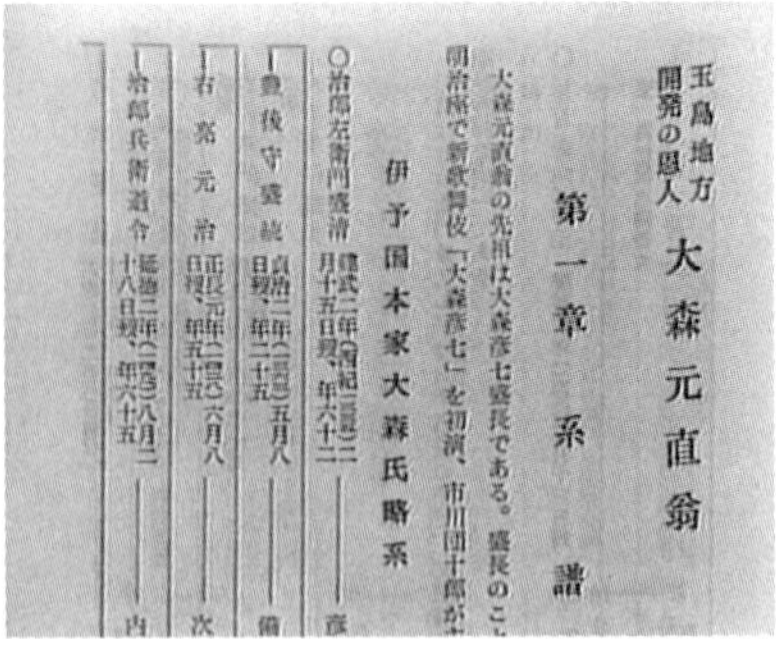

玉島地方
開発の恩人　大森元直翁

第一章　系譜

大森元直翁の先祖は大森彦七盛長である。盛長のこ
明治座で新歌舞伎「大森彦七」を初演、市川団十郎が

伊予国本家大森氏略系

○治郎左衛門盛清　建武二年（西紀一三三五）三月十五日歿、年六十二 ―― 彦
―豊後守盛統　貞治二年（一三六三）五月八日歿、年二十五 ―― 備
―右京元治　正長元年（一四二八）六月八日歿、年五十五 ―― 次
―治郎兵衛道今　延徳二年（一四九〇）八月二十八日歿、年六十五 ―― 内

「玉島地方の恩人・大森元直翁」花田一重著

この玉島新田の工事と同時に行われたのが高瀬通しの開通です。船穂の一の口水門から玉島湊まで全長約9・1㌔の高瀬通しは、豊富な高梁川の水を利用し、干拓した土地への用水として役立つのは無論の事、玉島湊が松山城下の外港として発展する上での大きな役割を果たしました。

そして寛文2年（1662）元直60歳の時、玉島新田村の庄屋に任ぜられて玉島に永住。新しい港・玉島湊の海岸堤防の上に問屋を誘致し、問屋街を作って、商品流通の便と同時に地盤の強化も計ったのです。

寛文4年に主君勝隆が没しましたが、続いてその子・勝宗に仕えました。そして寛文10年に阿賀崎新田を完成。この新田の工事は阿弥陀山と丸山を結ぶ潮止めが非常に難しく、お玉さんの人柱伝説さえ残る難工事であったと伝えられています。

この堤防の上に新町問屋街が出来、阿賀崎新田の開発と同時に玉島湊が出来上がったのです。そして大森元直は、玉島湊が完成して3年後の延宝元年（1673）に没しました。享年72歳でした。

跡を継いだ二代目大森元清は玉島村の庄屋として仕えましたが、三代目元行は玉島村の庄屋を退役し浪人となって大阪に移って行きました。

四代目大森元尭は、元直没後百年の追善歌集「帰厚集」を発行し、その業績を偲びました。その中で、元尭は「もゝとせをとはゞや遠つおやの道かたばかりにも四代につたえて」と詠み、玉島出身の平安和歌四天王の一人澄月は「いくもとかおひそふ森の陰しめてもゝとせふりし跡したふらん」と詠んでいます。

さらに昭和34年には円乗院で大森元直三百年忌大法要が行われ、彼の業績をたたえて「玉島地方の恩人・大森元直翁」も花田一重著で発刊されています。

彼のお墓は円乗院境内の一段と高い位置に玉島の町を見下ろすように建てられており、その裏には「松山城主勝隆、勝宗二君に仕え、玉島赤崎二村を開くことに命を捧げた」と記されています。

（平成3年「玉島百景」で放送したものです）

牧家旧宅（柚木久太画・牧家蔵）

一寸徳兵衛墓（観月院墓地・玉島上成）

60 一寸徳兵衛

玉島上成にある観月院の牧家の墓地の中に「秋月照園清信士」と刻まれたお墓があります。このお墓は、浄瑠璃や歌舞伎の演目の「夏祭浪花鑑」に登場する、侠客のモデルとなった実在の人物「一寸徳兵衛」（いっすんとくべえ）のお墓なのです。

一寸徳兵衛は、正徳2年（1712）玉島上成の庄屋・牧家の嫡男として生まれました。幼名を磯之丞（いそのじょう）と言い、当時の習慣で下道郡上秦村、現在の総社市秦の親戚に預けられ17歳になるまでそこで育てられました。総社市秦の石畳神社の脇には「一寸徳兵衛の墓」と刻まれた墓標が明治45年に建てられ、一寸徳兵衛が幼少時代を過ごした地としての証を残しています。

徳兵衛は生来、意地っ張りで義理人情に厚い性格の持ち主で、若くして剣道、柔道の達人となり、免許皆伝の腕前でした。そして、道理の前には、一寸たりとも退かないと言う向う意気の強さ、それが一寸徳兵衛と呼ばれる所以であったようです。やがて上秦村から上成の生家に戻った彼でしたが、25歳の時に父が亡くなり、牧家の三代目徳兵衛を襲名して庄屋を勤めるようになりました。

上成の庄屋・牧家の家屋は、大正時代の高梁川大改修で川の底に沈みましたが、広大な敷地に建てられていました。牧家とも姻戚関係の画家の柚木久太が大正5年に描いた牧家旧宅の絵には、当時の様子が良く残されています。

父の後をついだ徳兵衛ですが、庄屋としての仕事はどうしても性に合わず、間もなく浪速へ出奔し以来8年「任侠」としてその名が知られる様になったのです。

牧家の家系図には、三代目徳兵衛の所に「無妻、天下放逸たり、剛直義侠に富む、一寸徳兵衛・夏祭浪花鑑と、今に言いしはこの人、家産大破におよび困窮せるも、この人の為なり」と、悪し様に記されています。

上成での古くからの庄屋・牧家にとって、並み外れた彼の存在は迷惑であったに違いありません。

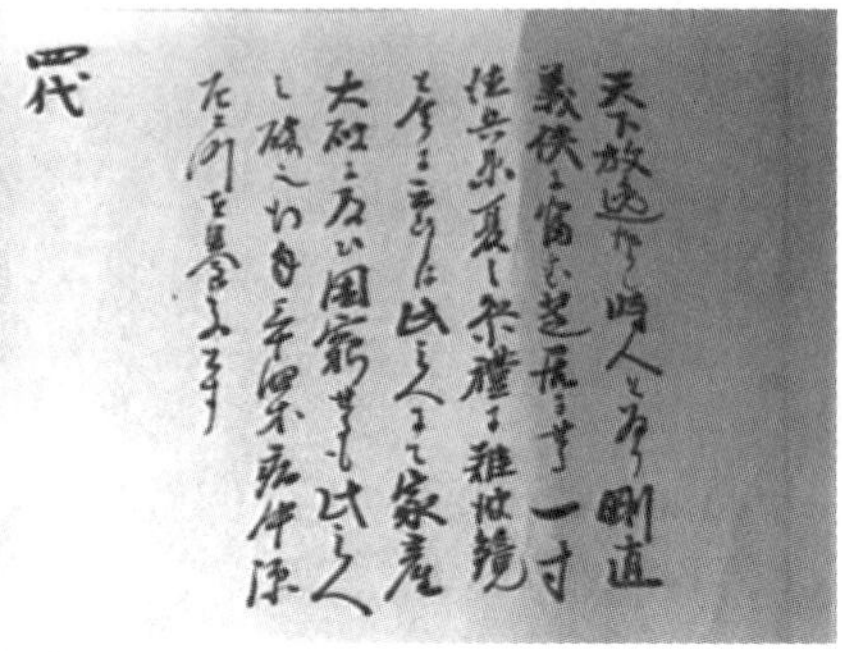

牧家家系図

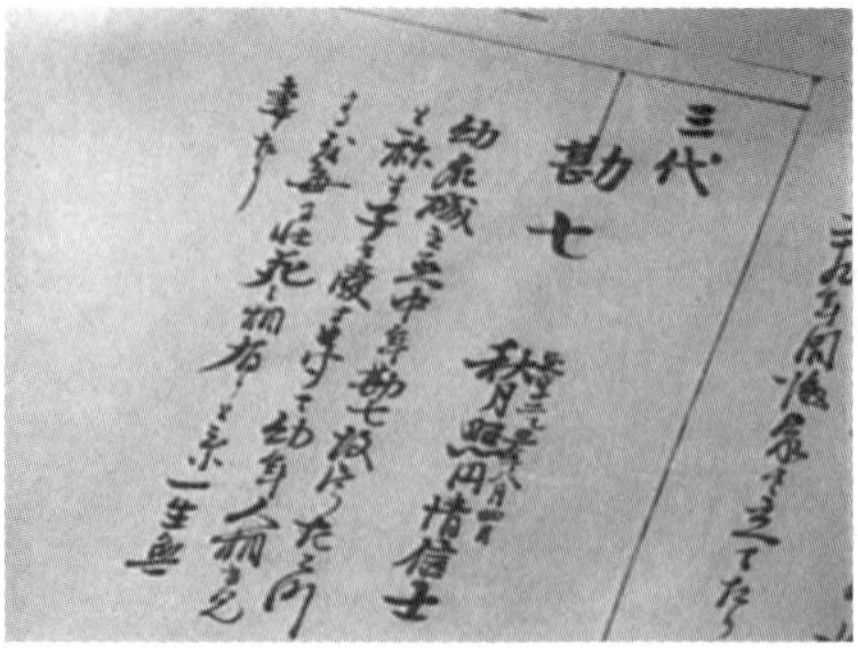

牧家家系図

牧家十四代目当主・牧秀信さん　祖母から一寸徳兵衛がいたというのは聞いていますが、徳兵衛は侠客でうちの家としては望ましくないという事でした。戦前だと思うんですが、侠客の方が来られて、うちの墓の石をとり、それをおまじないにして、バクチ場へ持っていったと聞いてます。それと一寸徳兵衛の墓に町芸人とかがお参りに来る事が度々あったという事です。また芸文館で一寸徳兵衛があった時には中村錦之助さんや市川右近さんがお参りに来られました。

浪花に出た一寸徳兵衛は、大阪西区の大親分・床亀の所へ客分として入りました。腕っ節は強いし度胸があるという事でたちまち人気者となり、もう一人、西区で名の知れた団七九郎兵衛と義兄弟になったのです。この団七九郎兵衛と徳兵衛の義理と人情に溢れた逸話を、ふんだんに取り入れて脚色されたのが「夏祭浪花鑑」で現在でも歌舞伎・浄瑠璃で度々上演され人気の演目となっています。

徳兵衛の逸話が、昭和12年発行の玉島要覧にくわしく記されています。

まず強情な、徳兵衛の話が一つ。ある日、徳兵衛が芝居見物に行きました。そこへ、二階の客がポトリと煙草の吸球を落とし、頭の上で赤々と火の玉が燃え煙が立ち上がったのです。しかし徳兵衛は知らぬ顔。隣の客が「頭の上が燃えている」と告げました。すると徳兵衛は初めて気付いたかの様に「ああそうかい」と、おもむろに二階へ上って行き吸玉を落とした人に祓い取らせました。

次に、頼まれては後に引かぬ話です。大阪天神祭りでは、西区と東区に別れダンジリを先に繰り込む競争が行われていました、西区が毎年負けているので、今年こそは何とか勝たせて欲しいと頼まれた徳兵衛は「よし分った！」と請け合いました。しかし、当日、東区のダンジリが先行して境内に近づいて来たのです。そこで徳兵衛は、東区のダンジリの前にバッタリと横たわり動きません「どけ、どかぬと踏み潰して通るぞ」「通れるなら通ってみろ」とスッタモンダ。その間に西区のダンジリが、すり抜けて勝ちを収めたと言う事です。

そしてもう一つ。彼の懇意な者が贔屓にしている一人の芸子が居りました。その芸子に横恋慕をして、自分が引き取ろうとする悪侍が現れたのです。腕ずくでもと言う侍に芸子も困ってしまっていました。これを聞いた徳兵衛は、芸子の本心を確かめると後の事は何もかも引き受けて、玉島へ逃がし

一寸徳兵衛の墓（石畳神社・総社市秦）

一寸徳兵衛ポスター　於・倉敷市芸文館

てやったのです。怒ったのは悪侍、徳兵衛に仲直りと称して酒を飲ませ、酔って帰る所を先回りして襲いかかりましたが、徳兵衛は直ちに応戦して相手を叩きのめしました。

これらの話は、夏祭浪花鏡の中に脚色され、ふんだんに取り込まれており、この写真は昭和3年初代中村吉右衛門が、明治座で一寸徳平衛を演じた時のものです。またこれは、大阪の国立文楽劇場で演じられた、住吉鳥居前の段の徳兵衛と団七の一コマです。

徳兵衛がいた頃の玉島は千石船で賑わい、湊町として活気に溢れていました。湊町玉島の開放的な雰囲気の中に、任侠が生まれる要素があったのかも知れません。しかし、上成の庄屋・牧家の、堅い家風の中から、こうした人物が出たということはたいそう意外なことです。庄屋から任侠への大転換をした彼は数多くの武勇伝を残して玉島に戻りましたが、延享二年（1745）8月4日、34歳の若さでこの世を去りました。牧家に残る位牌には「延享二年・牧宇左衛門八月四日」と記されています。

夏祭浪花鑑が最初に浄瑠璃で演じられたのは、徳兵衛が玉島で没した年でした。徳兵衛は自分をモデルにした芝居を見ることなく死んでいったのです。

歌舞伎役者や舞台関係者が「夏祭浪花鑑」を上演する際に、お参りに訪れることがあるという一寸徳兵衛の墓。今も観月院の墓地にひっそりと佇んでいます。

「たましま歴史百景」第29回　2011年8月　放送

（参考文献）「倉敷春秋　4号　一寸徳兵衛ものがたり」井手逸郎著
「玉島要覧」
（協力）国立文楽劇場　松竹株式会社　（公財）松竹大谷図書館
観月院　さとう洋品店　（社）人形浄瑠璃文楽座むつみ会

付（牧家三代目・一寸徳兵衛の後を継いだ牧家の四代目源左衛門は、離縁され出戻っていた徳兵衛の姉・お梶の入り婿です。母のお富は、長女おるい夫婦を牧家に戻し後を継がせたいと思っていました。そうなれば出戻りの次女お梶の行き場がなくなると案じた徳兵衛が遺言をしたというわけで、徳兵衛の義侠心溢れる人間味が偲ばれる話です。）

澄月の歌碑　清瀧寺前

澄月肖像
桃沢匡勝氏蔵
「澄月傳の研究」

61 平安和歌四天王　澄月上人

「民の戸をまもるや世々の羽黒山かげしく海の深きちかひに」清瀧寺の前に建てられている碑は、玉島が産んだ最初の中央歌壇の歌人で平安和歌四天王の一人　僧・澄月（ちょうげつ）の歌です。

澄月は10歳の時、玉島羽黒山清瀧寺で剃髪し天台宗の修行を重ねた後、浄土宗に帰依しました。38歳になり中世和歌の伝統を引く二条派の武者小路実岳の門に入りました。

古今、新古今調を基盤とした中世和歌の伝統を固持し、歌壇の長老として多くの門人を育てた澄月。澄月の足跡はどのようなものだったのでしょうか。

澄月は正徳4年（1714）玉島の街中で商売を営む、西山という家に生まれています。幼い頃、商売見習いの為、玉島新町にある大問屋・綿屋に奉公に出されました。丁稚の彼が、倉敷の商家に使いに行くと、その家のお婆さんがいつも彼を馬鹿にするので、何とか出世して見返してやりたい、それには僧侶になるのが一番良いと考えました。そして10歳の時羽黒山清瀧寺に上がり、その時の住職・慈相和尚に剃髪得度を受け、お寺の小僧になったのです。

ところがある日、和尚が他の怠けた小僧をみて「澄月を見習いなさい。彼は朝早く起きて勉強をし掃除は便所掃除まで良くする。彼ならこの寺の和尚にもなれるだろう」と叱りました。それを聞いた澄月は「この寺で住職になることなど望んではいない」と天台宗・大本山比叡山延暦寺に上がる決心をしました。この時13歳、小さい時から覇気盛んで意思の強い性格だったようです。

比叡山延暦寺に上った澄月はもっぱら研学に励み、そこで後に玉島の待雲寺を開いた待雲と知り合い、共に天台宗の教えを学び生涯の友として結ばれています。

当時の比叡山延暦寺は、織田信長による焼き討ちの影響で衰微が著しく、比叡山に入って2年後、待雲と共に上野の東叡山寛永寺に移りました。

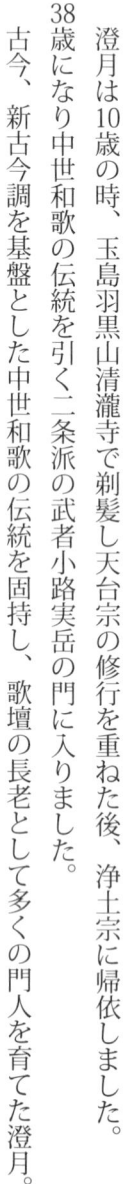

奉納千首和歌（表紙）
澄月詠　岡山県立図書館蔵

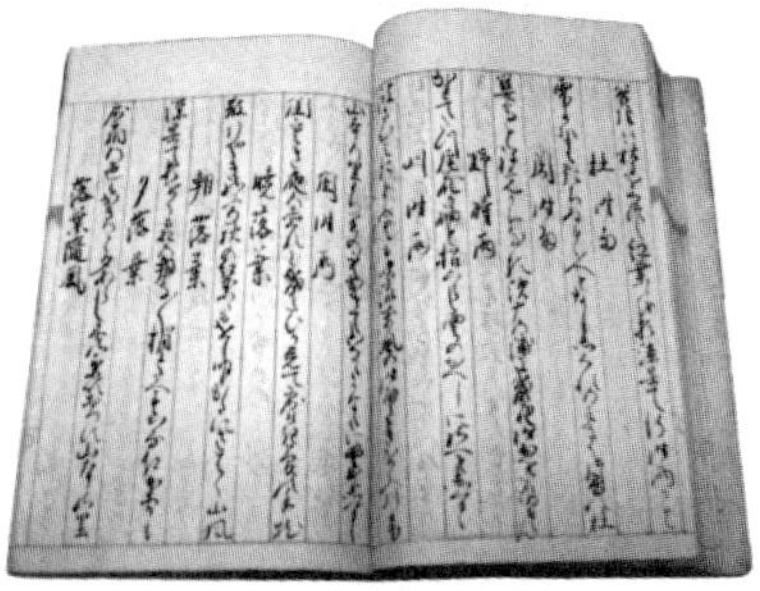

奉納千首和歌（中）
澄月詠　岡山県立図書館蔵

東叡山では8年間修行に勤め諸国行脚の後、念仏修行を学び浄土宗に帰依。その後、古今、新古今を基盤とした中世和歌の伝統を引く二条派の宗匠・武者小路実岳の門に入って、和歌を学ぶことになりました。この時、澄月38歳。歌人としては遅い出発でした。

小野敏也さん（郷土史家）　和歌は日本の国民文学ですが、平安つまり京都の公家のたしなみの一つで、公家の中で二条家という武者小路などに繋がる公家があり、そこが家元のような流儀というかグループがありそれを二条派といっていたわけです。

歌人になった頃に住んだ京都大原の庵を、後になって訪ね次の歌を残しています。

「大原やむかしのゆめの跡とへばむすびしままの庵はありけり」

その後、洛東の京都市左京区岡崎に庵を構え、その庵を「垂雲軒」（すいうんけん）と名付けました。垂雲軒に幽居してからも毎日念仏を唱え、終生その勤めを怠らなかったと伝えられています。

66歳の時、奉納千首和歌を明石人丸神社と住吉神社そして玉津島神社という和歌にゆかりのある　三社を自ら訪ねて奉納しており、大歌人ならではの片鱗が窺えます。

伝統的な気風の強い京都の地で、古今、新古今調を基盤とした中世和歌の伝統を引く二条派を守り、小沢盧庵、伴蒿蹊、僧慈延と並び「平安和歌四天王」の一人として歌壇の中で重きをなしました。

小野敏也さん　備中にも相当何人かの有名なお弟子さんがおられまして、これは地元の地縁ということもありましょうし、教え方が上手だったということもありますが、手紙で直してもらったりということがあったようです。その中に滝口美領だとか安原さん一族だとか、福武さんだとか、もちろん長尾の小野さん一族などもおられます。また長尾には木下幸文という有名な歌人がいますが、彼がまだ子供の時に小野家が澄月の所に連れていって勉強させたわけです。

澄月短冊
古城文雄氏蔵

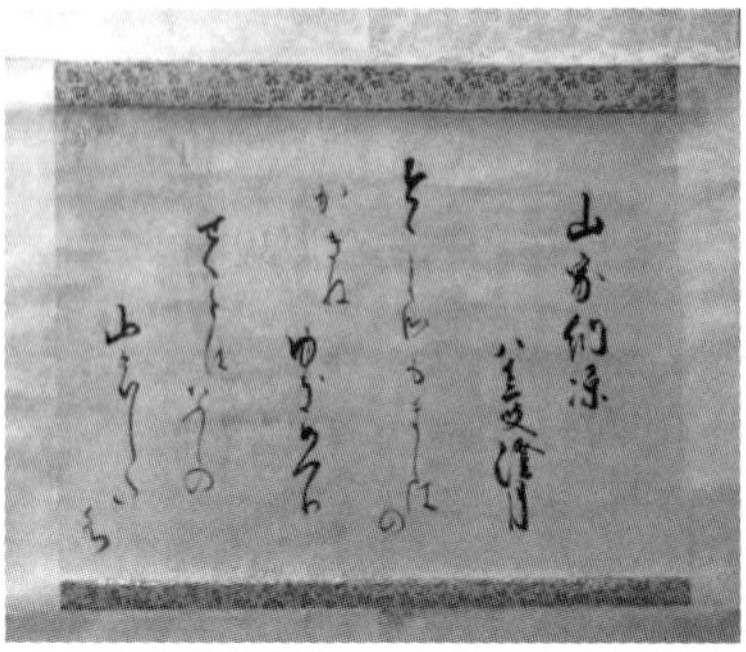

澄月歌軸（山家納涼）　松濤園蔵

玉島清瀧寺の徒弟であった頃を回想し「老僧若年の昔この神につかへ奉りき。宿縁くちずして、いまここに愚詠を奉る不可思議…寛政七年八十二翁澄月」と記し次の歌を清瀧寺に贈っています。

「民の戸をまもるや世々の羽黒山かげしく海の深きちかひに」

「思ひいづるこころのすえもかすむなり清瀧でらのいにしえの春」

「ひともとも千もとの陰と神ごころうつりきた野のまつや此松」

小野敏也さん　清瀧寺の前の「民の戸を守るや世々の羽黒山かげしく海の深きちかひに」の碑は澄月が82歳の時、寛政7年に清瀧寺に送ってきた歌です。かげしくというのは羽黒山の影が海に浮かぶということと、清瀧寺のお蔭との掛詞（かけことば）になっています。また海の深き誓いに、というのは海のように深い慈悲で民を守るというのが仏教の言葉の中にあり、それを掛詞として使っているわけです。澄月は歌人ではありますが、仏教者でもありまして、このように歌を作ることは、彼にとっては仏道を極めることであったようです。そしてこの歌には、澄月の玉島に対する想い、清瀧寺に対する想いが込められていると思います。

筆跡の美しさは万人の認めるところであり、巧みにして巧み。優雅で幽玄、美しい調べを持つ澄月の歌は珍重されています。

山家納涼「涼しさもましばのかきねゆきめぐりせくとはなしの山のしたみず」

「吹きあげてしばしは空に有明の月より落つる風のもみじ葉」

藪内流岡山県支部顧問・亀山久寿雄さん　この二つは松濤園のです。山家納涼という題で「涼しさもましばの垣根ゆきめぐりせくとはなしの山のしたみず」とあり、山の一軒家に柴の垣根があり、その廻りをゆっくりと山の下水が廻っているという涼しさを感じる歌です。また八十三と書かれており晩年の作です。今玉島では良寛さんが取っ付き安くて良く知られています。比較する訳にはいかない

澄月墓（専稱寺・京都市）

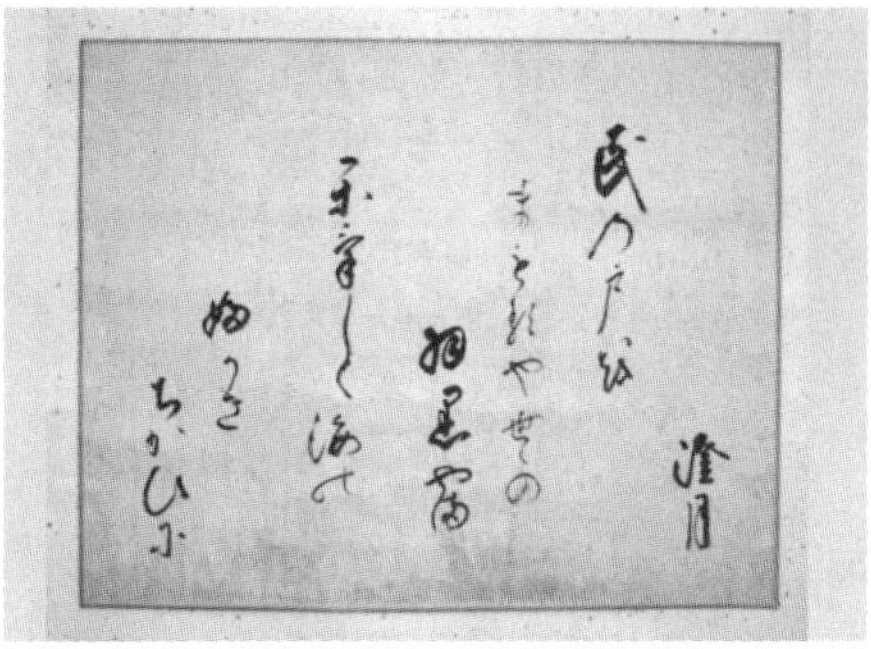

澄月歌軸　清瀧寺蔵

のですが、澄月は良寛さんとも劣らない位、有名で立派な歌を残しています。しかし和歌は取っ付きにくく玉島の出身で、こういう平安和歌四天王の一人がいたという事が知られていないのは残念な事です。この短冊は澄月の代表作ともいえる歌です「吹きあげてしばしは空に有明の月より落つる風のもみじ葉」とあり、風に乗り紅葉葉が吹き上がりしばらく空を舞い、それが月から落ちてくるようだ。という情景を詠んでおり、この軸をお茶席で、十五夜とか後の月の頃に掛けると喜んで頂けます。

玉島の商家に生まれ、古今、新古今調を基盤とした中世和歌の伝統を固持し続けた「歌僧・澄月」。澄月は、京都岡崎の垂雲軒で寛政10年（1798）5月2日、85歳で亡くなりました。京都市左京区の浄土宗専稱寺には「澄月法師墓」とのみ刻まれた墓石が残されています。

昭和18年、太平洋戦争の最中、玉島の郷土史家・花田一重さんの編集により「澄月上人傳」並びに歌集が、澄月上人景仰会によって発行されました。

また平成14年には「澄月上人画像、玉島へ里帰り」の記念事業が行われました。この時、古城真一さんの編集で記念誌が発行され「京都歌壇を風靡した和歌二条派の巨匠澄月上人は、郷土玉島の誇りであります」と記されています。

澄月の死を以って中世和歌は影をひそめました。しかしそれまでの平安和歌の発展、また吉備歌壇の基点に澄月が大きく存在していたことに疑いの余地はありません。

「たましま歴史百景」第23回　２０１０年９月　放送

（参考文献）　「高梁川53号　歌人澄月」　古城真一著
「澄月傳の研究」　兼清正徳著　風間書房
「澄月上人傳並歌集」　花田一重編　澄月上人景仰会

（協力）　岡山県立図書館
小野敏也　　古城文雄　　松濤園　　清瀧寺　　専稱寺

国仙の墓　円通寺

国仙和尚肖像画　円通寺蔵

62 良寛の師　大忍国仙

円通寺第十世住職、国仙和尚の名はあの有名な良寛の師としてのみ語り継がれていることが多いようです。しかし彼の僧としての学識の深さは当時広く全国に知られていました。

良寛が一目見てその風貌、人柄に惹かれ、故郷・越後を捨てはるばる玉島にまで付いて来た人、その人こそ大忍国仙（たいにん　こくせん）なのです。

国仙は享保8年（1723）武蔵国岡村（現在の埼玉県岡部村）に生まれました。4歳の時に両親と死別。大変利発であった彼は今の町田市の大泉寺住職高外全国和尚に引き取られたのです。この全国和尚は円通寺開山特翁良高門下の秀才でその風貌の厳しさ故に鬼全国と呼ばれていましたが人柄はさっぱりとしていたようです。国仙は全国和尚が近江彦根の清涼寺の住職として入山するのに随行。13歳の時にこの寺で剃髪を受けました。その後全国和尚について三河国、矢並村の医王寺に移り、しばらくして諸国行脚の旅に出たのです。

幼くして両親と死別し青年期に各地を転々とした経験は彼に厳しさと忍耐を与えました。20歳の時、全国和尚が亡くなる直前に印可の偈（いんかのげ）という修業を終えた印を受け、恩師亡き後また旅に出て諸国の名僧を訪ね歩きました。本山永平寺でさらに修業を重ね32歳で瑞世（ずいせ）の資格を得ました。瑞世は禅師の号を名乗り、大名の行列と出会っても土下座をしなくて良いほどの高い位でした。

そして幼い時に引き取られた大泉寺の住職になり下総の国に般若庵を開創。相模田代村の住職を経て明和6年（1769）国仙47歳の円熟期に玉島円通寺の第十世住職として入山しました。その頃の玉島は湊町として問屋街に活気が溢れ、円通寺はその湊町を見下ろす曹洞宗の禅寺でした。

安永4年（1775）円通寺高方丈を再建。安永7年矢出山の真如庵を再興。そして天明5年（1785）国仙63歳の時円通寺を常恒会（じょうごえ）という最高の格式に昇格させました。また、この年倉敷の長連寺を再興しこの寺の基礎を固めたのです。

寛政2年（1790）円通寺の山裾に水月庵を開き、翌年3月亡くなり墓碑が水月庵に建てられました。水月庵は廃庵になり国仙の墓は水月庵から倉敷の長蓮寺に移され長連寺中興の祖として祀られていま

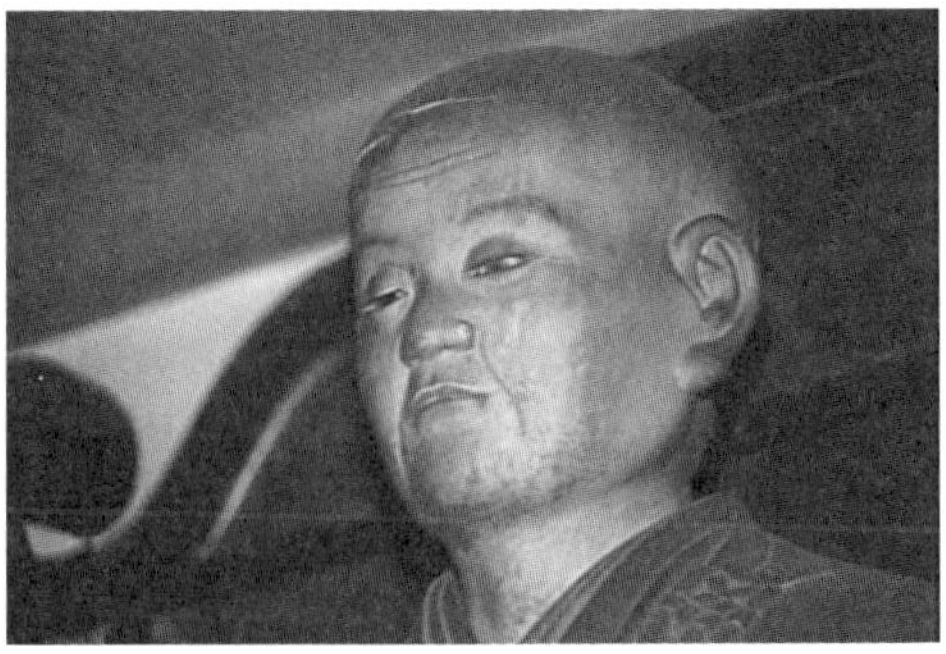

国仙木造（長連寺蔵・倉敷）

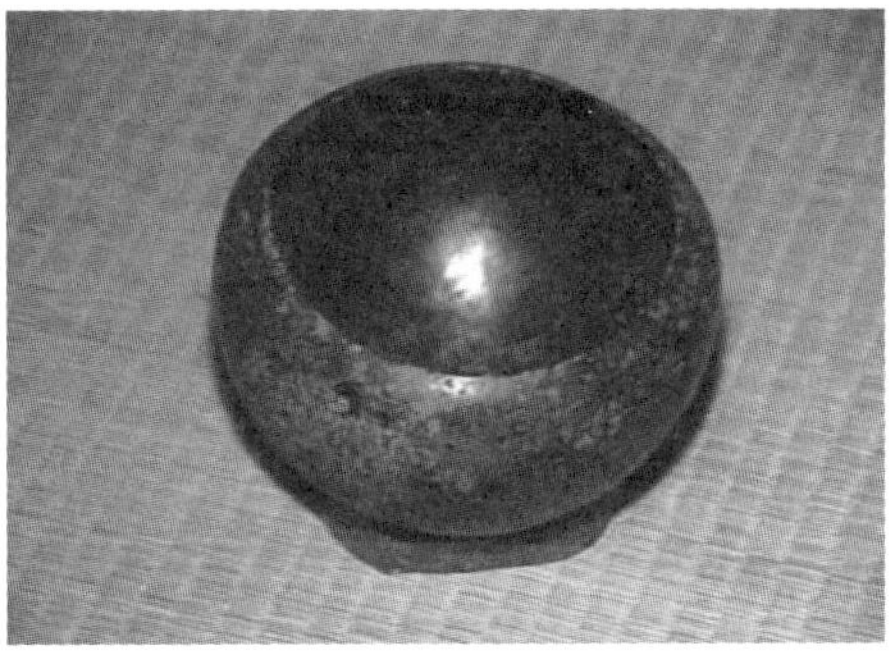

国仙愛用の托鉢

す。そして平成27年（２０１５）10月、長連寺から分骨をして円通寺の歴代住職の墓が並ぶ裏山に納骨されました。

円通寺第十世住職国仙の後任として摂津の国仏眼寺の住職であった玄透即中が赴任しています。30人もの弟子を育てながら何故その中の弟子に後を譲らなかったのかとの疑問が起きますが、やはり常恒会の格式を持つ寺の住職としては、相当の学識と位が必要とされたようで、後任の玄透即中はその後永平寺の第五十世管長にもなった人物でした。

こうした事情から国仙亡き後、円通寺に残された弟子達の多くは諸国に散り、良寛も諸国放浪の旅に出たのではないかと考えられています。

国仙が良寛と出会ったのは安永8年（１７７９）です。この時国仙は57歳。円通寺高方丈の再興の為、諸国から多額の寄付を受けた御礼に玉島から長野県の善光寺を経て越後に入り、光照寺で修業をしていた良寛が国仙に初めて会い、その人柄に魅せられて玉島円通寺について行きたいと願ったのでした。円通寺に所蔵されている国仙和尚の肖像画を見ると、額が飛び出しており目には優しさが伺われますが口は一の字に結ばれ厳しさを漂わせています。また長連寺にある木像を見ると、額の丸く飛び出たあたりに暖かさが漂い、心持ち目尻の下がった目は柔和そのものです。

国仙の門弟の教育は自ら修業し自ら悟る自修自悟を説いていました。また良寛が国仙に家風を尋ねたとき「一に石臼を挽き、二に土を運ぶ」と答えました。これは経を詠んだり学識を深めることより働くことが第一だと教えています。師としては春風駘蕩。大忍国仙の「忍」の字が彼の人柄をよく表わし、弟子に対しては穏やかで寛大、また学識は非常に優れ全国にその名が知られていました。

良寛は国仙亡き後、自分で書いた自画像に「是は此れ誰ぞ大日本国国仙の真子沙門良寛」と記しており、国仙の真の弟子であることに大きな誇りを持っていたことを伺わせます。

寛政3年（１７９１）3月18日、高方丈で多くの弟子に見守られながら69歳で亡くなりました。円通寺住職となって23年。円通寺の格式を常恒会として多くの門弟を育てた国仙。そして何よりあの良寛の人生観に大きな影響を与えた高僧であったのです。

（平成2年に放送した「玉島百景」に追記しました）

黒田綾山肖像「近世名家肖像・谷文晁画」（部分）東京国立博物館蔵

「待雲和尚像」円乗院蔵

63　近世岡山画壇の草分け　黒田綾山

江戸時代の後期、「余が安住の地は備中玉島の他になし」と玉島に居を構え、多くの優れた南画家を育て近世岡山画壇の草分けと言われている黒田綾山（1755～1814）。

黒田綾山（くろだりょうざん）は、宝暦5年（1755）讃岐高松に生まれました。幼い頃から読書を好み画が巧みで、20歳を過ぎてまもなく大阪に出て、文人画壇の最高峰と言われる池ノ大雅の弟子・福原五岳につき、五岳のもとで足掛け5年、絵の修行に励んだ後、諸国遊歴の旅に出て玉島を訪れました。

綾山29歳の時に描いた「待雲和尚画像」は今も待雲寺にあり、彩色で老和尚の風格を生き生きと描いており、この頃から玉島を中心に作家活動を展開したものと見られています。

天明5年（1785）綾山31歳の時、玉島山下町に居を構え庵を「起雲窟」（きうんくつ）と名づけました。「群仙之図」には起雲窟南海綾山と、その名を記しています。その頃の山下町は亀山藩の飛地で、商店の並ぶ通町にも近く、港で栄え、街全体に風雅を好む気風が溢れていました。

「唐人物図」は六曲一隻の金箔の屏風に、三国志を題材にして彩色で描いています。三国志をもとにした絵は数点残されており、「関羽騎馬像図」も三国志を主題に作画し、風を受けて馬に跨る関羽の姿が力強く描かれています。

綾山の功績は何といっても数多くの門人を育て、岡山画壇の基礎を築いた事にあります。門人で名をなした画家としてまず挙げられるのは倉敷市水江出身の岡本豊彦です。

豊彦は師である綾山が田舎に埋もれるのを惜しみ、再三、京に上がることを勧めましたが、綾山は「地位名声や金銭などに執着はない」と断ったといいます。

これは豊彦の幼友達の白神皥々（こうこう）が描いた「蘇老泉図」です。皥々は倉敷市中島の代々の豪農・白神家に生まれ、綾山が玉島に定住して間もない頃からその門下生になっています。

この画も綾山の門下生で、丹波亀山藩の御抱絵師となった船穂の小野雲鵬の「美人図」です。その他にも玉島黒崎に住み、黒崎村全景図を沙美沖に舟を浮かべて写生し、六曲一双の屏風に描いた岡本綾江（りょうこう）などが挙げられます。

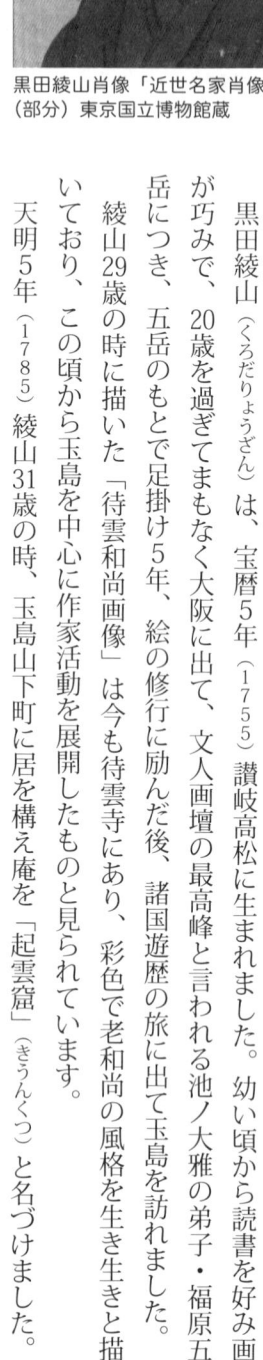

「関羽騎馬像図」（部分）岡山県立博物館蔵

「唐人物図」倉敷市立美術館蔵

綾山42歳の時に書いた「虎に叭々鳥図」樹々の間を飛びまわる叭々鳥と、その下で悠然と遊ぶ虎を襖八面に連続して描いた物で児島の宝積院に置かれていました。

これは綾山46歳の頃の肖像画です。時の老中・松平定信が座右に備えるため、谷文晁（ぶんちょう）に書かせた「近世名家肖像図巻」に掲載されているものです。「近世名家肖像図巻」は、当時活躍した各界の名士、漢学者、僧侶、歌人、画家など総勢46名の肖像画が収められており「綾山　画家・備中玉島人」と注記され、温厚な人柄の文人といった風貌に描かれています。

美術史家立畠敦子さん　黒田綾山の遺した作品を見てみますと、お坊さん等の人物画、また動物画、それとこちらのような大画面の山水図を描いており、当時は南画や文人画と言われるものが盛んでしたが、ここまで大画面の屏風絵を書き込むことが出来るのを見ますと、画技としてかなり高いものを持っていたと考えていいかと思います。また、そうした中で松平定信がお抱えの谷文晁に描かせた近世の名家の肖像画の絵巻がありますが、その中に黒田綾山が載せられており、黒田綾山玉島にありということでその名前が知られていたと考えられると思います。

亀山藩では綾山をお抱えの絵師として迎え入れようとしましたが、束縛を嫌う彼はこれを固く辞退。亀山藩は彼に任官を求めず、俸禄だけを出すという異例の待遇をしています。

さっぱりとして物事にこだわらない性格であった綾山の玉島での日常生活は、質素で清貧な暮らしぶりでしたが、趣味は多彩で陶芸や彫刻、珍しい石の収集。また書道も巧みで、身辺に絶えず酒を置き、酔うと詩歌を作り詠じるといった、文人と言うに相応しい生き方をしていたようです。

交友関係は多彩で、鴨方の西山拙斎、広島の頼春水、神辺の菅茶山、赤穂の赤松滄洲、玉島の横溝藿里（かくり）また歌人の僧澄月といった、当時一流の文人・儒学者達と親しく交わっていました。

これは玉島に定住して間もない32歳の時に書いた「古石長椿図」です。赤穂の儒学者・赤松滄洲が賛を入れており、綾山はこの頃からすでに京阪地域で、その学識を謳われた儒学者達から、かなりの評価を受けていたことが推察されます。

「松鶴図」
広島県立歴史博物館蔵

「古石長椿図」（部分）岡山県立博物館蔵

「天台山図」円乗院蔵

この「松鶴図」も同じ頃に書いたものですが、鴨方の儒学者・西山拙斎が、菅茶山の父の還暦を祝って、綾山の画に祝いの賛を記したもので、画と詩が融け込んで一体となったこれらの作品からも、文人達との親しい交流が伺えます。

「山水図」では西山拙斎の詩に曽道怡の書で賛が入っています。綾山は南画にまつわりがちな一種の空疎感を除くため、写実に基づいた描写を心掛けていたと見られています。

「桃源郷の図」は綾山47歳の時の作品で、山、水、人あらゆるものを捉える筆のタッチが柔らかくなっています。彩色も淡く円熟した境地が伺え、頼春水が賛を入れています。

円乗院には黒田綾山の「天台山図」があります。これは享和3年（1803）綾山49歳の時、六曲一双の大画面に描いた作品で綾山の代表作と言われています。

立畠敦子さん　これは中国にある天台山を書いたものですが、綾山はおそらく中国には行った事がなく、それまで日本に伝えられた絵とか版本のようなものを見て、学習して描いたと思われます。もともと墨を基調にしていますが、緑や赤などが大変効果的に使われていて、発色も良いので、良い絵具を使っていると考えられますので、この絵を作る時には、お金もかかっていると考えられます。

円通寺に所蔵されている「群鶴の図」は鶴の親子の愛情触れ合う様子を、柔らかい羽、足の質感など軽妙な筆使いで描写しています。

またこの「菅公画像」は玉島の旧家に保存されている軸ですが、良寛の師・円通寺の住職国仙和尚が賛を入れており、綾山が玉島にいた頃の時代背景も伺う事の出来る作品です。

これは、清滝寺に所蔵されている「寿老人図」です。落款は、文化2年の春・綾山となっており、綾山51歳の正月、屠蘇機嫌に浸りながら紙全体に一気に描いた様子が伺えます。

花鳥から人物に至るまで、幅広い画題を巧みにこなした綾山ですが、50代になると、もはや万人の注目を得るような大作には手を染めなくなりました。これは彼の内面から画家としての意識が薄れ、より広い文人としての生き方に身を置いたからではないかと見られています。

墓（玉島竹の浦）

「菅公画像」
個人蔵

黒田綾山顕彰碑　高運寺

文化11年（1814）綾山・60歳の春、玉島の地を永遠の故郷として、その生涯を終えました。地位名声を求めず、思うままに生きた、文人と呼ぶにふさわしい生涯でした。

綾山没後も玉島画壇は、綾山の門弟により引き継がれ花開きました。

高運寺の庭園には、黒田綾山の顕彰碑があります。綾山の遺徳を後世に伝えたいと門弟の岡本綾江が新町の湊問屋中原利右衛門の援助を得て没後30年余りを経て建てたものです。碑文には綾山の略歴や人となりが記されており、これが綾山研究の原点となっています。

昭和46年、玉島文化協会の会員が碑に書かれている「墓は竹の浦に在り」という一節をもとに墓を探索し、竹の浦の墓地の中から「釈崇高綾山居士」と刻まれた綾山の墓塔を見つけ出しました。探索に加わった玉島の郷土史家・古城真一さんは、昭和58年「倉敷三代画人伝」の中に黒田綾山を詳しく書き残しています。

「余が安住の地は備中玉島の他になし」と玉島でその一生を終えた黒田綾山。

綾山の真の偉業は、備前・備中地域に初めて本格的な南画を伝えた事だと言われています。そしてその門下からは大勢の画家が誕生しました。

「たましま歴史百景」第20回　２０１０年6月　放送

（参考文献）
「倉敷三代画人伝」　倉敷史談会発行　古城真一
「岡山の絵画」　岡山文庫26
「倉敷市史④ 近世」　「倉敷市史13」
「玉島変遷史」玉島文化クラブ発行
「倉敷人物百選」　森脇正之編　倉敷文庫刊行会
「岡山県立博物館研究報告第６号　黒田綾山とその門人」守安収

（協力）
倉敷市立美術館　　岡山県立博物館　　広島県立歴史博物館
円乗院　　円通寺　　清瀧寺　　高運寺　　井上浩

良寛詩碑建立工事
昭和6年頃「写真集玉島」

修業時代の良寛像（円通寺本堂前）

64 円通寺での修行時代　良寛

円通寺本堂の脇には托鉢姿の若き良寛像が建っています。

良寛が円通寺の住職国仙和尚について越後・現在の新潟県柏崎市から円通寺の山門をくぐったのは安永8年（1779）10月、良寛22歳の時のことでした。そして12年後の寛政3年、34歳で円通寺を後にします。22歳から34歳までの12年間は、孤独の中で自我を問い続けた12年間でした。

円通寺公園休憩所の前にある大きな碑は、円通寺での生活を回想して良寛が書いた詩で、良寛没後百年を記念して昭和7年に建てられたものです。石は円通寺の裏山から掘り出され、高さ5・5メートル、幅2・6メートル。一年二ヶ月もの歳月を要したといいます。「円通寺に来たりてより　幾春冬なるかを知らず　門前は千家の邑（むら）更に一人だに知らず　衣垢づけば手ずから洗ひ、食尽くれば城いんに出づ　曽て高僧伝を読むに僧は清貧に可なるべし」（円通寺に来てから、何年たったのだろうか　門前は賑やかな町ではあるが誰一人として知らない、衣が汚れれば自分で洗い、食べ物が無くなれば托鉢に出かける、かつて高僧の伝記を読んだが僧は質素な生活が良いとあった。）と、ひたすら孤独の中で厳しい修行に励んでいた修行僧としての姿が記してあります。

仁保哲明住職　円通寺は元々檀家が余りない寺で、良寛さんの頃は修行僧が集まると、食べ物がすぐ無くなるという状態ではなかったかと思われます。食尽くれば城いんに出ず。とも書いてありますが、雲水達は自分の食べる物は町に出て托鉢をして浄財を頂いて生活していたようです。こういう寺を骨山といいますが、本来の修行道場の典型的なお寺であったと思います。また、この寺で十年余りの修行をして、翻身の機ありと書いていますが、良寛さんを本来の良寛たらしめたのは、ここ円通寺での修行であったのではないでしょうか。

秋葉宮より1段高くなった処には石書般若塔があります。石書般若塔には般若経六百巻の全文字、一千万字が一字づつ一つの石に書いて埋めてあり、良寛が書いた文字も含まれています。

仙桂和尚の畑

正法眼蔵(円通寺蔵)

良寛堂

これは天保年間の円通寺築山図で、良寛修行当時の円通寺の配置図です。絵図の下には千石船で賑わう玉島湊の様子も描かれています。良寛の故郷・出雲崎も山沿いに開けた港町でした。当時玉島湊には新潟からの北前船も数多く着いていました。

良寛が寝起きをしていたところは良寛堂と呼ばれており、その前にも碑が建てられています。「憶ふ円通に在し時　恒に吾が道の孤なるを嘆ぜしを　入室敢て後るるに非ず朝参常に徒に先んず」（円通寺にいた時、常に我が道の孤独であることを嘆いていた。講義には遅れることなく　朝の坐禅には誰よりも早く出た）と記しています。この詩には孤独の中、修行に励んでいた若い優等生の自分の姿を冷めた目で見つめる晩年の良寛があります。

良寛が円通寺を出て諸国行脚の旅に出たことは、出雲崎での最初の出家に続く、二度目の出家であったと見られています。その手掛かりの一つとして、国仙和尚に曹洞宗の開祖・道元が書いた「正法眼蔵」（しょうぼうげんぞう）の書を見せられ、はたと目の覚める思いがしたと自ら記している詩があります。この道元が説く正法眼蔵には「己を捨て何ものにもとらわれない心」生活の中での徹底した実践が説いてあり、これが良寛の生き方に転機を与え、諸国放浪や、さらに晩年の庵での生活、子供らと伸びやかに手毬をつく姿へと、導いていったのではないかと考えられています。

良寛の兄弟子・仙桂和尚が耕していた畑が、境内の横に今も残っています。仙桂和尚の訃報に接し「仙桂和尚は真の道者　三十年国仙の会にありて　禅に参ぜず　経を読まず　宗文の一句をも言わず　園菜を作って大衆に供養す　仙桂和尚は真の道者」（仙桂和尚は三十年も国仙のもとで過ごしていたが、坐禅に加わらずお経も読まずひたすら畑で野菜を作り多くの僧に食べさせていた。円通寺にいた時は彼を理解出来ずにいたが、仙桂和尚こそ真の道者だった）と讃えているのです。

玉島市民交流センターの駐車場には、良寛が子供の求めに応え、天高く舞い上がる凧に書いた「天上大風」の碑があります。

高方丈

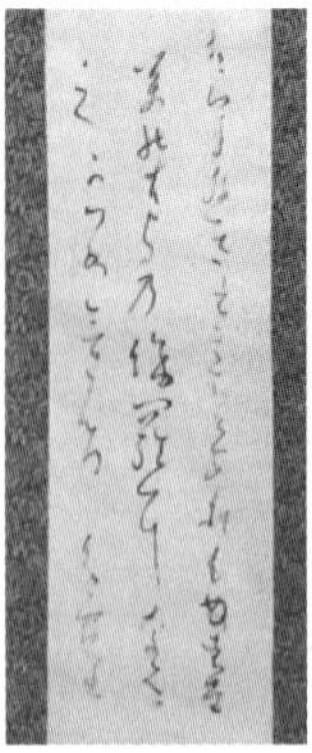
良寛書（個人蔵）

玉島には先の托鉢姿の良寛像の他に2体の良寛像があります。1体は新倉敷駅前にある子供らと手まりをつくブロンズ像。もう1体は白華山の山頂に置かれている「童と良寛」の石像です。石像の前には「霞たつ永き春日を子どもらと手毬つきつつこの日くらしつ」と記された歌碑が置かれています。
また円通寺山門の入り口には平成元年、良寛晩年の句「うらをみせおもてを見せてちるもみじ」の句碑が建てられました。

「つきゆきはいつはあれどもぬばたまのこよひのよらになをしかずける」

これは玉島で発見された唯一の良寛の書です。明治27年頃、玉島の医師で文人でもあった藤田荒次郎氏が往診の帰り、宮の下の古物商で、歌も巧みでそれにも増して凡庸でない書を目に留め、その場で買い求めたといいます。署名はリョウカンではなくヨシヒロと読んでいましたが、はりまぜ屏風に貼り、そのまま座敷に置かれていました。その後大正7年のある時、荒次郎氏の家を訪れた学友がこの書を見て驚きの声をあげました。今では考えられないことですが、当時玉島では円通寺が良寛ゆかりの寺である事を知っている人はほとんどいませんでした。そしてこの頃から玉島でも良寛という僧が円通寺にいた事がようやく認識され始めたのです。この書が何故、玉島の古物商にあったのか、想像の域を出ませんが、良寛と一緒に円通寺で印可を受けた義提尼が、矢出町真如庵の庵主として住んでおり、そこにあてて良寛が越後から送ったのではないかと見られています。
「つきゆきはいつはあれどもぬばたまのこよひのよらになをしかずける」この書を鑑定した良寛研究の第一人者である相馬御風によれば、良寛の書の中でも極めて出来が良く、最初は小さく弱く、中程は太く大きく、最後まで一筆で書き上げているといいます。

それから十数年の後の昭和10年頃、新潟出身の医師・田代亮介氏が玉島に良寛の資料が余りにもないことを知り、自分が集めた良寛の書12点を円通寺に寄贈しました。また田代氏は良寛詩碑の建立にも力を尽くし、亡くなった翌年の昭和9年にその功績をたたえ田代先生追憶之碑が建てられました。
昭和40年に良寛記念館が開館され、中には良寛にまつわる作品の数々が所蔵されています。そして昭和61年になり円通寺において岡山県良寛会が発足し、良寛についての研究と顕彰を進めています。

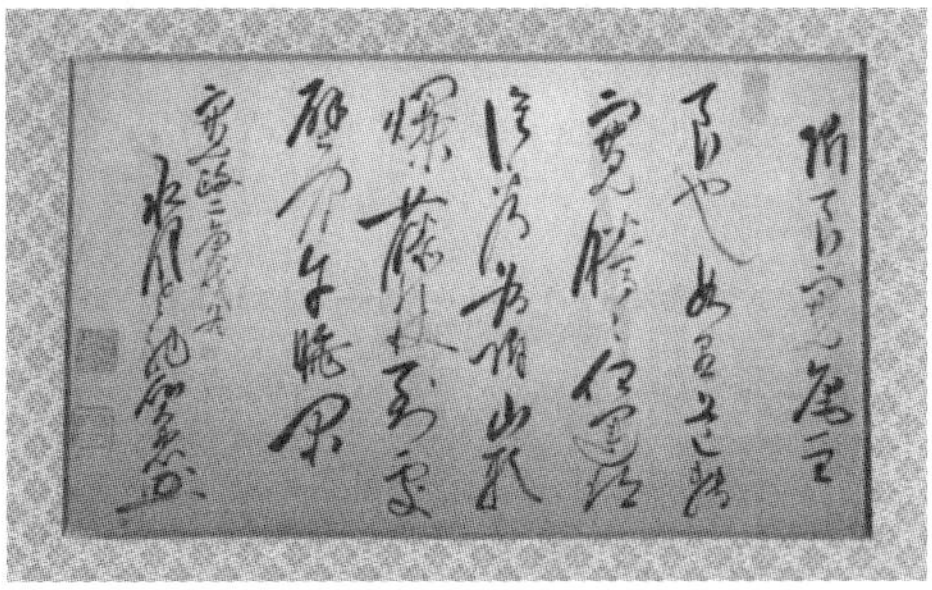

印可の偈（円通寺蔵）

良寛椿（覚樹庵跡）

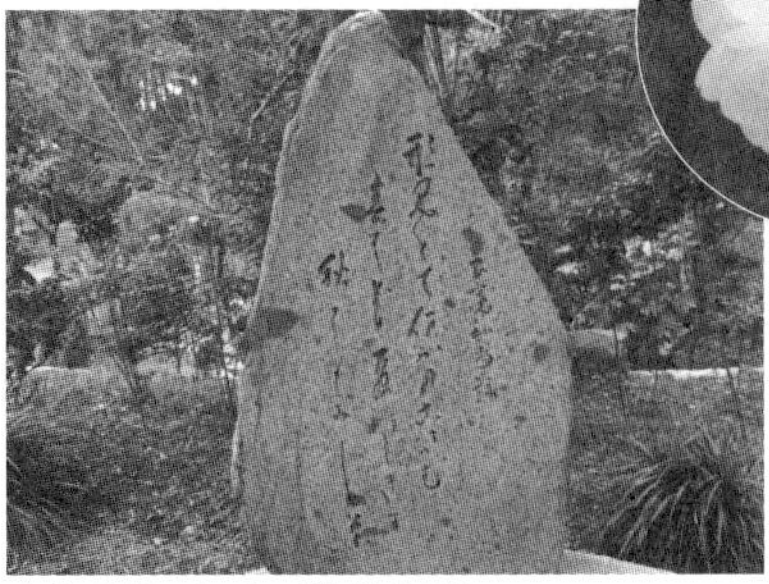

良寛辞世の句碑（覚樹庵跡）

岡山県良寛会会長・西井弘人さん　良寛会は各県に一つづつあります。新潟県は良寛さん誕生の地ということで各市町村にあると聞いています。岡山県良寛会は会員数では全国トップで約五百名です。皆さん良寛さんの生き方、書、詩などに惹かれて入っておられます。活動は良寛さんに関する研究の講座。良寛さんのゆかりの地を訪ねる研修旅行。また年に3回会報を発行しています。その他にも時々に応じた行事をしています。平成20年には「良寛修行と円通寺」を発刊しました。

「良や愚の如く、道うたた寛し　騰々任運　誰か看るを得ん　ために附す山形爛藤の杖　いたる処の壁間に午睡閑なり」（お前は一見愚かなようだが　お前が究めた道は大変深くひろい道だ　自然に任せたその姿を誰が知ることが出来ようか　そこでこの杖を与えよう。お前にとっては到る所に道がある）これは寛政2年（1790）の冬、病床にあった国仙和尚が高方丈で良寛に与えた修行を終えた印・印可の偈（いんかのげ）です。「良や愚の如く」は一般的には、お前は愚かなように見えるがと解釈されています。しかし円通寺において余りにも真面目で優等生の良寛に、国仙和尚は肩の力を抜き愚かになれとさとし続け、ようやくお前も「愚」の如くなったと認めているのではないかという見方もあります。「愚」という字は仏教においては意味が深く、これが良寛が自らを「大愚良寛」と号する元になりました。良寛はこの国仙和尚から賜った印可の偈を一生肌身離さず持ち歩きました。

またこの印可の偈の最初に「良寛庵主に附す」と書かれていることから、良寛は円通寺境内にある覚樹庵の庵主の立場にあったのではないかとも考えられています。そして覚樹庵跡には良寛椿と呼ばれる椿の古木があり、春には小さな白い花をつけます。その下には良寛辞世の歌碑「形見とて何かのこさむ春は花夏ほととぎす秋はもみぢ葉」が設置されています。

国仙和尚は良寛に印可を授けて間もなく、翌年の寛政3年3月に亡くなりました。

そしてほどなく、良寛は国仙から与えられた「印可の偈」と「杖」を持ち、円通寺を出て諸国行脚の旅に出かけました。関西一円・四国・九州にまで足を延ばしたと言われていますが足跡はあまりはっきりしていません。

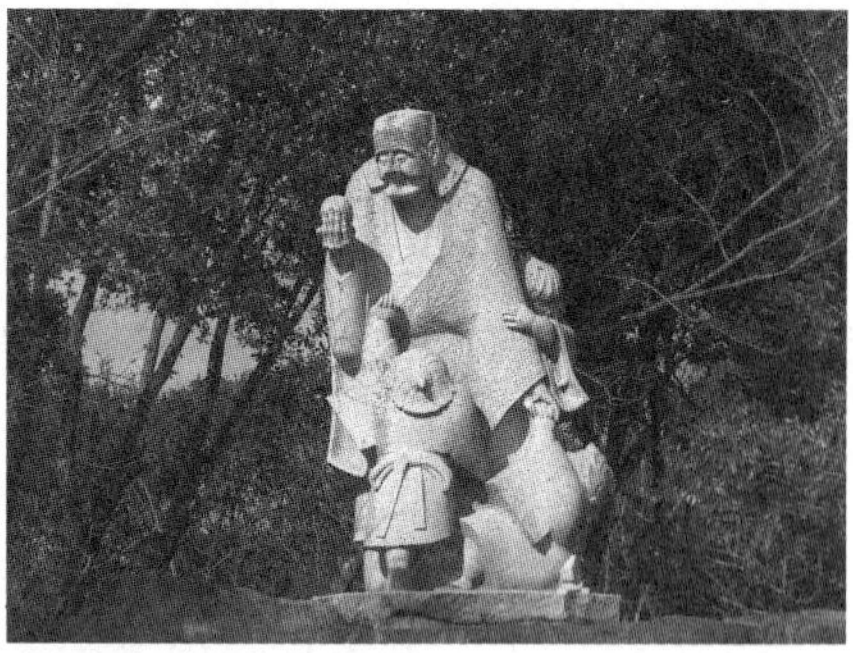

童と良寛（白華山山頂）

寝覚の友（岡山県立図書館蔵）

仲買町の庄屋で酒造業を営む菊池家に生まれた近藤万丈が、晩年に書いた随筆「寝覚の友」に土佐で良寛に出会った事を書いており、良寛が越後に帰るまでの様子を知る貴重な手掛りになっています。

世を捨て己を捨てた大愚良寛。子供らと伸びやかに遊ぶその良寛の姿は、決してたやすく生み出されたものではなく、厳しい修行の中で孤独と自我を問い続けてこそ、到達した究極の姿に他ならなかったのです。

故郷越後出雲崎の荒海と違い、穏やかな瀬戸の海が広がる玉島湊。良寛はどのようなことを思い、この海を眺め円通寺での修行生活を送ったのでしょうか…

現代にあって、多くの人々を魅了しつづける良寛。その良寛を育てたのは、円通寺の住職国仙和尚と、ここ玉島での厳しい修行であったことを忘れることはできません。

「たましま歴史百景」第17回　２０１０年2月　放送

（参考文献）　「良寛と玉島」　森脇正之編　倉敷市文化連盟
「玉島の良寛遺跡案内」　森脇正之　倉敷文庫
「良寛　第34号」　全国良寛会
「良寛入門」　栗田勇著　祥伝社発行
「別冊太陽　良寛」　平凡社
「良寛修行と玉島」　玉島良寛研究会編
「良寛修行と円通寺」　岡山県良寛会編

（協力）　円通寺
岡山県立図書館

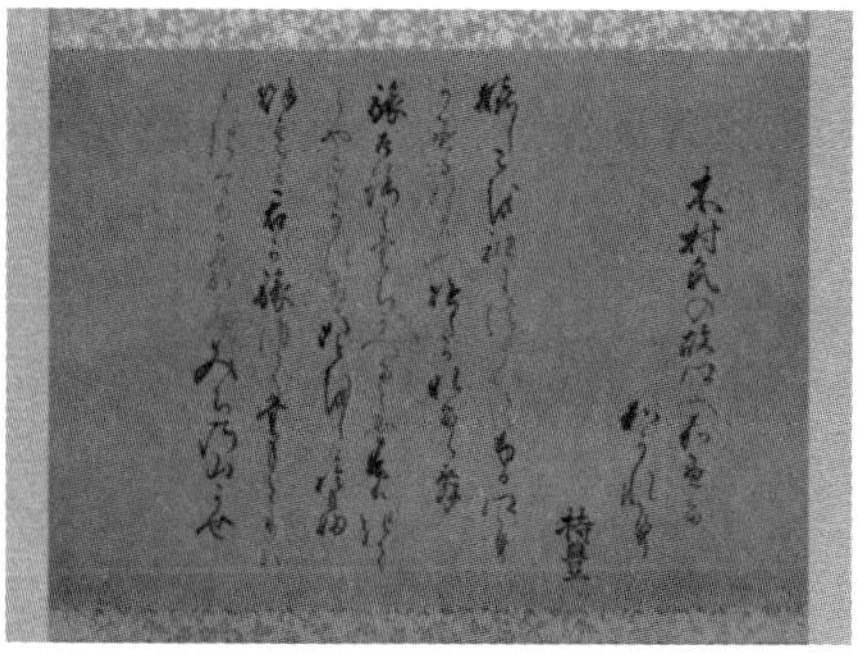
木村氏の故郷へ帰る別れに　芝山持豊書

木村勇退の墓（玉島秋葉町）

65 文人の商法　木村勇退

長崎～大阪間を北前船で行き来し、文人でありながら巨万の富を築いた木村勇退（1763～1835）。円通寺へ上る道添いの一角の玉島秋葉町には、「一茶勇退居士」と記された木村勇退の墓があります。

木村勇退（きむらゆうたい）は、玉島新町で紙店を営む「関屋」の次男として宝暦12年（1763）に生まれました。幼名は「五七」と言い、幼い頃から優秀であった彼は、大阪に出て儒学者・片山北海の「混沌社」に入り、北海没後は、北海の高弟・篠崎三島に付き勉学を続けました。

しかし五七は学者肌ではなく、勉学を通して感じるところの、時局にかなった実践的な学説を説き、酒を酌み交しながら政治談義に花を咲かせていたといいます。

五七の人となりについて墓碑には「読書のみを潔しとせず、豪気で壮快、何事によらず人に屈する事はなく、眼光鋭く輝いて声は朗々と響き渡っていた」と記されています。

このような五七の人柄に惚れ込んだ大阪の商人で財産家の松村氏が妹を妻に娶らせ、松村氏の援助で彼の生活は安定を見ました。

五七が説く論説は壮快で、公卿の西園寺寛季、諸卿の四辻公説、芝山持豊、さらには伊勢桑名藩の嫡子など多くの人々を魅了し、桑名藩、現在の三重県桑名市の藩主となった松平猷は、五七を藩の客分として迎えました。数年を経て、病弱であった妻が病の為に亡くなり、子供もおらず悲嘆にくれた五七は桑名藩の指南役を辞任しました。

そして剃髪をして勇退と号し、30年近くを過ごした京都・大阪を離れ、故郷・玉島の地に戻る決心をしたのです。この事を知った多くの友人達は学問を教える等して、何とか京阪地区に留まるようにと勧めましたが、勇退の決心は変りませんでした。

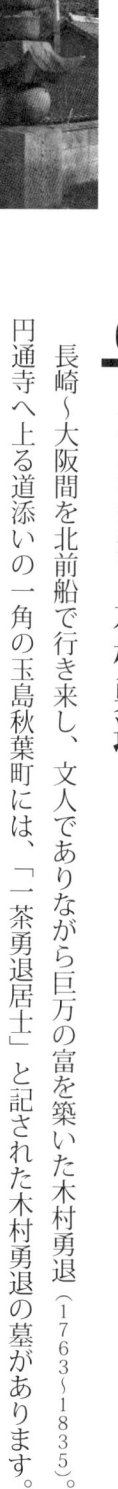

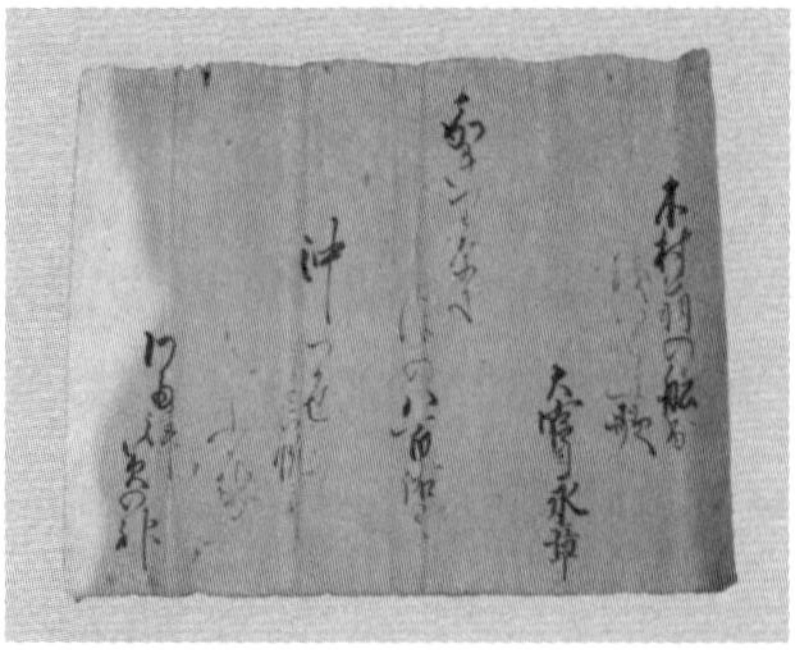

木村翁の船出を祝う歌

蜃気楼の図
狩野栄信書

堂上歌人として名高い芝山持豊は「木村氏の故郷へ帰る別れに」として和歌三首を贈っています

「嬉しさを袖に包みてふる郷に帰る心やゆたかなるらむ」

文化8年（1811）50歳近くになり勇退は故郷玉島に戻りました。彼が戻って来た頃の玉島湊は、最盛期に比べ幾分翳りを見せていたものの北前船で賑わい、勇退はその玉島の港に「関屋」の旗を風に翻した新しい木造船を浮かべたのです。

この船で長崎～大阪間を往復し、オランダ・南蛮・中国などの珍しい陶器を長崎で仕入れ、京阪方面に運んで売りさばきました。航海を重ねる内に、長崎でも土地の文人など多くの友人が出来て、詩や書を語り合うようになっていました。

長崎の諏訪神社の大宮司で歌人の青木永章は、木村勇退の船出を祝う歌として次の歌を贈りました。

「かぎりなきしほの八百路も沖つかぜ真帆にふかせよわだつみの神」

文人である勇退の眼は確かで、彼が買い付ける品物には間違いがなく、鎖国の日本で外国の美術品が手に入るというので、京阪地区の富裕な人達は、我先にと勇退から買い求めたといいます。また玉島では茶道に熱心な問屋の旦那衆が勇退の帰りを待ち受けていました。

小野敏也さん（郷土史家）　玉島湊の商売人には、千両格子という言葉があった様です。千両貯まれば建物の前を格子にする事が出来ると、そうすると、お嬢さん達が中で琴を習い、ご主人が茶の湯を楽しむということになり、多い所では一軒で、茶室が三つも四つもある所もありました。茶室があれば、道具もいるという事で、勇退が持ち帰る品を待ち受けていたようです。

これは江戸時代後期、狩野派・八代目の絵師狩野栄信による蜃気楼の図です。文化12年（1813）徳川幕府の日光東照宮二百回忌法要に際して、四辻中納言公説のお供として同行した勇退は、控の間で狩野栄信と同席。航海の途中に見た蜃気楼のことを話し、是非絵にしてもらいたいと依頼しました。

鐵笛道人の書

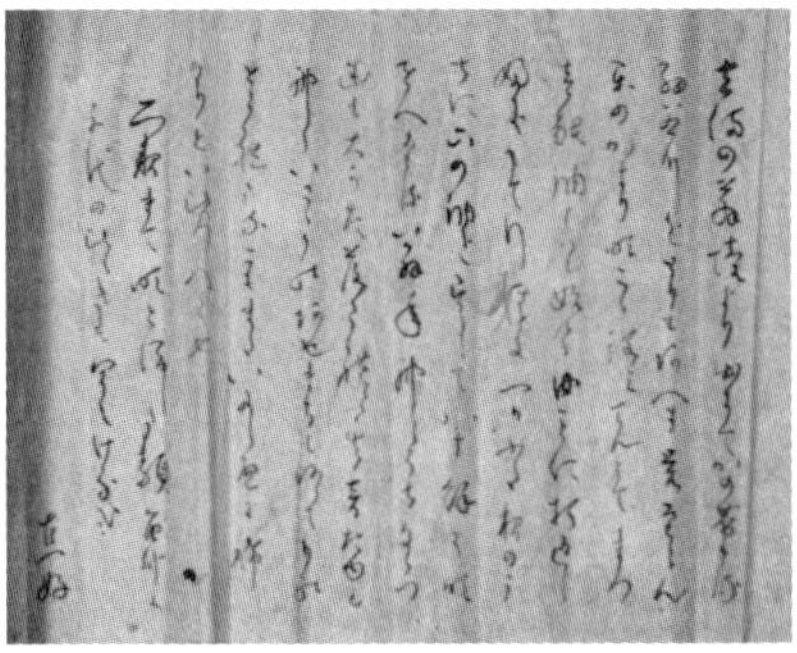

熊谷直好の長歌

栄信は、水墨に金泥を施す技法に特色があり、この図にも金泥が施され蜃気楼が立ち上る様が、水墨で美しく表現されています。

晩年になり、勇退は趣味として笛を吹きはじめ、鐵笛道人、または笛隠散人と称し、暇さえあれば笛を吹いて憂さをはらしていたといいます。

大阪で、桂園派の歌人・熊谷直好は、勇退の笛をたたえ次の長歌を贈りました。

「吉備の翁　境よりいできて　かの帯にせる細谷川を　とりもあえず覚えたらん…
一日、ふた夜のうちに、下の調べを盡して、八十余りぞ、吹きおえたる…
二夜まで吹とほしたる笛竹に、千代のひびきも、聞へける哉」

また勇退が清国の人などの詩を台紙に貼っている下に、篠崎小竹が航海中の船の上で悠々と笛を吹いている勇退の姿を、笛隠散人として漢詩で記したものも残っています。

文人でありながら、北前船による交易を通して巨万の富を得た木村勇退に、金もうけの秘策を尋ねると「利のある所、必ず危険が多い。従って人皆これを恐れて避けようとする。自分は常に命がけでこれに当るのみである」と答えたといい、勇退は波風を恐れることなく、隣町へでも行くように気軽に航海に出かけていたようです。

そして航海を終えて玉島の家に帰った時には、家の近くの子供達を集め、座敷に小粒銀をばらまき、子供達が嬉々として奪い合う様に、目を細めていたと伝えられています。妻子に恵まれなかった勇退が、無邪気な子供達の姿に、せめてもの心の安らぎを求めたのかもしれません。

小野敏也さん　勇退の実家は相当な商売をしていたようです。そこの息子が京都・大阪に出て50歳近くまで勉強をして帰ってこられた訳で、家の人、友達に助けられた事もあると思いますが、そういうことが、ご自分や友達からの書にも表れているように思います。

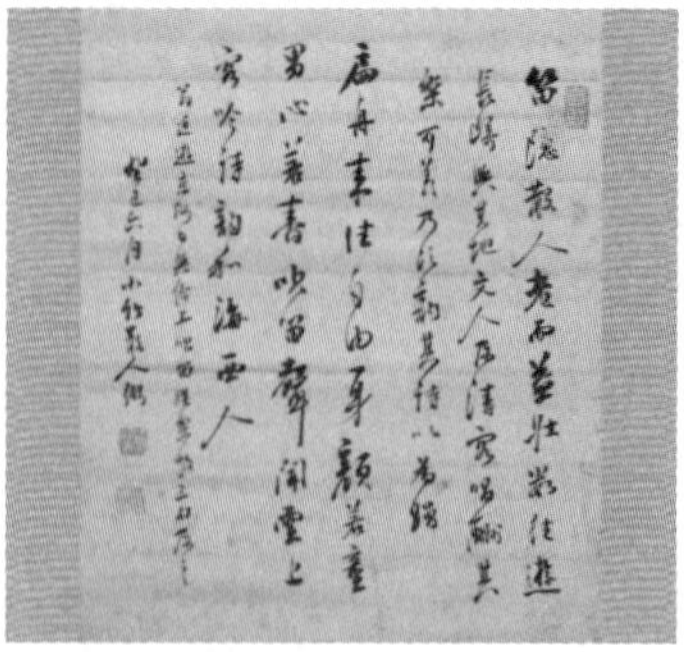

笛隠散人　篠崎小竹書

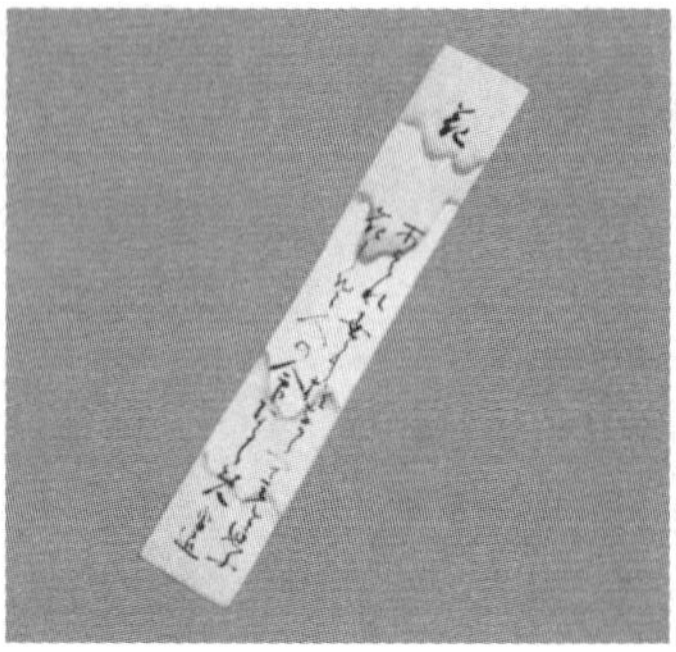

木村勇退書の短冊

やがて老境を自覚した勇退は、大阪への最後の寄航のおり、自分が今日ある事を感謝し、旧知の友人また貧富を問わず昔住んでいた町内の人達を、料亭に招いてもてなしをしました。

そして天保6年（1835）秋の深まった11月13日、玉島で73歳の生涯を閉じました。

「一茶勇退居士」と記された墓は秋葉町の独照庵に残され、墓碑銘には大阪の学友・篠崎小竹が、木村勇退の経歴とその人となりを記しています。

友人・知人が勇退に贈った漢詩や散文は何点もあるにもかかわらず、自分の書を著すことを好まなかった勇退が書き残っているのはこの短冊だけです。

「あはれ世に猶ながらへてみんとおもふ花こそ人の命なるらめ」　勇退

勇退晩年の書ですが、堂々とした筆使いで、剛毅で真直ぐな勇退を彷彿とさせます。

勇退の生家は、玉島新町（当時の阿賀崎新田）にありましたが、区画整理で現在は道路になっていてその痕跡すら残っていません。子供がいなかった勇退の跡を継いだ母方の甥・鈴木氏の子孫も今は玉島を後にしました。

玉島新町で紙屋を営む関屋の次男として生まれ、単身大阪に赴いて儒学を学び、長崎、京阪地区の文人や、公家や、武家たちとの交遊で巨万の富を築いた、一代の快男子・木村勇退。

木村勇退を知る人は、玉島でも少なくなり、その墓に記された墓碑銘が、彼の足跡を今の世に語り継いでいます。

「たましま歴史百景」第33回　2012年2月　放送

（参考文献）「高梁川50号　文人・木村勇退の商法」古城真一著

（協力）小野敏也　古城文雄　頃末丈夫

香川景樹

扇面　幸文自画賛 古城文雄氏蔵

66 薄幸の歌人　木下幸文

「あつき日のかがよひのこる夕ぐれの雲のはたてにあきつとぶなり」

扇面に書かれたこの歌は玉島長尾出身の薄幸の歌人・木下幸文（1779～1821）による蜻蛉（あきつ）自画賛です。木下幸文（きのしたたかふみ）は安政8年（1779）備中浅口郡長尾村の農家の次男として生まれました。

木下家は代々長尾の豪農・小野家に仕えており、父の代には独立して農業や商いを営んでいました。小野家の一門は風雅な教養を持つ人が多く、中でも主人の小野櫟翁（れきおう）は和漢の学問を好み和歌にも通じていました。櫟翁はやがて幸文の育ての親となるのです。

幸文の幼名は民蔵（たみぞう）といい、幼い頃から頭脳明晰で人並みはずれた才能を示していました。12歳の時に、小野家で行われた歌会で次ぎの歌を詠んだと伝えられています。

「昼みればみみずに口はなかりけり夜きく声はあわれなりけり」

幸文の生まれながらの才能を見抜いた小野櫟翁は、彼に歌の手ほどきをし、自分の師で京都に住む玉島出身の二条派の宗匠・澄月に幸文の歌を送りました。そして16歳の時、櫟翁に伴われて上京。しかし2年後、澄月が亡くなり、澄月と共に平安和歌四天王の一人と呼ばれていた慈延（じえん）に学ぶ事になりました。

幸文の歌は上達が早く周りの人々を喜ばせましたが、次第に伝統的な歌風に飽き足らないものを感じ始め、新しい形式の作品作りを求め、それは師である慈延を憂慮させるようになったのです。

一方、二条派とは対照的な「ただごと歌」で平易な歌作りを基本とする桂園派の香川景樹（かげき）が幸文の作品に目をつけ、この青年を自分の傘下に引き入れようと働き始めました。

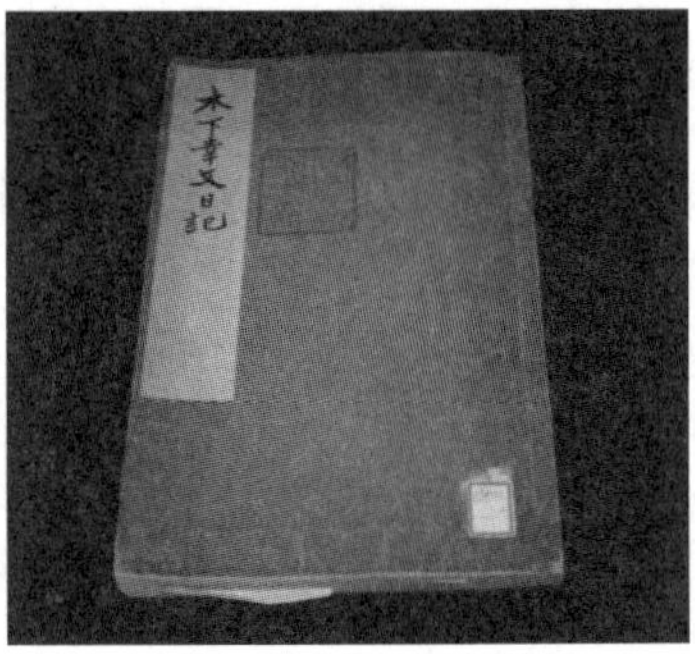

木下幸文日記　岡山県立図書館蔵

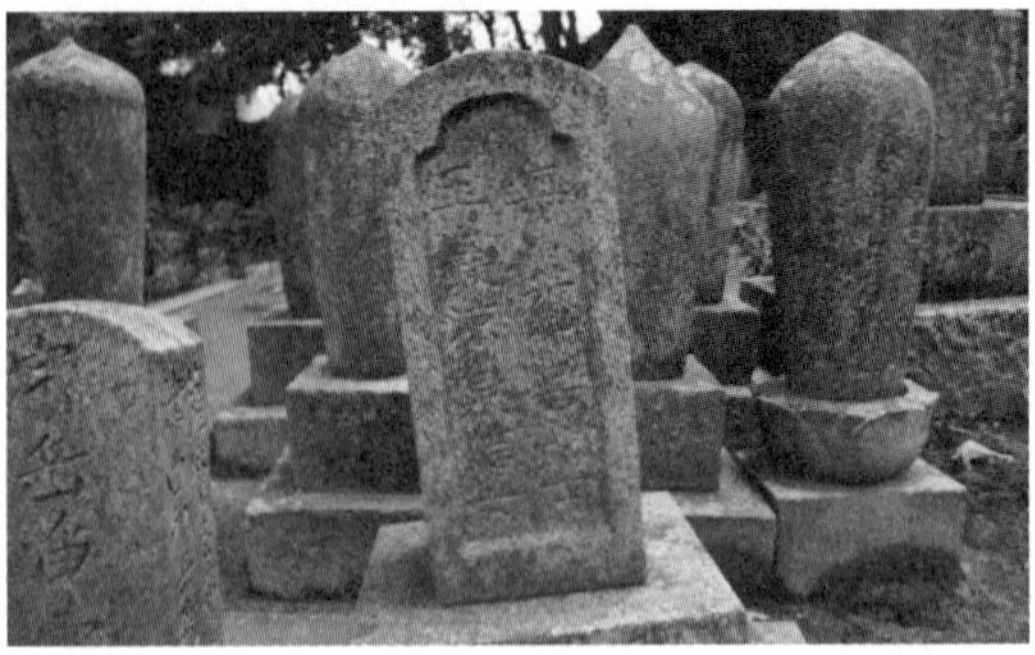

木下幸文夫妻の墓（円通寺）

景樹の接近に、最初は慈延や郷里の小野櫟翁などへの配慮もあり注意深く交際を続けていましたが、理路整然とした斬新な歌論に傾倒し、26歳の頃、景樹の近くの京都岡崎に居を移し作品作りを展開。その前年に最初の妻を亡くし、そのことが居を移すことに至ったのではないかとも考えられています。そうした折、郷里・玉島から祖母の病の知らせが届き帰郷。幸文は早く京都に戻り、中央歌壇で歌作りを再開したいと願っていましたが、自身の気の病があり、体調も優れず、2年が過ぎてようやく上京したのです。しかし、その間に慈延が亡くなり香川景樹の桂園派に正式に入門。

この時、幸文28歳。中央歌壇でも一人前の歌人として知られるようになっていました。

ところが、ほどなく景樹との間に歌の上での見解の相違が生じて独立を模索。しかし幸文の独立計画は明らかに周到な準備を欠き、専門歌人の多い京都で門戸を張ることが、如何に困難かを思い知らされる結果となったのです。

経済的にも完全に行き詰まり、幸文30歳の大晦日から正月三日にかけ、逼迫した状況の生活を詠んだ「貧窮百首」を顕しています。

「かくしのみわびむと知らば故郷の吉備の山田も作りてましを」

「かにかくに疎くぞ人のなりにける貧しきばかり悲しきはなし」

「いかにして我はあるぞと故郷に思ひ出づらん母しかなしも」

これらの歌は当時としては類例を見ない斬新な作で、後になり「文化文政期の石川啄木」と呼ばれるほど彼の名を不朽のものとしました。

一度は景樹の元を離れようとした幸文ですが、すっかり弱気になり景樹の元に戻っていきました。

文化8年（1811）33歳の幸文は二度目の妻・宇野を伴い再び帰郷。円通寺から少し下がった所に住まいを定めて石榴園（ざくろえん）と名付けました。石榴園では貧しいながらも楽しい時を過ごしましたが、宇野は病いがちで床に付き、その生活も、玉島に来て2年余りで終りを告げました。最愛の妻を亡くした彼は、円通寺の方丈墓地の北に夫婦墓を造りその死を悼んでいます。

一方玉島では桂園派の双璧と称される木下幸文が玉島に居住したのを機に、地元玉島はもとより　近隣の村々からも多くの人が集まり玉島歌壇は花開きました。

小野敏也さん（郷土史家）　わずかな期間でしたが彼の生涯の中でわりと平安な時を、この玉島の本覚寺の前の石榴園で過ごしています。何故玉島に住んだかの理由の一つは、彼の庇護者である長尾の小野家に近かったこと、もう一つは生活のために鞆、尾道、讃岐などに行っています。岡山に行くにしても陸路より玉島の港から船で行くほうが早かったということが考えられます。

玉島に居を構えた幸文は京都と行き来し、また各地に遍歴の旅も続けています。40歳の頃の木下幸文日記には、「ひととせ都より妻を伴って帰りたるほど、ここ石榴園を仮の住いとして以来、旅に出ない時は、大抵ここに起臥したのであるが、夢のように7～8年の歳月は流れ、妻も今はこの世の人でない」と記しています。玉島には幸文の書が残されています。

木下幸文短冊
古城文雄氏蔵

爺々婆々図　岡本豊彦画、
木下幸文賛　個人蔵

関紅葉　「しばしまて杉の木の間のもみぢ葉に夕日さしたり逢ふ坂の関」
寄雨恋　「ひさかたの空もつれなし吾妹とたのめし今宵雨ふるべしや」
すみれ　「おやま田の畦のほそ道狭ばければ踏まぬ人なきつらすみれかな」
山家　「山里を問ひ来る人も今はなし前の梯はしくちや朽ちなん」

小野敏也さん　幸文は澄月や慈円という平安和歌の四天王についていましたが、それに飽き足らなくなり香川景樹についたわけです。平安和歌は公家さんの間で長い時間をかけ磨かれてきた歌で、どうしても綺麗事になりがち、また技巧的になりがちな面があり、技巧が全くいらない訳ではないのですが、そういう事に飽き足らない人が、いわゆる、ただごと歌に流れた訳です。例えば山上憶良とか源実朝とか、余り技巧を使わずに心情を出したらどうかという流れが、木下幸文や香川景樹などの盛り上がりになって行きました。

40歳を迎えた幸文は、鬱々とした現状を打開しようと、京都を避けて大阪に庵を構え、前庭に竹を

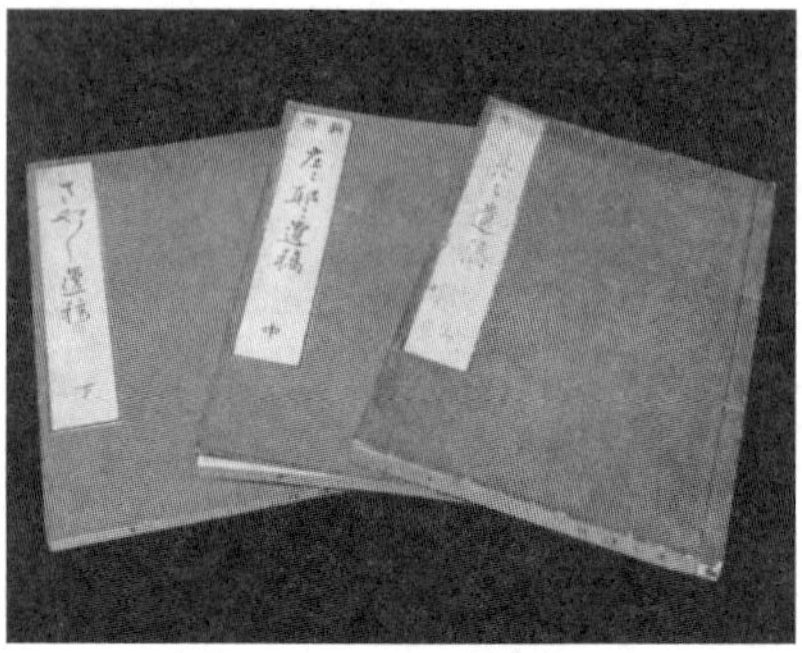

さやさや遺稿　岡山県立図書館蔵

木下幸文墓側面（玉島長尾堂山）

木下幸文墓（玉島長尾堂山）

植え込み、風にそよぐ葉ずれを楽しみ「亮々舎」（さやさやのや）と名付けました。

　そして3度目の結婚。初めて著書出版の機会を得て、随筆「亮々草紙」（さやさやぞうし）を書き下ろしています。３度目の妻との間に初めての子供・女の子が出来たのですが産声もあげず冷たくなり、40歳を越えて初めて父親になった幸文の嘆きは深く、これを機に胸の病いが悪化。ほどなく「亮々草紙」が刊行されましたが、文政４年（１８２１）11月２日、帰らぬ人となりました。43歳でした。

　大阪で荼毘に付された遺骨は、長尾村堂山の木下家墓地に埋葬されました。碑文は頼山陽に依頼。遺言に従って「無庵居士之墓」と書かれ、左側面には「木下民蔵幸文　備中長尾人　以文政四年辛己十一月二日終　享年四十有三」と彫られています。

　これだけの歌を残しながら幸文の肖像画がないのは残念な事です。また生前に刊行された著書は、随筆「亮々草紙」三巻のみでした。

　没後、門人の浅野譲が刊行した「亮々遺稿」（岡山県立図書館蔵）には、幸文の千六百首余りの歌が編集収録されています。

　また桂園派に入った頃から亡くなるまで、18年間に亘って書き続けた「木下幸文日記」（岡山県立図書館蔵）は、伝記としてはもとより当時の歌壇史、文化史研究の貴重な記録とされています。

　あり余る才能を持ちながら健康に恵まれず、また経済的にも家庭的にも恵まれなかった木下幸文。木下幸文の余りにも純粋で哀しいその歌の愛好者は多く、近世の歌壇史上で異彩を放っています。

「たましま歴史百景」第24回　２０１０年10月　放送

（参考文献）
「木下幸文傳の研究」兼清正徳著　風間書房
「木下幸文の生涯」松村緑　東京女子大学論集
「倉敷・総社の歴史」郷土出版社　小野敏也文
「玉島歌壇」古城真一

（協力）
岡山県立図書館　小野敏也　古城文雄

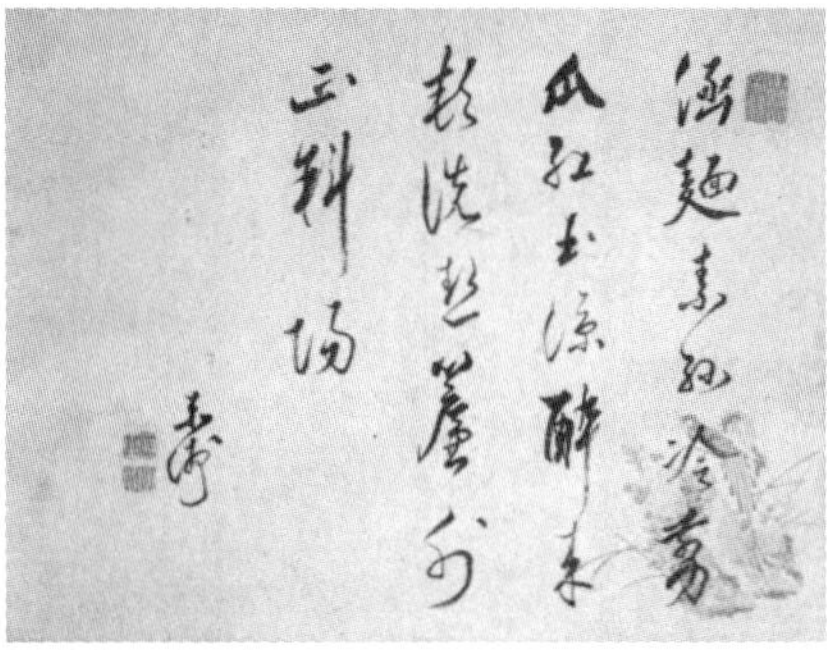

横溝藿里書　赤洲と号を記している

横溝藿里顕彰碑（円通寺石庭横）

67 漢学者　横溝藿里

円通寺の石庭前には、江戸時代後期に玉島で初めての漢学塾を開き玉島の教育文化の礎となった、横溝藿里（1782〜1835）の顕彰碑が建てられています。

横溝藿里（かくり）は、天明2年（1782）浅口郡阿賀崎西町に生まれました。幼名は恒三郎（こうざぶろう）、後に恒（ひさし）としました。横溝家は寛文10年（1670）備中松山藩主・水谷公による阿賀崎新田開発のおりに年寄役を命じられ、以来この地に住んでいました。

彼は小さい頃から神童の誉れが高く、鴨方の儒学者・西山拙斎の教えを受けていました。彼が11歳の頃、阿賀崎の庄屋・菊池家で集まりがあり、床の間に掛けてあった書を皆で読もうとしましたが上手く読めませんでした。そこで「横溝の倅は書を良く読むというが、一つこれを読ませて見よう」という事になり、彼を連れてくるとすらすらと読んでしまったのです。驚いた大人達は大きな座布団を床の上に置き、この神童を座らせたといいます。

15歳の時には、すでに儒学の要の書「四書」に通じていました。しかし17歳の時に師の西山拙斎が他界。時の老中・松平定信に仕えていた儒学者・広瀬蒙斎は、拙斎を訪ねた折に藿里を見てその才能に驚いていました。そして拙斎の死を知り「西山塾に横溝という少年あり、今その師を失う、召して博士に就かせば国家の大器とならん」と進言しました。

藿里は江戸に渡り松平公に謁見し、松平定信が書いた書と奨励金が与えられました。

18歳の青年が時の老中に拝謁をしお墨付きを頂くなど、大変異例のことで彼は直ちに幕府の昌平坂学問所に入り、寛政三博士の1人、古賀精里に学んだのです。

22歳の時、松平定信は幕臣として用いようとしましたが、父が病気になり彼に帰って来るように願ったため仕官の道を断って玉島に帰って来ました。

そのまま仕官をしていれば名を成したことは間違いなく、藿里にとっては惜しい事でしたが、玉島の教育文化の発展には有難い事でした。幸い父の病気は小康状態を保ち、28歳の時に要請を受け大阪に出て学問を教えました。この時、京都の園ミチと所帯を持ったようです。

横溝藿里塾跡の碑（玉島西町）

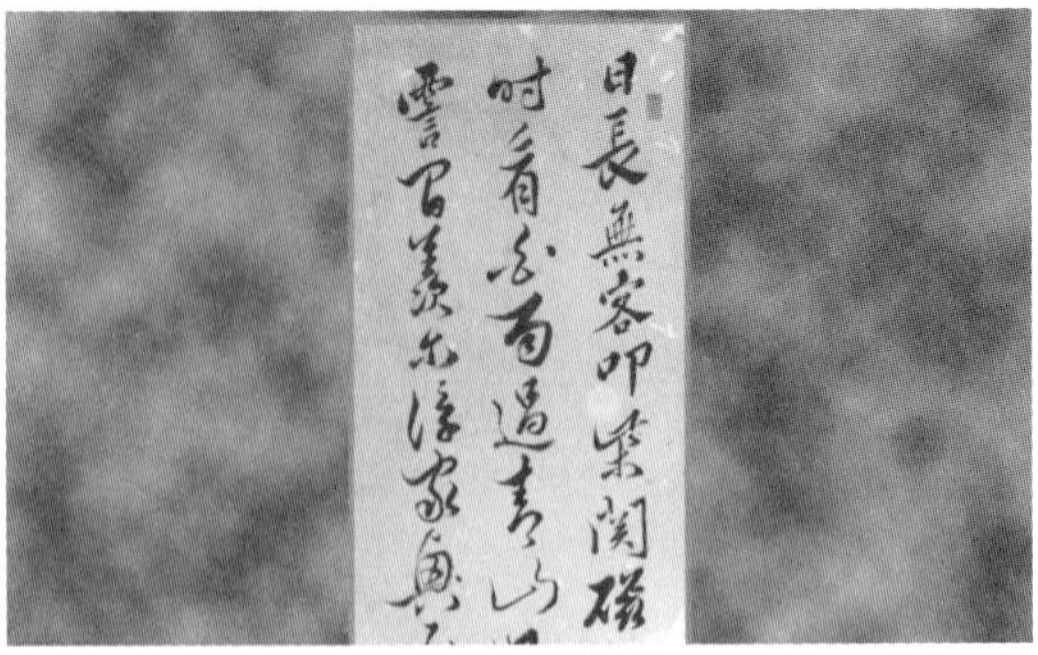
「日長く…」横溝藿里書　古城文雄氏蔵

そして32歳で再び帰郷。西町に私塾を開き、以来20年余り54歳で亡くなるまで玉島の地で門弟の教育に尽くしたのです。

彼が塾を開くと、遠くからも名声を聞いて教えを受けにやって来る者が多くいました。また早島、連島、粒浦など各地に招かれ、経史（儒教の経典と歴史の書物）を講義していました。彼の経史への造詣は深く、さらに独自の見識を持っていたため聞く者を魅了したといいます。

彼が育てた門人としては柚木玉嶼、小野務、林抑斎、井上九島などがいます。

長く藿里の研究をしていた故・古城真一さんの旧宅には、藿里の書が何点か保存されています。

「日長無客叩柴關（日長くして客なくさいかんをたたく）　磁碗茶甌一味閑（じわんさおういちみのかん）　回納微涼研蜜竹（かいのうびりょうみっちくをきる）　時看白雨過青山（時に看るはくうせいざんを過ぐる）　風窓自在義皇上（ふうそう自在ぎこうのうえ）　烟水却思苕霅間（えんすいかえって思うちょうそうの間）　羨爾浮家興不浅（なんじがふかきょうあさからずをうらやむ）　披蓑誰與釣清湾（みのをきて誰かと清湾に釣せん）」

「夏の日長、客は無く友の家を訪ね　お茶をたて静かに料理を楽しんだ。微かに涼しい風が竹林を吹きぬけ、時には夕立が山を過ぎて行く。窓の風は自在に吹き抜ける。水蒸気のたちこめた水面は雨が降り仕切っているかのようだ。貴方の舟の家は味わいが尽きず羨ましい。蓑を着て誰かと清らかな入り江で釣りをしたいものだ」と学者らしい情緒の漂う七言律詩を記しています。

また夏の涼を詠んだ五言絶句や桃源図の七言絶句には「赤洲」と記しています。赤洲も藿里の号で、赤洲、藿里ともに阿賀崎に因む名です。藿里の「藿」は豆の若葉の意味で、藿食者とは豆の葉を食う者、粗食する者のことです。また官吏を肉食者というのに対して人民を藿食者と言い、かつて仕官を断り民間に身を置いた彼にふさわしい号ともいえます。

彼は漢詩の他に短歌も詠み、玉島の柚木家の僥花園（ぎょうかえん）では毎月歌会を開いていました。柚木家には「藿里横溝先生詩」と記されたものが四巻保存されていましたが、昭和9年に選稿し「藿里詩抄」として発刊されました。その中には管茶山、岡本綾江、黒田綾山、頼山陽、木下幸文などの名

藿里の墓（玉島阿賀崎）

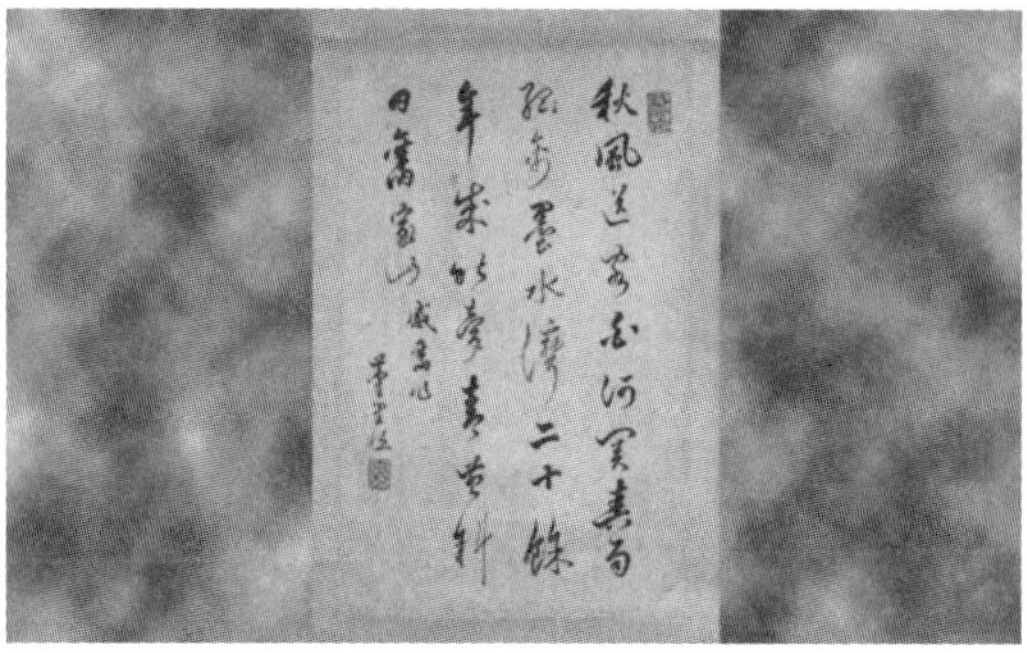

天保三十六家絶句に載せられた七言絶句

が記されており、多くの文人、墨客と、親しく交流をしていたことが知られます。

また長尾の小野家招月亭での集まりを記した書には、本名の横溝恒と記しています。

「天保三十六家絶句」にも藿里の漢詩が挙げられており、天保時代の代表的な詩人36人中の一人であったことが伺えます。これはそこに載せられていた七言絶句です。

「秋風送客白河関（しゅうふう客を送る白河のせき）　**春雨禽聴墨水湾**（しゅんうきんを聴くぼくすいの湾）　**二十余年成昨夢**（二十余年昨夢となる）　**青苔斜日旧家山**（せいたいしゃじつきゅうかの山）**」**

「秋風の頃に白河の関で客を送った、春雨の頃に隅田川で鳥の声を聞いた。二十年余りも経つが昨日の夢のようだ。故郷に帰って見た山は、夕日に輝いて青く苔むしていた」と藿里の晩年の枯れた書体が見られます。

藿里は天保6年（1835）に病のため54歳で亡くなりました。没するまで子弟の教育に尽くし、玉島に身を置いた藿里の墓は塾跡の碑が建つ西町から北に1キロほどの所にあり、今も横溝家の子孫によって守られています。

高い学識と高潔な人格を持ち、郷土の教育文化の発展に尽くした横溝藿里。彼の没後30年の慶応元年、円通寺石庭前に西山復軒文、篠崎小竹書による顕彰碑が建てられました。

昭和10年には藿里没後百年祭が円乗院で行われ、玉島の児童、生徒等も参拝しています。

この時、花田一重さんの編纂により「横溝藿里傳」が刊行され、その中に「頼山陽の詩は伊丹の酒の如く万人を酔はしめ、藿里の詩は宇治茶の如く苦味のうちに爽快さがある」と記されています。

仕官の道も断り玉島に最初の漢学塾を開いた横溝藿里。彼は玉島の教育文化の礎となり、その発展に大きな貢献を果たしました。西町には平成10年、横溝藿里塾跡の碑が建てられています。

「たましま歴史百景」第35回　２０１２年６月　放送

（参考文献）「藿里詩鈔」松岡謙介著　横溝徳太郎刊　「倉敷人物二百選」森脇正之著
「横溝藿里傳」花田一重著　横溝徳太郎刊

（協力）小野敏也　古城文雄　頃末丈夫　虫明徳二　横溝廣　金光図書館

「中国戦国志の図」船穂町文化財　船穂図書館蔵（1831年）

御旧蹟図（部分）

68 船穂の画人　小野雲鵬

船穂図書館には船穂の画人・小野雲鵬（1796〜1856）が描いた絵馬「中国戦国志の図」があり、この絵馬は船穂神社に置かれていたもので船穂町の文化財に指定されています。

小野雲鵬（おのうんぽう）は寛政8年（1796）に上船尾村三国屋の分家で、板屋当主の小野純司正純の三男として生まれ、名前は機（き）、通称を貞三郎（ていざぶろう）といいました。小野家は、橘氏の流れをくむ船穂村水江の旧家で、父は生花では一夢（いちむ）と号する風流人でした。

幼い頃から絵が上手く、玉島の南画家・黒田綾山（りょうざん）の下に入門。綾山の門には岡本豊彦や白神皐々（こうこう）等がいましたが、綾山は門下生を手元に留めず中央画檀に送り出し、雲鵬も14歳の時、綾山に勧められて上洛しました。

そして四条派の柴田義董（ぎとう）の門に入りましたが、雲鵬23歳のときに、師の義董が40歳で早世。義董没後は、岸派の祖・岸駒（がんく）についてさらに技術を磨きました。

京都在住時代は「湘雲（しょううん）」と号していた雲鵬ですが、茨城県にある稲田山と板敷山を双幅の軸に描いた「御旧蹟図」には文政5年とあり，雲鵬26歳の時の作品で近景から遠景まで丁寧に書き込まれています。

これは義董門下の兄弟弟子・大原呑舟（どんしゅう）の作品です。雲鵬は富小路に仮住まいをし呑舟も近くで修業していました。その頃の二人の貧窮ぶりは京の町で戯歌となり「富小路、綾や錦の中なれど、貧すりゃ呑舟なんと湘雲」と囃されたといいます。

しかし文政5年の「平安人物志」には雲鵬の名前が橘機（たちばなき）、小野貞三郎と記載されており、若手の画人として既に評価を受けていた事が伺えます。

東東洋（あずまとうよう）作の「出羽象潟（でわきさかた）真景図の写し」には「橘機」と記されています。「橘機」と記した雲鵬の絵は今のところこれ一枚で、この絵には一八〇四年の象潟（きさかた）大地震で隆起した島が描かれており、震災前の美しい島並みを知る貴重な資料となっています。

「美人図」
倉敷市立美術館蔵
（1825年）

「十六羅漢」宝島寺蔵（倉敷市連島）

「山水図」千手院蔵（井原市）

倉敷市立美術館所蔵の「美人図」は文政8年29歳の時のもので、師の義董を思わせる作品です。翌年に描いた「孔雀図」。また年代は判明しませんが湘雲と記された「鹿図」などは精密な写生と濃い彩色で描かれ、南蘋（なんぴん）派の特徴を持ち画面全体に若々しさが溢れています。

連島の宝島寺には「十六羅漢」の大作があります。長尾の小野家から縁あって宝島寺に寄贈されたもので、これにも湘雲とあり、この時期から高い技術を持っていた事が伺えます。

「杉」を描いた軸にも湘雲と記していますが、玉島の歌人木下幸文が賛を入れており、京都を本拠としながら、玉島でも制作を行っていた事が推察されます。

修行を終え30歳を過ぎ帰郷。号を「雲鵬」と改め玉島長尾に居を構えました。当時長尾は丹波亀山藩の飛地で、京都で既に名を馳せていた雲鵬は、丹波亀山藩の御用絵師に登用され「士格」に準じた地位に昇進したのです。

花田克太さん（小野雲鵬画集著者） 日本文化の中心である京都にまでその名が知られている画人はそう多くないと思います。また交通事情の困難な中で京都の生々しい文化をこの地に伝えた功績は決して小さくないと思います。雲鵬の絵は全国的に配布されていますが、主に備中南部、倉敷、玉島、総社また井原から京都、福山などの神社、仏閣、旧家などに所蔵されています。

井原の千手院には雲鵬の襖絵があります。4枚の襖の両面に描いており一面には「山水図」。手前の岩肌や樹木を活き活きと鮮明に描き、水面をはさんで奥に広がる雄大な山岳風景を襖一杯に描き込んでいます。山水図の裏面は人物図です。風に向かいすっくと立つ、中国前漢時代の学者で政治家の東方朔（とうぼうさく）の表情や着物の裾の流れなどを見事に描いています。

かもがた町家公園にあるこの襖絵は、油の商い等で財をなした鴨方藩の庄屋高戸家が雲鵬に依頼したもので「秋の野に遊ぶ鹿」が精密に描かれています。

「南天と水仙、南天と鳥」（部分）

「孔雀の襖絵」（個人蔵・笠岡市）

この「孔雀の襖絵」も笠岡の旧家に残るものですが、桜の下で群れ遊ぶ孔雀の姿を鮮明に描き、雲鵬の最高傑作の一つと言われています。

花鳥画は軸にも描いています。「南天と水仙」また「南天と鳥」を描いた図は、近くの南天の葉を濃く奥の葉を薄く描き奥行きを出しています。

赤く色づいた「葉鶏頭」「果物図」など季節感漂うこれらのモチーフを柔らかく巧みな画面構成で描き出し、品の良さが溢れています。

鶴を描いた作品も残しています。数え切れないほどの鶴一羽一羽の動きを克明に描き込み、賑やかな鶴の鳴き声も聞こえてきそうな「群鶴図」真直ぐに流れ落ちる滝。斜めに横ぎる「鶴」緊張感ある画面が構成されています。

こちらの「双鶴図」は雲鵬が亡くなる前の年に描かれたもので、柔らかい羽毛など熟練した筆使いが見られます。

双幅の「四季農耕図」は、春の田植えと秋の刈り取りの様子を画面一杯に生き生きと展開し、田植えや脱穀など当時の風俗や農作業を知る上でも興味深い作品です。

雲鵬が描く山水図は、四条派の写生画を基調とし、南画的な雰囲気を湛えた作品が多く見られます。この「山水図」は手前の樹木を比較的はっきりと、また背景の山をやや湿潤な筆で柔らかく描き遠近感を出しています。

これは宝島寺に所蔵されている「山水図」です。手前の水面、四手網、遠景の山と大変緻密に丁寧に描き込んでいます。岩絵具の緑青が一面に配され、若葉の季節の山間の風情が美しく描き出されています。筆を入れず描き残すことで山間にたなびく白い雲を表現。静寂感溢れる作品です。

手前には小舟をこぐ老人、滝の落ちる音さえ涼しげに聞こえるような「山水図」またこれは小品ですが、柔らかい筆さばきでまとまりの良い仕上がりとなっています。

「双鶴図」（1855年）

「雲中寿老人図」

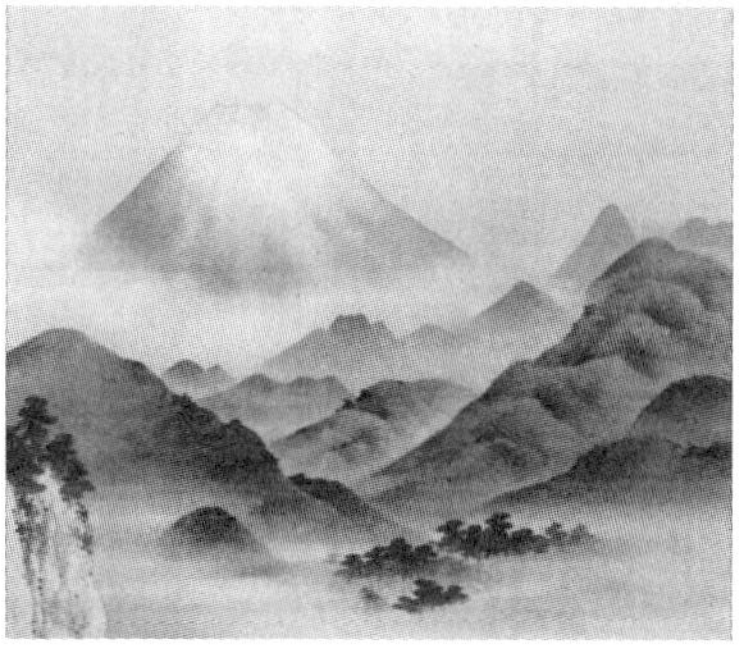
「富士」

富士を描いた作品も数多く残しています。横額に納められた「富士」は、柔らかいタッチで穏やかな富士の姿が、調和の取れた構図で描かれています。

残された富士の絵で秀作とされるこの作品は複雑に重なる山かげの向うに富士を描き、画面構成が巧みで雲鵬の力量を感じさせます。

淡い色彩で春霞の富士を描いた「富岳図」は嘉永６年雲鵬57歳の時の物で円熟味の増した作品です。

雲鵬は長尾の小野務に和歌を学んでいました。嘉永４年雲鵬55歳の時の「雛図」、翌年の「亀図」にも小野務が賛を入れています。

長寿の象徴とされる「亀の図」には吉備津神社の宮司で国学者として名高い藤井高尚（たかなお）が賛を入れており雲鵬の交流の広さが伺えます。

小野幸幾さん（小野雲鵬の子孫） 雲鵬は山水、人物、花鳥図など幅広く描いており、絵から見て、とても几帳面で実直な性格であったと思います。飲中八仙図の顔の表情はふくよかで穏やかで雲鵬もそういう顔をしていた様に思います。また雲鵬の通称は貞三郎と言いますが、私の祖父も同じ呼び名で80歳を過ぎて雲鵬の絵をまねて描いていました。そのような事から私の中では、雲鵬は祖父のように温厚で誰からも好かれた人物だったのではないかと思っています。

「飲中八仙図」の他にも様々な人物を手掛けています。
平安期の直衣を着用した公家達が秋の催事に集っている「催事図」
三国志からの「唐武人図」「雲中寿老人図」
また政治家・武将として頂点を極めた郭子儀がくつろぐ姿を表現した「郭子儀図」
大地の神様・大黒と、海の神様・恵比寿を描いた大作「恵比寿大黒図」。
恵比寿に鯛は付き物ですが、手に河豚（ふぐ）を持ち穏やかな表情の「見立恵比寿図」。
お目出度い席によく使われる「爺婆図」（じじばばず）。
極彩色で描かれた「十六羅漢図」。

小野雲鵬の墓（倉敷市船穂町水江）

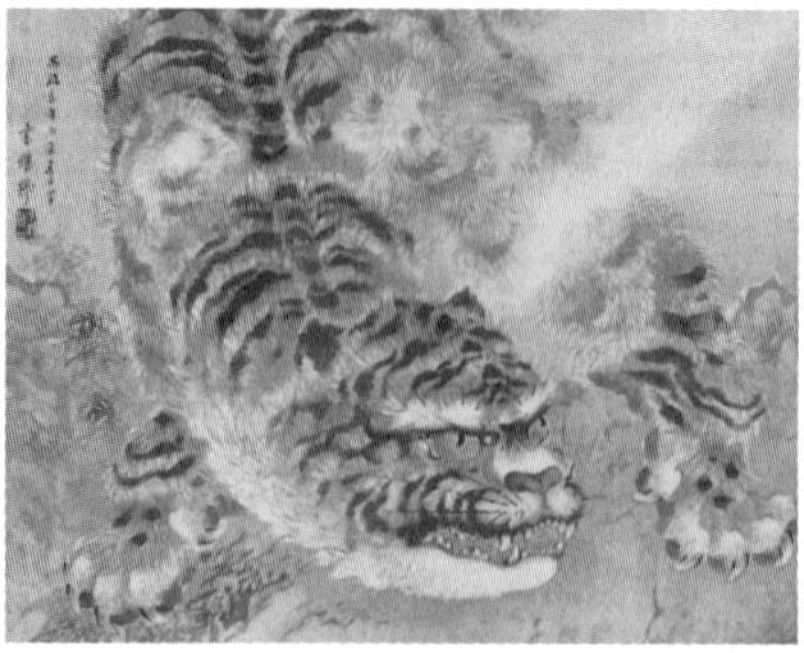
「寅の図」（1855年）

「神農聖像図」

草を嘗めて効能を確かめ、薬草と農耕の技術を教えたとされる伝承上の人物・神農を、緻密な筆使いで表した「神農図」などがあります。

師の岸駒（がんく）は虎を描いて全国に名を馳せましたが、雲鵬も晩年になり師の岸駒を思わせる力強い寅を数点残しています。こちらの「寅の図」は亡くなる年の春に描いたもので、毛のちぢれ具合から毛先のすっと細くなる辺りまで、細い面相筆で一本一本を植え込むかのように書き、またするどい爪が樹の幹に食い込む様を力強く描いています。

船穂が生んだ幕末の画人・小野雲鵬。彼は丹波亀山藩のお抱え絵師として、また当地有数の実力、人気共に兼ね備えた画家として活躍しました。

安政3年（1856）8月4日、病気のため亡くなりました。61歳でした。船穂町水江の天聖庵墓地には「桂嶽雲鵬居士」と雲鵬の号が戒名として刻まれた墓が、雲鵬の子孫によって今も大切に守られています。

「たましま歴史百景」第48回　2013年12月　放送

（参考文献）「船穂の生んだ幕末の画人・小野雲鵬」花田克太・小野幸幾共著
「岡山の絵画五〇〇年」岡山県立美術館編・発行

（協力）岡山県立美術館　小野章　小野幸幾　国際日本文化研究センター
かもがた町家公園　倉敷市立美術館
頃末丈夫　花田克太　船穂図書館　宝島寺　千手院

平賀元義歌碑（岡山市大多羅布勢神社境内）

平賀元義生誕地の碑（玉島陶）

69 万葉調歌人　平賀元義

「上山は山かぜ寒しちちのみの父のみことの足冷ゆらむか」

この歌は玉島陶で生まれ、幕末の万葉調歌人として知られた平賀元義（1800〜1865）の代表作です。上山に、埋葬した父を想い、万葉の調べで格調高く詠い上げています。

平賀元義（ひらがもとよし）は、寛政12年（1800）母・代子（だいこ）の実家・備中下道郡陶村枝奈良、現在の玉島陶栢村の農家・百元家で生まれました。

陶に残る母の実家の屋敷跡には大きな栴檀の木が立ち、平成26年「平賀元義生誕地」の碑が、地元有志により建てられました。

父は平尾新兵衛長春といい、備前岡山藩池田家に仕える武士でした。生まれた翌年に母親と離され、岡山藩藩士・平尾新兵衛長春の嫡子として引き取られ祖母に育てられた元義は、早くから文武の才能に秀出ていたと言います。

14歳の時、岡山藩藩士の子弟が学ぶ岡山藩藩校に入学。藩校では学業に加えて武術を学び、藩主・池田公の御前試合が後楽園で催され、元義もこの試合に出たりしたようです。

17歳で元服。文学を好み束縛を嫌った彼は21歳の時に家督を弟に譲りました。

しかし28歳で父親を亡くし、33歳の時には家督を継いだ弟が蟄居を申し付けられ、岡山城下を去る事となり、平尾家の明け渡しを余儀なくされたのです。

元義は藩籍を離脱して、平尾から姓を平賀に変え「平賀元義」と名乗り、母代子を伴って母の里の陶村に落ち着きました。次のような玉島近辺の歌を残しています。

「二萬坂（にまさか）をうちいでみれば梅の花咲ける山邊に妹が家みゆ」

「吾妹子（わぎもこ）があれを占見の浦の月独りし見れば家をしぞ思ふ」

平賀元義歌碑（鷲羽山頂上）

元義の母・代子の墓（玉島陶）

元義の母・代子は、陶村で晩年の20年近くを元義のことを想いながら過ごし、ここで没しました。墓碑には、嘉永4年「備前信濃守妻」と記されています。父を早く亡くし、平尾家も明渡しとなり、漂泊の旅を続ける身となった元義にとっての故郷は母の代子が住む玉島陶でした。今も玉島陶に残る元義が生まれた屋敷跡と母代子の墓は、子孫の百本家により大切に守り継がれています。

元義は封建時代にあって何物にも束縛されない自由な生き方を理想としていました。国学者・賀茂真淵を師と呼び、古事記、日本書紀などの古学を探求して、万葉の中に美を見出し、万葉調の歌を数多く残しました。

「まぐはしき田土の浦（たづちのうら）は既に見つ次に行見む永久の山（ながとこのやま）」

眼下に瀬戸内の島々が見渡せる鷲羽山の頂上付近に建っている碑です。「まぐはし」は古語で、美しい麗しいの意味で、田土の浦（たづちのうら）は鷲羽山、永久の山（ながとこのやま）は由加山を表します。

「足引きの山を奇しみ（くすしみ）行水も佐やけく（さやけく）清し中山の宮」

「足引きの」と山にかかる「枕言葉」が使われ、万葉調の美しい調べになっています。中山の宮は津山市にある中山神社の事です。

大君を詠んだ歌も数多く残しています。「児島備後三郎大人乃（うしの）詩能意袁（しのいを）」とし隠岐に流されていく後醍醐天皇を偲んだ児島高徳の意を汲み「吾も大君の御楯とならん」と詠みました。吾と大君を離して書き、気迫のある筆跡は躍動感に溢れ、元義の大君への想いの深さを伺わせます。

「吾（わが）大君（おおきみ）物勿御念（ものなおもほし）大君能（おおきみの）御楯登成武（みたてとならむ）吾無勿國（われなけなくに）」

元義の生きた時代・江戸末期は、幕府の体制が弱まり尊王攘夷の動きが活発でした。しかし、彼の尊王思想は、国学者として古学を追求した事による神話的な信仰心から来たもので、この時代の政治の流れに係りを持った形跡は余りありません。

足高神社の由緒を元義が書いた碑
(倉敷市笹沖足高神社境内)

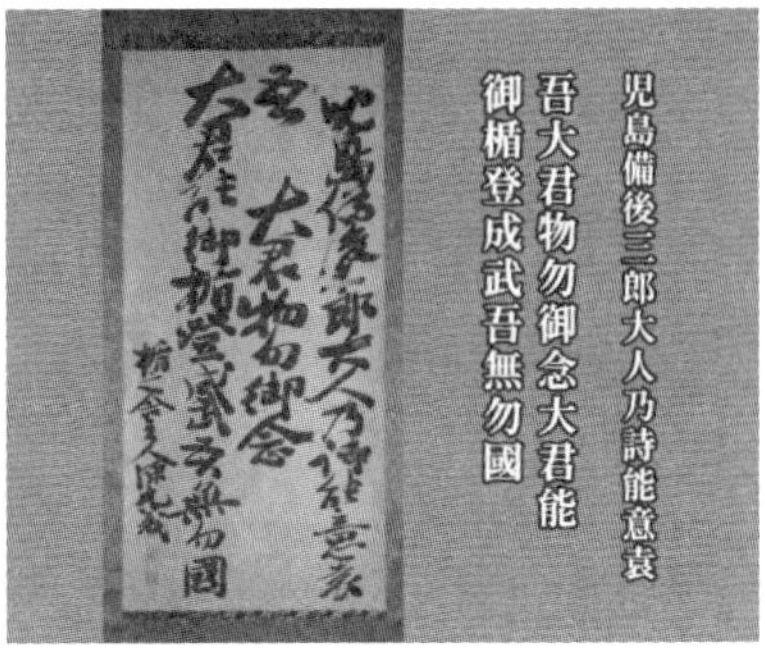
児島備後三郎大人乃詩能意袁
吾大君物勿御念大君能
御樋登成武吾無勿國

平賀元義書　大君の書

元早島図書館館長渡部秀人さん　元義の歌は豪快さと繊細さを兼ね備えており、万葉歌独特の枕言葉をよく使っています。また声に出して詠む、という教え方をしたようです。人物としては純粋ですね、経済的には恵まれていないんですが、そのような事よりも、学者としての元義の覚悟というか、国学者としての生き方を追求した事に魅力を感じます。

元義は何事にも徹底していて、日本の学問・国学を追求し、ひいては中国風・唐風を嫌って漢学、仏教を避けました。

潔癖に関しては少し度が過ぎたところがあり、何処か汚れた所があると塩で清め、便所の取っ手も紙で覆って開け閉めをしていた等、色々な逸話が残されています。

脱藩をして備前、備中、美作と、神社や門人の家等で世話になり、貧乏と病苦の放浪の旅を続けた元義でしたが、倉敷市笹沖の足高神社には約3年間滞在をしていました。足高神社にある由緒碑の上部には「あしたかのかみのやしろ」と神代文字(じんだいもじ)が彫られ、末尾に、かく記すは備前の国人・平賀元義としています。足高神社の当時の宮司・井上真澄の墓碑銘には、国学を平賀元義、漢学を西山節斎に学んだと記されており、足高神社で国学を教えながら世話になっていたようです。

「五月雨に水笠増りて(みずかさふりて)石毎(いわごと)に白波咲る(さける)鴨の岩淵(いわぶち)」

吉井川を背に立つこの碑は、妻の実家に仮住まいをしていた頃のものです。元義は49歳になってようやく22歳の若い妻・備前岩淵の鴨神社宮司の娘・富子を迎え、二人の子を儲けています。

万葉を旨とし、万葉調の歌を詠み続けた元義は、虚構を嫌い、時にはあからさま、かつ直情的に恋の歌を詠み、それが「恋の平賀元義」「吾妹子(わぎもこ)先生」と呼ばれる所以となったようです。

「五番町石橋の上にわが麻羅(まら)を手草にとりし吾妹子あはれ」

「さよ中と夜はふけぬらし今しこそ行きても逢はめ妹が小床(いもがおどこ)に」

「妹が家の板戸押し開きわが入れば太刀の手上に花散懸る」

元義長歌の碑　岡山市大多羅布勢神社前

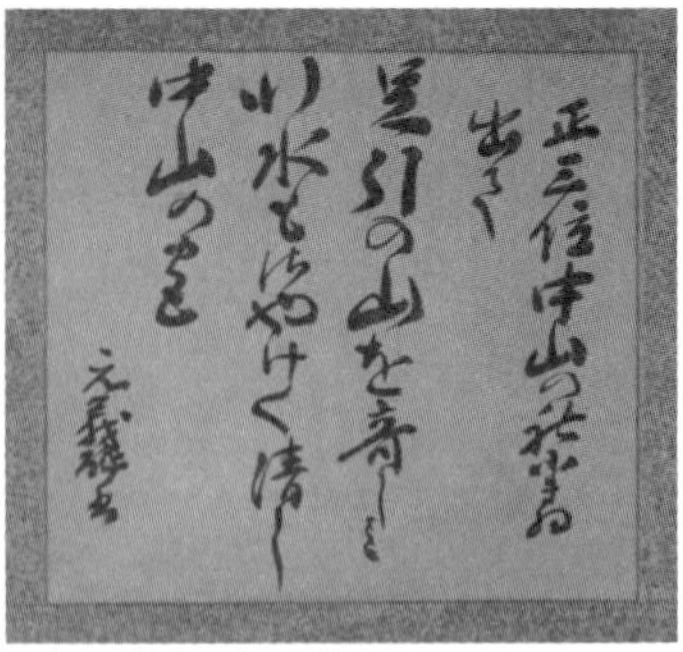

平賀元義書　個人蔵

自らは「国学者」としての意識が強く、歌は余技としていた元義でしたが、元義の名は彼の死後30年余りの後、正岡子規によって見出され、「万葉調歌人・平賀元義」として知られる様になりました。子規は、その著書「墨汁一滴」（ぼくじゅういってき）の中で次のように元義の歌を称えたのでした。

「天下の歌人こぞって古今調を学ぶ、元義笑って顧みざるなり、天下の歌人こぞって新古今を崇拝す、元義笑って顧みざるなり、而して元義独り万葉を宗とす…」

「万葉以後一千年の久しき間に、万葉の真価を認め、万葉調の歌を残したる者、実に備前の歌人平賀元義一人あるのみ…」

元義が晩年に滞在し、終焉の地ともなった岡山市大多羅・布勢神社の前に長歌の碑があります。

「皆人は　あを老翁（おじ）といふ、よしゑやし。黒髪はいまだしらけず、白き歯は黒くもならず、此足の踏たつ極み、此口のものいふうかぎり、丈夫（ますらお）の心振起し、大君の為にぞ死なめ、年は老奴（おいぬ）とも」

元義50歳、脱藩し浪人の身でありながらも、武人である事を貫こうとした丈夫（ますらお）の心意気がよく表れています。

元義58歳の時、現在の岡山県久米郡美咲町飯岡（ゆうか）に、生涯に一度だけの私塾・楯之舎塾（たてのやじゅく）を開きました。門下生を集め、歌会を開き、神典や史学等を教えていました。

これは楯之舎塾で元義が歌の添削をした物で、△の印が書き込まれています。門人や支援者に支えられ、ようやく開いた楯之舎塾でしたが経営が立ち行かなくなり2年足らずで閉鎖しました。

慶応元年、還暦を過ぎた彼のもとに嬉しい知らせが届きました。彼の学識を惜しんだ岡山藩藩主・池田茂政から、明ける正月４日登城をするようにという意向が伝えられたのです。

元義は友人の家で好きな酒を飲み、酔って帰る途中に路上で倒れ、そのまま息を引き取りました。慶応元年12月28日。元義66歳のことでした。

平賀元義終焉之地の碑
（岡山市中区長利）

平賀元義肖像画　全身

平賀元義肖像画　小森成彦蔵

「平賀元義終焉之地」の碑は、岡山市中区長利、赤穂線に沿う竹藪の中にあります。終生、主たる居宅も定めず路傍に倒れた平賀元義。それは生涯を流浪の一国学者として生き抜いた元義に似つかわしい最期であったのかも知れません。

死後、当分その墓すらなかった元義でしたが大正6年、終焉の地の近く宝泉寺に建てられています。

平成26年1月28日「平賀元義生誕の地」の碑が建てられ、陶楢村の町内会、元義の子孫にあたる百本家やその他関係者などが集り除幕式が行われました。

当家代表・鳥越君子さん「この度、元義と代子の生涯を賞賛する企画に、渾身で従事されました方々に、末裔として万感の意を表します…」

「平賀元義生誕之地」玉島陶楢村に建てられたこの碑は、地元の誇りとして語り継がれ愛され続けることでしょう。

「たましま歴史百景」第41回　２０１３年３月　放送

（参考文献）
「平賀元義歌集」岩波書店　斉藤茂吉・杉鮫太郎編
「平賀元義」羽生永明著　山陽新聞社発行
「平賀元義を歩く」渡部秀人・竹内佑宜編　日本文教出版発行
「万葉調歌人・平賀元義」渡部秀人・竹内佑宜共著　弘文社
「墨汁一滴」正岡子規著　岩波書店

（協力）
足高神社　布施神社　和気神社　小森成彦
竹内佑宜　百本倉平　伏見安弘　渡部秀人

安原玉樹生家（玉島新町）

扇面　玉樹書

70　女流歌人　安原玉樹

「沖みれば岩に千鳥の戯れて立つ白浪におどろきもせず」

これは近世の吉備三大女流歌人の一人、安原玉樹（１８０６〜１８７６）が13歳の時に作った歌です。

安原玉樹（たまき）は文化3年（１８０６）玉島新町の東綿屋7代目、中原利左衛門正徳の三女として生まれました。名を久（ひさ）といい6歳の時に母を失いましたが、2人の姉と3人の兄がおり東綿屋の末娘として何不自由なく育ちました。幼い頃から学問が好きで、和歌を詠み琴を嗜んでいたといいます。

18歳の頃、総社の角清水屋・安原正常のもとに嫁ぎました。安原家は八田部（今の総社）きっての豪商で本家の元清水屋は酒の醸造、玉樹の嫁いだ角清水屋は醤油と油を扱っていました。総社市栄町の一角には安原玉樹旧宅跡の標柱が建てられています。

安原家に嫁いで間もなく長女を授かりましたが5歳の時に亡くなり、続いて長男も3歳で夭折、次女も2歳で亡くなり、授かった三人の子を三人とも失ってしまったのです。

このため養嗣子として、岡山の豪商・河本修平の次男正敏を迎えました。玉樹とは12歳違いでしたが、わが子をなくした玉樹は正敏をとてもいつくしんだといいます。

嘉永3年、45歳の時に夫に先立たれ、家業を正敏に託し、以前から嗜んでいた歌の道に打ち込み、京都に住む公家で、歌人の千種有功（ちぐさありこと）を訪ねて教えを受けました。また太田垣蓮月尼や高畠式部などの歌人とも歌の交流を持ったようです。

「夕月をつばさにかけて出ぬらんほのめく空を鳴くほととぎす」　玉樹

美しく細い筆でしたためられたこの扇からも玉樹の細やかな感性が感じられます。「吉備歌壇の華」と言われた玉樹ですが、昭和の始め頃までは玉樹を知る人がいて「玉樹さんは極めて美しい方で、ものごしに気品のあるお婆様でした」と話していたと伝えられています。

安原玉樹生家の碑（玉島新町）

安原玉樹の墓（総社市・観音寺）

玉樹の姉しげが嫁いだ矢掛の石井家は当時の本陣で、山陽道を仕来する参勤交代の大名・公家などが宿泊をしていました。その中で、歌を嗜む人が宿泊したおりには、玉樹が呼び寄せられて相手をしたようで、そこで様々な人との交流を持ち、矢掛本陣には玉樹の短冊等が数多く残されていました。

総社の旧宅の跡にほど近い、元町の観音堂と呼ばれているお堂の領域に安原家の墓地があります。その中にある安原玉樹之墓の側面には碑文が刻まれており玉樹研究の大きな手がかりとなっています。墓碑には備中松山藩・藩主板倉勝静（かつきよ）から「婦徳と和歌の才を愛でられ、賜り物があった」と記されています。豪商・安原家の女主人でありながら、使用人に率先して炊事・機織り等に努め婦徳の女性であったと言われています。

また勝静公とは歌を介しての交流があり、玉樹が差し出した心のこもった手紙も残されていました。次の贈答歌からも、勝静が玉樹にいかに目をかけていたかが偲ばれます。

「玉と見む君なかりせば消え果てし身はあだし野の露ならましを」　勝静

幕府の老中として最後まで徳川慶喜に忠誠を尽くした板倉勝静。その勝静と歌を通しての交流があった玉樹でした。しかし墓碑には「幕末の動乱の際に養子正敏と謀り尊王の志士達に資金を送ってこれを援助した」と記してあります。矢掛本陣で出会った木戸孝允ら維新の志士達の言動に感銘して資金を与え、その運動を助けたようです。また元治元年、玉樹61歳の時には長州征伐の一行の中にかつて和歌で交友のあった者がおり

「太刀はさやに弓は霞に引きかえて治まる御代の春をこそ待て」との一首を送っています。

幕府老中の板倉勝静、尊王攘夷派の木戸孝允。これらの人達との係りは佐幕と尊王の図式を超えて、多感な玉樹の心を揺り動かしたに違いありません。幕末の世にあって自らの思いを行動に移す、率直で情熱的な一面をも持つ女性であった事が偲ばれます。

平成24年、玉島新町の若屋・山本家の角に「史蹟　女流歌人・安原玉樹生家」の石碑が建てられ、側面には次の二首が刻まれました。

安原玉樹旧宅跡（総社市栄町）

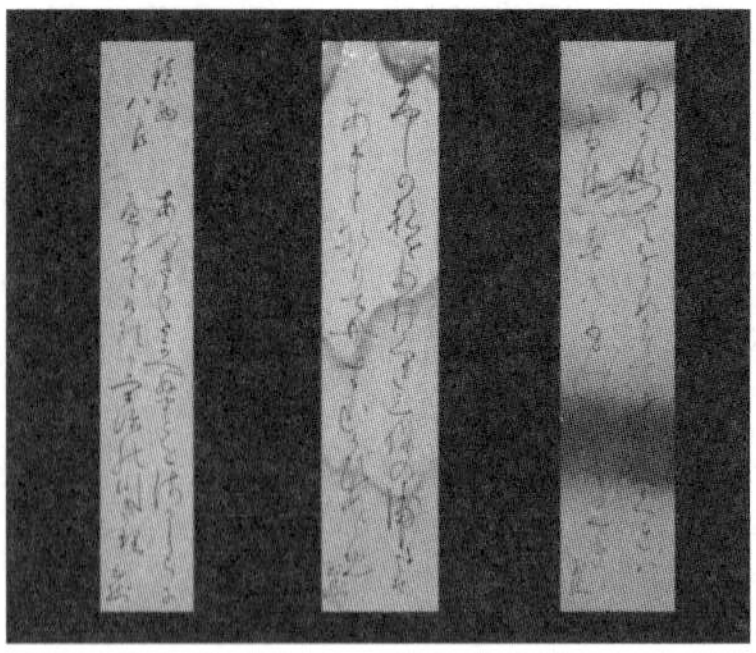
短冊　玉樹書

「夏むしのほかげほのかに見てしよりいとどおもひやもえわたりなむ」
「さびしさはいずこも同じ秋風のわきて身に沁むあまの家じま」

玉島観光文化振興会会長・虫明徳二さん　お亡くなりになった古城真一さんに、以前から、安原玉樹の碑を建てなければと伺っておりまして、平成24年に玉樹の生家跡に建立した訳であります。

近世吉備の三大女流歌人にあげられながら残る作品が余りにも少ない玉樹ですが、玉島に残されている調べが美しく流れるような筆跡の短冊から、彼女の鋭い感性が匂い立ちます。

「わかな摘む乙女が袖に散りくれば雪さへ春のものとこそみれ」
「富士のねをあけくれ三保の浦にこそ海女となりても住むかひあらめ」

容姿端麗で「吉備歌壇の花」と持てはやされていた玉樹ですが、華やかに見えても真っ直ぐで鋭い感性を持つだけに傷付きやすく、未亡人として若い養子と共に角清水屋を支えていくには、かなりの苦労や悲しみがあったに違いありません。

玉島新町・東綿屋の末娘として生まれ、悲しみを乗り越えて歌を詠み続け、吉備三大女流歌人の一人と言われた安原玉樹。　明治9年3月14日、71歳で亡くなりました。

墓碑には「養子正敏の死するや慟哭して措かず遂に病を得て没す」と刻まれています。

「たましま歴史百景」第37回　2012年9月　放送

（参考文献）　「吉備文化第5号　歌人安原玉樹と矢掛本陣」花田一重著
「倉敷市史⑨　女流歌人安原玉樹」谷竜介編
「倉敷人物二百選」　森脇正之編
「高梁川第39号　安原玉樹」吉崎志保子著

（協力）　古城文雄　　頃末丈夫　　下村とし

赤松三朴

勤皇志士・赤松三朴の碑（玉島阿賀崎）

71
勤皇家　赤松三朴

玉島阿賀崎にある秋錦山房の門の前には「勤皇の志士・赤松三朴（あかまつさんぼく）舊宅」と刻まれた石碑が建てられています。徳川幕府三百年の幕藩体制に疑問と憤りを覚えた若き志士達。

彼らは薩摩・長州だけでなく全国各地で立ち上がりました。そうした多くの志士達の力があってこそ、近代国家の夜明け・明治が生まれたのです。赤松三朴（1816～1892）は、これらの志士達を囲い、追われる身となりながら勤皇の志を貫きました。

三朴の祖先は、後醍醐天皇に忠誠を誓い勤皇の御旗をたて建武の中興に尽くした赤松圓心（えんしん）です。赤松家は室町幕府で要職を務め、江戸前期には備中松山藩の水谷家（みずのやけ）に仕えていましたが、水谷家が断絶してからは阿賀崎に居を移し農業を営んでいました。

文化13年（1816）玉島阿賀崎で父・要蔵の三男として生まれた三朴は、幼い頃から勉学の志が高く、11歳の時に貯めた小遣い銭を握りしめ、街に出て儒学に必要な四書を購入。儒学で身を立てたいと望む三朴に、父は難色を示していましたが、医者を生業にするならばと、近くの八重村の医師・田中仁節への入門を許したといいます。

父が亡くなった翌年、三朴は18歳の時にそっと家を出て、かねてから憧れていた九州の儒学者・広瀬淡窓（ひろせたんそう）の塾に入りました。家からの仕送りは望めず、小遣い銭に窮した時には雲水の姿に扮して経を唱え托鉢をして廻ったといいます。

淡窓の門の塾頭となり、その後長崎に出てオランダ医学を学び、2年後には神戸・京都を廻って学識を深めました。

嘉永元年、32歳の時にようやく故郷に戻った彼は、家を買い秋錦山房（しゅうきんさんぼう）と名付けて、翌年にはここで医者を始めると共に儒学の講義をし、妻も迎えて生活の安定を得たのです。

秋錦山房（玉島阿賀崎）

秋錦山房の茶室　（勤皇の志士をかくまった）

三朴直系曾孫・赤松悌介さん　医者になった頃から生活も安定し、困っている人からは、診察代も取らなかったと聞いています。種痘の始まった頃は恐れる人もいたようですが、疱瘡を免れるということで種痘をしたようです、私の小さい頃には、種痘の傷跡を見せ、これは三朴先生にしてもらったんだという老人がいました。

嘉永6年、ペリーの黒船が徳川幕府三百年の眠りを破り、全国の志士達の議論は沸騰しました。若い頃から長崎、神戸、京都などを転々とし、時勢に敏感であった三朴は、幕府の体制を鋭く批判。倉敷の林孚一（はやしふいち）をはじめ、勤皇の志士達との係りを深めるようになっていきました。

武田耕雲斎が率いていた水戸天狗党の残党や、長州の吉田松陰ら、尊王攘夷派の人々が幕府の追跡を受け逃れて来た時には、秋錦山房の茶室に長い間かくまっています。

三朴は医者で得た金をこれらの人達につぎ込み、妻・琴江の苦労は大変であったといいます。また秋錦山房には志士の一人が酒に酔って刀を振り回し、柱に付けた傷跡が今も残っています。

三朴の住む阿賀崎は、幕府の直轄地・天領でした。それにも係らず倒幕運動の支援が出来たのは、西町に住んでいた侠客・矢掛屋幸次郎の助けによると言われています。当時は侠客が幕府の目明しをしており、この幸次郎が三朴の人となりに傾倒し幕府方の動きを連絡してくれたのです。

慶応2年に起きた倉敷浅尾騒動。これは立石孫一郎ら長州奇兵隊の一行が倉敷代官所を襲撃し焼き打ちにした事件ですが、その帰路、亀島で幕府の追撃を受けて四散。その内の三人が三朴を頼り秋錦山房に数日間潜伏しました。

倉敷代官所が襲撃されてからは幕府の捜査も一段と厳しくなり、矢掛屋幸次郎は三朴に一時、身を隠すようにと勧めました。そこで三朴は志士達との往復書簡をことごとく焼き捨て頭を剃り落とし日頃から親交のあった円通寺の住職に頼んで墨染めの法衣に身を包み備後尾道の山寺に身を寄せたのです。慶応3年10月、徳川慶喜が政権を朝廷に返す大政奉還が行われ、三朴は尾道の寺にひそんで一年後、ようやく秋錦山房に戻る事が出来ました。

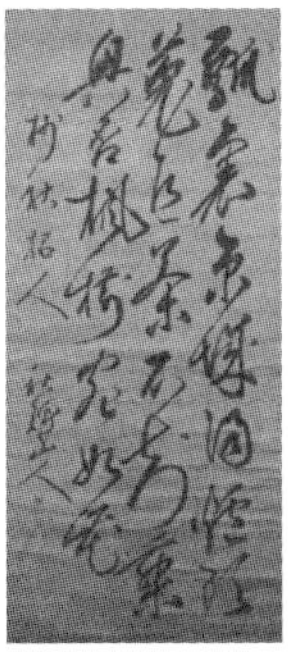

瓢箪の五言絶句

愛用の瓢箪「鬼身城」

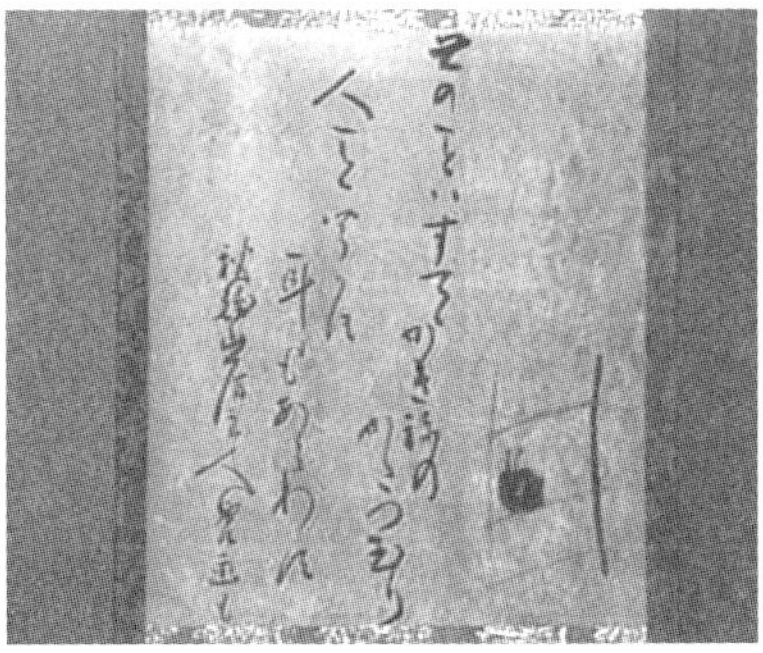

三朴の短冊

明治新政府のもと三朴は、倉敷県庁より長年に亘る勤皇の労を表彰され、弾正台という検察機関に迎えられたりしましたが、勤皇倒幕に燃えていたはずの仲間達が新政府の下で役職を取り合うさまに幻滅を感じ職を辞したのでした。

「世のことを捨てて垣根の蝸牛《かたつむり》ひとことといはず耳も洗はず」

再び秋錦山房に戻った彼は門の垣根にいた蝸牛を見て、政治のことには再び関らないという自らの心情を蝸牛に寄せて詠んでいます。

晩年は秋錦山房で悠々自適の生活を送り、医者のかたわら漢学を教え、その門に集まる者は三百名を越えていました。儒学者としての三朴の交遊関係は広く、玉島で漢学塾を開いていた鎌田玄渓は、明治10年頃の三朴の事を「只詩を好み、酒を愛し、医者はその生業。所謂風流隠逸の人」と記しています。

赤松悌介さん　聞いた話ですが、夜中に泥棒が入った時、泥棒にトイレに行きたいが俺が動いたらお前は疑うだろう、だから尿瓶を取って来いと言ったら、泥棒はあきれて何も取らずに帰ったという事ですよ。

三朴は愛用の瓢箪「鬼身城」《きみじょう》を携えて、友と酒をよく酌み交わし、詩を詠じていました。また淡水・秋錦などと号し、漢詩を数多く残しています。

「瓢裏《ひょうり》京城《けいじょう》の酒　爐頭《ろとう》莵道《うじ》の茶　知らず興《きょう》に乗るや否《いな》や　楓樹《ふうじゅ》宛《あたか》も花の如《ごと》し」　秋招人　秋錦山人

瓢箪の中には都の酒がある、囲炉裏には宇治茶を沸かしている、興に乗ったのかどうか分らないが、楓の樹は宛も花のように赤く染まっている。と自然を詠み込んだ美しい五言絶句を残しています。

明治25年4月4日、満開の桜のもと亡くなりました。77歳でした。

赤松秋錦顕彰碑（円通寺）

赤松潤吉　（三朴の孫・玉島信用金庫蔵）

三朴には娘が四人いましたが三女・氣長（きな）の長男・潤吉が三朴に請われて「赤松姓」を名乗り、跡を継ぎました。

赤松潤吉は、玉島商工会議所の会頭や玉島信用金庫の理事長を務め玉島の発展に寄与しています。

大正6年には、三朴の遺徳を偲んで円通寺の白華山に三島中洲の文で赤松秋錦顕彰碑が建てられました。三朴について、中洲は碑文に「性格は慾がなく、豪放磊落、赤貧洗うが如く、志士を救い、唯恐れず」と記しており、この顕彰碑に寄せられた寄贈者芳名録は450名を数えています。

その翌年の大正7年には戸川白華が「赤松三朴事迹」を著しています。

阿賀崎の秋錦山房の門の前には、昭和18年太平洋戦争の真っただ中、大政翼賛会が「勤皇の志士　赤松三朴」の石碑を建てました。

平成4年4月4日、赤松家の子孫と関係者が集まり、赤松三朴・没後百年祭が円通寺で執り行われました。

自らは医者でありながら、強い信念で勤皇の志を貫いた赤松三朴。その人となりをあらわすように、秋錦山房は今も、建てられた当時の姿を色濃く残し阿賀崎山の下に静かに佇んでいます。

「たましま歴史百景」第39回　2012年11月　放送

（参考文献）「赤松三朴事迹」戸川房次郎著
「岡山春秋6　赤松三朴の秋錦山房」花田一重著
「温古204　赤松三朴」吉備外史
「倉敷人物二百選」森脇正之編

（協力）小野敏也　古城文雄　頃末丈夫　赤松悌介
玉島信用金庫　玉島図書館

鎌田玄渓の自画像図
川井家蔵

鎌田玄渓の自画像図　川井家蔵

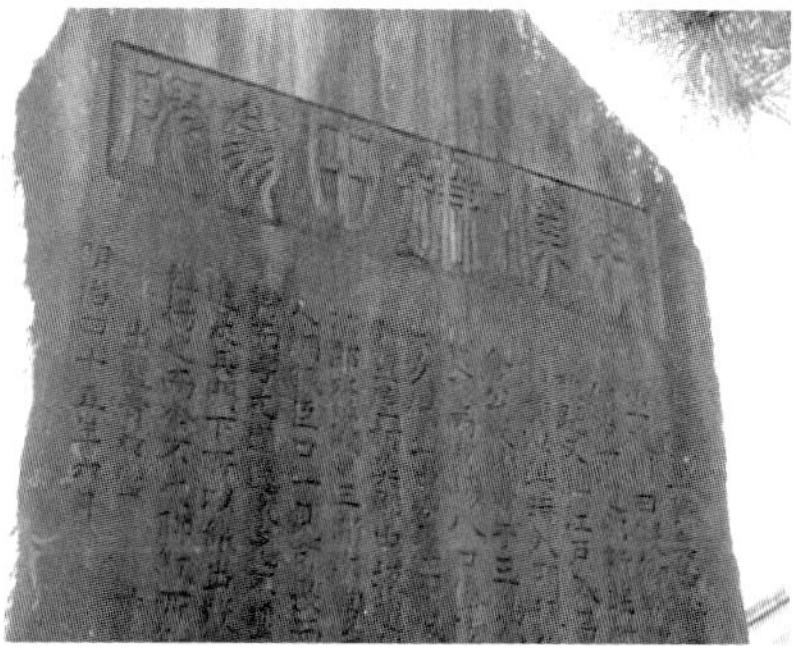
鎌田玄渓顕彰碑（清瀧寺前）

72 漢学者　鎌田玄渓

羽黒山東側中腹には、幕末に玉島で漢学塾を開き多くの逸材を世に送り出した鎌田玄渓（1819～1892）の顕彰碑が建てられています。

鎌田玄渓《かまだげんけい》は、文政2年（1819）備中下道郡新荘村（現在の総社市新本）で、医者のかたわら小さな塾を開いていた鎌田由斎の長男として生まれました。

少年時代から勉強好きであった彼は父の塾生に混じって勉強をし、天保9年、20歳の時に大阪に出て藤沢東畡《とうがい》に陽明学を学び、次いで江戸に行き、昌谷精渓《さかやせいけい》に付いて朱子学を学びました。しかし翌年の天保10年に父が他界。帰郷を余儀なくされたのです。

玉島では、横溝藿里《かくり》没後、塾のない期間が続いており、柚木玉洲《ゆのきぎょくしゅう》、林抑斎《よくさい》等が中心となって、鎌田玄渓に玉島で塾を開いてくれるよう要請しました。

父の死後は帰郷して家を継いだ玄渓ですが、家業の医者は性に合わず、天保14年（1843）25歳の時に田畑一切を弟・玄叔に譲り、私塾「有餘館」《ゆうよかん》を玉島の団平町に開きました。

開塾して5年、玄渓塾は評判となっていました。松山藩主・板倉公は、松山（高梁）にある藩校・有終館《ゆうしゅうかん》の分校を玉島団平町に設け、玄渓にその教師を命じて名字帯刀を許し二人扶持を与えたのです。また数年後には士籍に列し、さらに二人扶持を加えて四人扶持としています。

玄渓の門下からは、明治の夜明けに活躍した逸材が多く出ています。その中でも川田甕江《おうこう》は玄渓塾の一期生として14才で入塾。入塾して10年、玄渓の勧めで江戸に出た甕江は、漢文学者として名をなし宮中顧問官にもなりました。玄渓塾からは、その他にも安原多年、柚木玉邨《ぎょくそん》、また初代海軍軍医総監となった戸塚文海などが出ています。

玄渓は教鞭をとるかたわら、柚木家の別荘、澆花園《ぎょうかえん》で詩の会をしばしば催していました。それは「文化は既成の文化を授けられるだけでなく、人々の創意によって創造されるものである」との考えによるもので、多くの文人墨客が澆花園を訪れ玉島で文化の花が咲いたのでした。

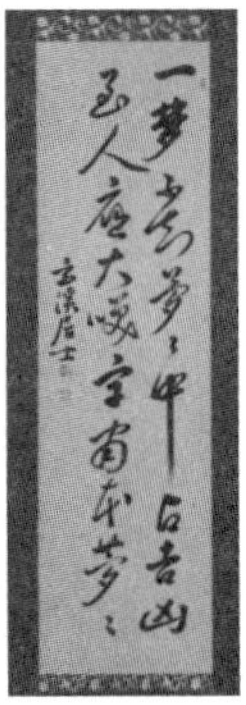
鎌田玄渓書

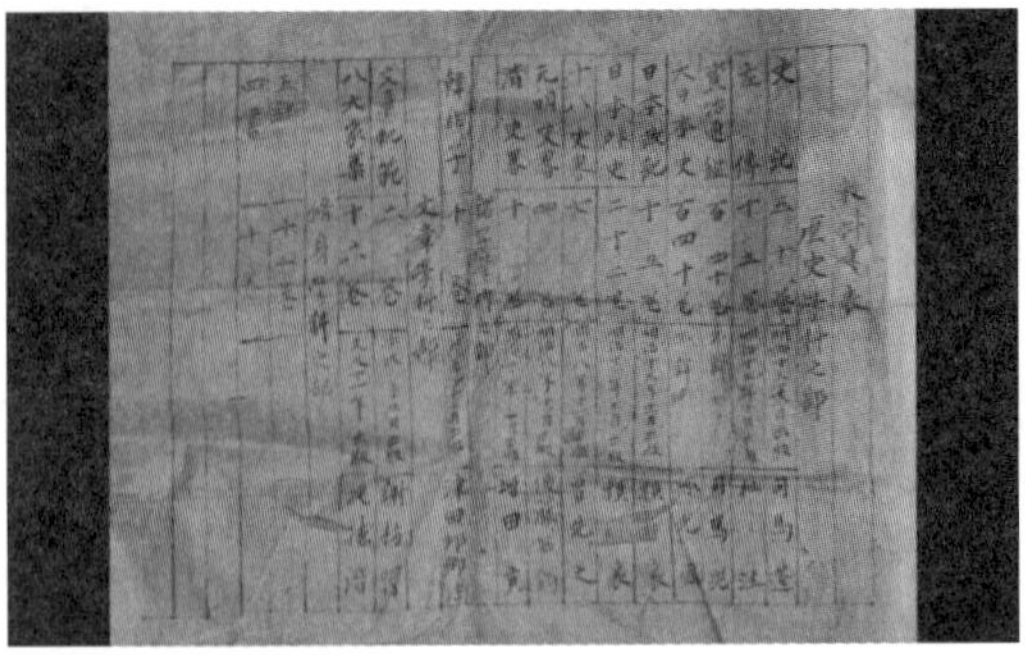
成章学舎の教科書表

25歳の時に塾を開いて以来、24年間玉島の教育文化の発展に尽くした玄渓ですが、慶応2年、本校の高梁にある有終館の督学を命じられ、住み慣れた玉島を後にして高梁に移り住みました。

明治4年、廃藩置県によって藩校有終館そのものが役目を終えた為「松山藩に仕えた我が身は藩の廃止と共に野に下り、再び新政府に仕えるべきではない」と考え、生家に程近い下道郡久代村（現総社市久代）の玄渓（くろだに）に居を構えたのです。

しかし明治6年、山田方谷が現在の岡山県備前市にある日本最古の庶民の学校・閑谷学校を復興し、自分に代わるべき教官として玄渓を推挙。明治7年、閑谷学校の督学になりました。閑谷学校にある歴史資料室には、閑谷学校の初代校長として鎌田玄渓の名が記されています。

翌年の明治8年、58歳で閑谷学校を辞し、再び玄渓（くろだに）に帰った玄渓（げんけい）は、中洲や甕江などからの再出馬の話を一切拒否。詩を愛し酒を愛し、心の趣くままに旅をするという隠居生活に入って行ったのです。

明治13年、玄渓の次男・鎌田平山は玉島矢出町で私塾「成章学舎」を開きました。学校開校の折の申請書の生徒数は83名。教科書表には、四書、五経の他、史記、大日本史、日本外史等の歴史書が目につきます。明治13年の頃には塾とは言わず学舎と呼んでいましたが、授業内容は、漢学を主体とし維新以前の塾と似たようなものでした。

明治20年6月、玉島の門弟達は、鎌田玄渓の古希の祝いを円通寺普門閣に於いて開催。百名を越える門下生が集まり、この時に柚木玉洲らが書を贈っています。閑谷学校を辞任して後、隠居生活に入った彼の詩は、人生の機微が織り込まれ俄かに趣きを増していきます。

「**一夢不知夢**（一たび夢みて夢たるを知らず）　**夢中占吉凶**（夢の中に吉凶を占う）　**至人應大笑**（至人はまさに大笑すべし）　**宇宙本夢々**（宇宙はもと夢々なり）」

「夢を見て夢とは知らず。夢の中で吉凶を占った。道を治めた人はまさに大笑いをするであろう。宇宙は元々夢のようなものだ。」「宇宙はもと夢々なり」と言い切り、踊るような筆跡で記しています。

山房外観図

山房裡の図　直外筆

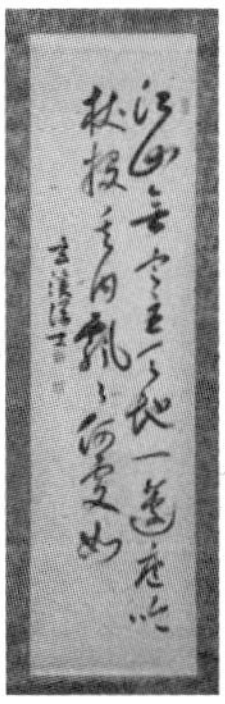
五言絶句

井原市神代にある玄渓の娘さくの嫁ぎ先・川井家には、玄渓や平山にまつわる品が数多く保存されています。

黒谷川がほとりを流れ、玄渓がこよなく愛した玄渓（くろだに）の地にひっそりと佇む「山房外観の図」三棟の内中央の建物が玄渓の書斎と思われます。黒谷は玄渓とも表記され、玄渓はこの玄渓（くろだに）の音読みを自らの号とした様です。

画家・直外によって描かれた「山房裡の図」は向って左が玄渓だと考えられており、詩と酒を愛した玄渓の姿がひょうひょうと描かれています。

昭和46年当時、玄渓の肖像画としては、この後姿のみだと考えられていました。しかし、川井家が所蔵するこの絵は（前々頁）、玄渓の自画像ではないかと思われています。「烱々と開かれた眼大きな口」と、三島中洲が碑文に記した玄渓の顔の特長を良く表し、自らを仙人と称していた玄渓の姿が偲ばれます。

「江山無定主（こうざんていしゅなし）　**天地一遽廬**（てんちひとつのきょろ）　**吟杖投其内**（ぎんじょうそのうちにとうず）　**飄々何処如**（ひょうひょういずれのところかしかる）**」**

「自然には定まった主がいるわけではない。天地はついにこれ一つの仮の宿である。杖を持ち其の中に入ってみるが　何処へ漂って行っても同じようなものだ。」としています。

天地これ一つの遽廬（きょろ）、仮の宿である事を実践した玄渓は、明治25年2月25日、旅先の播州赤穂郡塩屋の柴原家で風邪をこじらせ、家族達が駆けつける間もなく74年の生涯を閉じました。

柴原家から久代の留守宅に届いた手紙には、玄渓の最後の様子がくわしく記されています。

赤穂の柴原家の菩提寺・興福寺に埋葬された玄渓ですが、昭和46年、鎌田玄渓遺徳顕彰会の一行が興福寺を訪れ、住職の案内で玄渓が埋葬された場所を掘りました。しかしその時、鍬が脛に当たり作業を中止したといいます。その後、平成9年になり、現在の興福寺住職・三好信雄師の手で「玄渓鎌田」と記された墓碑が作られ、玄渓終焉の地であることを伝えています。

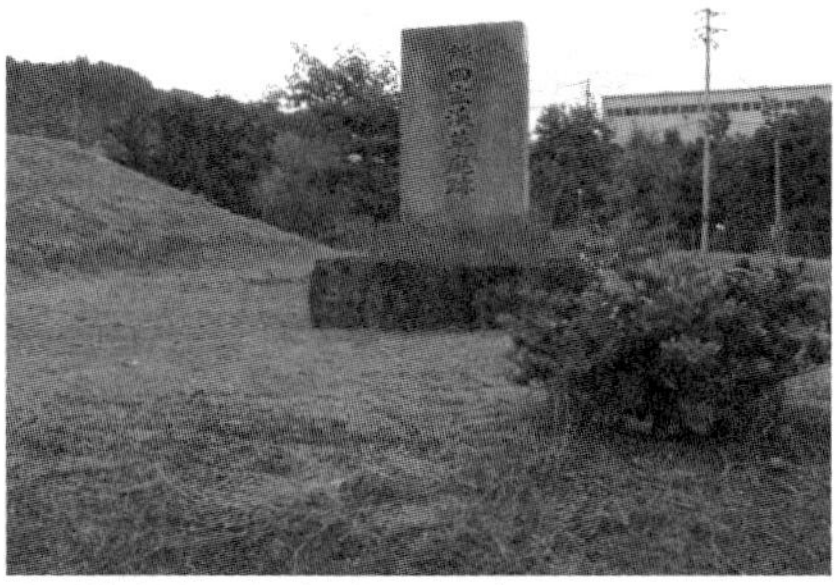

玄渓草庵跡の碑（総社市久代）

玄渓終焉の地の墓（赤穂市興福寺）

興福寺住職・三好信雄師　昭和46年の時は先代が住職でして、私は和尚から話しを聞いたのですが、後に本を頂いて、墓も石碑も何もなく悲しくて涙が出たと書いてありました。それは寂しい話だと思い、平成9年10月に作る事にして、墓石を探し墓を作りました。

玄渓が亡くなって9ヶ月後の明治25年11月、息子平山が48歳の若さで亡くなりました。玉島矢出町に私塾成章学舎を開いて12年目のことでした。これで、玉島で最初に出来た藿里の塾、玄渓の塾、そして平山の塾と続いた漢学塾は終わりを告げたのです。

玄渓の庵跡の近く、総社市久代に赤穂の興福寺から分骨された玄渓の夫婦墓がありましたが、今は総社市新本郵便局の近くに平山の碑と共に移設されています。

羽黒山清瀧寺の前にある鎌田玄渓の遺徳顕彰碑は、大正4年、彼の玉島時代の教え子達が三島中洲に碑文を依頼して建てたもので、人間玄渓の姿がよく表されています。

「性格は温和であっさりとしており、好む所は詩と酒のみである」とされ、又「生徒を見ること友の如く、文才ある人を嫌わず、常にへりくだって自益とする。こういう次第であるから老いていよいよ学問が進み、教育者として大成した」と記してあります。

「文よりも詩がよく、その詩よりさらに人間玄渓が勝る」と言われた鎌田玄渓。幕末から明治へと風が吹き荒れた日本の夜明けの時代。時論には組みせず学問に徹し、多くの門人を世に送り出しました。

平成8年、地元有志により総社市久代に鎌田玄渓草庵跡の碑が建てられ、その足跡を偲んでいます。

「たましま歴史百景」第36回　２０１２年7月　放送

（参考文献）「玄渓居士」井出逸郎・古城真一編鎌田玄渓先生遺徳顕彰会発行
「玄渓　鎌田博」高梁川49号・古城真一著

（協力）赤穂市興福寺　総社市教育委員会　井原放送
小野敏也　川井順江　古城文雄　頃末丈夫

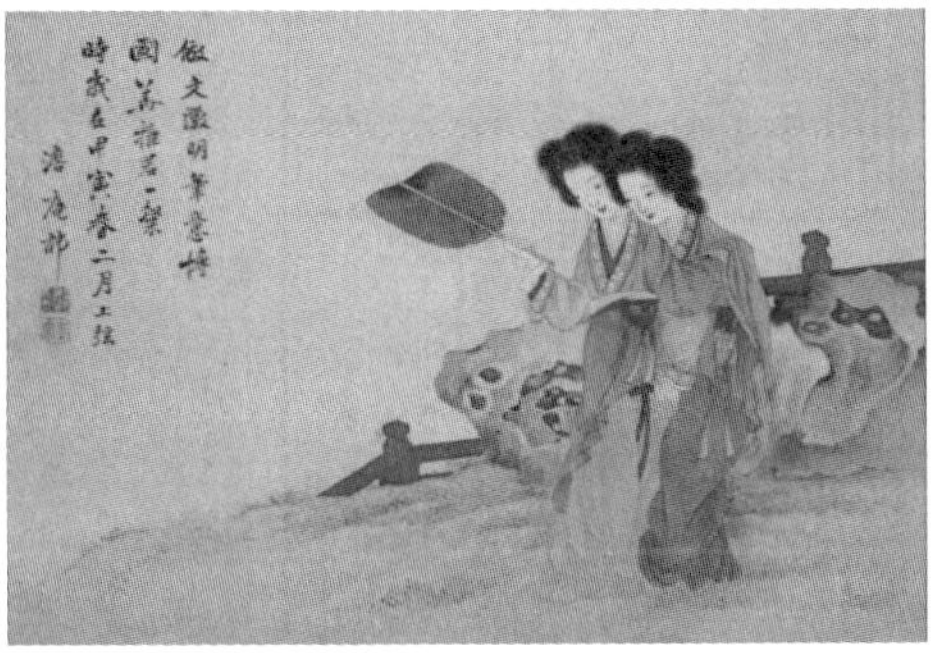

唐美人図　竹喬美術館蔵（1854年）

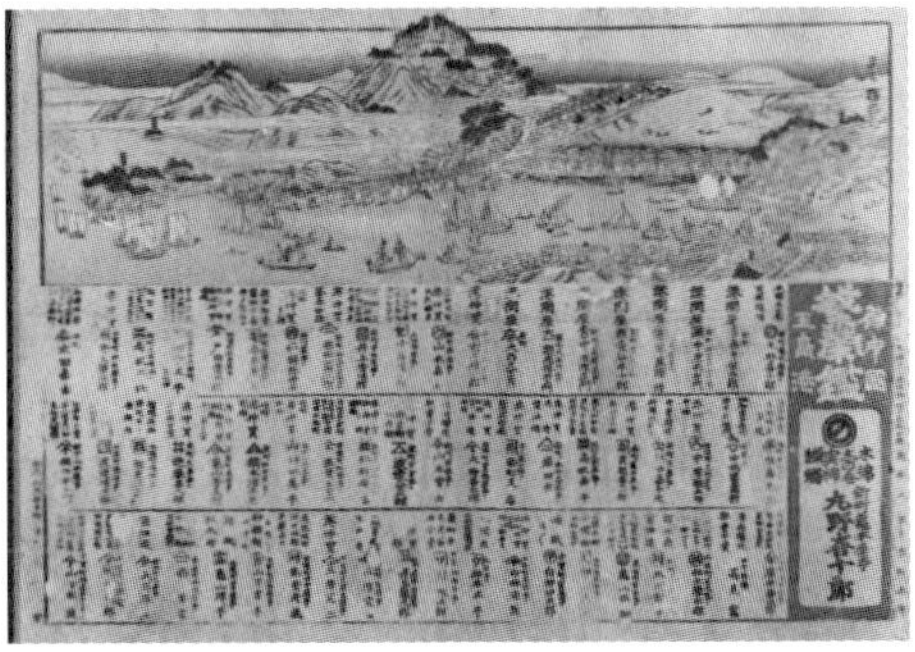

備中国玉島湊繁栄鑑　白神澹庵図

73 幕末明治の南画家　白神澹庵

「備中国玉島湊繁栄鑑」これは幕末から明治にかけ活躍した南画家・白神澹庵（1824～1888）の版画です。港には千石舟が停泊し、玉島湊の繁栄を伝える貴重な資料として今に残されています。

白神澹庵（しらがたんあん）は文政7年（1824）備中松山・現在の高梁市に生まれました。年若くして京都にのぼり、浦上春琴に師事し四条派を学び後南画に転じています。

澹庵の孫が、文化勲章を受けた日本画家小野竹喬（おのちっきょう）です。竹喬は江戸時代の文人画家・浦上玉堂を尊敬しており、晩年になり玉堂の子・浦上春琴に教えを受けたという祖父・澹庵の存在を強く意識。祖父の作品を精力的に収集し、笠岡市の竹喬美術館には澹庵の作品が10点余り所蔵されています。

その中の一点、澹庵30歳の時に書いた「唐美人図」には「国華君に博す」と記しています。国華とは玉島の風流問屋として知られている西綿屋の主人・中原利右衛門の号です。

「雪景高士図」雪は白い紙をそのまま残し、山の上のかすれた筆の跡がさらに寒さを表しています。この絵にも「国華・中原君に一粲」と記しており、中原国華に対する敬意と交流の程が知られます。

こちらの「秋景」は先の「雪景高士図」と材質、落款、サイズが同じで連作の作品と思われます。「菊華図」は小田郡出身の漢学者・阪谷朗廬（さかたにろうろ）が菊のおもむきを愛でた賛を添えています。「雛之図」は笠岡の歌人であり国学者でもある関晁翁（せきふおう）が賛を入れており、これらの一連の作品からも澹庵の人脈の広さが伺えます。

漢学者・三島中洲（みしまちゅうしゅう）との親交もあったようで、小野竹喬は「祖父は私が生まれる前の年に死んだのでその面影さえ知らないが、三島中洲から祖父に贈られたという額が故郷の家の二階に掛けてあった」と記しています。

御来屋全景図　住吉神社・鳥取県西伯耆郡大山町（1854年）

玉島港築堤之図　羽黒神社絵馬殿（1869年）

澹庵は玉島矢出町、柚木家の別邸澆花園《ぎょうかえん》に30年近く逗留し、澆花園に集った文人達との交流を通して画業を形成したと言われています。

澹庵の同門に鳥越烟村《えんそん》、門下生としては井原で画塾を開いた河合栗邨《りっそん》などを輩出し、また柚木家の主人・柚木玉洲《ぎょくしゅう》も澹庵から絵を学んだと記されています。

小野敏也さん　**澹庵が柚木家の澆花園に長くいた理由は、澹庵さんに限らず当時は文人墨客が素封家に寄宿して生活の面倒を見てもらいながら自分の絵や書の仕事をしていました。そうして一流の人は何とか食べていけるという時代に文化文政の頃から成熟していた様です。**

白神澹庵による「備中国玉島湊繁栄鑑」は明治10年代初めの頃と思われる商家の広告チラシです。下に問屋や商店の名が記され、玉島湊の繁栄を今に伝える貴重な資料となっています。

また羽黒神社絵馬殿には明治2年奉納の玉島湊築堤の図があります。裏には大工、石工、水門番の名も記され、これも玉島湊の歴史を知る大切な資料の一つです。

大正7年発行の岡山県人名辞書には白神澹庵の項に「玉島に来たりて柚木氏の別荘・澆花園に居り絵を業とす。又彫刻及篆刻をよくせり、常に酒を好み清貧洗うが如し」と記されています。

玉島を拠点とし、摂津、播磨、伊予、讃岐、備前、伯耆、安芸などの各地を放浪した澹庵ですが、嘉永7年、澹庵30歳の時に描いた絵馬が伯耆大山の麓・住吉神社にあります。裏書きには名和町の名家に一年近く寄宿しながらこの絵馬を30日で完成したと記しています。背景に大山をどっしりと据え、町中の賑わい、港に出入りする白帆の舟等、海上から見た御来屋《みくりや》港が細かく描かれています。

この絵馬を描いた嘉永7年に、澹庵の息子で竹喬の父の小野才二郎が笠岡で誕生しています。白神澹庵と小野家の関係は、澹庵がたまたま笠岡村の小野家浜中屋に投宿した事が縁となって、そこの養女と結ばれ二男一女を儲けた事に始まります。

鶏と紅葉葵

武者の絵（部分）井上家蔵

御殿飾り雛の図　井上家蔵

明治元年には神戸で輸出用の団扇を描き評判となり、その時滞仕していた旅館の隣の部屋に一人の少年がいて、話してみると何とこの少年は自分の子供であったというような逸話も残っています。

玉島仲買町で廻船問屋を営んでいた井上家には澹庵の作品が数点保存されています。雛の節句に描いてもらったと思われる「御殿飾りの雛の図」では、御殿の屋根や建物が丁寧に書き込まれ、給仕役の三人官女、警護にあたる右大臣左大臣、庭掃除や煮炊きの役目を果たす三人上戸の楽しげな表情など上質な岩絵の具を使い、日数をかけて描き込まれており、澹庵の作品の中でも一、二を競う秀作ではないかと思われています。

こちらも井上家所蔵の「武者絵」です。鎧兜の武者の前で膝まずく侍が描かれ、その後ろには弓矢が散らばっています。戦いの後の敗者を見下ろす顔が慈悲深く一枚の絵からあたかもドラマが浮かんでくるような作品です。井上家にはこの他にも澹庵の作品が残されており、柔らかい筆さばきの水墨画で双幅の軸となっている山水図などです。

玉島には澹庵の作品がまだ数点あります。水墨で描かれた花鳥画「鶏と紅葉葵」の軸。澹庵は花鳥画に優れた作品が多いと言われています。

この絵は最初に紹介した澹庵30歳の時の唐美人図とポーズが似てはいますが表情やバランスなど熟練した筆使いとなっています。

この山水図は、先の方の葉が落ちた樹木、山の向うにぼんやりとした小さな月、秋の寂しい風情を表しています。

これは明治3年澹庵46歳の時に墨一色で梅を書いた「墨梅図」です。梅の枝が天に向かって伸びるさまを活き活きと描いています。

先の絵と同じ落款が押された「夏木蒼涼」では墨の濃淡を巧みに用い、筆の腹で墨を大きく置き、対象を大づかみに捉えて樹の豊かな量感を出し、大胆な空間構成は開放感と共に伸びやかさや涼やかさを感じさせます。

小野竹喬（白神澹庵の孫）　竹喬美術館蔵

採蓮図　竹喬美術館蔵

蓮の花を愛でる唐美人を描いた「採蓮図」は頭上の鳥の形をした髪飾りも面白く、花鳥画とはまた違う趣があります。

澹庵が生まれた高梁の高梁市歴史美術館には同じ山の四季折々の姿を、様々な角度・距離から描いた四幅の作品が所蔵されています。

「梅花書屋」と題が書かれたこの作品は、背後に岩山がそびえ手前の山には梅林と家が二軒。墨に淡彩が施され、のどかな春の風情を漂わせています。

夏の絵の「雨後観瀑」は先の春よりも濃い墨で描かれ木々は黒々として力強く、川の中に建てられた東屋から流れ落ちる滝を眺めている人々の姿が、夏の涼しさを感じさせています。

「秋林揺落」背後の山は遠くにあり、大きな川がゆったりと流れ、木々は赤く色づき秋の深まりを感じさせます。

最後の「寒窓幽逸」は遠景に雪山が描かれ、木々は葉を落とし、ねずみ色の淡彩が川辺の冬景色を一層寒々と感じさせています。

澹庵が晩年になり描いた花鳥画「四時一瞬」にはキジ・小鳥などと共に梅・菊・タンポポ・菫など四季折々の草花を色鮮やかに描いています。

亡くなる前の年に描いたと思われる「四時之観」には四季の花が画面一杯に描かれ、澹庵老人と記してあります。

玉島矢出町の澆花園を拠点とし、各地を放浪しながら画業を展開した白神澹庵。澹庵にとって玉島はいつでも帰ることの出来る安息の地であったのかも知れません。

明治21年８月28日、旅先の大阪で帰らぬ人となりました。65歳でした。澹庵の墓は笠岡市の南昌院（なんしょういん）、小野家の墓地の中にあります。

「たましま歴史百景」第49回　２０１４年１月　放送

白神澹庵の墓　笠岡市南昌院

四時一瞬
竹喬美術館蔵
（1885年）

梅花書屋
高梁市歴史美術館蔵
（1871年）

（参考文献）

「白神澹庵作品のフィールド調査報告書」　笠岡市立竹喬美術館友の会編

「玉島変遷史」　玉島文化クラブ発行

「倉敷人物二百選」　森脇正之編・倉敷文庫刊行会発行

「高梁川37号　小野竹喬　人と画業」　高梁川流域連盟

「羽黒神社鎮座三百五十年祭記念誌」　羽黒神社発行

「岡山県人名辞書」　岡山県立図書館蔵

「小野竹喬」　上薗四郎編・光村推古書院発行

（協力）

南昌院（笠岡市）　　岡山県立図書館

住吉神社（鳥取県西伯郡大山町御来屋）

羽黒神社　　　井原市文化財センター

笠岡市立竹喬美術館　　　高梁市歴史美術館

井上浩　　　頃末丈夫　　　花田克太

熊田神社（羽黒神社境内）

熊田恰像
前田吉彦画
高梁市歴史美術館蔵

74 玉島を戦禍から守った　熊田恰

羽黒神社境内に玉島を幕末の戦火から守った熊田恰（1825〜1868）を祀る熊田神社があります。幕末から明治維新への動乱の余波は、ここ玉島の地にまで拡がっていました。

鳥羽伏見の戦いの後、備中松山藩は朝敵とみなされ、官軍の岡山藩が玉島の街を取り囲みました。その中で自らの命と引き換えに備中松山藩の安泰と部下の命、そして玉島の街を幕末の戦火から守ったのが熊田恰（くまたあたか）でした。

熊田恰矩芳（のりよし）は、文政8年（1825）熊田武兵矩清の三男として、備中松山藩、現在の高梁市に生まれました。屋敷は藩庁としても使われていた尾根小屋御殿に通じる御殿坂の石段を降りた川端町の一角にありました。

父は新影流の剣術師範として松山藩に仕えており、二人の兄が早世したため、恰は幼い頃から父に武芸の手ほどきを受け藩校有終館に学びました。さらに四国宇和島に武芸の修行に行き、今治の道場で剣術の試合中に右目を失っています。24歳の時に父が亡くなり、父の後を継いだ恰は門弟の指導と育成に勤めました。

慶応3年（1867）10月14日、京都二条城において徳川慶喜は政権を朝廷に返上、大政奉還が行われました。12月12日、慶喜は二条城を出て幕府の陣営である大阪城に入城。

備中松山藩藩主板倉勝静（いたくらかつきよ）は幕府老中の職にあり、これに従いました。年が明けて正月3日、鳥羽伏見の戦いが起こり幕府軍は大敗。公武合体派の勢力は失墜し「徳川慶喜討伐の大号令」が出されたのです。板倉勝静は徳川方への随従反逆の故をもって官位を剥奪、さらに領地も没収されました。

勝静は徳川慶喜について江戸城に行くこととし「熊田恰以下、藩の者百五十余名は、皆内々に国元へ引き払い、大坂表を立ち退くように」と命じたのです。

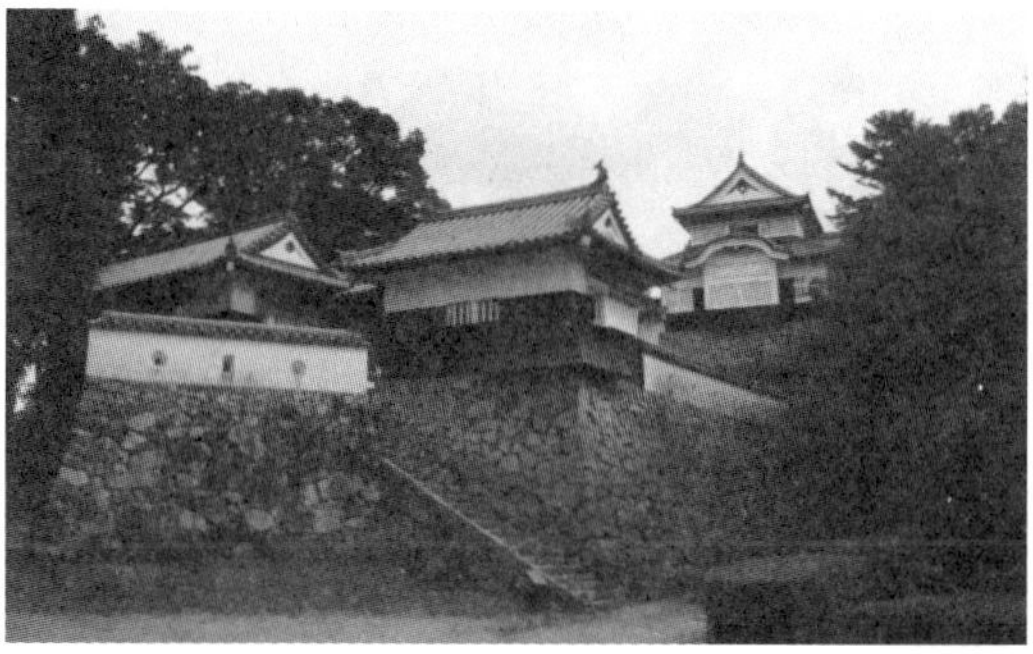

備中高梁松山城

西爽亭

隊員達は10艘程の船に10人15人と分乗し、燃え上がる大阪城を望みながら出港しました。ようやくたどり着いた玉島でしたが、暖かく迎えてくれるはずの郷土の姿はそこにはなく、一行を待ち受けていたのは「朝敵」という汚名でした。

玉島矢出町にある柚木家の西爽亭（さいそうてい）は、松山藩主板倉公が飛領地・玉島巡回の折に使用していた施設で、帰国した隊士達はひとまず西爽亭を中心に集結。藩士達の思いは一刻も早く、本国松山、現在の高梁に帰ることであり、恰はその旨を帰国報告と共に松山城に願い出ました。

しかし松山城内では鳥羽伏見の知らせが届き議論沸騰。山田方谷以下は藩として恭順の意を表すことを決め、18日には城の明渡しを行っていました。こうした中、19日に恰からの帰城願いの信書が届いたのです。

松山藩としては、恰一行の帰城を受け入れることなど出来るはずもありませんでした。山田方谷は岡山藩の厳重な包囲を突破するため、書状を紙縒りにして笠の緒に巻きつけ、二人の僧侶に託して、玉島の恰の元にまで届けました。

松山藩山田方谷からの書状には「一行は玉島に留まって、ひたすら恭順の意を示し、やむを得なければ、恰に自決謝罪を…」と書かれていました。

恰は隊員達に、藩からの謹慎の命令を厳重に守るようにと言い聞かせ、隊員達が持っていた銃や槍は束ねて倉庫内に格納。武力行使の意志のないことを示しました。

翌20日の10時頃、岡山藩より2名の使者が西爽亭にやってきました。

恰は丸腰で式台に下り「ひたすら謹慎して裁きをお待ちいたすのみですので、何卒、寛大な処置を伏してお願い申しあげます」と頭を下げました。使者は、これを聞いて帰りましたが、岡山藩はかたくなに「鳥羽伏見の戦いに松山藩も参加したに相違あるまい」と亀山に陣を張ったのです。

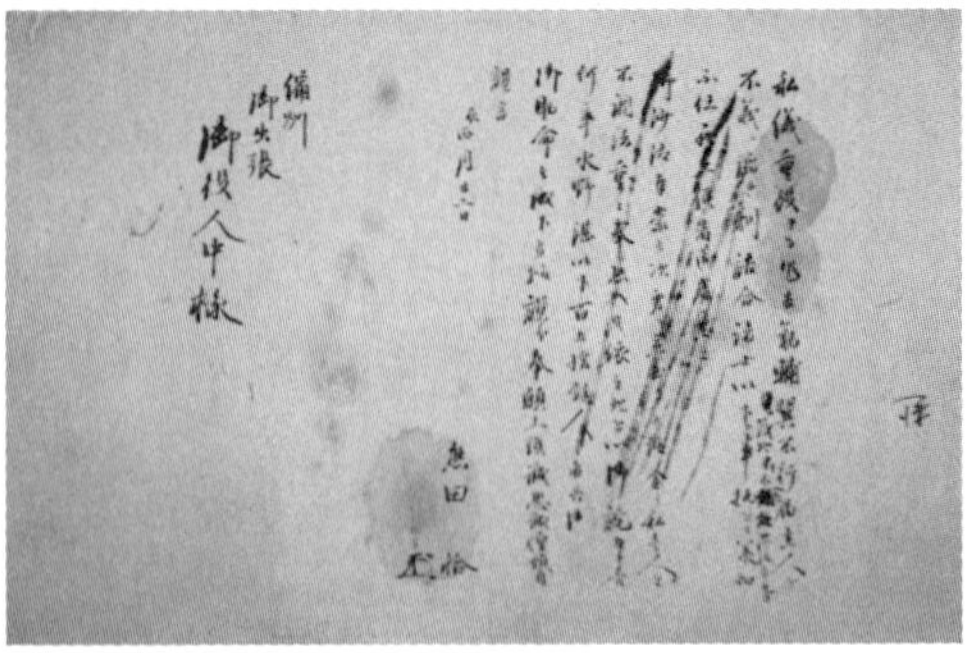

嘆願書草案　西爽亭蔵

西爽亭自決の間

柚木家9代目当主柚木爽一郎さん　さあ戦が始まるというんで住民達は非常に恐れたんですね。皆、門戸を閉ざし柚木家では女、子供は乙島の守屋庄屋さんの所に避難させて頂いたと聞いています。

明治元年正月21日、岡山藩は玉島の街を包囲。円通寺、住吉山、七島、中潟、円乗院などに大砲を据え、恰の一行が反乱を起こした時には街を攻撃する態勢を整えました。人心は動揺し玉島の街中は家財を積んだ荷車が東に西にと右往左往、大混乱となりました。

恰は亀山の岡山藩陣営に嘆願書を持って出向きました。しかし面会は拒絶され、書状だけでもとの願いも聞き入れられませんでした。

西爽亭に帰った恰は自室に川田剛（たけし）後の川田甕江（おうこう）を招き「拙者は武人ゆえ世事にうとい、死は恐れないが、死期を誤ってはならない、貴殿よろしく死期を教えて頂きたい」と依頼。

翌、正月22日。空は快晴で一段と寒気の厳しい朝でした。恰の前に出た川田剛は「先生かねてよりお覚悟の時期が、今日ただ今参りました」と伝えると「よし承知した」と応えて煙草を2、3服吸い、草案を自ら一、二ヶ所修正。「私儀の不調法、重ね重ね恐れ入り候、死を以ってお詫び申し上げ候、何卒、以下百五十余の者どもの命御助け下さるよう、幾重にも願いあげ候」としたためました。

この嘆願書の草案は今も西爽亭にあり、自決の折に飛び散った恰の血痕が残っています。

恰は、松山藩公の御成の間（おなりのま）を血で汚してはならないと次の間を選び、白布を敷き静かに東に向かって一礼をして、主君・板倉勝静に別れを告げたといいます。

熊田恰、44歳。鳥羽伏見の戦いからわずか一ヶ月足らずの出来事でした。

柚木爽一郎さん　切腹する時に畳を上げていたとの事で、畳の下にはかなりの範囲に血のりの跡が残っています。また天井にも飛んだようで、天井のしみが、その時の血のりの跡と言われています。また嘆願書や血判書なりの下書きが散乱していたようで、嘆願書草稿に付いている茶色いようなしみが、その時の血の跡と言われています。

熊田恰墓　高梁市八重籬神社

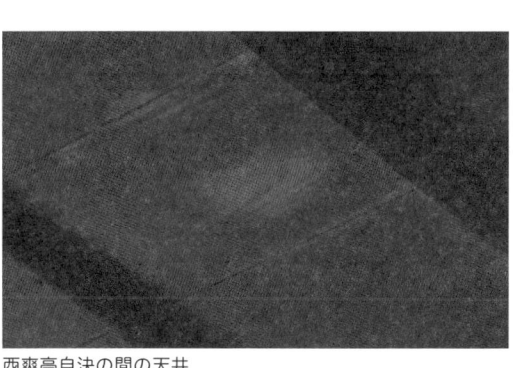

西爽亭自決の間の天井

熊田恰の自決の後、西爽亭では残された隊員の中から3人が礼服に身を固め、亀山の岡山藩陣営に出むきました。そして恰の首を納めた箱と嘆願書、また隊士一同の署名を差し出し、恰自決の経緯を報告しました。

この知らせを受けた岡山藩はただちに包囲を解き、玉島の街は恰の死を以って戦渦を免れたのです。恰の遺体は、玉島竹の浦の墓地で清瀧寺住職により荼毘に付され、本葬は後日、高梁の道源寺に於いて営まれました。

岡山藩主・池田茂政は、熊田恰の武人としての潔さに感動し、遺族に香華料として金十五両と、米二十俵を送りました。残された隊士達は、道源寺の前庭に手水鉢と石灯籠を寄進、恰の冥福を祈りました。また松山藩は、恰の忠節に対し家老格を贈るとともに、八重籬神社の境内に祠を建て、嫡子金太郎に百石の加増を与えています。

玉島では明治3年1月、恰の三回忌に羽黒神社境内に熊田神社を建立。高梁の八重籬神社境内には、熊田恰頌徳碑が明治17年に建てられました。熊田恰頌徳碑は、大坂表から一行に同行し、自決当時の事情を熟知している川田剛が文並びに書を記したもので、この事件の内容を知る一番の手掛かりになっています。

この写真は恰43歳、死の前年に撮影したものです。身の丈は5尺8寸、175センチ。威風堂々としたその静かな表情からも恰の人柄が偲ばれます。

恰は子弟に「不平不満があっても決して怒ってはならない。怒りは武士の恥である」と常日頃からさとし、自らも怒りを外に表すことはなかったといいます。

柚木さん　**熊田恰の人生観としては、武士は死を恐れてはならない。これは恰が新影流の修行を積んでいくうちに身に付けたことのようで、武士として生きるのは、常に真剣勝負という事かと思いますね。また武士は怒ってはならない、怒りは武士の恥であると、門弟達に話していたようです。**

熊田恰

熊田恰頌徳碑　高梁市八重籬神社

明治の夜明けを迎えるにあたり、玉島で吹き荒れたこの騒動は「玉島事変」として後世に語り継がれています。

玉島・羽黒神社境内に祀られている熊田神社では、恰の死後、大正6年に50年祭、昭和40年に百年祭、昭和61年には百二十年祭を執り行い、玉島の街を戦火から守った恩人として、熊田恰の遺徳を偲んでいます。

また矢出町の西爽亭は、熊田恰自決の佇まいを残す建物として今も大切に保存されています。

「たましま歴史百景」第26回　２０１１年1月　放送

（参考文献）「ああ熊田大夫」熊田神社奉賛会発行　古城真一編
「武人の鑑・熊田恰公」羽黒神社発行
「熊田恰」森脇正之編　熊田神社百年祭奉賛会

（協力）西爽亭　道源寺　羽黒神社
八重籬神社　高梁市歴史美術館
仁保清寿

川田甕江住居跡（玉島新町）

川田甕江　玉島図書館蔵

75 宮中顧問官　川田甕江

幕末明治の漢学者で、宮中顧問官になった川田甕江（1830～1896）。川田甕江（かわだおうこう）は文政13年（1830）玉島新町の綿問屋・大国屋に生まれました。甕江の生まれた大国屋の屋敷は現在も安原倉庫本宅として昔の姿を留めており、その角に川田甕江住居跡の碑が建てられています。

川田甕江は名を剛（たけし）といい、甕江という号は甕の港（かめのみなと）と呼ばれた玉島湊にちなんでつけられたものです。大国屋の次男として生まれた彼は3歳で父を失い、6歳の時に母と死別。やむなく下道郡矢田村、現在の真備町箭田の豪農で母方の伯父でもある、瀬尾是輔（せおこれすけ）に引き取られました。幼くして両親を亡くした甥を是輔は可愛がり、また熱心に教育をしました。ある日、幼い甕江に剣と書を示して将来どちらを選ぶかと聞いたところ、ためらうことなく書物を選んだといいます。

一方、一家の主を亡くした川田家では、長男の奮闘と是輔の後押しで漸く立ち直りを見せました。そして甕江14歳の時、矢田村より玉島のほうが勉学に都合が良いので、新町の実家に戻ってきました。玉島に戻った甕江は鎌田玄渓（かまだげんけい）に儒学を、また長尾の歌人小野務に短歌を学びました。学問で身を立てようと決意した彼の勉強ぶりは人並みではなく、昼も夜も、書物から手を離すことはなかったといいます。

入塾して8年、甕江の才能を見抜いた鎌田玄渓は「もうおまえには教えることがなくなった。この上は江戸へ出て勉学を続けるが良い」と勧めました。

嘉永5年、23歳で江戸に出た彼は、苦学して大橋訥庵、藤森弘庵などの大家について陽明学・朱子学と漢文を学び、次第に彼の学才は諸侯に知られるようになりました。

甕江の学識を伝え聞いた近江大溝藩は彼を迎えようとしましたが、備中松山藩の家老・山田方谷の

江戸・松山藩校の川田甕江
玉島図書館蔵

快風丸　同志社大学蔵

命を受けた三島中洲が訪ねて来て、松山藩に仕えることを強く求めたのです。

甕江は、郷里松山藩のためならばと、近江大溝藩の百石の扶持を捨て、五十石の扶持で松山藩士になることを承諾。安政4年（1857）28歳の時の事でした。

以来10年、江戸にある松山藩校で学問を教えました。その頃、日本の周辺には外国からの船が頻繁に渡来。江戸で黒船の脅威をまざまざと見た甕江は、松山藩に洋式の船の購入を提案。文久2年（1862）英国から2本マストの鋼船・洋式軍艦「快風丸」を購入。玉島湊にその勇姿を浮かべました。

江戸にいた甕江は幕府はもはや長くはないと読み、山田方谷と共に松山藩主板倉勝静に幕府老中の職を早く辞退するようにと勧めました。しかし勝静はこれを聞き容れず情勢は切迫。

明治元年、甕江は松山藩士・熊田恰の一行と共に、京都から玉島に帰郷。朝敵とみなされた松山藩は玉島に足止めとなり、玉島の町は、官軍の岡山藩に完全に包囲されました。

自らの命と引き換えに、藩を守る事を決意した熊田恰は、甕江に嘆願書の草案を依頼。恰の首と嘆願書を岡山藩に差し出し、玉島の町は辛うじて戦渦から免れたのです。

甕江ら残された松山藩士達は板倉家の存続を求めて奔走。松山藩は、板倉家十代藩主勝政の次男の子、栄次郎を江戸から連れ帰り藩主に擁立する事としました。甕江は、呉服商人に変装し、栄次郎を丁稚に仕立てましたが、神奈川番所で取り調べに遭い、にわか丁稚の栄次郎が怪しまれたのです。そこで甕江は栄次郎をなぐりつけて何とかその場を通過。後になり安宅の関で弁慶が涙をのんで義経を殴打した故事と共に書き残しています。

一方、京都の二条城で大政を奉還した将軍徳川慶喜に付き、江戸まで行動を共にしていた松山藩主・板倉勝静ですが、その後の行方がわからなくなっていました。

甕江らは、ようやくその居所を突き止め、函館の五稜郭で再会。しかし勝静は、朝廷に自首すれば打ち首にされるのではないかと、江戸に戻ることを逡巡していました。

時の情勢に通じていた甕江は勝静を説得。一緒に江戸について戻り、朝廷に勝静の減刑を願う嘆願書を提出しました。

前列左から２人目・重野安繹
後列左・川田甕江　玉島図書館蔵

甕江と鷹　玉島図書館蔵

勝静は死罪を免れ、安中藩（群馬県碓氷郡）へお預けの身となったのです。一度はお家取りつぶし、五万石没収となった松山藩でしたが、新藩主の擁立が認められ、二万石に減ぜられたものの藩の復活が許され、藩士達の喜びは一方ないものがありました。

明治3年、板倉家の存続も決まり、甕江は藩の重鎮として残るように請われましたが、家督を嫡子・鷹に譲って再び学問を続けるため東京に出て行きました。

この時甕江は41歳。東京に出た彼は塾を開いて塾生は１６０余名を数え、薩摩藩の重野安繹《しげのやすつぐ》と双璧をなすと言われるようになりました。

また、この二人に三島中洲を加え「明治の三大文章家」と称されたのです。

川田甕江資料を読む会代表・三宅昭三さん　現在は万延元年と文久元年の日記を読んでいるのですが、やたらと人名がたくさん出て来ます。実に人脈が豊富で、偉い人から開明的な人、尊皇攘夷のコチコチの人。そういう人達と分け隔てなく付き合っていて、好かれてもいた様です。また他の文献などを見ると、情報をキャッチするのが早くて、これはと思った時は、果断に実行に移している所も、目立ちます。また手紙などを読むと随分子煩悩で案外俗っぽい所もあったんだなあと思いますね…。

東京に出た彼は請われて次々と要職についています。明治6年、太政官に出仕して大学少博士に任ぜられ、明治10年、学位令が交付されると、わが国で最初の文学博士の称号を受けました。

翌年、文部省の修史館で重野安繹と共に国史の編纂に当たりましたが、新しく日本の国史を作ろうと意気込む重野に対し、甕江は昔からの史料を重視した編纂を主張。このことは、学者達を二分する論争となり、その結果、明治14年、甕江は文部省を去って宮内省に移ることになりました。

そして明治天皇の東北巡幸に従い、「隋鑾紀程」八巻を完結。明治17年、東京帝国大学教授。明治23年、貴族院議員。明治26年には、東宮（後の大正天皇）に学問を講じる侍講《じこう》に任ぜられました。

晩年に記した、文人としての甕江を垣間見る書が、玉島に残されています。

川田甕江詩碑（白華山）

川田甕江墓（吉祥寺・東京駒込）

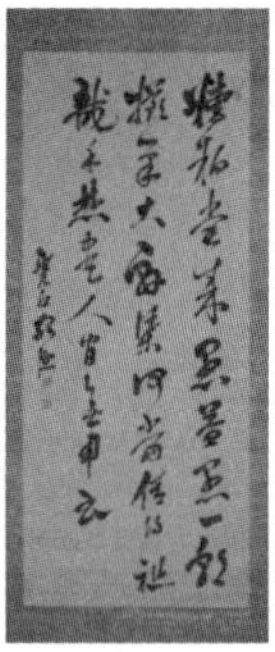
甕江晩年の書
古城文雄氏蔵

「糟粕嘗来愚量愚（そうはくなめ来たって愚ますます愚なり）一朝擲筆大軒渠（いっちょう筆をなげうって大いにけんちょうす）何當雇得祖龍手（いつかまさに祖龍の手を雇い得て）焚盡人間無用書（じんかん無用の書を焚き盡すべし）」（古くからの学問の残り粕・糟粕をなめて来たのは愚かなことである。文筆を投げ捨て祖龍すなわち秦の始皇帝の手を借り、無用の書を焚きつくすべし。）と記しています。

明治新政府の下に居りながらも忠義にあつい甕江は、旧松山藩主の板倉勝静を度々訪ねては、その相談相手となり、勝静から「余が死した後までも、側近くにいて欲しい」と懇願されていました。その遺言に従い、東京駒込の吉祥寺境内には藩主板倉勝静の墓の近くに甕江の墓が置かれています。明治29年正月、胃をわずらって東京牛込の自宅に戻った甕江の元に、東宮から見舞いとして盆栽の松と梅の鉢が届けられました。しかし程なく2月2日、67年の生涯を閉じました。死後、朝廷の特旨により宮中顧問官（きゅうちゅうこもんかん）に列せられています。

昭和44年、白華山の山頂に甕江の詩碑が建てられました。それには「玉島の玉にきず無し」と、故郷を偲んで詠んだ詩が刻まれています。

「水は舟棹を通じ、陸は車を通ず　即ち是れ、山陽の小浪華　海に連なる長江三萬頃　涯に傍う粉壁幾千家　市民また詩書画を弄し　風景兼ねてよろし、雪月花　我は吾が郷を愛し、一語を賛す　ああ玉島の玉に瑕（きず）無しとなす」

「たましま歴史百景」第28回　２０１１年４月　放送

（参考文献）
「甕江・川田剛」川田甕江遺徳顕彰会編
「高梁川48号・熊田恰と川田剛」古城真一著
「高梁川63号・名文家川田甕江と短歌の名人川田順」高橋義雄著

（協力）
吉祥寺（東京都文京区）　同志社大学　玉島図書館
川田茂　古城文雄　高梁市歴史美術館

戸塚文海

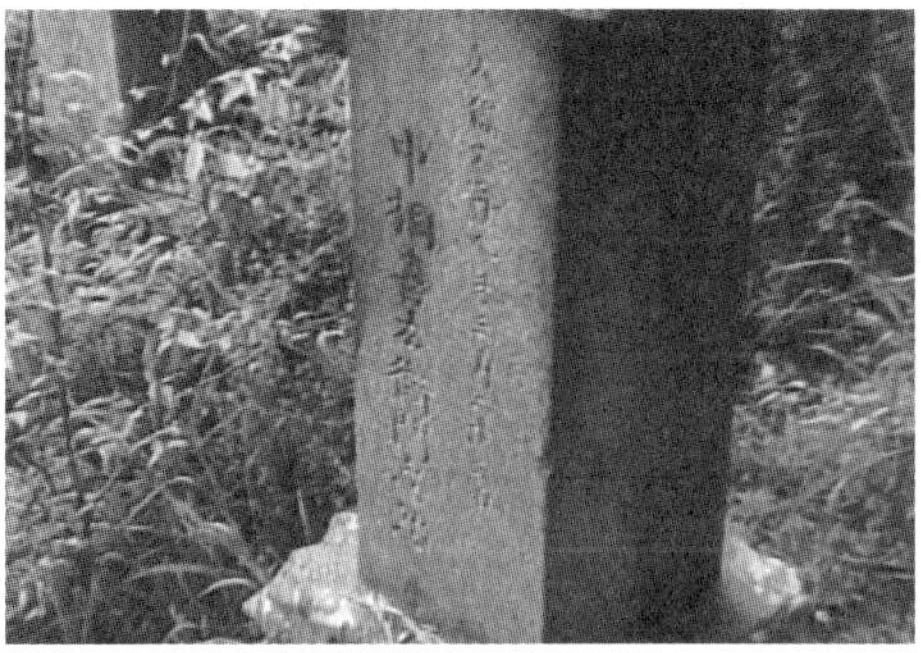
祖父・中桐喜右衛門の墓（玉島下吉浦）

76 海軍軍医総監　戸塚文海

徳川幕府最後の将軍・慶喜の侍医として仕え、明治になって海軍に出仕、初代の海軍軍医総監になった戸塚文海。（とつかぶんかい　1835〜1901）

彼は元の名を中桐正孝と言い、天保6年玉島吉浦の中桐幸右衛門を父として生まれました。祖父・喜右衛門の墓は現在も下吉浦に残っています。

中桐家は富み栄えていましたが祖父の代に衰退。父はこれを何とか回復しようと子供の教育には熱心で、正孝（後の戸塚文海）には幼少の頃から鎌田玄渓・阪谷朗廬のもとで儒学を学ばせました。16歳の頃、儒学では家をおこし世を救う事は出来ないと考えた彼は医学を学ぼうと決心。大阪に出て同郷の緒方洪庵の蘭学塾に学び、さらに江戸に出て緒方洪庵の師である蘭法医の坪井信道の教えを受けました。親元からの仕送りは途絶えがちで、食べる事にもこと欠きながら勉学に励んだといいます。

頭脳明晰で大変優秀だった彼は26歳の時、幕府の侍医であった戸塚静海に見込まれ養子になりました。養父となった戸塚静海の縁で幕府に出仕することになり、文久2年（1862）幕府の命で待望の長崎に遊学。オランダ人ポンペの指導を受け続いてボードウィンにも教わりました。

嘉永6年のペリーの黒船来航に驚いた幕府はオランダから教官を呼び、長崎に海軍伝習所を設けて旗本の師弟を中心に人材の教育を行っていました。この時来日した教官の中にポンペなどの軍医も含まれていたのです。

文海は長崎養生所の管理を任され、そこに医学科を作り、我が国で初めての体温計、顕微鏡を備え、その使い方を研究したりもしました。

慶応元年（1865）長崎から帰った文海は、翌2年、大阪城中で脚気から重体に陥った第十四代将軍、徳川家茂の侍医に任ぜられて、その治療にあたりましたが家茂は間もなく他界。

その後を継いだ第十五代将軍徳川慶喜からも侍医に任ぜられたのです。

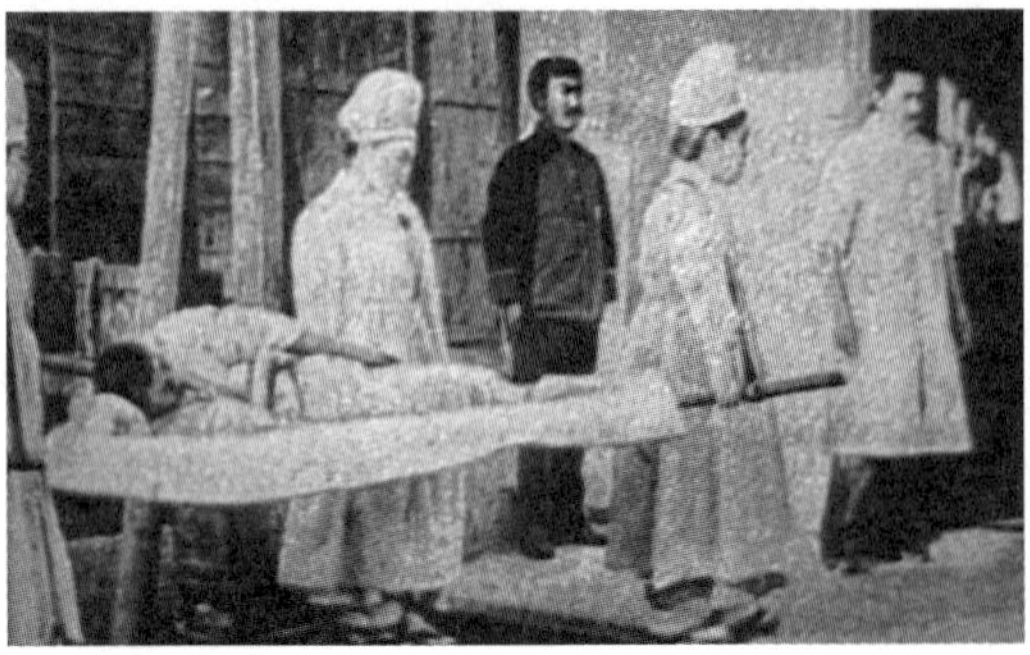

当時の東京慈恵院

静岡学問所の生徒

慶応4年、鳥羽伏見の戦いで幕府が敗れ、徳川慶喜が数人の家臣と共に軍艦開陽丸で大阪から江戸へ脱出した際にも同行しています。

その後も徳川家と運命を共にし、明治2年に徳川家が駿府（現在の静岡県）へ移封されたのに伴い駿府へと移住しました。

駿府では藩立駿府病院・静岡学問所に席をおき、分散土着した徳川家の家臣らに医学を教え、病気の診療も行ったのです。

文海は明治新政府からしばしば出仕の勧誘を受けましたが、徳川家への忠誠からこれを固辞して受けませんでした。

しかし、廃藩置県で病院が廃止され、長崎に遊学した時に知合っていた勝海舟の要請を受け、遂に明治5年新政府の海軍に出仕。海軍大医監として高輪の海軍病院の院長を勤めました。

明治9年に官制が改まり、初代の海軍軍医総監に任命。

明治10年、西南の役では軍医部長官を務め、その功により勲二等旭日重光章を受けました。

また明治15年、高木兼寛らと自らの私費を投じ、仲間を集めて貧苦の病人を救済することの出来る東京慈恵院（現在の東京慈恵会医科大学病院）を開設。

明治16年、48歳の時、後進に道を譲るため病と称して海軍軍医総監の職を退役。東京京橋で開業しながら、茶をたて香をたき静かな余生を送り、明治34年9月9日、67歳でこの世を去りました。

天王寺墓地の「海軍軍医総監従三位勲二等・戸塚文海墓」の題額は徳川家達によるものです。

玉島吉浦に生まれ徳川慶喜の侍医として幕末を迎え、明治になって海軍軍医総監となった戸塚文海。頭脳明晰で剛直な彼は、幕末から明治へと激動する当時の世の中で大きな変遷を余儀なくされながらも、医業を一生の仕事として海軍医学の基礎を築きその生涯を終えました。

（平成2年に放送した「玉島百景」に追記しました）

（写真提供）　東京慈恵医科大学情報センター
（参考文献）　小笠医師会史

坂田回春堂「中備の魁」

坂田雅夫

77

沙美海水浴場開設　坂田待園

沙美海水浴場開設を提唱した医師・坂田待園（さかたたいえん　1835〜1891）は、天保6年7月15日、備中川上郡九名村（現在の美星町）の代々の豪農で酒造業も営む坂田端一の長男として生まれました。六人兄弟の長男で、名は迂蔵（うぞう）、のち雅夫と改め、待園はその号です。

次男の丈平（号は警軒）は阪谷朗蘆のあとをつぎ興譲館館長となり代議士にも二回選ばれています。四男桂作は家をつぎ、五男の実は慶応義塾幼稚舎舎監、日本銀行理事、豊国銀行専務取締役に就任。坂田家ではパイオニア精神に溢れた人材を多く輩出しています。

そのような家の長男として生まれた彼は25歳で川上郡成羽の渡辺亀子と結婚。二人は睦まじいにもかかわらず浮かぬ顔で時には部屋の隅に隠れて泣いていることもありました。心配した父は嫁に理由を尋ねさせたところ「自分は学問がしたい。横文字も読みたい。しかし自分は長男であるから、一生家業の酒屋をして、杓振りをせねばならぬのかと思うと、残念でたまらないのだ」ということでした。

父はこれを聞いて雅夫が家を出ることを許し、備後福山の御典医寺地強平について蘭学を学ぶことになりました。この時、雅夫はすでに30歳。かなり遅いスタートでしたが、一心に努力し帰郷する時には必ず大きな辞書を首にかけ、往きかえりの道中も勉強をしていたといいます。

福山で2年間勉強の後、大阪に行き、ボードインとエルメレンスの二人につき西洋の医術を研究し、郷里の川上郡九名に戻り医院を開業しました。

やがて後月郡与井村（現吉井町）に医院を移し、医業のかたわら門下生に西洋医学を教えました。

明治6年頃、玉島の有志、妹尾一三郎、三宅最平らが彼の名声を聞き「どうか玉島に来て、医院の開設をして頂きたい」と懇願し彼を迎えました。当時の浅口郡医会は彼を会長に推し、彼も郡内の医師の指導、また郡内の健康増進に尽力するようになりました。

その頃はまだ薬といえば木根草皮のたぐいで、通町に坂田回春堂という西洋の医薬を売る店を弟に頼んで開店させたりもしています。

明治10年には岡山県下で最初の病理解剖を行ったといわれています。

坂田待園追慕之碑（円通寺）

坂田医師　沙美海水浴場を創る
「モタエのおじいさん」

また彼は医師の指導だけでなく、養豚をはじめ乳牛の飼育、牛乳の販売などに着目。初めは新樋のある人に乳牛を貸してやらせてみましたが長続きしませんでした。次に団平町の佐藤進士という人に頼みましたが、牛乳を飲む人が少くて損失ばかり、年末になると彼は損失の補填に奔走。しかし後の佐藤搾乳場の繁栄は彼のおかげで、佐藤は彼の死後「坂田雅夫霊」の半切一幅を作り祀ったといいます。

またその頃、結核の治療などに海水浴が必要なことを雑誌で読み、それに共鳴した彼は海水浴場の開設を何とかしようと玉島付近の海浜を巡回して黒崎村沙美の浜が海水浴場の好適地と判断。

当時の黒崎村村長吉田親之に協力を求めました。吉田村長は快諾してくれたのですが、地元の漁民たちはこの地は大切な網干し場であると猛反対。彼は吉田村長と共に地元の漁民達との話し合いを重ね、海水浴客のための仮小屋を諏訪山の下に明治13年に開設。

すると利用客が押し寄せ、明治15年には番所山付近に沙美海浜院という保養施設が建てられました。これが沙美海水浴場の始まりです。日本で初めての海水浴場と称して一般客を呼んだのは大磯の海岸で明治18年8月のことです。沙美では明治13年に仮小屋が出来、以後年々海水浴場として整備されました。海浜院には潮湯や蒸風呂の設備も揃い年間を通じての利用も可能で、海岸にはお金持ちや有名人の別荘が建ち並び、都会的な雰囲気がする避暑地に発展したのでした。

彼は詩文を叔父で興譲館の初代館長阪谷朗廬（さかたにろうろ）に学び、詩は弟で興譲館館長になった警軒（けいけん）より上手との世評がありました。

晩年は、元小倉藩士の歌学者・佐久間多年を招いて近隣の有志らと共に歌会を催しました。また文人墨客をもてなし、長坂雲在、江村香巌、清人王治本なども来遊、楽しいひと時を過ごしています。

彼の門から出て医師となった者は数十名にものぼり、学資を支給してそのあとを継がせた玉島の医師で最後の文人といわれた藤田荒次郎も門弟の一人です。

藤田荒次郎は円通寺に追慕之碑を建て碑文に「その人となり寛敞（広く朗らか）酒脱（さっぱり）交友頗る多し」と記しています。明治24年7月7日、沙美療養所で亡くなりました。57歳でした。

（参考文献）「玉島こぼれ話」藤田荒次郎著　「倉敷人物二百選」森脇正之著

小野節歌碑
（円通寺）

小野節歌碑（円通寺）

78　歌人　小野節

「やせ畑の二まち三まち棄かねてこの山里に朽ちやはてなむ」

円通寺公園にたつ小野節（おのみさを　1863〜1917）の歌碑です。上京して学問をする志を抱きながらも遂に一地方に終らんとする淋しさを歌った節の代表作です。

備中の各地に栄えた小野一族。小野家の先祖は備中国猿掛城の麓に住んだ小野和泉守正直であると言います。それから五代の後、天正10年（1582）頃長尾村に家を建て、続いてその兄弟が天正15年それぞれ船穂と長尾に立家したと伝えられています。以来幾つもの分家に分かれ長尾、爪崎、船穂、玉島などに豪農として栄えました。

船穂の小野家柳屋は何代も庄屋を勤め、亀山藩の郡奉行も命じられた船穂統治の中心的な家柄です。「五千石でも柳屋様は、蔵が十三、堀に馬場」と唄われ、一辺百㍍四方の広大な敷地に20棟余りの建物がありました。小野節はこの柳家の小野久徴（ひさあき）の次男として、文久3年（1863）11月23日生まれ、幼い頃から学問文学を好み、和歌や漢詩に心を傾ける心優しい少年でした。

長尾の小野家は本家を坡南（はな）分家をそれぞれ新宅、桜本といいました。本家の亭号は移山亭（いざんてい）。分家が有芳亭、招月亭（しょうげつてい）でした。

移山亭の主人小野櫟翁（れきおう）の弟の小野泉蔵は文人として聞こえ、頼山陽はじめ諸国の文人が足を止め、特に木下幸文（きのしたたかふみ）を庇護し育てた事は有名です。

節の母の幾美は長尾の桜本招月亭の一人娘で、次男を実家の養子とするとの約束で船穂柳家小野久徴に嫁いだのでした。

久徴との間に三人の男の子が生まれましたが、次男節の他は夭折。節はただ一人残った男の子でした。小野節の幼名・節之介は幕末の尊王儒学者森田節斎の命名と伝えられています。

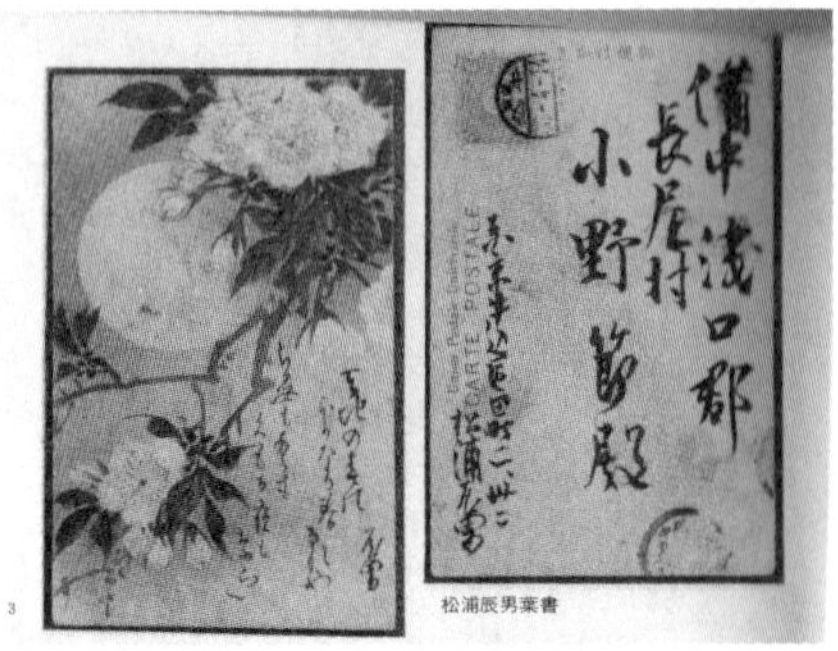

葉書

招月亭（玉島長尾）

幾美は明治2年三男の死と相前後して世を去りました。父の久徴にとって節はただ一人残った男の子でしたが、次男を妻の実家に渡すという婚儀の時の約束から節を妻の実家桜本の養子としたのでした。

母を失い、実の父と別れて節が祖父母の家、桜本に来たのは8歳の頃と言われています。

7歳で生みの母幾美を失い母方の実家に引取られた節でしたが、祖父主一郎夫婦にとって一人娘を失った悲しみは孫の節に対する愛情を倍加させ暖たかく大切に育てられました。

招月亭には数千冊の書物があり、筋向いの移山亭にも歌人小野務の息子で和歌に秀でた小野讅（うるわし）がいました。讅は節の最初の師で、節にとって学問をするのに事かかぬ環境でした。

20歳の節の歌「さよ更けてひとり寝ざめのとこにきく犬の声こそ物悲しけれ」

明治14年児島八浜村平岡竹太郎の次女すいと結婚。節は数え年19歳、新婦は16歳でした。二人の間に二男三女が生まれましたが次女比左子と三女美知子を除いて何れも夭折。

次女比左子は9歳の時に船穂村小野倹蔵の養女として柳屋に入籍。節が長尾に来たため相続者の無くなった父の実家を継いでいます。

また明治24年に生まれた長男正経は4歳で夭折。

「しろがねもこがねも玉も惜しからずをしきはわが子あはれ我子や」

「おもひかね其奥つきを来てとへば昼もさびしき虫の音ぞする」

特に12歳まで大きくして亡くした次男進の死は節の心に大きな傷跡を残しました。

「男さび泣かじと思へば苦しきをなきにや泣かむ声の限に」

「あたゝかき胸をなでてはかすかにや息や通ふと耳すましつつ」

色紙　節書

井上道泰

結局桜本の小野家を継いだのは三女の美知子で、美知子5歳の時の楽しいひと時の歌も残しています。

「めづらしき雪にもあるか　いざ子ども　ものさしもてこ　深さ計らむ」

社会的には明治29年玉島銀行取締役となり、30年8月より4年間長尾村村長を務め、また長く村会議員にも名を連ねています。

40年3月には節たちの努力で長尾郵便局が設置されています。設置場所は節の邸内で、彼は初代郵便局長を勤めました。

その他、中国紡績取締役、日清汽船監査役など実業界でも活躍。

暖かく穏やかで誠実な人柄の彼は多くの人々の信頼を集めましたが、政界は村会までで、それ以上中央へ出る事は自ら避けたのでした。

節の終生の師は桂園派の流れを引く井上道泰でした。道泰は木下幸文の研究に招月亭を訪れ、節と親交を重ねるようになりました。

節30歳の頃、井上道泰の紹介で東京の桂園派最後の正統歌人と言われた松浦辰男にも歌を見てもらうようになりました。辰男は門弟に田山花袋や柳田国男がおり、心の誠を基本とし平明な言葉による自然な調べを第一とした歌人で、穏やかな気質の彼にはうってつけの師であったようで、節の歌はなだらかで素直な作風となっていきます。

「初秋のかぜ身にしみて朝がほのはなのまがきにきりぎりすなく」

「霜ふみていたばしわたるわが靴のおとさえさむしふゆのよのつき」

「常みればあるか無きかの遠山をさやかにみする今朝のゆき哉」

30代の後半には社会的に多忙を極め、自ら制限して作歌から離れた節でしたが、40歳の頃から少しその制限を解いたようです。

長尾小野家の跡継ぎとして中央に出る事を拒み、長尾でその一生を終えた節ですが、長尾の周辺の文人達との関りは多く持っていました。

小野節

柚木玉邨の招月亭図

資料の中によく出てくるのは、漢詩人として名をなし衆議院議員になった田邊碧堂。
碧堂とは一歳違いで招月亭の筋向いに住んでおり、井上道泰の仲立ちをしたのもこの人でした。
碧堂は自身の漢詩集「衣雲集」に「**三十一言才絶倫**（三十一言（和歌）の才能は絶倫（とび抜けている））　**清詩不譲玉堂賓**（清い詩は玉堂の賓を譲らず）　**西風今日過閭里**（西風は今日も閭里（村里）を過ぐ）　**已是山陽笛裏人**（是は山陽の笛裏人）」と詠んで、小野節を讃えています。

また歌人では玉島の医師・藤田安良、そして中塚正斎、画家では玉島の柚木玉邨などが小野節の関係資料に出てきます。

小野節晩年の歌

「世の人にまけじとまではねがはねどおのれに今は勝たむとぞおもふ」

大正6年10月27日、盲腸炎のため55歳で亡くなりました。
亡くなる3日前、苦しい死の床でありながら、川土手で小屋がけをしている流浪の人達は如何かと思いを馳せ、歌を詠んでいます。
正義感が強く優しく、不幸な人を決して見過ごすことの出来ない節らしい最後の歌となりました。

「しめじめと雨ふりいでぬ河のべの小屋がけ如何わびしかるらん」

（参考文献）　歌人小野節の略伝　吉崎志保子著
高梁川43号「歌人小野節」吉崎志保子

中塚一郎
「倉敷人物二百選」

中塚一郎歌碑（円通寺）

79 歌人 中塚一郎

「雲間よりうすき日射せり釣り船のはららにうかぶ秋の入り江に」 正斉

これは円通寺の石庭の隅に建てられている中塚一郎（1864〜1945）の歌碑です。

中塚一郎は、元治元年（1864）5月13日、勇崎村の塩浜庄屋・和泉屋中塚千賀治の長男として生まれました。

松山藩主水谷公は領内の塩の需要にあてるために、元浜や勇崎の塩田の開発を行い、この開発に功績のあった中塚家は庄屋を命じられ、水谷家断絶後、幕府領になっても中塚家は代々庄屋の職にありました。

中塚家とその一族には、今日に至るまで地元の政治、経済界で活躍した人が多く、また短歌や俳句などで名をなした人も多く出ています。また中塚一郎は、現在の岡山県会議員・中塚周一氏の高祖父（四代前の祖父）にあたります。

中塚一郎は明治22年に町村制が施行された年に柏崎村会議員になりました。25歳でした。

その後、浅口郡会議員、同議長を歴任。明治36年〜大正2年には玉島町会議員。

大正4〜8年岡山県会議員。この間、県農会中央委員、浅口郡煙草耕作組合連合会長、水産会長に選ばれるなど地方自治の発展に貢献しました。

また明治44年より一年間と、大正9年より昭和4年までの9年間を合わせて10年間、玉島町長を務め、高梁川の大改修工事、霞橋架橋などに力を注ぎ、玉島町の刷新に多くの業績を挙げています。

人格者として敬愛されていた彼は大正15年、玉島町長のまま玉島商業高校の初代校長を務め、玉島商業高校の基礎を築きました。

彼は文筆に長じ、郷土史の分野でこの地方の草分けともいうべき存在と言われています。

中塚一郎
「松園歌集」

塩釜神社の勲功碑
（玉島勇崎）

明治17年に発生し県内に甚大な被害をもたらした暴風雨高波を記録した「海嘯徴毖録」を明治21年に執筆。翌22年には「柏崎村誌」、明治30年には「浅口郡誌」を発刊しています。また玉島湊と千石船「玉島懐舊譚」は彼の講演をまとめたものです。

短歌をこころざしていた彼は号を正斉（まさなり）、庵号を松園（しょうえん）と称し、明治26年頃から岡直盧、鎌田正夫、黒田清綱の添削を受け、明治44年からは井上通泰に師事。
井上通泰門下の四天王の一人として活躍。短歌の会「松園会」を主宰しました。
歌道50年の詠草中より、藤田安良選で歌集「松園歌集」が昭和15年に出版されています。

「とまりぬと思へばたちて菜の花のあたりを去らずとぶ蝴蝶かな」
「みなと江につどへるふねの帆柱のはやしを照らすあきの夜の月」
「まつはりし蔦のもみぢも散りはてゝ木だちさびしき冬がれの森」
「われ先きにわたりて見むとしばらくは人なみたてり橋の上にも」　霞橋渡橋式
「おもむろにはかりし事ぞしりぞくも進むもときのあるを思ひて」　町長退職

玉島町長を昭和4年に退き6年後の昭和10年、地方行政功労により宮中より観桜会に召されました。
またその年、勇崎の塩釜神社に柚木玉邨撰文の中塚君紀功碑が建てられています。
町長を退いてからは好きな短歌に精を出し、ようやく戦争が終わった昭和20年12月5日に亡くなりました。享年82才でした。

（参考文献）
「玉島界隈ぶらり散策」小野敏也監修　倉敷ぶんか倶楽部編　日本文教出版発行
「倉敷人物二百選」森脇正之編　倉敷文庫刊行会発行
「玉島変遷史」玉島郷土研究会編　柚木久太発行
「松園歌集」中塚一郎著　中塚謹太郎発行

番屋の屋号が入った藩札

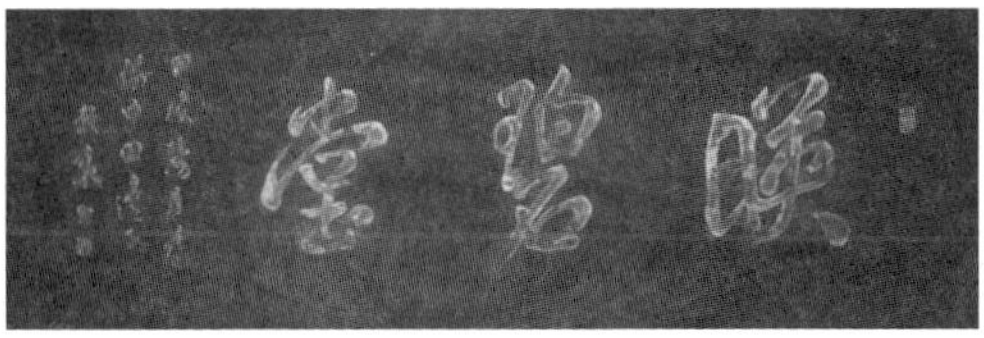
頼山陽書の門額

田邊碧堂

80　漢詩人　田邊碧堂

「西風断角動辺秋　草白雲黄寒日愁　底事英雄始皇帝　長城徒自限中州」

西風断角（せいふうだんかく）辺秋（へんしゅう）を動かす　草白く雲黄にして寒日（かんじつ）愁う（うれう）

底事（なにごとぞ）英雄始皇帝　長城（ちょうじょう）徒（つと）に自ら中州を限る

これは田邊碧堂（たなべへきどう　1864～1931）が中国の万里の長城を歌ったものです。

連作3首のうち2番目の作で日本人として最高の傑作であるばかりでなく、中国の大家でもこれ以上の作は容易に出来るものではないと絶賛され大正時代の代表作「大正三絶」の一つとされています。

実業家でありながら、明治から昭和にかけ、漢詩壇の第一人者としてその名を知られた田邊碧堂。名は華（か）、字は秋穀（しゅうこく）、通称は為三郎（ためさぶろう）、碧堂（へきどう）はその雅号です。

田邊家は玉島長尾の古くからの庄屋でした。文人墨客も頻繁に訪れ、頼山陽（らいさんよう　1781～1832）もしばしば来訪し、田邊家の居宅を「映碧堂」（えいへきどう）と名付け揮毫しました。

これは頼山陽の書を門額に仕立てたものです。「碧堂」の号は頼山陽が名付けたこの「映碧堂」に由来しています。

庄屋をしていた田邊家の屋号は「番屋」でした。この藩札にも「番屋」の名が見られます。田邊家の地所は非常に広く、為三郎という署名が入った土地の権利書から割り出した生家跡の一部に数件の家が建っています。

碧堂はこの番屋の主人田邊新三の三男として幕末の元治元年（1864）12月3日に生まれました。7歳の時に父が亡くなり、母の手で大切にまた厳しく育てられました。

母はことある毎に「一芸を専攻するに二流の人になるなかれ」と誡め、この言葉は碧堂の信条となっていったようです。

非常に頭脳明晰な少年であった彼は幼い頃、兄・竹窓（ちくそう）の塾で七言絶句を学びましたが身体が弱くて遊学は叶わず、正式な学校教育を受けることは出来ませんでした。

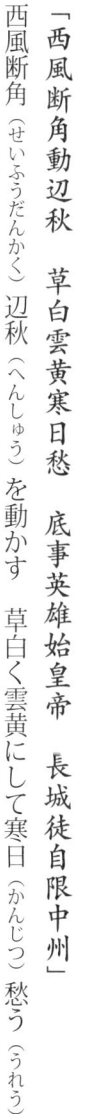

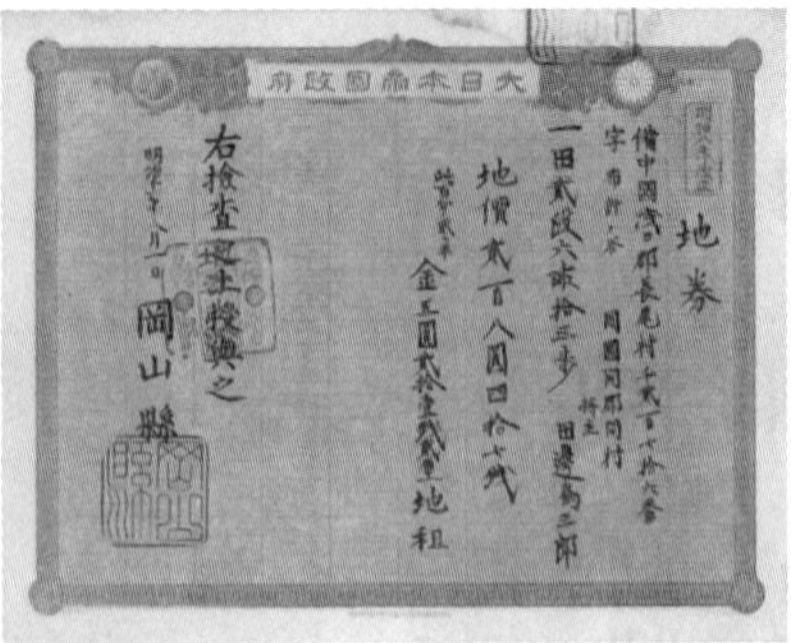

地券書

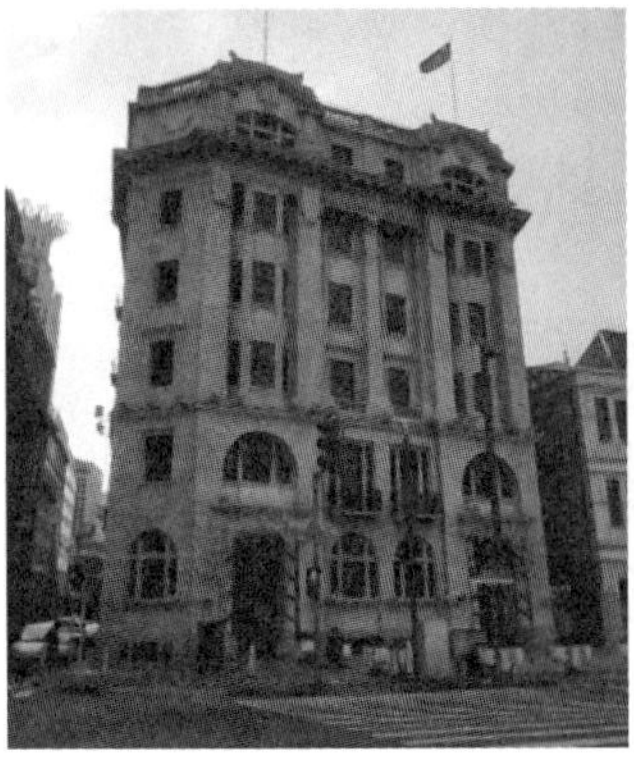
旧日清汽船
上海支社ビル

しかし独学で漢学の外に欧米語、また翻訳書をもとに政治経済学なども習得しています。

明治19年、岡山県津山の大庄屋・安黒基（あぐろもとい）の長女智嘉（ちか）と結婚。

明治21年、地元の玉島紡績所に勤めました。碧堂の優秀さは評判となり、二年後の23年には児島の塩田王・野崎武吉郎（のざきぶきちろう）に請われて野崎家に入りました。

この時碧堂は26歳でしたが、彼の給料は破格の扱いだったといいます。そして武吉郎の貴族院議員在任中は、野崎家筆頭理事として野崎家の塩田の経営を担いました。


武吉郎の日記には明治23年11月、貴族院議員の開院式のあと「田邊為三郎（碧堂）三島毅（中洲）と共に川田甕江宅を訪ね、岡山県下の噂やら議会の話やら致し、色々ご馳走に相成り候」などと記されています。貴族院議員として国政にも関わりを持つようになった武吉郎は、日中両国の経済の連携を通じてこそ欧米列強に対抗しうると考えるようになりました。


武吉郎の勧めもあり、碧堂は野崎家が学費を出し育てた白岩龍平（しろいわりゅうへい）と共に、明治32年上海と蘇州、杭州を結ぶ大東汽船を創設。

また明治36年には白岩龍平と組み、湖南省の水上交通を担う湖南汽船を興しています。

明治39年、17年間勤めた野崎家を辞め大東汽船の社長に就任しました。

明治40年3月、大東汽船、湖南汽船、大阪商船、日本郵船の4社が統合され日清汽船が設立されました。碧堂は日清汽船の役員として十数年に亘り中国と日本を行き来し、日中友好に尽力するようになりました。


明治31年には武吉郎の後押しで岡山四区から出馬して衆議院議員に当選。明治35年までの4年間国政に係わりました。貴族院議長の近衛篤麿（このえあつまろ）にも進言し、篤麿の「清韓日三国兄弟の誼を結び東亜の保全を図るべし」という主張は碧堂の進言によるところが大きかったと言われています。

この頃の碧堂の生活は東京と玉島を行ったり来たりという状況で、長尾にいる妻智嘉に宛てた手紙では「忙しくて長尾になかなか戻れない」などと家族を優しく気遣っています。

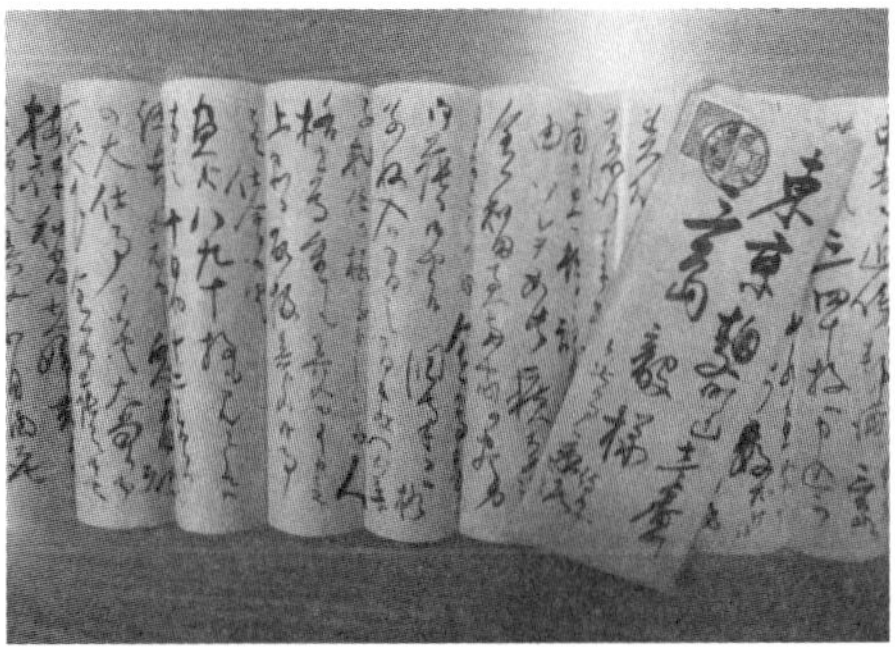

三島中洲への手紙（二松学舎蔵）

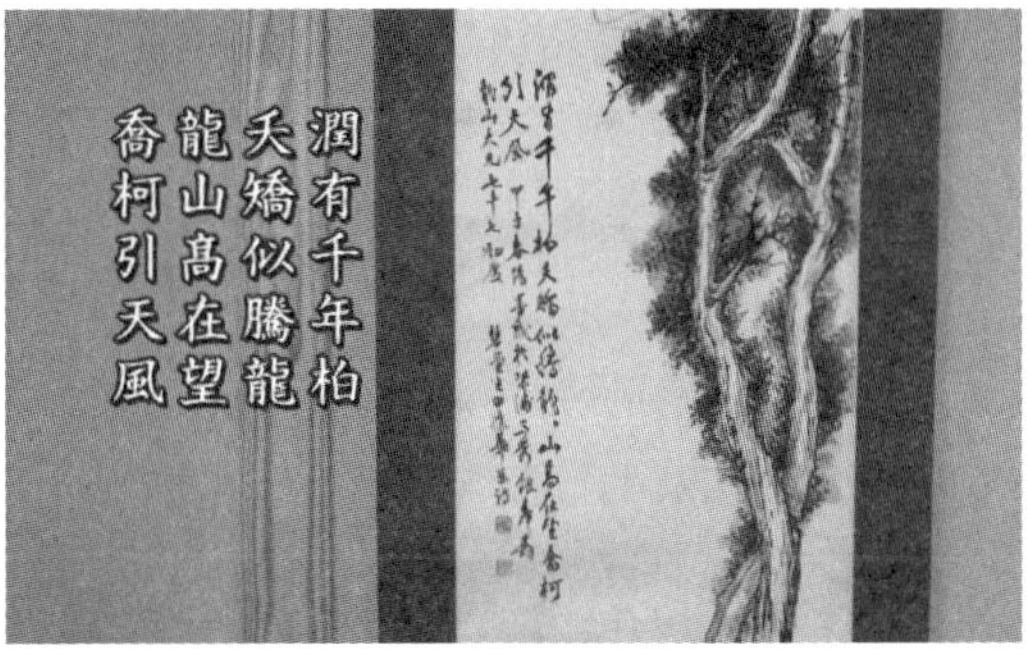

野崎武吉郎祝いの詩
（旧野崎家住宅・公益財団法人竜王会館蔵）

岡山県出身の総理大臣で漢学者でもあった犬養木堂（いぬかいぼくどう）とも親交があり、野崎家に多くある碧堂の手紙の中には木堂とのやり取りを示す手紙が残されており、碧堂の子孫の家には碧堂の書に木堂が賛を寄せた軸もあります。

また明治期の政治家で書家の副島蒼海（そえじまそうかい）との交わりも持っていました。

大正10年頃には政財界を引退。漢詩人としての道を歩むようになりました。

児島の野崎家には大正13年、野崎家当主武吉郎の77歳の祝いに碧堂が贈った双幅の軸があります

「潤有千年柏　夭矯似騰龍　龍山高在望　喬柯引天風」

潤い有り千年の柏　夭矯（ようきょう）騰龍（とうりゅう）に似たり　龍山（りゅうざん）高く望み在（のぞみあり）

喬柯（きょうか）天風（てんぷう）を引く」琴浦三秀館にて龍山大兄。

龍山高くして望み在りの龍山には、琴浦から望む竜王山と、武吉郎の龍山という号をかけ「龍山高くして望み在り」と武吉郎の77歳を祝っています。

碧堂は「絶句こそ日本人に適し、律詩・長詩は到底中国人に及ぶものではない」として絶句の外は作らず「絶句の碧堂」としてその名を知られました。ここにも「一芸を極め一流たらん」という母からの教えによる彼の信念が見えるようです。

碧堂は倉敷市中島出身の漢文学者で二松学舎を創設した三島中洲（みしまちゅうしゅう）の遠縁に当ります。中洲はその「中洲文豪第二集」の中で「田邊碧堂は中備長尾の産にして余が妻の従甥（またおい）なり。上京し其の著す所の稿を携え余に序を請う。披きて之を観れば篇々巧麗俊逸なり（詩の一篇一篇が巧みで麗しくとりわけ優れている）」と褒め称えています。

またこれは二松学舎に保存されている大正4年、沼津に滞在中の碧堂が中洲に宛て、漢詩の添削を依頼した手紙です。

二松学舎大学文学部教授・町泉寿郎さん　明治期に森南海と国分青厓の二つの流派がありましたが、田邊碧堂は国分青厓に傾倒していました。青厓はジャーナリストでもあり日中関係に係っていて青厓

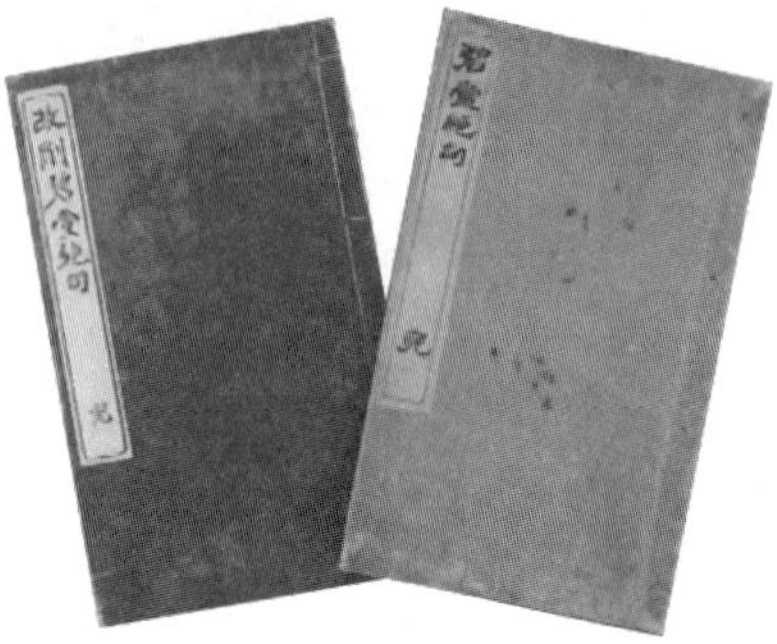

碧堂絶句と改削碧堂絶句

藤田荒次郎からの手紙（個人蔵）

玉島の文人達との寄書の軸（部分）

に近かった人に政治家の副島種臣がおりました。副島種臣も日中関係で田邊碧堂と係ったようです。碧堂は漢詩を作るのが非常に堪能で晩年に政財界を引いてから二松学舎などで漢詩を教えました。

　この軸は柚木玉邨、坂田九峰など玉島の文人達と寄書きをしたもので、画面全体に楽しさが溢れ玉島での交流の様子が伺えます。

　玉島の医師で文人でもあった藤田荒次郎が記した「玉島こぼれ話」には、幕末から明治初期にかけての漢詩人・森春濤（もりしゅんとう）が玉島に滞在していた折、青年の碧堂が毎日弁当をさげて森春濤のもとに通っていたとか、政治家を辞めてから高梁川や連島、瀬戸内の島々が見渡せる玉島狐島に別宅を建て「映碧草堂」と名付け書画を楽しんでいた等と記されています。

「甕江西去円通寺　此日送春過石橋　清磬一聲花乱落　山門新緑似新潮」

「甕江（おうこう）西去（にしのかたされば）円通寺　此日（このひ）春を送り石橋を過ぐ　清磬一聲（せいけいいっせい）花乱れ落ち　山門の新緑は新潮（しんちょう）に似たり」この詩は大正3年発行の「碧堂絶句」に載せられた円通寺即興です。

　当時の著名な漢詩人・国分青厓（こくぶせいがい）の意見を請い「改削碧堂絶句」として大正9年に刊行。

「甕江西去円通寺　此日送春過石橋　清磬一聲花乱落　山門新樹緑千潮」と改削が行われています。この時、国分青厓は「君の絶句は俺より上手い」と語ったと伝えられています。

「秋霜秋露桂蘭摧　楚国千年騒思哀　手搴芙蓉渉江水　屈原祠下一低回」

この朗読は中国出身の女性によるものです。碧堂の詩は中国人が読んでも音の調子がすばらしいと言われていますが、これについて彼は「言葉の通じない外国語でも、そこに人間互いに相通じる旋律があると思う、同じ鳥の声を聞いても鶯と鴉と雀とは心の琴線に触れるその感じが自から違うように」と語っています。

　日本語の読み下しでは「秋霜秋露（しゅうそうしゅうろ）桂蘭摧（けいらんはばむ）楚国千年（そこくせんねん）騒

多摩霊園の墓

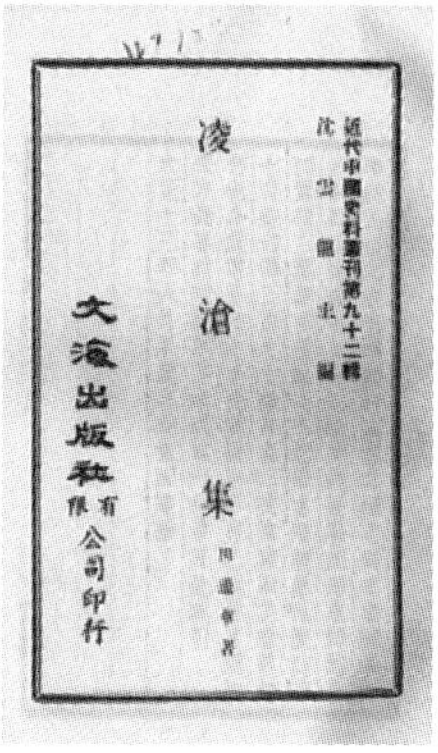

凌滄集
文海出版社有限公司印行

思（そうし）哀れむ　手（てずから）芙蓉を搴て（ささげて）江水を渉る　屈原（くつげんの）祠下（しか）一（いつに）低回（ていかいす）」となります。

これは中国の洞庭湖を詠んだ詩で、春秋時代に非業の最後を遂げた楚の屈原を偲ぶ内容になっており碧堂の知識の広さが伺えます。

中文詩文翻譯家（石九鼎）石橋博之さん　碧堂といえば絶句、絶句といえば碧堂と言われるくらい絶句に長じた詩を書いている事が碧堂の特徴です。普通は律詩や長詩を書きたくなるものですが碧堂は絶句に徹した。絶句に徹し、これだけの名を留めたということが絶句の碧堂と言われる所以だと思います。

これは大正13年に中国の文海出版社有限公司より発行された、碧堂の漢詩集「凌滄集」（りょうそうしゅう）の復刻版です。今回の放送に合わせ中国で入手したものですが、碧堂の漢詩集が今でも中国で流通している事に驚かされます。著者は「日本　碧堂　田邊華　秋穀」とされており、下関を発ち韓国、中国を巡って帰国するまでの紀行形式で構成されています。

次の詩は「凌滄集」の中に「似同行柚木玉村」として載せられているものです。

「聯鑣去趁鴈程程　無復離羣傷客情　闕月堠雲秋萬里　寥天一夜聴邊聲」

「聯鑣（れんしょう）程程（ていてい）雁趁（がんをおうて）去る　復（また）離羣（りぐん）の客情（きゃくじょう）を傷無（いたましむなく）　闕月（かんげつ）堠雲（こううん）秋萬里（あきばんり）　寥天（りょうてん）に一夜（いちや）邊聲（へんせい）を聴く」

実業家・政治家として、そして漢詩人として大成し、日中友好に尽くした田邊碧堂。

晩年は大東文化学院や二松学舎の教授となり東洋文化の発展に寄与しましたが、昭和6年4月18日東京で亡くなりました。享年68歳でした。

墓は東京の多摩霊園にあり「田邊碧堂墓」と深い彫りで大きく記され、今も曾孫の田邊栄一さんに

田邊碧堂

長尾の墓

よって大切に守られています。

また、玉島には生家近くの長尾・堂山の旧田邊家の墓所の一角に「大観院攝心碧堂居士」と戒名が記されたもう一基の墓が残っています。左側面に「田邊華…碧堂と号す。元衆議院議員、日清汽船会社役員」とその輝かしい経歴が故郷玉島に伝えられています。

「たましま歴史百景」第59回2016年11月　放送

（参考文献）
「漢詩人列伝」横須賀司久著　五月書房発行
「白岩龍平日記」中村義著・研文出版発行
「拓本吉備の名碑」井上雄風著
「玉島こぼれ話」藤田荒次郎著　晩晴閣発行
「野崎武吉郎小伝」半生涯の人脈と事績　太田健一著　岡山県立美術館学芸課編
「碧堂絶句」田邊為三郎著　東京堂発行　大正３年発行
「改削碧堂絶句」田邊為三郎著　東京堂発行　大正９年発行
「凌滄集」文海出版社有限公司印行

（協力）
岡山県立美術館
旧野崎家住宅（公益財団法人竜王会館）
倉敷市総務課歴史資料整備室
多摩霊園　二松学舎大学
石橋博之　伊原木栄一　岡田立夫　家守修治　古城文雄　頃末丈夫　田邊栄一
坪井憲和　花田克太　八島佐和　李樹蓉

ラッパ手・白神源次郎

白神源次郎

81 死んでもラッパ　白神源次郎

日清戦争において死んでもラッパを口から離さなかったと称えられ、戦前は国民の誰もが知っていた庶民の英雄「木口小平（きぐちこへい）」。

しかし明治政府は最初、その美談の主は「白神源次郎」と発表。その一年後「実は白神源次郎ではなく木口小平である」と訂正。その顛末はいったいどういう事だったのでしょうか。

高梁川を見下ろす船穂町水江の小高い丘の上に白神源次郎（しらがげんじろう）の記念碑があります。

白神源次郎（1868～1894）は明治元年1月31日、船穂町水江の貧しい農家に生まれました。

源次郎は高瀬舟の人足などをして暮らしていましたが徴兵され、広島の歩兵第21連隊に入営してラッパ手になりました。

源次郎の力強いラッパは評判が高く、21連隊のラッパと言えば白神の名が出る程でした。兵役を終え除隊。しかし明治27年（1894）日清戦争が始まり、再び予備役召集を受け入隊。この時源次郎は一等卒で、もはやラッパ手ではありませんでした。

そして7月29日の成歓の戦いに参加して戦闘中に溺死。享年27歳でした。

倉敷市船穂町水江堅盤谷地区の墓地に墓があり「績功院永伝芳誉居士」と戒名が刻んであります。

源次郎の死因は溺死でしたが、日清戦争直後の検定教科書には「しらかみげんじろーは、いさましいらっぱそつでありました。げんじろーは、てっぽーのたまにうたれても、いきがきれるまでらっぱをふいてゐました。」と記されています。（本名はシラガですがシラカミとされていました。）

溺死のはずの源次郎がラッパを吹いていて死亡したとされたことには明治政府の事情がありました。

戦争に庶民を駆り立てるため、戦意高揚にはどうしても下級兵の戦争美談が必要だったのです。

そこで力強い進軍ラッパを吹き、全軍を励ましていたラッパ手が戦死したという英雄談を作ろうという事になり、このラッパ手にふさわしい兵隊は誰かいるかと広島第5師団を通して21連隊に問い合わせたところ、白神源次郎の名が挙がって来たのでその名前を当てはめたのでした。

白神源次郎記念碑の道標

検定教科書

この話はたちまち有名になり、新聞が報道。そして錦絵になり軍歌には「姓は白神で名は源次郎」と歌われ、国内はもとより、広く海外にも伝えられました。

また明治35年に発売された胃腸薬「正露丸」のラッパのマークはこの逸話を参考に作られたと言われています。

白神源次郎は庶民の英雄となり、国民の戦意は高揚し広報作戦は大成功でした。

白神は成歓の戦で戦死したが、そのときはラッパ手でなかったと言う事はその直後から言われていましたが、陸軍としては元々誰でも良かったので、白神の名でどんどん宣伝を繰り広げたのでした。

しかし翌年、戦争が終わり公式戦史をまとめる段になって不都合な事態が発生しました。

広島第5師団の成歓の戦は前日からの雨で行軍は難航、水溝に落ちて23名が溺死。白神もその中にいたことを認めるしかなく、溺死ではラッパの吹きようがありません。

そこで同じ日に戦死したラッパ手木口小平の名を見付け出し「諸調査ノ結果彼ノ喇叭手ハ白神ニ非ズシテ木口小平ナルコト判明セリ」と公表。

教科書も7年後の明治35年「キグチコヘイハ　テキノタマニアタリマシタガ、シンデモ　ラッパヲクチカラハナシマセンデシタ」と訂正しました。

その逸話は明治35年から昭和20年までの小学校の修身の教科書に長く掲載され「木口小平」の名前は戦前の日本では誰もが知っている名前となったのです。

しかし師団による訂正発表当時は、それまでまったく無名の木口に突然名前が置き換わったことに国民の間に戸惑いがあり、既に有名になっていた白神源次郎の名前はなかなか改まりませんでした。

高梁の駅前に記念碑が置かれている木口小平。木口小平（1872～1894）は川上郡成羽町（現在の高梁市）の農業木口久太の長男として生まれました。小学校に進学しましたが中退、その後小泉鉱山で鉱山夫として働いていました。

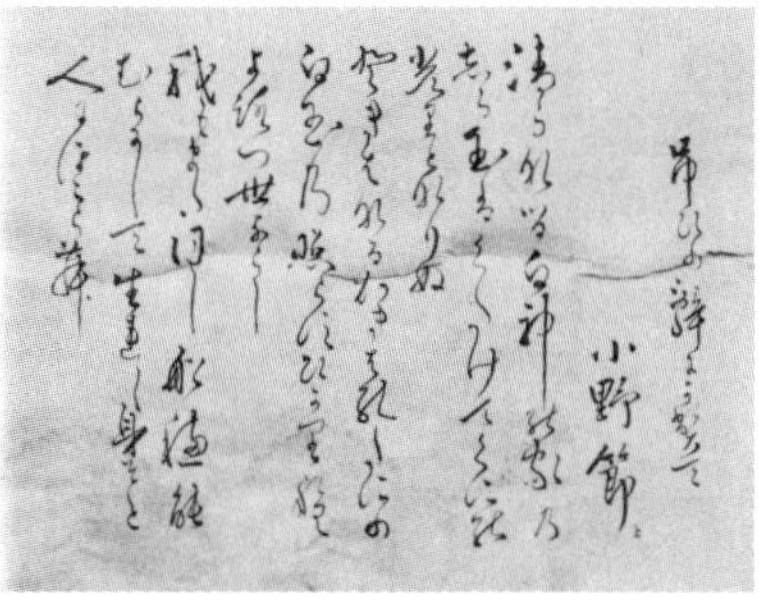

白神源次郎への小野節の弔辞

白神源次郎説明板

白神源次郎記念碑

明治25年、白神源次郎と同じ広島の歩兵21連隊に入営。明治27年6月、日清戦争に出征、ラッパ手を務めていました。そして7月29日、進軍ラッパを吹いている最中に弾に当たり絶命したとされています。

大正3年には木口の故郷高梁市成羽に記念碑が作られ、さらに昭和7年軍人勅諭下賜50周年事業で21連隊は木口小平の銅像を造り、碑の周りを「小平園」として整備しました。

銅像は昭和25年、島根県浜田市の濱田護国神社に移転されています。

また21連隊はくすぶり続ける白神説を否定するため、源次郎の除籍簿を「戦死」から「死亡」に書き直すような強引なことも行ったといいます。

何はともあれ英雄とされた木口小平。しかしこの木口説にも様々な疑問符がついています。

日清戦争の宣戦布告は明治27年8月1日でした。白神と木口の2人が戦死した7月29日の成歓の戦は公式には戦争が始まる前の小競り合いでしかなく、あえて当てはめるのなら二人の死から一ヶ月半後の平壌戦で戦って死んだ21連隊のラッパ手・舟橋孫市ということになるはずであったとの見方です。しかしその訂正はありませんでした。戦争美談というのはこのようなもののようです。

日清戦争は日本政府が開国してから太平洋戦争の敗戦まで約50年続く外国との最初の戦争でした。日清戦争は戦争への国民の協力体制を作る上で、その始まりとなった戦争であったと言えます。

「死んでもラッパを口からはなさなかった」というラッパ手が、白神源次郎であったにせよ木口小平であったにせよ、国家をあげての戦意高揚のモデルとして利用された二人。

こうした動きに翻弄された遺族の気持ちはいかばかりであったでしょうか。

（参考文献）「ラッパ手の最後　戦争の中の民衆」西川宏著　青木書店

拳骨和尚のイラスト

武田物外

82 不遷流柔道家（武田禎治・田辺虎次郎・田辺又右衛門・田辺武四朗）

幕末から明治初年にかけて、長尾の地から柔道不遷流《ふせんりゅう》の大物が次々と現れました。柔道不遷流は江戸時代末期に拳骨和尚で知られる武田物外《もつがい》和尚が始めた柔道の流派ですが、玉島は不遷流の柔道で天下にその名を轟かせました。

不遷流の元祖・物外和尚は、伊予松山の人で備後済法寺の住職でした。怪力で名高く、木板に文字を書くと拳骨をうちこんでへこませ、判を押すかわりとしたことから拳骨和尚と呼ばれました。

不遷流の二代目は、長尾町出身の武田禎治（1818〜1888）です。元は田辺禎治と言いましたが、物外和尚から武田の姓をもらって武田禎治と改称し、不遷流の二代目を継ぎました。有名な流派を訪ねては他流試合をし、15流派から得意技一本づつを取って15本の形とし「極意皆伝」として伝えました。そして不遷流舎道場を開いて門弟を指導する一方、亀山藩玉島陣屋の師範を勤めました。

当時長尾沖の一帯は丹波亀山藩の領地であり、陣屋が玉島上本町にありました。禎治は武芸の外、謡曲、書道にも通じ、村内では肝煎役（庄屋の次）を勤めていました。

明治21年1月、長尾の地に大きく柔道の根を下ろし亡くなりました。享年71才でした。

人となり冷静沈着にして実直と言われ、不遷流三代目となった田辺虎次郎（1839〜1918）。虎次郎は不遷流二代目・武田禎二の長女と結婚し、四代目又右衛門、武四朗、五代目中山英三郎などの子をもうけています。田辺虎次郎は玉島長尾村の田辺林右衛門の次男として天保10年（1839）に生まれ、幼名を重次郎といいました。

虎次郎は幼い頃より武術を好み、初めは神道五心流を関根源太郎に学び、次いで武田禎治の門に入り不遷流の教えを受け18才で初段になり、19才で江戸に出て物外和尚に就きました。

生まれた時は重次郎でしたが、物外和尚に「名前がやさしいから変えよ」と言われ虎次郎と名乗りました。29才まで京都、大阪、芸州、長州、四国と物外和尚に影の如くつき回ったといいます。

寝技

田辺又右衛門

田辺虎次郎

元治元年（1864）長州征伐の命が下ると、物外和尚は長州征伐の高札を破り捨てる実行役を虎次郎に託しました。また幕府と長州の仲裁に立ち、虎次郎は密使として命がけで長州に書状を持参したといいます。

虎次郎は慶応3年（1867）不遷流三世を襲名。青蓮院栗田御殿の師範を命じられています。また友人の閑谷黌の再興につくした西毅一（初代の代議士になった人）が同黌に体育場を設け、虎次郎を教師に招きました。その後、息子の又右衛門、武四朗と続いて同黌の教師を勤めています。

閑谷学校の梅林は虎次郎が教えに通うごとに十株ずつ持参し、五ヶ年計画で造ったものです。西毅一は彼を部長に推そうとしましたが、虎次郎は「武人で終わる」とこれを辞したといいます。

田辺虎次郎は、玉島陣屋武術師範として扶持をもらっていました。そして明治2年、丹波亀山藩の藩主の前で御前試合をして一度に四人掛ってくる試合に勝ったということです。

維新後は郷里の玉島に戻り、備中長尾に不遷流の道場「盛武館」を開いて門弟を育成。その弟子は二千名を越えたと言われています。大正7年4月23日没。80歳でした。

田辺又右衛門（1869〜1946）は明治2年1月15日、不遷流三代目・田辺虎次郎の長男として長尾に生まれました。

幼い頃から武術が好きで、9歳のころから母方の祖父で不遷流二世の武田貞治について研鑽を重ねました。明治17年1月に目録、18年1月に免許、19年12月17歳の時に免許皆伝となり、さらに諸国遍歴の旅に出てその武術を磨きました。

二十歳前後で既に名をなし、向かうところ敵なく、県下の柔道界を押さえた存在となりました。講道館の猛者たちを相手に連戦連勝。不遷流は寝試合が主で、彼は「寝わざ」の名人としてその名は天下にとどろきました。

「寝わざで勝つ極意は、ウナギを捕まえるように相手を捉えることである」と答えたといいますが、講道館四天王の一人で、小説「姿三四郎」のモデルとなった西郷四朗も彼の教えを受けたと言われています。

墓の下段

墓・済法寺
（広島県尾道市）

全盛期の彼の強さを物語る逸話は数多くありますが、中でも、後に十段になった磯貝一と二回にわたって大試合を行い、二回とも引き分けに終わった試合は柔道史上でも有名な話です。

後年、広島、岡山、伊丹、姫路、神戸などに道場を開いて門弟を教え、その数は3千を越えたといいます。父の後を受けて閑谷黌の教師を勤め、邑久、和気、上道等の各所へ教え廻りました。

また東京警視庁に奉職して柔道を教えました。のち広島陸軍衛戍監獄教師をしながら、広島市白島に興武館道場を設立。

60歳を過ぎてからは神戸に定住して、遷武館道場を開いて後進を指導していました。

しかし、偶然戦災にあい疎開療養中、昭和21年1月21日に亡くなりました。78歳でした。

明治柔道の三名人の一人と称された田辺又右衛門。「田邊芙仙先生碑」という彼の碑が、長尾の善昌寺境内に門弟達によって建てられました。

同じく不遷流四代目・田辺武四朗は又右衛門の弟です。父虎次郎が行っていた閑谷黌の教師をし、邑久郡、和気郡、児島郡へ出向いて教えました。明治31年の京都の武徳会の大会で佐村嘉一郎と試合をして「カニ挟み」で勝った時には、会長に「見事！見事！」と賞賛されたといいます。

その後、日露戦争に凱旋して戦死。「もし彼が生きていたら、又右衛門以上の柔道家になっていただろう」と彼を知る人は言います。

玉島長尾を中心に多数の柔道家を出し、不遷流はその名を天下に轟かせました。今も玉島は柔道が盛んで、その伝統を守り続けています。

（参考文献）「岡山県柔道史」金光弥一兵衛発行
「倉敷人物百選」「倉敷人物二百選」　森脇正之著
「郷土風土記」宗澤節雄著

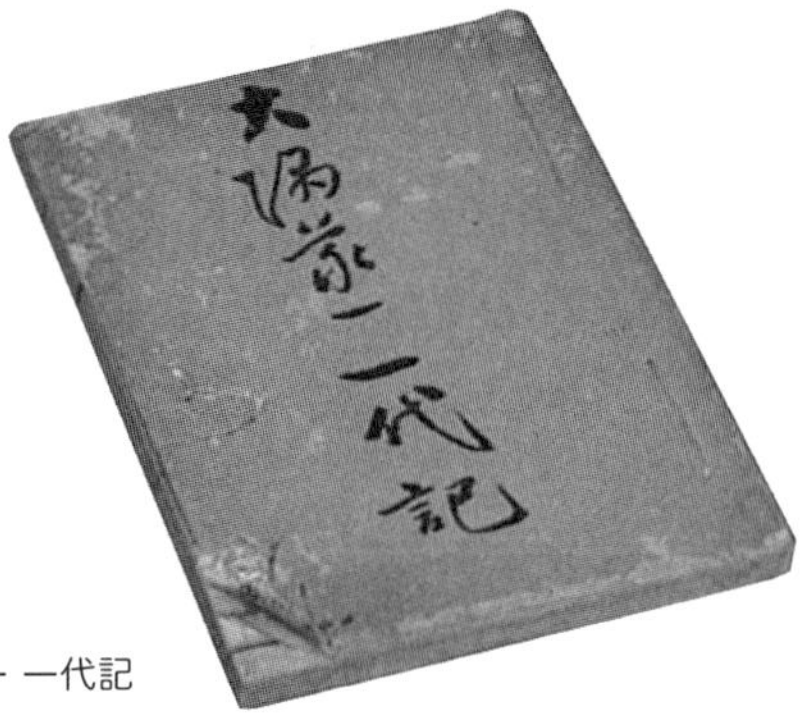

大隅義一 一代記

ぶどう棚

83 黒崎ぶどうの恩人　大隅義一

玉島黒崎のぶどうは大正から昭和にかけ全国に送り出され大変な活気を見せていました。黒崎にぶどうを取り入れ、黒崎を豊かな村に変えたのが大隅義一（おおすみぎいち　１８６９～１９４８）です。

小学3年生が使っている社会科の教科書には黒崎のぶどうが取り上げられています。それを読むと「この辺りの土地は水田に出来なくて、畑でも作れるぶどうに目をつけたのです。ぶどうは暖かくて雨の少ない土地に向いています。ここの山の斜面は日当たりも水はりも良いのでぶどう作りにぴったりなんです。黒崎では70年も前から農家が協力して質の良いぶどう作りに取り組んでいます」と書いてあります。

今から約百年近く前の黒崎村は瀬戸内海に面した景勝の地でしたが、山が海にせまり水田はわずか50ヘクタール、畑は１２０ヘクタールに過ぎず、二百戸以上の農家が米と麦に依存した貧しい生活を続けていました。しかも水は溜池に頼り、かんばつにしばしば見舞われていたのです。

そうした黒崎村を救う方法はないかと考えた末、ぶどうを育てることを提案し実行したのが大隅義一でした。大隅義一は明治2年黒崎村に生まれました。家は地主で自作農も営んでいました。小さい頃から体が弱かった彼に母親は力仕事は向かないと考え勉学の方に進ませようとしました。

そして明治19年から30年までの12年間、本村と佐見小学校で教鞭を取りましたが30歳を過ぎて間もなく健康を害したため、教育界を退き農業に転じたのです。

元々研究熱心であった彼は、度々のかんばつに見舞われ貧しいこの村を救うには山の斜面の畑地を利用しそれに有効な作物を導入するしかないと考えました。

そこで明治36年頃、井原で8本の甲州ぶどうから二百円もの年収を得ていることを聞いた彼はこれこそかんばつの黒崎に適していると考え、小田郡から一本の苗木を求め邸内の空地に植えたのです。

そして次第に田や畑に栽培を広げ、村人達にも勧め希望者には苗木を無料で配布し、剪定方法から施肥、病虫害予防と我を忘れて指導し、村を救う為の援助を惜しみませんでした。

大隅義一顕彰碑　玉島黒崎

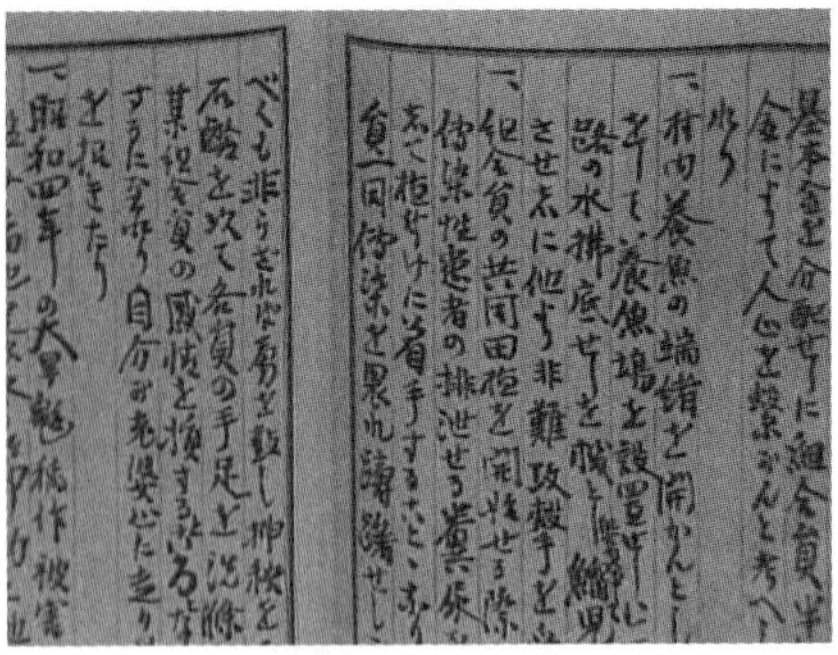

大隅義一 一代記

また筆まめだった彼は「大隅義一一代記」として書き残しています。その中に「私は経済上の失敗者なり、消費する事のみ知り、儲ける道を知らぬ男なり」と記し、ぶどう栽培を始め農業の復興に精力を注いだ様子が失敗談も含めて書かれています。一代記には小学校の統合、町村の合併問題などについても取り上げており、当時の黒崎の状況を知る貴重な資料となっています。

義一の長女永山亀久代さん　昔の人間で道義とか道徳とかをやかましく言っていました。自分らが暮らしていけるのは小作人のお陰だから、このお金を有効に黒崎の為に使わなければと言ってました。

村人達はぶどうの導入に最初は尻込みをしていましたが、甲州ぶどうの空地利用が軌道に乗り、それに刺激される形でキャンベルの栽培も徐々に増え、黒崎ぶどうの首位を占めるようになりました。また彼は水晶ぶどうを赤磐郡から、デラウエアを大阪の河内から取り寄せました。雨が少なく日当たりの良い黒崎で育ったぶどうは品質が良く、市場からも歓迎されたのです。

明治41年には黒崎第五共同苗代組合の副事業としてぶどうの栽培を援助することになり、大正5年には黒崎ぶどう組合が創立され、大正10年頃には九州の市場も開拓。一反当りの収入が千円という黄金時代を迎えたのです。

当時、黒崎で収穫されたぶどうは馬車やリヤカーで玉島港や金光駅に運ばれ、船や汽車で北は北海道、西は九州から朝鮮にまで出荷されました。

こうして大隅義一が黒崎の村にぶどうを取り入れた功労に対し、大正11年梨本宮殿下より農事改良、空地利用に力を尽したということで賞状と勲章が与えられました。

昭和5年には黒崎村の有志により顕彰碑が黒崎農協の横に建てられています。黒崎ぶどうの恩人と仰がれながらも地味で研究熱心な人であった大隅義一。昭和23年2月14日、80歳で亡くなりました。

瀬戸内海に面した黒崎の低い山の斜面には、今もたわわにぶどうが実っています。

（平成元年「玉島百景」で放送したものです）

84 医師で文人　藤田晩晴

藤田荒次郎
「玉島こぼれ話」

最後の文人と言われた医師の藤田荒次郎（あらじろう）、雅号を安良（あら）、晩晴（ばんせい）と称していました。

藤田荒次郎（1869〜1962）は明治2年10月26日、後月郡吉井町の三宅保吉の三男として生まれ、7歳の時、同じ後月郡木之子村の藤田家の養子となりました。

藤田家の養父母は貧しい中でも彼に充分な衣食を与え、小学校から帰ると隣村のお寺に四書五経の素読に通わせるなどして大切に育てました。

藤田家で少年期を過ごした彼は、14歳の時に玉島新町で開業の医師・坂田雅夫の門に入門。その時のいきさつについて彼が次のように書いています。「坂田医院に書生が一人要る。誰か適当な者はないか」と探していました。結局私に話があり、私は行ってみたくなり養父の許しを得ました。14才の時、私は木之子の父に連れられ玉島へ…初対面に父は坂田先生に私のことをよくお願いして帰りました。其時私は父の帰る後姿を見ていましたが泣けてたまりませんでした。」

2年後、岡山医学校に入学。明治23年、22歳で第三高等中学校医学部（現在の岡山医大）を卒業しています。卒業の翌年、恩師の坂田雅夫が急に亡くなり、その後をついで若干23才の彼が開業を余儀なくされたのでした。それ以来、彼は種々の困難を乗り越えて診療にあたり、半田紡績、吉備紡績の嘱託医、また玉島伝染病院の嘱託医として亡くなるまでの70年余り地域の医療に尽くしました。この間、浅口郡医師会長に推され、昭和27年には医師功労者の表彰を受けています。

彼は自分のことをノンキな性格であると語っていたようですが、その大らかで優しい藤田荒次郎は誰からも好かれ信頼もされていました。

87才の時に書いた藤田安良翁談「玉島こぼれ話」には玉島の出来事や人物がこまかく書かれていますが、彼の人となりや歩んだ道が伺える部分が多々あり、その部分の抜粋を記しておきます。

良寛諸国行脚に出立　藤田荒次郎画　円通寺蔵

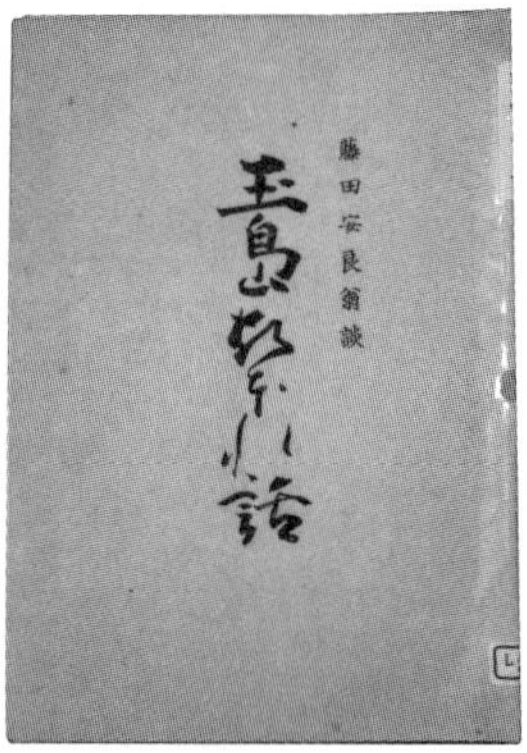

玉島こぼれ話

- 坂田先生宅へ帰休中18歳の夏、突然喀血した。先生は早速手当をして下さって「お前は沙美の海水浴場へ行け」といわれ、以来、毎年土用休中は沙美へ行き、21歳で学校を終わるまで続けさせて下さった。
- 明治24年、坂田先生が沙美療養所で御静養中急に死去されたのであるが、学校を出たばかりで実地の医術は未だ習熟せぬ23歳の青二才が大医の跡を継いだのであり難行苦行は言うまでもなく…
- 往診も大抵は歩いて行く、町内の5丁や7丁の処なら人力車にも乗らずコツコツと鞄を下げて歩いて往診した。…是が私の健康になった基です。
- 卒業早々には西洋づくしで洋服も靴も試みましたが、何分にも往く度毎に靴を脱がねばならず、数年で一切洋服をやめ和服で今日まで通している。ただ和服で困るのは袴である、階段の上り下りに裾が汚れるのでモンペを用いている。厚着もせねば薄着もせず、良い着物も更に好みませぬ。
- 私は貧家に育ったものですから、食物には一切好き嫌いがありません。
- 道楽、趣味。これも大抵な物は好きです。笛や謡曲の端もかじった事があり、浄瑠璃、新内、端唄など自分では唄えぬけれども大好きです。
- 剣、柔道、相撲などは見るだけながら大好き、殊に相撲は櫓太鼓の音を聞いてはじっとしておれぬ程好きです。
- お茶の道は習い遅れたのと、壮年時代に読んだ太宰春臺の茶人を嘲った文章が先入主となってやりませぬ。
- 和歌と画は、余がもっとも好むところで、これはかなり勉強した処ですが、好きは好きでも拙な生れつきは遺憾ともすることが出来ず大に恥る処であります。
- 老生は用もせずに遊んで居る事は嫌いなので、79才の時から漢詩を習い初めて、今一生懸命に勉強しております。
- 心に苦痛が多く心に悩ましき事が多くては長寿は出来ませぬから、日常身を謹み心を広くもって、些細な事に心を労する様な事をしないよう心掛けています。
- 老生はノンキな性質であった為かも知れず、夜眠れぬという事を知らずに安眠した。

藤田晩晴歌碑（円通寺白雲関前）

荒次郎は、和歌を岡直盧（おかなおり）、井上通泰（いのうえみちやす）に師事。井上通泰門下の四天王にかぞえられた中塚正斉、藤田安良は同門の小野節と共にその名を中央に知られ多くの門弟を導きました。雅号の安良（あら）は荒次郎の「あら」に安良と当てたものです。

万葉集難解歌研究の名著「万葉集管見」は不朽の業績として知られ、歌集「樹々園詠草」も発刊。昭和元年に「白玉会」を起し、地元玉島で女流歌人を育て、万葉集、古今集などを講義し、作歌の指導もしました。また昭和31年には合同歌集「しらたま集」を出しています。

南画を柚木玉邨に学び、独自の世界を開拓。漢詩を江原綱一、山田準などに学び、その号として晩晴を使用。漢詩集「晩晴閣詩存」を出しました。また漢詩人・田邊碧堂とも交流があり中国に同行して多くの漢詩を残しています。

彼の眼識の非凡を物語るものとして、往診の帰り道に書画商をのぞいた彼は「月雪はいつはあれどもぬば玉の今宵のよらになをしかつける」という良寛の書に目が留まりました。その頃はまだ玉島では良寛のことは全く知られていませんでした。署名の良寛もリョウカンではなくヨシヒロと読んでいましたが、その筆跡の美しさに魅かれて購入したといいます。

漢詩、和歌、南画と独自の世界を切り開き「最後の文人」と言われた藤田晩晴。

彼の玉のような人柄は多くの人に慕われ、玉島文化クラブの初代会長として玉島の文化の発展につくしました。昭和37年8月24日、老衰のため静かに息を引きとりました。享年94才でした。

円通寺白雲関の前に万葉仮名の歌碑が建てられています。

「祢《ね》者《は》む恵《え》盤《は》幾《き》能《の》不《ふ》とす起《ぎ》て於《お》本《ほ》轉《て》羅《ら》農《の》非《ひ》る静《しずか》奈《な》理《り》有《う》く非《ひ》春《す》の聲《こえ》

（訳「涅槃江は昨日と過ぎて大寺の昼静かなり鶯の声」安良）

（参考文献）「玉島こぼれ話」藤田荒次郎著　「倉敷人物二百選」森脇正之著

帝国書院の教科書

守屋荒美雄

85 地理教育の改革者　守屋荒美雄

帝国書院の創設者、守屋荒美雄（もりやすさびお　1872～1938）。彼は教育者としての実体験から地理の教科書を作り、今日の地理教育の基礎を築きました。

帝国書院の地図の教科書は中学や高校で広く使われており、懐かしさを感じる人も多いようです。守屋荒美雄は明治5年、倉敷市西阿知西原で農業を営む父鶴松と、玉島八島の農家難波家の娘・飛天（ひで）の間の第三子として生まれ、荒三（あらぞう）と名付けられました。

船穂町又串にある墓所は昭和11年、彼が両親の為に購入し建てたもので、高梁川の向うに西原の生家がある集落が見晴らせます。

兄と姉は夭折し、母・飛天は、辛うじて育ったたった一人の男の子を慈しみ、大切に育てたといいます。荒三の幼い頃の体は弱く、9歳になってようやく西阿知の遍照院にあった寺子屋式の西原村尋常小学校に入学しました。

尋常小学校を卒業した彼は高等小学校への進学を希望し、西之浦高等小学校、今の連島西浦（せいほ）小学校への編入試験を受けたのです。

西原村から高等小学校へ進学したのは荒三ただ一人、西原から西之浦まで二里の道を、いつも本を読みながら通ったと言います。

高等小学校卒業の後、教員になるには師範学校へ進むのが一般的でしたが、家の暮らしは決して楽ではなく、小学校教員の資格認定試験に挑戦する道を選びました。

18歳で母校西之浦小学校の教員助手となり、翌年には浅口郡長尾村允中小学校、今の玉島の長尾小学校の教員になっています。

明治28年に父が他界し、翌年、高等師範学校卒業と同等と見なされる文部省教員検定試験「文検」を受験のため上京を決意。

「大成するまでは帰って来ない」と母に言い残し故郷を後にしたのです。

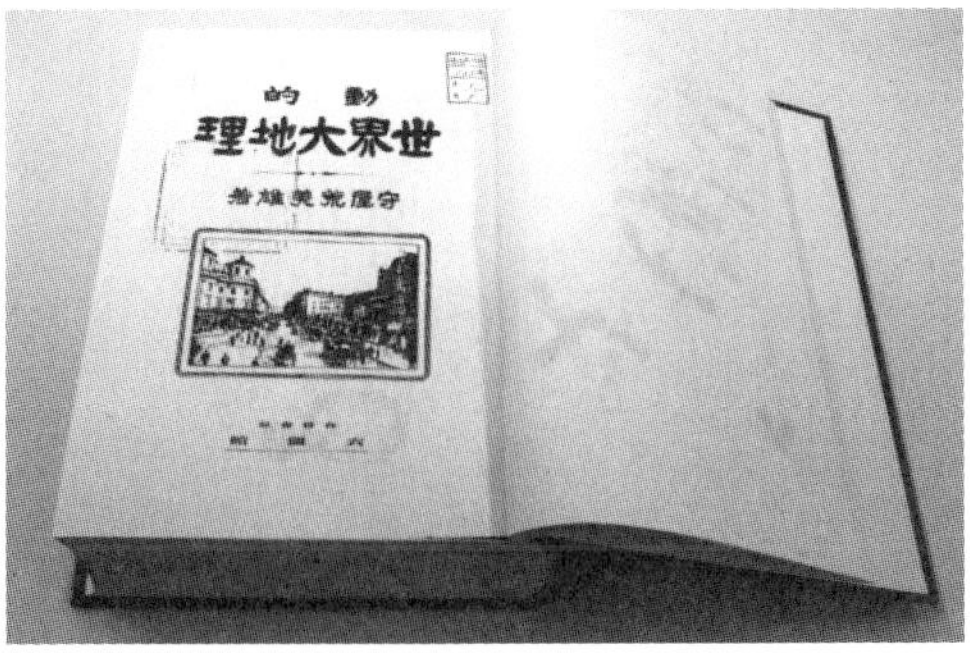

「動的世界大地理」守屋荒美雄著

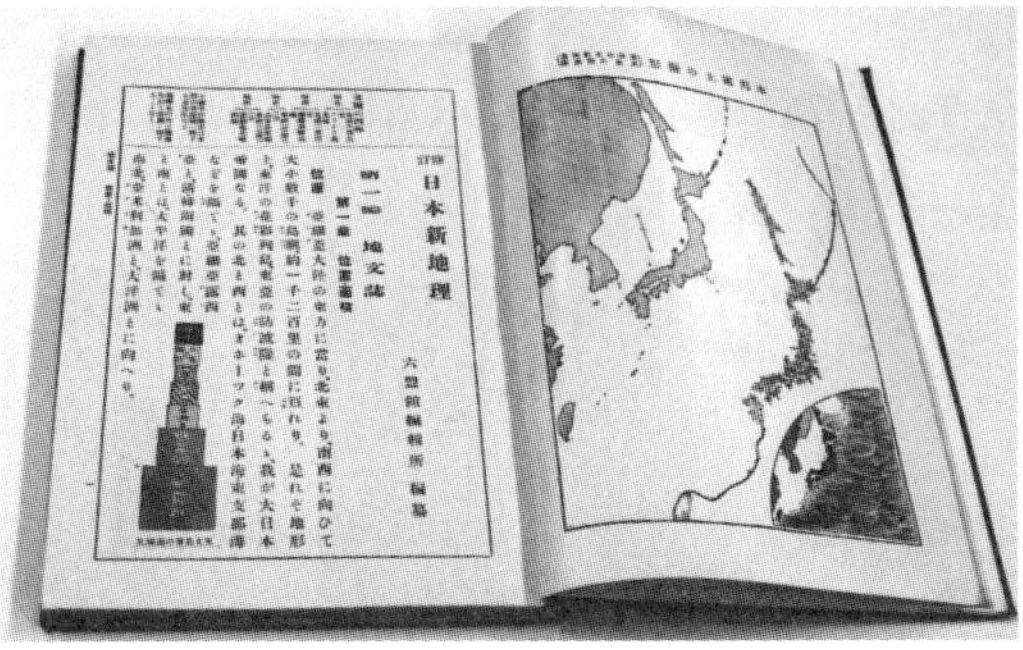

日本新地理　六盟館発行

25歳で東京に出た彼は文検に合格し、地理地誌科の中等教員の免許を取得しました。そして独逸学協会、今の独協中学高等学校で地理歴史を担当。当時の地理の教科書は自然地理を中心に堅苦しい文章で記述されていました。荒美雄は教室に教科書を持参せず、この事を校長から問われると「教科書は全て暗記しているから」と答えたといいます。

28歳の時にカトリック信者の外松ちよと結婚。その前の年に荒三から荒美雄と改名し、結婚後に洗礼を受けています。

33歳の時に出版社の六盟館（ろくめいかん）から中学校向けの地理の教科書の執筆を依頼され、もともと地理教育のあり方に疑問を抱いていた彼は喜んでこの申し出を受けました。挿絵や図表を豊富に取り入れ、経済や人文地理の内容を充実させ、新しい地理の教科書を世に問うたのです。

守屋式の教科書は大ヒット。自信を深めた荒美雄は、地理の授業に工夫をこらすと共に、授業の中から次の教科書に向けたヒントを探り次々と執筆を続けました。

14年間勤めた独逸学協会を37歳の時に辞め、執筆活動に専念する事としました。「動的世界大地理」を42歳で発刊。「今の地理学が乾燥無味にして軽視せらるるのは、鉱物学者や地質学者のみにより鞠育されている事にある、地理学を革新し、多少たりとも国家・社会に貢献せん」と高らかに記しました。千ページを越えるこの本が、大学の教授ではなく一介の中等教員により執筆されたことに学会は驚きました。

また荒美雄は本のタイトルに「動的」という語をよく用いています。これまでの教科書は動きがなく面白味がないと、既存の権威に挑む彼のメッセージが込められたものでした。

帝国書院相談役で荒美雄の孫・守屋美佐雄氏　荒美雄は自分の主張があるのと同時に親分肌の人で、帝国書院の社員を旅行に連れていったり、平塚の別荘に呼んで家族的な繋がりを持っており、今でも帝国書院では年に1回ですが80人の社員旅行をしたりしています。

帝国書院本社ビル
（大正15年）

大正6年、荒美雄46歳の時に、六盟館を辞任し自ら執筆し発行する出版業を志して、旧東京市麹町区、現在の千代田区九段北の借家に「帝国書院」を創立。

帝国書院の「帝国」という名称は保守的なイメージで受け取られがちですが、当時は日本国とほぼ同様に使われており、日本が国際化し世界に羽ばたく夢を込め荒美雄が名付けたものでした。

当座は、それまで勤めていた六盟館に配慮して、地理書の出版を見合わせていましたが、2年後の大正8年になって、彼が得意とする地理部門の出版に取りかかり「帝国地理」や「世界地理」「世界地図」等を帝国書院より出版。随所に荒美雄の長年の教育の実践から得られた独創的な考案がなされていました。続いて「網要世界地理」「帝国地図」「地理概説」「世界新地理」など次々と出版。

大正15年には、東京神田に鉄筋コンクリート六階建ての社屋を建設しました。

一方、荒美雄は貯えた資産を学校教育に役立てたいと願い、大正14年、関東商業学校、現在の関東第一高等学校を設立。現在も、荒美雄は関東一校の創立者として尊敬されています。

さらに昭和12年には社会に貢献する女性の育成を求め、帝国商業女学校を設立。その翌年、帝国第一高等女学校を東京大久保に創立しました。しかし戦災を受け吉祥寺に移転し、吉祥女子中学高等学校として現在に至っています。

25歳で故郷を離れた荒美雄の愛郷心は強く、東京の自宅近くに岡山県出身者のための学生寮を建て、顔を出した折には岡山弁丸出しで書生らと語らうのを、何よりの楽しみにしていたと言います。

また晩年になり荒美雄は故郷を頻繁に訪れ、駐在所の建物の寄付をしたり、船穂橋の架橋の際には西原と又串の両部落に資金援助をしています。

荒美雄の母校・西阿知小学校の正門を入ったところに守屋荒美雄の胸像があります。荒美雄が亡くなった翌年の昭和14年に建てられたもので、当初は等身大の立像でしたが戦時中に供出され胸像になりました。西阿知小学校の校庭には、荒美雄が寄付をした講堂の礎石が残っています。

守屋荒美雄の墓　倉敷市船穂町又串

守屋留学生奨学金交付式　倉敷市役所にて

数々の業績を残した荒美雄でしたが、昭和13年2月8日、病気のため65歳で永眠しました。東京で本葬の後、西阿知町葬が営まれ船穂橋を葬列が渡りました。

彼の教育への篤い想いを継いだ荒美雄の三男で元帝国書院社長・守屋紀美雄氏は、国際理解の促進、そしてアジアからの留学生への援助を図る為、昭和57年に守屋留学生交流協会を立ちあげました。そして、設立30年にあたる平成25年から荒美雄の郷里・倉敷の大学院への留学生にも奨学金を交付することとなり荒美雄の孫で帝国書院前社長、現在は相談役の守屋美佐雄さんが倉敷を訪れました。

また、倉敷市の小学校の副読本には郷土出身の地理教育を改革した偉人・守屋荒美雄として掲載されており、平成29年には、帝国書院創立百周年の記念事業の一環で、船穂又串の墓所に守屋荒美雄の略歴を記した碑が建てられました。

明治5年、倉敷市西阿知西原の農家に生まれ、日本が諸外国との係わりを深める中、国際化を目指す日本にふさわしい人材の育成を求め、二百冊を超える地理の教科書を執筆した守屋荒美雄。

船穂又串の高台にある守屋家の墓所からは、ゆったりと流れる高梁川の向うに、彼が育った西原の集落が見晴らせます。

平成29年4月又串の墓所の一角に守屋荒美雄の略歴を記した碑が建てられました。

「たましま歴史百景」第47回　2013年10月　放送

（参考文献）「守屋荒美雄傳」守屋荒美雄記念会発行
「評伝・守屋荒美雄」雑誌「地理」伊藤智章著　古今書院発行
「帝国書院の創立者守屋荒美雄　高梁川65号」高橋義雄著

（協力）株式会社・帝国書院
家守修治

甕江座（玉島矢出町）

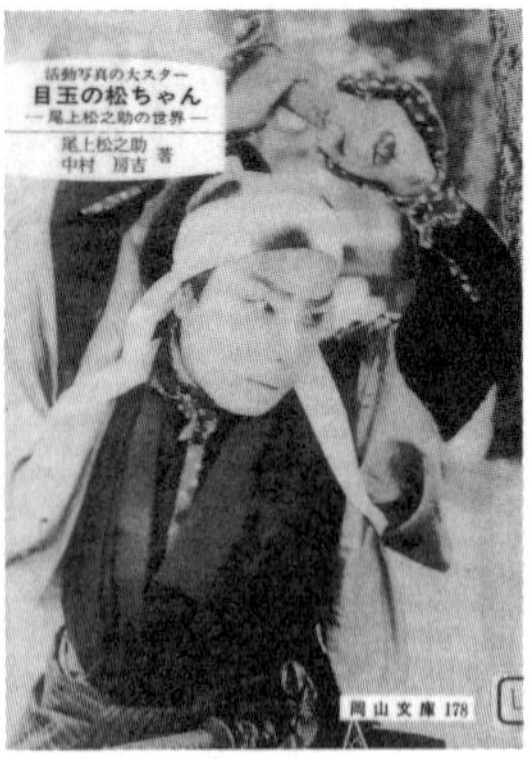

「目玉の松ちゃん」
岡山文庫

86 日本初の映画スター　尾上松之助

「目玉の松ちゃん」の愛称で大衆に親しまれた日本初の映画スター尾上松之助（1875〜1926）。

尾上松之助は、玉島の甕江座（おうこうざ）に旅役者として立っているところをマキノ省三に認められて映画界に入り、マキノとのコンビで千本以上の映画に出演。大きな目玉を向いて見得を切る演技が評判を呼びました。

尾上松之助は明治8年、現在の岡山市中区西中島町に生まれました。父は岡山池田藩の下級武士でしたが、明治維新後は色街として賑った西中島町で貸座敷業を営んでおり、松之助は芸者衆が出入りする実家で三味線や踊りに親しみ「三絃の響を眠り唄と聞いて育った」と語っています。

6歳の頃、近くの旭座という芝居小屋で子役が一人いるので出して欲しいという話があり、出演したのが初舞台でした。岡山環翠小（現旭東小）を卒業後、役者になる事を快く思っていなかった父に上の町の呉服屋に奉公に出されましたが、どうしても役者になりたくて家出。

厳格な父を押し切り「一旦俳優にと目指したからには一人前になるまで決して岡山の地を踏むな」との言葉を背に15歳で家出。神戸弁天座の旅回り一座に加わり、歌舞伎役者として20年近く舞台に立ち続けました。

そのような尾上松之助が玉島とどのような係りがあったのでしょうか。芝居小屋の甕江座は現在の通町商店街入口の右手の鳥居がある辺り（旧玉島団平町）に明治11年、こけら落しの興行がおこなわれて以来、娯楽の殿堂として玉島町民はもとより備中一円からも大勢の人で賑ったといいます。

その甕江座に芝居役者として舞台に立ち、その身も軽く動き回り、当時はトンボ松と呼ばれ人気を博していたのが尾上松之助でした。

一方、後に日本映画の父と呼ばれたマキノ省三はというと、当時は役者なら誰もが、その舞台に立ちたいと思っていた京都千本座の太夫元でした。太夫元は今でいう会社の社長です。

しかし借財で家計はかなり貧窮していました。そんな彼が救いを求めたのが、母方が信仰していた

尾上松之助

尾上松之助

金光教でした。ある日、金光教の本部に参拝し生神様に悩みを打ち明けたところ、この近辺を探してみなさい、きっと良い役者が見つかるとの教示を授かりました。

ちょうどその時、玉島の甕江座で狂言「狐忠信」を演じている旅回り芝居の役者尾上松之助を発見。その余りの身の軽さに驚き、即座に楽屋を訪ね出演交渉をしました。

尾上松之助がマキノに出会った明治40年頃は、活動写真と呼ばれる無声映画が我国にもたらされて間もない映画の草創期でした。

マキノ省三に、玉島で見出された尾上松之助は映画俳優に転身。日本に映画が上陸してまだ十数年のことです。きびきびとリアルな動作。小柄の割に顔が大きく、ギョロギョロと左右に動く目。スクリーン映えする役者でした。

マキノが松之助を起用した頃の映画は大写しの手法はまだなく、画面そのものに変化がなかったために役者が目立たなければどうにもなりませんでした。

その点、松之助は背が低いしトンボを切るのがうまく映画映えのする役者でした。また松之助は「背が低く顔が大きい」という当時としては典型的な役者顔で、こうした役者がもてはやされたのでした。活動写真ではあまり大男だとフレームからはみ出し、狭いステージでは撮影が困難になってしまいます。また背が低いとそれだけカメラが前に出られ、顔が大きくて立派であればそれだけで様になり、目をギョロリとむいて見得を切り「目玉の松ちゃん」と呼ばれるようになったのも、そうした中での工夫によるものでした。

マキノ省三と組んだ松之助は、京都の映画会社横田商会（後の日活）で初主演となる「碁盤忠信」を明治42年に製作。その後も講談の英雄、豪傑、侠客役など次々と主演を務め、得意の見栄をきる姿から「目玉の松ちゃん」との愛称で親しまれたのです。

中でもトリック撮影を駆使した忍術映画では少年達の心を熱くさせ、ブロマイドや絵葉書の売り上げも、他の俳優とは段違いの人気俳優でした。

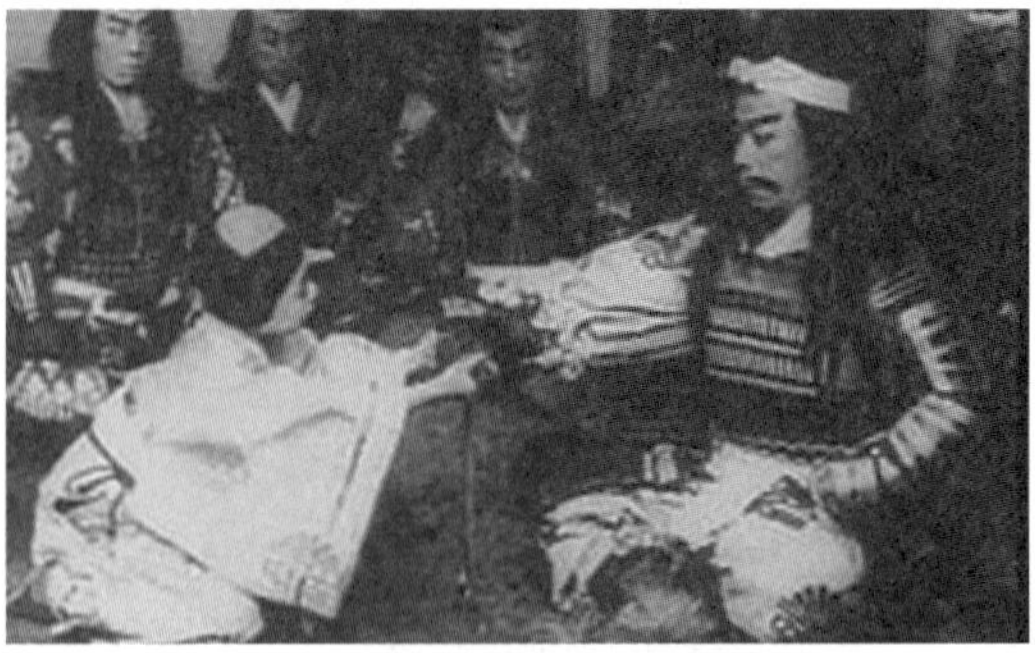

右が尾上松之助

尾上松之助の葬儀（千本座前）

人気俳優とはいえ、人物は真面目で几帳面。普段の生活も質素で、朝8時に人力車で撮影所に出勤し夕方5時には帰宅。煙草は吸わずお酒も少々、寡黙で不粋な人であったといいます。

また、後年には日活の取締役などを兼任して重役スターとなり、公木之雄（きみきゆきお）の名で監督作も発表。

晩年は京都市南区に「松之助出世長屋」と呼ばれた低所得者向け住宅を建設するなど社会福祉事業にも貢献。京都左京区の鴨川公園内には胸像が建てられています。

大正15年、51歳の時ロケ中に心臓病で倒れ死去。葬儀は日活社葬で行われ、棺は千本座の前を通り、沿道で葬列を見送る群衆のため路面電車も立ち往生したといいます。

映画俳優の活動は17年と短かったのですが、出演作は千本以上。全盛期は年間80本を超える撮影に臨んだという驚異的な数字が残されています。

日本映画の草創期を席巻した大スター尾上松之助と日本映画の父マキノ省三。日本映画の繁栄は、玉島矢出町にあった甕江座での出会いから始まったといっても過言ではないでしょうか。

（参考文献）　玉島界隈ぶらり散策　小野敏也監修
目玉の松ちゃん尾上松之助の世界　岡山文庫
先人の風景76山陽新聞H24年7月17日

（松之助とマキノの出会いの場所に関しては玉島以外にも諸説があります。）

坂田貢生家　井原市美星町

坂田貢と愛犬ゴン

87 開拓者　坂田貢

「こしらへておけば玉島の誰かが使おうが」これは乙島沖に広がる海を埋め立て坂田新開など玉島の工業地帯の基盤を作った坂田貢（さかたみつぎ　1879〜1943）の言葉です。熱血感でスケールの大きな事業家でしたが、理財の念に疎く借金に追われた一生でした。

坂田貢は明治12年4月5日川上郡日里村、現在の井原市美星町の代々の素封家・坂田桂作（けいさく）の長男として生まれました。この家からは坂田朗露（ろうろ）、坂田警軒（けいけん）などの学者、また沙美海水浴場を開設した医師阪田待園（たいえん）などが出ています。

そうした家の長男として生まれた坂田貢は郷里の尋常小学校を出て12歳の時京都に行き、京都尋常師範付属小学校を卒業。14歳の時に東京の慶応幼稚舎に入りました。

慶応義塾の教授であった伯父坂田警軒の家に預けられ、優等の成績で幼稚舎を終えています。18歳で慶応義塾に入学した彼は下宿生活を開始。福沢諭吉の影響を受け、独立自尊、不屈の精神を養い実業界で世に立つ決心をしました。

坂田雄次郎さん（貢の甥）　福沢諭吉の影響を非常に受け朝の散歩なども一緒にしとったようで、その時の話が腹に残り、それを実践しようと慶応を出てから実行に移し、やっては失敗やっては失敗で一生を終わったようですね。

慶応義塾を卒業した貢は、親戚にあたる子爵で大蔵大臣の阪谷芳郎（さかたによしろう）に大蔵省入りを勧められましたが、実業界で身を立てたいと応じませんでした。この頃の官吏は羨望の的の職業でしたが福沢諭吉の独立自尊を旨とした彼は、傭われ人としての誘いを拒絶したのです。実社会へ出る資金として父親から三百円を借り、大阪に行き、株の売買に手を出して失敗。

翌年一つ違いの従兄妹テツと結婚。テツはしっかりとした女性で貢は「吾が妻ほど才のある女はおらぬ。テツと一緒になったのはわが身の幸福と同時に彼女の不幸であった」と語っていたと言います。

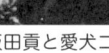

妻・テツ

坂田貢書　妙昭寺蔵　井原市美星町

坂田雄次郎さん　テツは縁の下の力持ちでした。貢がアメリカに逃げ、金のない台所を預かって本当によくやったと思います。子供がいなくて、夕食はテツおばさんは台所で食べて、貢おじさんは座敷で高足のお膳で食べていました。おばさんは台所でタバコを吸いながら、政治の話とか難しい話をしていました。まあ女傑ですかね。

結婚の翌年、知人と成羽銀行を創設したのを手始めに、英田郡の金生鉱山（こんしょうこうざん）の事業を開始しましたが、銀行の経営が行き詰まり銀行を辞職。

また川上郡に活版印刷所がない事から資材を投じて活版事業を始めたものの、これも経営が行き詰まり売却。さらに知人と舞鶴港南一帯の土地買収を計画。地価高騰の折に売却して利益を得ようとしましたが分担金の調達が出来ず契約は解除され、貢の出資金は水の泡になりました。

明治35年末、貢は「今更ながら父母の恩と自己の無責任の程を痛感する。負債総額11万2千円、余の年齢満23歳なり」と記しています。今のお金にして約20億円の負債でした。

坂田雄次郎さん　経営感覚はなかったのでしょうね、経営感覚があったらもうすこし手堅くやったと思いますよ。

経済的に完全に行き詰まった彼はアメリカに出奔。皿洗いや掃除等を生業として過ごし、妻テツは一人残って夫の帰りを待ちました。

貢は一年後に帰国。再び金生鉱山の開発に着手しましたが、大正4年、35歳の時、金生鉱山を大阪の五代友厚に売却しています。さらに若狭湾にブリ網を仕掛けましたが、軍艦が通過して網が大破し魚に逃げられて大損。焦れば焦る程失敗の連続でした。

岡山大学医学部外科の開祖といわれた義兄の坂田快太郎は貢の借金の保証人となりましたが、医大の教授の俸給ではどうにもならぬと職を辞し坂田医院を開いたといいます。

貢をしかたのない奴だと言いながらも憎みきれずゴクドウと呼び、貢もその名を甘受して「悟空堂」の三字を当て、その後「空堂」と号しこの号を好んで用いていました。

坂田埋立地
（昭和8年着工）

坂田新開のパイプライン

坂田新開潮止め

藤田顕さん（医師）　ゴンというブルドッグを飼っていて、連れて来たら座敷でも上らせるままでね、今にして思えばスケールの大きな人だったと思います。人の為とか、自分の為とかじゃなくてもっと大きな使命的なものを感じているのですね。だから我が身の損得なんて事は見当の小さい事で自分が借金しても田畑がなくなっても、玉島の誰かが喜ぶはずだからそれでいいのだとね。でも親族からすると、あれが財産を潰したという事でしょうね。

大学卒業から20年、銀行、鉱山業、活版印刷業、舞鶴港の土地買収などことごとく失敗の連続で、借財の整理のため全ての資産を失いました。

しかし大正7年、貢40歳の時、終生の事業、干拓の夢に遭遇。乙島の山に登り水島灘に広く横たわる干潟を見た時「これだ。干拓の仕事を通し今までの罪の償いをするのだ」と決意したのです。

翌8年、乙島沖193町歩の干拓を計画し、その許可はおりましたが世界大戦後の不況のあおりを受け53町歩に縮小。親類縁者から借りられるだけ借り、大正15年坂田新開の潮止めを完成しました。尚、この写真は大正15年乙島坂田新開の潮止め堤防が出来た時です。

昭和3年に坂田新開、現在の乙島東小学校、乙島漁協の辺り、約15万坪の埋め立て工事をようやく完了しました。しかし干拓した土地は借金の形に次々と人手に渡る始末でした。

またこのパイプラインの写真は昭和初年、坂田新開干拓工事に着手した頃のものです。沖の浚渫船から延々と横たわるパイプライン。このパイプを通じて海泥が海水共々に吐出され、堆積し、自然乾燥すると堤防の内側は、みごとな陸地が造成されてゆくという方法でした。

川崎の坂田新地1万2千坪は、昭和6年に干拓を出願し昭和15年に完成しています。干拓の出願から完成までは紆余曲折の連続で工事が9分どおり出来た昭和9年には室戸台風の影響で護岸が決壊。川崎の坂田新地はおよそ10年の年月をかけて完成したのでした。

昭和16年、温厚で兄・貢に影のごとく添い、事業の割の悪い役を黙々と務めてきた弟満作が破産宣告を受け、翌年訴訟が続く中、亡くなりました。

弟満作が亡くなってからの貢は警察や裁判所に出頭の日が多くなり、差押え処分も度重なりました。

坂田翁遺徳顕彰碑　乙島東小学校

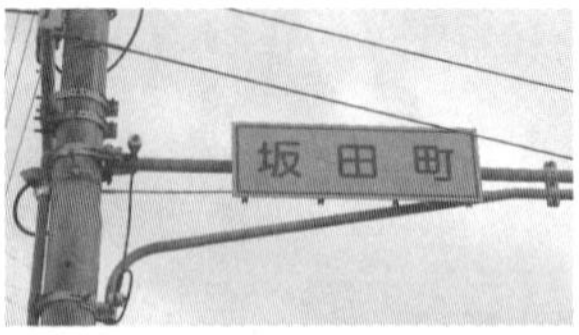

坂田町の信号

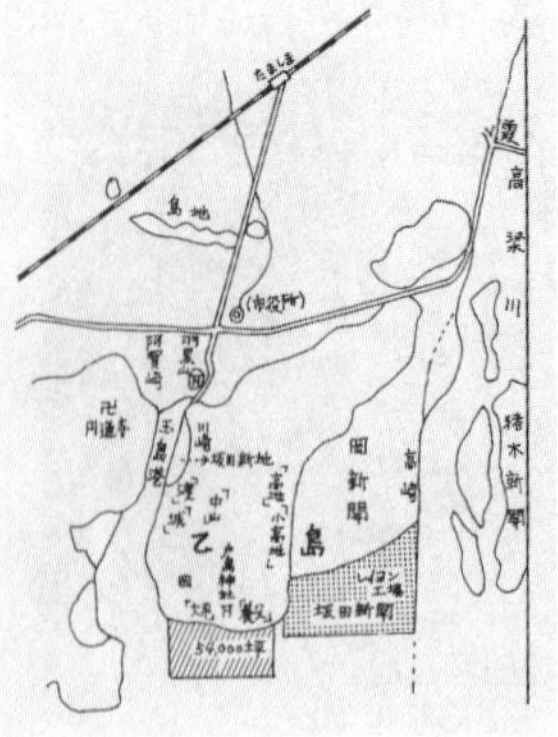
埋立図
「坂田貢翁伝」

玉島の裁判所では坂田関係の訴えに対し「坂田は玉島の為にやっただけで自分の身にはつけていない」と不起訴扱いになったといいます。

大平沖・亀の首5万4千坪の埋立は大正8年に出願を予定していましたが、資金繰りがつかず20年後の昭和13年にようやく出願。昭和18年6月、彼が心血を注いだ大平沖新開に神戸製鋼、現在の住友重機の工場建設の起工式が行われました。しかし周囲に借金を続けていた貢は招待されませんでした。昭和18年10月12日、貢は大好きな酒を客と飲みかわし、玉島の夢を語りあったその翌日に、大平沖の工事の完成を待たず、脳溢血であっけなくこの世を去りました。65歳でした。

美星町の生家の裏山にある墓地には貢の両親、事業を共にした弟満作、心労をかけた義兄快太郎、その息子で甥の画家・坂田一男などの墓碑も並び、貢の墓碑には坂田一男が「弟満作と協力し乙島海岸の干拓を完成す。いわゆる坂田新開とはこれなり。さらに川崎、大平両海岸の埋立を企て功殆んどおわる」と記しています。

干拓の悲願を立てて25年、坂田新開には太陽レーヨンの工場が煙を吐き、坂田新地は荷揚げ場などで玉島港の活性化に寄与していましたが、干拓で残ったものといえば坂田町という地名だけ。残された妻テツは家を売り、衣類を売り、侘住まいに耐えたといいます。

昭和27年2月テツが亡くなった時、玉島市の市葬が行われ、10月には「坂田翁遺徳顕彰碑」が、乙島に建てられました。顕彰碑は昭和33年乙島東小学校に移築されています。

ある時、知人が「そんな事をしてどうするのか」と尋ねたとき、貢は「家の栄えは五代と続かぬ。土地は誰の物になっても良い、こしらへておけば玉島の誰かが使おうが」と答えたといいます。

「玉島のだれかが使おうが」の言葉どおり、坂田貢が心血を注いだ干拓地はその後の玉島の工業地域発展の礎となり、住友重機、クラレなどの工場が今も建ち並んでいます。

「たましま歴史百景」第58回　２０１６年３月放送

（参考文献）「玉島の歴史」玉島商工会議所編
「坂田貢翁伝」原田満左右編　玉島文化協会発行　日本文教出版

（協力）坂田研　原田力　妙昭寺　乙島東小学校　坂新組

鞆津の朝（1911年）

久太の家族

入江（1914年）

88 洋画家　柚木久太

風景画の中に独自の世界を築きあげ、戦後玉島の文化、洋画壇をリードした柚木久太（ゆのきひさた）。

柚木久太（1885～1970）は、かつて備中松山藩の吟味役を務め、奉行格の待遇を受けた玉島の旧家柚木家の長男として明治18年10月22日玉島に生まれました。

柚木家は古くから文化的な名門として知られており、祖父竹叟（ちくそう）は竹を書く画人、父の玉邨（ぎょくそん）は実業家でありながら水墨画を描き、文人として岡山県下で指導的な役割を果たしました。

久太は明治39年に県立岡山中学校を卒業後、岡山出身の洋画家満谷国四郎（みつたにくにしろう）を慕って上京。太平洋画会研究所で絵の勉強を始めました。明治42年第7回太平洋画会展に**「塋門」**（えいもん）が初入選。東京谷中の墓地を書いた異色作でした

翌43年玉島で酒造業を営む菊池大平の長女寿子と結婚。その翌年第五回文展で**「鞆津の朝」**が入選。25号の小品ながら百号の大作を凌ぐような構成で、前に3艘の船を置いて絵の奥行きを出しました。

この文展初入選がきっかけとなり27歳の久太は新婚の妻を残し、満谷国四郎らと3年間のフランス留学に出かけたのです。パリのアカデミージュリアンでジャンポール・ローランスの下で研鑽を重ね、平面的な色の対比で画面を組み立てた渡欧前の作風から、南画風な柔らかく呼吸のあるデッサンへと変わっていきました。

大正3年、第一次世界大戦が勃発し帰国を余儀なくされました。帰国した彼は口髭をはやしていました。元々シャレッ気のある久太はヨーロッパの風習を身につけ颯爽と帰ってきたのでした。

翌大正5年東京田端にアトリエが完成。「写山荘」と名付け終戦までの30年間、ここで活発な画業を展開しました。当時の田端は日本のモンマルトルと呼ばれ、芥川龍之介や室生犀星、竹久夢二など文人や芸術家が多く住んでおり、それら文人達との交わりが彼の制作に大きな影響を与えたようです。

帰国の年にはスペインの**「サンマリタン橋」**と、玉島港をモチーフにした**「入江」**を第9回文展に出品。「入江」が三等を受賞。以後文展、帝展、太平洋画展を舞台に発表を行い、特選、入賞を重ねていちやく日本洋画壇の注目を集めたのです。

春潮（玉島湊）120号（1917年）

婦人像（1913年）

大正6年、円通寺から望む玉島紡績や港の様子などを120号のキャンパスに雄大に描きました。

岡山県立美術館元館長・鍵岡正謹さん　二十代でパリに行かれていますよね。その頃パリに行っていた作家はとても良い作家が多いのですが、その中に柚木さんもいらして、しかも若い時で、その後、田端という文化村に芥川龍之介などと一緒に住み、非常に文化的な土壌におられたわけで、教養の高い人の絵画だなという感じがしますね。

風景画家、柚木久太が人物を主要モチーフに取り上げる事はごく稀でした。パリ留学中に描いた**「婦人像」**は赤い壁を背景に横たわる裸婦を大胆に描き印象派への挑戦が見られます。また**「新聞を読む人」**も婦人像で無彩に近い色調の中、枕の鮮やかな色をアクセントに配しており、この二点は柚木作品の異色作と言われています。

風景画家と旅は切っても切れない間柄です。中国へも出かけ、中国への旅で「峻険で規模の大きい景色を前にした時、南画の表現が分った様な気がした」と語っています。

昭和3年には帝展の審査員に任命され、画壇での指導的な地位を確立。

また油絵の傍ら写山人（しゃさんじん）と号して水墨画も多く描きました。昭和12年発行の「玉島要覧」の装丁にも写山人と記して玉島港と町の風景を明るいタッチで描き出しています。

昭和20年、東京田端の一帯が空襲に会い久太のアトリエも全焼。文展、帝展の出品作を始めとする多くの主要な作品を焼失。柚木久太の画業を知る上で少なからずの空白となりました。

久太の孫・柚木爽一郎さん　フランスに行っていた時に書いていた物とか色々な試みをしていた絵もあって、自分の絵の歴史の部分が空襲でぽっかりと抜け落ちた感じだったと思います。だから色々な絵の変化とかが見る事が出来ないのが、久太の画業の評価という事では非常に残念な事でした。

戦後一家で玉島に引上げて来ましたが、間もなくリュウマチを患って床につき、更に妻寿子を病気で失い、失意の彼はしばらく公募展への出品をしませんでした。

初夏の内海（1969年）

閑庭（1950年）

甘露寺（1925年）

昭和23年長男祥吉郎と岡山で父子展を開催。久太の長男と次男は共に画家で28年には久太、祥吉郎・沙彌郎（さみろう）親子三人展を開催。これらをきっかけにようやく制作活動を再開したのでした。

久太の長男・故柚木祥吉郎さん　私のお祖父さんの玉邨は大変厳しい人でした。久太はその後で子供にとても優しかったですね。植物のようなというか動物的でない、油けの少ない人間でした。山と水と湖水、空、雲そういうものをモチーフにしていますね。人物画はほとんどありません。晩年は雲をよく描いていまして、展覧会などで父の友達は柚木雲と言っていたようです。リウマチでよく歩けないもので家の中から空を見て雲に興味があったのでしょうね。沢山描いています。

昭和25年、自宅の裏庭を描いた「**閑庭**」、昭和27年高梁川の「**とあみ**」、この様な一連の主題は彼の温和な画風を一段と純化させました。

昭和30年には新世紀美術協会の創設に参画し、第7回新世紀展の出品作「**渓流**」（倉敷市立美術館所蔵）また第9回に出品の「**風の日**」にも厳しい自然はなく穏やかな柔和な調子で表わしています。新世紀美術展への出品は、第12回の「**奥入瀬**」、第13回の「**南の海**」と続いています。

晩年の彼の絵の中に主役のように登場して来たのが「**雲**」です。昭和28年の「**港口**」では玉島ジーゼルの上に鰯雲をリズミカルに描き、33年には「**霽後**」で雲の早い動きを、また34年には「**夏山の朝**」と雲の絵が続きます。昭和35年の遙照山の「**山と空**」では紺色の山とあかね色に染まる雲の対比を鮮やかに描き出しました。雲の作品は昭和37年金甲山の「**内海展望**」昭和43年松本での「**五月晴れ**」と続き、亡くなる前の年に描いた輌の「**初夏の内海**」にも瀬戸の穏やかな海に悠然と浮かぶ雲が描かれました。

風景画における雲は通常は存在感が少なく主題の引き立て役ですが、この雲を主役の位置にまで引き上げているところに彼の特異性があると言われています。「風景を読みその心を写す詩人」柚木久太。意を写す南画の世界の写意を洋画の中に取り込み「油彩による南画家」とも称されました。

久太は「私の絵の中で雲が面白いという人がいますが、それは何時も自分の気持で作り上げた雲な

柚木久太
（1885～1970）

火虹会　坂田一男と

玉島要覧

のです」と語っていました。

東京田端で戦災に会い、玉島に戻ってからは亡くなるまでの25年間を過ごしましたが、玉島にあっては県画壇の重鎮として日展招待出品を続ける一方、乙島在住の抽象絵画の先駆者坂田一男と共に郷土の画家達で組織する「火虹会」を立ち上げました。

また昭和22年に玉島文化クラブを結成して初代会長に就任。これには東京田端の文化村で30年を過ごした彼の経験が役に立ったものと思われています。そして地元玉島の文化の発展に大きな貢献を果たし、その春風の様な温厚な人柄と風貌は郷土の長老と仰がれました。

孫・柚木爽一郎さん　玉島文化クラブを立ち上げたのは戦後で、皆が沈んだ気持ちになっている時に元気になろうという事だったようです。また文化的なものが戦争の影響で失っている、気持ちの中でも失っているので何とか取り戻そうと活動が始まったようです。絵を描く人、音楽をやる人、物を作る人達が集まって皆に見てもらう事が出来る展覧会とかお芝居とか演奏会などをやったようです。

昭和44年三木記念賞を受賞。翌年日展参与となり、紺綬褒章の受章を最後に昭和45年10月28日老衰の為亡くなりました。86歳でした。

自分を育んでくれた瀬戸内海の明るく穏やかな風土をこよなく愛し続けた画家・柚木久太。自然から謙虚に学び、その清らかで気品溢れる画風は、我が国の洋画界に多大の影響を与えたと言われています。

「たましま歴史百景」第57回　２０１６年1月放送

（参考文献）　柚木久太展図録　岡山県総合文化センター昭和61年第13回郷土作家展
「田端文士村」近藤富枝著　中央公論新社
（協力）　倉敷市立美術館　田端文士村記念館　玉島交流センター　柚木爽一郎

柚木梶唯「中備の魁」

西爽亭

89 柚木家の人々 柚木玉嶼《ぎょくしょ》(満啓) 柚木玉洲《ぎょくしゅう》(行啓) 柚木玉邨《ぎょくそん》(方啓)

柚木家はもと浅口郡亀山村より寛文年間に玉島に移住し、松山藩御用達となり代々吟味格、奉行格に進み、玉島村の庄屋役をつとめた家柄です。

玉島に寛文年間に移住した柚木美重を初代とすれば、二代目が柚木美啓、三代目が柚木武啓です。この間、柚木家の財産も増殖し松山藩での格も進んでいったようです。

四代目・柚木玉嶼（ぎょくしょ　1800～1851）は三代目・武啓を父とし、寛政12年玉島に生まれました。名は満啓。玉嶼と号しました。

満啓が16歳のとき柚木家は大小姓格となり三人扶持を賜りました。24歳のとき柚木家を相続し　馬廻格となり、さらに吟味格、奉行格と進み、禄も百石にのぼりました。

彼の性格は豪放磊落で武芸（弓、馬、剣、槍）もすぐれ、特に射術をよくし日置流を学びました。書は顔魯公（がんろこう）の書を師として学び、弓と書は日課として習練し終生怠らなかったといいます。

鎌田玄渓（かまたげんけい）などを招いて経史の講義に耳を傾け、また茶会も時々開いていました。

彼の別荘、澆花園（ぎょうかえん）では横溝藿里（よこみぞかくり）の詩の会が毎月開催され、そのころ玉島に来遊した広瀬旭荘、野田笛浦、長沢雪城、穂積重胤、中臣正蔭などもここを訪ずれ、彼もまた賓客をもてなすのを楽しみとしました。嘉永4年6月10日没、享年52歳でした。

「雨すぎし森のこかげに鳴く蝉は声さえぬれて露ぞみだるる」　玉嶼

四代目・柚木玉嶼の長男として文政8年に生まれたのが柚木玉洲（ぎょくしゅう　1825～1901）です。名は行啓。玉洲または竹叟（ちくそう）を号とし、柚木家五代目として家督を継ぎました。

行啓は、山田方谷の門に学び、14歳の時に松山藩主板倉氏の表小姓となり大小姓格にあげられ、嘉永7年、父満啓の隠退後禄90石を受け、文久元年　勝手役見習。同3年　吟味役に進みましたが、明治元年その職を辞しました。

慶応4年1月、鳥羽伏見の戦いの後、松山藩家老熊田恰が彼の私邸で割腹死したことはひろく知ら

柚木玉邨

柚木氏別荘「中備の魁」

れています。明治維新後、行啓は同志と図かり明治12年に八十六国立銀行を起こして、その取締役となりました。また、彼は茶事を好み、藪内流の皆伝を受け、墨竹の風流を愛しました。明治34年没。享年77歳でした。

柚木家六代目は柚木玉邨（ぎょくそん　１８６５～１９４３）です。慶応元年に分家の柚木正兵衛の子として生まれ、後に五代目玉洲の養子となり六代目を継ぎました。名は方啓。通称は梶雄です。

明治17年に発行された「商家繁栄中備の魁」には矢出町柚木梶雄の商家の様子が載せられています。

明治23年、東京農林学校（現、東京大学農学部）を卒業した彼は、県農会幹事、技師として養鶏の研究を行い「人工孵卵の実験」を著し、自ら発明した孵卵器の構造と使用法の普及に努めました。

また「バラの栽培」を発行して農家経営の改善にも尽くし、一方、第八十六国立銀行、その他の銀行、会社の重役にも就任、実業面でも活躍しました。

柚木玉邨（梶雄・方啓）は幼い頃から、儒学を松田呑舟（どんしゅう）、鎌田玄渓などに、詩は森春濤（もりしゅんとう）、三島中洲（みしまちゅうしゅう）らに、書は日下部鳴鶴（くさかべめいかく）に学びました。南画は玉島に来遊した清国人の胡鉄梅（こてつばい）に学んでいます。

40歳頃からは俗事を捨てて、好きな詩、書、画三昧の世界に半生をかけて精進し、大正10年55歳の頃、玉島長尾の漢詩人・田邊碧堂と共に中国大陸に遊び、名山に登り、名士に接し、名画を見て文人画の真髄を学びました。北京滞在中、中国の巨匠金北楼を訪ね作品を見せたところ、金北楼は感に堪えず手を持って「中国人の作品と少しの違いもない」と言ったといいます。

昭和2年日本書道作振会で文人画第一席に推され東日賞を受賞。また日本美術協会の審査員、泰東書道院の審査員として活躍し、その著書に「玉邨画話」「品茶譜」「玉邨絶句抄」「玉邨蘭竹」など数多くあります。

「最後の文人画家」と言われた柚木玉邨は、本人の資質、品格から諸芸に通じ、皆から敬愛され、昭和18年10月25日亡くなりました。享年79歳でした。

柚木玉邨（良寛会館蔵）

扇面（久我小年書）

尚、玉邨が養子となった後の明治元年、玉洲に実子が生まれましたが笠岡の旧家久我家に出し、久我小年と名乗りました。

久我小年は風流を好み、多芸多才で書画、茶事、造園に通じていました。南画を胡鉄梅に学び花、山、水、鳥、虫などを得意とし、気迫と気韻に満ちた作品を残しました。

詩文を松田呑舟、鎌田平山に学び作詩にも長じました。文人画だけでなく、古書画の鑑定や茶道にも通じ、築庭家としても知られており、児島野崎家の庭は彼の手によるものです。

また煎茶に関する「品茶譜」を兄の玉邨と共著。「玉川茶寮煎茶法」も著しています。

昭和13年没。享年70歳でした。


柚木玉邨の長男が柚木久太で画家。久太の長男が柚木祥吉郎、次男が柚木沙彌郎で二人共に画家。

また、祥吉郎はノートルダム清心女子大学で、沙彌郎は型染の第一人者として活躍し、女子美術大学で教鞭をとっています。柚木祥吉郎の長男で、現在の柚木家当主の柚木爽一郎さんは音楽家で、玉島少年少女合唱団を率いています。

このように、柚木家は歴代芸術家を輩出している家として玉島の文化向上に大きな役割を果しているのです。

（参考文献）「倉敷人物二百選」倉敷文庫刊行会発行
「玉島旧柚木家ゆかりの人々」倉敷ぶんか倶楽部編　日本文教出版発行

中塚一碧楼

中塚一碧楼句碑　円通寺公園

90 自由律俳句の旗手　中塚一碧楼

「山ひとつ山二つ三つ夏空」

これは円通寺公園山頂付近に建つ自由律俳句の旗手・中塚一碧楼（いっぺきろう）の句碑です。

俳句本来の季題や字数等の形式に囚われる事なく積極的に口語を取り入れ、自分の心の中から自然に生れ出た感動を自由に言葉に表現した俳人・中塚一碧楼（1887〜1946）

中塚一碧楼は明治20年9月24日、玉島勇崎で製塩業等を営む中塚銀太の四男として生まれ、名を直三と言いました。

生家は八幡岬の西にある羽口の海に面しており「瀬戸内の古い港町玉島に生れ、この磯辺に育てられた僕は暑いにつけ寒いにつけ、いつも青い海を恋しく思う」と記しています。

「夏めく心あり水平なれば家郷のごとし」

これは長野県下諏訪の諏訪湖が見晴らせる水月公園に建てられているものです。

「向ひ地讃岐飯野山にものを言はむ　夏朝」

この碑は鷲羽山の中腹、四国の飯野山が見張らせる久須美太子堂、通称、鷲羽山のお不動様の向い地に建てられている物で、これら二つの句は昭和20年頃の一碧楼の晩年の句とされています。

「番茶のめば父と話したし母と話したし　冬の宵のほど」

母さかえの里、連島の安原家には、文学、とりわけ和歌や俳句に秀でた人が多く、彼は幼い頃母から芭蕉や一茶の話をよく聞かされていました。

一碧楼は小さい頃、何か気に入らない事があると翌朝までも機嫌が悪くぶつぶつ言っており「ほんにあれのしぶといのには困る」と母がこぼしていたと言います。

地元勇崎の尋常小学校を終え、高等小学校一年の時は本覚寺、また二年は仮校舎になっていた円通

城崎温泉にて（河東碧梧桐と）（1909年）

霞北館にて（兄の太々夫と）

寺の白雲関の僧堂で、読経の声や木魚の音を聞きながら授業を受けていました。三年と四年は玉島本町にあった玉島高等小学校。そして14歳の時に県立岡山中学校に進学。当時の岡山中学は岡山城の城跡にあり「お城の中学」と呼ばれていました。

彼はその頃から沈思黙考型で旭川の一人歩きを楽しみ、岡山城の下に佇んではじっと思いにふけっているような少年でした。何時の頃からか教会に通いキリストの教えに耳を傾けるようになり、中学卒業の春、中山下の岡山教会で洗礼を受けています。この事は彼の将来の俳句にも大きな影響を及ぼしたようです。

明治40年に20歳で早稲田大学商科に入学。戸塚の霞北館（かほくかん）という学生下宿に居を定めました。霞北館には、兄の太々夫をはじめ俳句を目指す青年達がおり、俳句雑誌に投稿したりするようになりました。

この時代は奇しくも、近代俳句の基礎を築いた正岡子規が没し「日本俳句」の選者・河東碧梧桐（かわひがしへきごとう）を中心に十七文字の定型を否定し、個性の発揮を目指す新しい傾向の俳句が生まれていました。

明治42年、早稲田を中退し玉島に帰郷した一碧楼は、新傾向俳句を展開する河東碧梧桐に傾倒。碧梧桐が全国行脚で兵庫県の城崎に来る事を聞き知り、飛び立つ思いで城崎温泉を尋ね、15日間に亘り俳三昧に参加しました。この時、碧梧桐は若干22歳の一碧楼を「半ば自覚せぬ天才の煥発である」と誉め讃えました。

しかし一碧楼は師である河東碧梧桐の行き方に疑問を持ち始めることになります。「誰のことを淫らに生くと柿主が」この句は城崎滞在のおり、碧梧桐の選で筆頭に揚げられた一碧楼の句ですが、原句は「恬然と淫らに生きて柿甘し」でした。添削にしては手が入り過ぎており一碧楼にとっては何か釈然としないものがありました。

碧梧桐は個性の発揮を主張しながら、選句に当っては個性を抑圧しているのではないだろうか、一

試作

沙美での俳三昧

碧楼は次第に「選者制の否定」そして「自選俳句」へと向っていったのです。

城ノ崎での俳三昧のあと、一碧楼は縁あって播州播磨で素麺問屋を営む浜田家の婿養子になりました。しかし家業に馴染めず半年後、浜田家を出てしまったのです。その時の事を一碧楼は次のような淡々とした心境で表しています。

「離縁話かるがると運ぶ麦青し」

沙美の海岸にある番所山、ここに明治43年11月、兄の太々夫（ただお）甥の水仙籠（すいせんろう）義理の弟の響也（きょうや）など中塚一門、そして碧梧桐門下の俳人が集り20日間に亘って俳三昧が行われました。

城崎での初対面の折から碧梧桐に大きな期待を持たれていた一碧楼でしたが、沙美での俳三昧と前後し、岡山の同人達と「自選俳句」を刊行。これは選者制を正面から否定したもので、これにより碧梧桐と一時袂をわかつ事になったのです。

「風吹いてこの夜暑さの色狂い」

「直き者とのみ言ははるを佗ぶ秋の厨」

これらは自選俳句の其一に載せられている一碧楼の句です。季題が残されてはいるものの選者制の否定、個性の尊重という創作態度がはっきりと見られます。

明治44年、再び早稲田大学文科に入学。この年**「試作」**を発表。ここで一碧楼は俳句における自由律の概念を初めて掲げたのです。「試作」での作品は官能的また享楽的な雰囲気を持っていました。

「娼《よね》が厚き唇や晝《ひる》蚊の出づる」

「髪臭ふ暑き夜や蟹など食ひつ」

大正元年早稲田を再び中退し帰郷。「試作」を改題し**「第一作」**を発行。「私どもはかう試みました

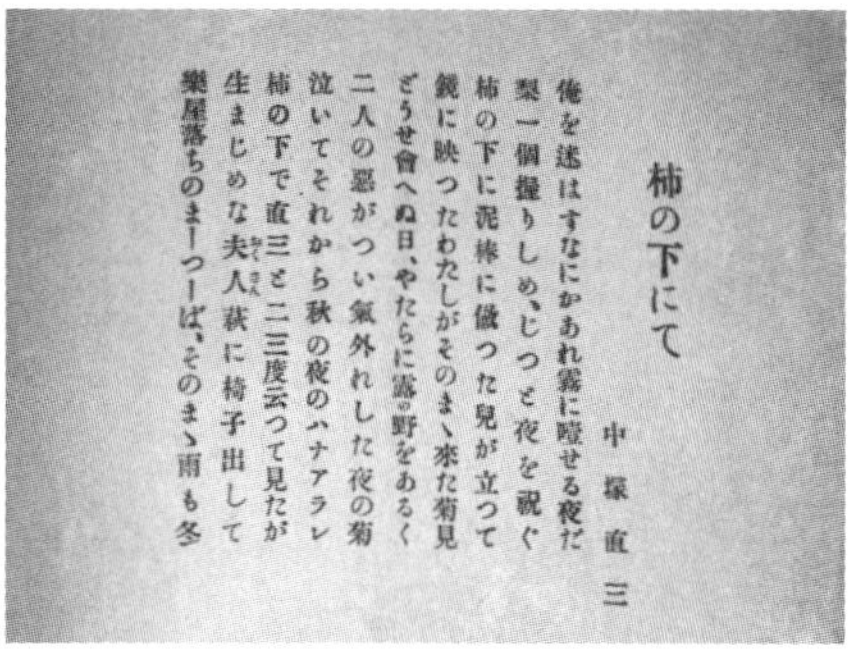
柿の下にて
中塚直三
俺を迷はすなにかあれ霧に噎せる夜だ
梨一個握りしめ、じつと夜を祝ぐ
柿の下に泥棒に做つた兒が立つて
鏡に映つたわたしがそのまゝ來た菊見
どうせ會へぬ日、やたらに露の野をあるく
二人の惡がつい氣外れした夜の菊
泣いてそれから秋の夜のハナアラレ
柿の下で直三と二三度云つて見たが
生まじめな夫人萩に椅子出して
藥屋落ちのまーつーば、そのまゝ雨も冬

第一作

一碧楼・妻たづ子

見てください」という態度から「俺達はかう作ったこれを見ろ」という態度に移ったのですと記し

「俺を迷はすなにかあれ霧に饐《む》せる夜だ」

「梨一個握りしめ　じっと夜を祝《ことほ》ぐ」

また新聞「日本」の俳句欄に投句。新傾向の作家として頭角を現わし始めました。大正2年に発行した一碧楼第一句集「はかぐら」の冒頭には「この本は私のためには懐かしくまた痛ましい墓窖（はかぐら）です」と記し、自らを振り返って「日本俳句」に没頭していたお坊ちゃんの時代、「自選俳句」で個性尊重、老大家咒咀を絶叫して謀反人よと罵られた時代、「試作」を起こして建設に苦労した時代、と総括していますが、常に作風の定型化や固定化を嫌い、自由律の俳句に挑み続けた結果であったのかもしれません。

大正3年、玉島にいた一碧楼は周囲の反対を押し切り神谷たづ子と27歳の時に結婚。東京に出て西大久保に新居を定めました。たづ子を得て彼の句に明るさが射し始めます。

「一月一日焚火す我胸の温み」

大正4年、再び碧梧桐と行動を共にし、河東碧梧桐主宰、中塚一碧楼を総編集責任者として「海紅」（かいこう）を創刊。これにより一碧楼は生計の道を立て、その後の半生の第一歩を踏み出しました。中塚家の墓がある柏島福寿院の本堂の前には、柏島句碑公園が作られ、一碧楼が海紅を創刊した頃に作った句碑が建てられています。

「柿の核を見るまことなるひとときや」

大正12年碧梧桐が海紅を去り一碧楼が主宰者となりましたが、一碧楼は碧梧桐を生涯の師と仰ぎ、現在も海紅の句会に使われている東京世田谷の部屋には「一碧楼」と碧梧桐が書いた額が掲げられています。また河東碧梧桐先生絶筆と箱書に一碧楼が記した碧梧桐の書も残されています。

一碧楼句作ノート

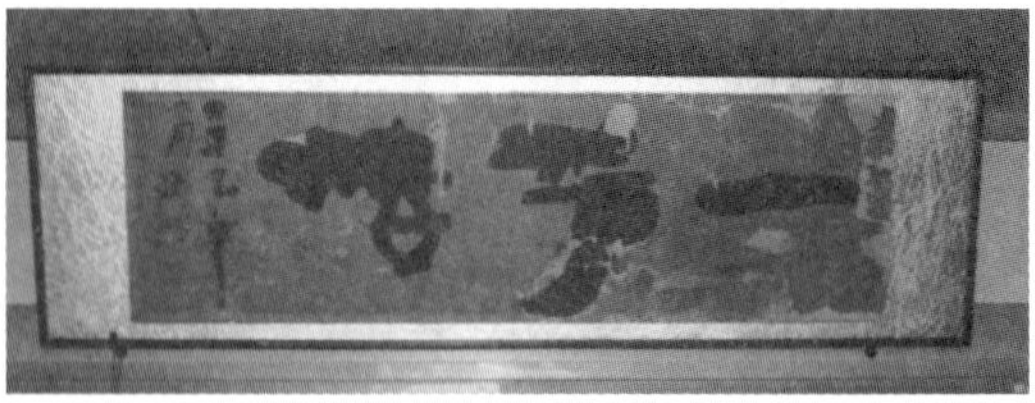
「一碧楼」河東碧梧桐書

海紅社社主で一碧楼の孫・中塚唯人さん　一碧楼は私が生れる前に亡くなったので会った事はないのですが、人を怒ったり叱りつけたりしない誰にでも好かれる人でした。また句を型にはめる事を嫌い、年代によって句が変化し自分と共に句も成長している。人にもどういう句を作るようには言わず、その人の個性の煌きを大切にしていました。碧梧桐の句は俳句を文学として詠み込もうという事で少し硬いところがありますが、一碧楼は自分が思った事、言いたい事をそのまま句にしているというような違いを感じますね。

これは海紅社に残されている一碧楼の句作ノートですが、推敲の跡が随所に見られ一碧楼研究の貴重な資料となっています。大正11年、関東大震災に遇い玉島に帰郷。次の2つの句は大正13年、玉島で作られたものです。

「鶏が飲んでゐる水壷の水ある」
「鶏頭きるを見てをってくれる」

震災の後玉島で4年程を過ごし、その間鴨方の明王院で俳三昧を行ったり、北陸や越後、東北などへ俳句行脚に出かけたりして「海紅」の責任者として句作りに精進しました。

「とっとう鳥とっとうなく青くて高いやま青くてひくいやま」
「橋をよろこんでわたってしまふ秋の日」

橋をよろこんで…の句碑は、玉島文化協会により八幡山の公園に建てられているものです。これらは一碧楼40代中頃の句ですが、不定型であるが故に揺れ動く心がつぶさに表現されています。

「冷ゆる日けふ空いっぱいの御佛體」

昭和12年2月1日碧梧桐が亡くなり、この句は亡き師の碧梧桐のことを悼んで詠んだのではないかと考えられています。

中塚一碧楼句碑　柏嶋神社前

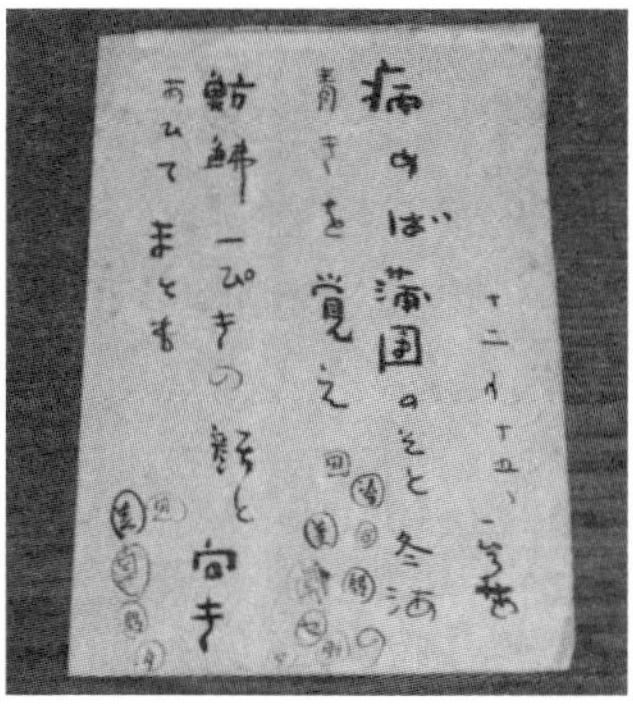

一碧楼・辞世の句

「二まい三まいにんげん青いすだれをたらし」
「家々に朝の日いづこにもてりて稲の秋」
「梅まだ咲かぬと見る軒をみる」

彼の俳句には気取った表現がいささかもなく、口語調の簡潔な文体で事物に対する鋭敏な認識を余すところなく盛り込んでいます。そして今なおその新しさに目を見張る人も少なくないようです。

「病めば蒲団のそと冬海の青きを覚え」
「魴鮄《ほうぼう》一ぴきの顔と向きあひてまとも」

この二つの句は亡くなる半月前の12月15日、病を押してのぞんだ句会に出したものでこれが一碧楼の辞世の句となりました。

晩年、一碧楼は芭蕉の句を好み学んでいました。二人の臨終の句を比較すると、芭蕉の「旅に病んで夢は枯野をかけめぐる」に対し、一碧楼は「病めば蒲団のそと冬海の青きを覚え」と詠んでいます。芭蕉は死を前にしてなおも風雅への執着が顕わで、旅に生き旅に果てた苦悩と悲しみに満ちています。一方、一碧楼は故郷の穏かな青い海を詠み、故郷の自然に帰っていく喜びが人生の終わりを彩っています。

もう一つの辞世の句「魴鮄一ぴきの顔と向きあひてまとも」も柏島神社の前に建てられています。この句の魴鮄ですが、一碧楼は妻たづ子の顔が魴鮄という魚に似ていると言っていたようで、死を前にしても愛妻たづ子と「向きあひて…」と詠んだと考えられています。

死後、「海紅」は妻たづ子の努力によって引き継がれ、長男檀（まゆみ）、そして平成5年からは孫の唯人氏によって「海紅」の発行が続けられています。

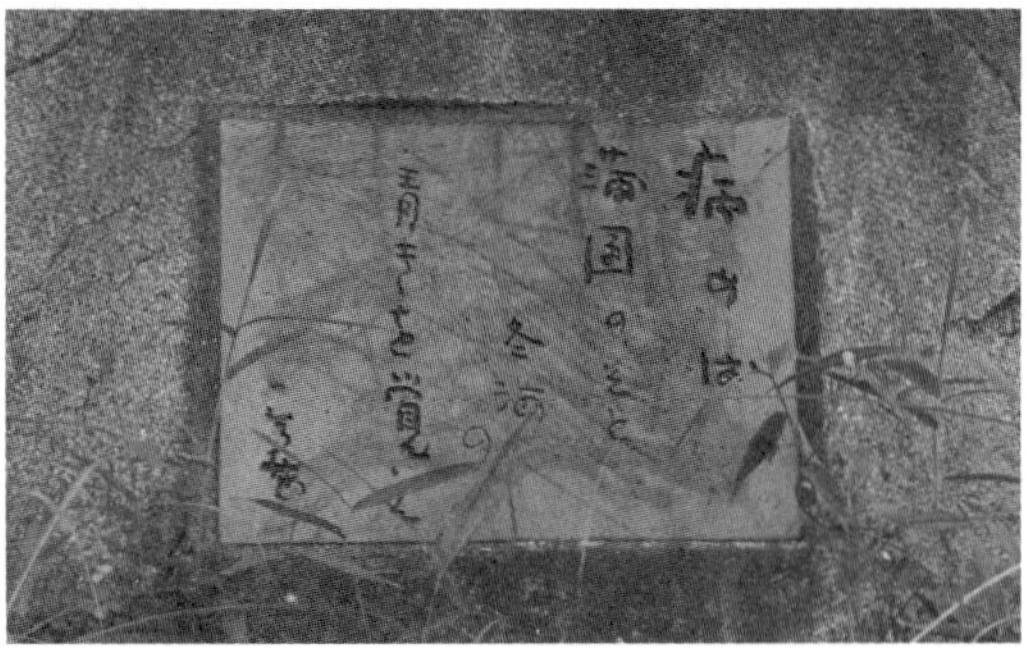

中塚一碧楼句碑 句碑公園　玉島柏島

一碧楼墓　福寿院　玉島柏島

自由律俳句の旗手として、近代俳句界に大きな足跡を残した中塚一碧楼。昭和21年大晦日、東京世田谷の自宅で静かに息を引き取りました。59歳でした。墓は玉島柏島福寿院にあります。

一碧楼にとって、玉島の海は俳句に情熱を燃やした青春の海であり、また少年時代に家族と共に過ごした懐かしい海でした。

その辞世ともいうべき句が備前焼の板に刻まれ、玉島の海と生家を臨むように建てられています。

「病めば蒲団のそと冬海の青きを覚え」

「たましま歴史百景」第52回　２０１４年９月　放送

（参考文献）

「郷土史を飾る人々・中塚一碧楼」ＪＯＫＫ放送台本

「目でみる岡山の百年」日本文教出版

「俳人中塚一碧楼」森脇正之編・倉敷文庫刊行会

「中塚一碧楼・俳句と恋に賭けた前半生」瓜生敏一著・桜楓社

「冬海・中塚一碧楼全句集」中塚檀編海紅社

「ふるさとの思い出写真集・玉島」森脇正之編・国書刊行会

「海紅自由律・中塚一碧楼物語」中塚唯人著

（協力）

海紅社　志ほや　鯛惣　中塚銀太　中塚唯人

井上浩　日本キリスト教団・岡山教会

坂田一男

キュビズム的人物像（1925年）
岡山県立美術館蔵

91 抽象絵画の先駆者　坂田一男

人体を円錐形で再構成した「キュビスム的人物像」この作品はパリに渡り厳しい造形の世界を追及し、わずか4年余りでキュビスムに対する理解を飛躍的に高めたことを示す坂田一男（さかたかずお1889～1956）の、代表作ともいえる作品です。

抽象絵画の先駆者・坂田一男はパリで12年間キュビスムや抽象絵画を学び、帰国した後も中央画壇に近づかず、玉島にアトリエを持ち厳しく孤独な造形探求を続けました。

井原市美星町、10数戸が寄り添う集落の中でひときわ目立つ門構えの家があります。この建物は江戸時代後期に建てられた大庄屋・坂田家の建物です。

坂田一男は明治22年この家の本家の長男として岡山市に生まれました。父快太郎はドイツに留学して、岡山大学医学部外科の開祖と言われました。また祖父の雅夫も医者で、西日本初の沙美海水浴場を開設した蘭方医でした。

玉島乙島の坂田新開や川崎新田の開拓をしたのが叔父の坂田貢（みつぎ）です。坂田家には様々な分野で開拓者的な仕事をした人が多く、坂田一男が抽象絵画の先駆者として果たした役割も、こうしたパイオニア精神の血筋によるものと言われています。

非常に恵まれた家庭の長男として生まれた一男でしたが、父母も祖父母もいとこ同士で遺伝学的に危険な兆しを背負って生まれたという事実は、心理的に彼をたえず脅かしていました。

中学を卒業の後、高校入試に失敗を重ね、それまで成績が優秀であっただけにそのことが彼をノイローゼに追いやったのです。

病気療法として習い始めた絵が彼に健康を回復させ、上京して本郷絵画研究所、ついで川端画学校に席を置きました。後になり画家になった由来について「人生の悶えからここにたどり着いたので、私にとって絵とは、ただ本質と哲学の変形に過ぎないのです」と記しています。

この時期の作品を見ると、アカデミックな裸婦のデッサンから、肉体のボリュームを強調した存在感溢れる裸婦のデッサン、そして油彩へと進み、日本人女性の寸胴のプロポーションを何ら理想化せずたくましく描きだしています。

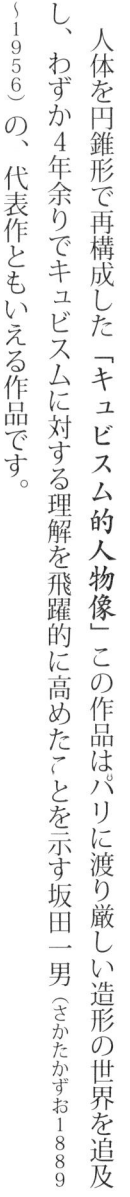

女と植木鉢（1926年）
兵庫県立美術館蔵

顔と壺（1926年）
倉敷市立美術館蔵

椅子による裸婦（1921年）
新潟県立美術館蔵

大正10年（1921）、32歳の時に憧れのパリに留学。挫折のうちに青春の数年間を過ごした彼にとって、パリは第二の人生の始まりでした。

大正13年（1924）の**「椅子による裸婦」**、これはパリでフェルナン・レジェの教室に入り、キュビスム（立体派）の傾向が現れてきた最初の作品と言われています。裸婦の体を、曲面ではなく幾何学的な面に分割し、隣り合う面の明暗を対比させる事により、より立体感が強調されています。「さかた」と平仮名でサインを入れており、日本人としての自負を持って記したものと見られています。

この絵の翌年には**「キュビスム的人物像」**を描いています。人体を静物に対するかのように分析を行い、円錐形によって再構築しており、キュビスムの世界を短期間で会得した事が知られます。

彼は絵の創作活動において何よりも知性に信頼を寄せていました。当時の家族への手紙には「毎夜2時頃まで絵の構成を計り考えおり候、なにぶん数学的組みたてにて、建築師のような頭のいる仕事に御座候」「甲鉄で作った頭脳を与えて欲しい、頭の鉢が割れそうだ」などと苦悩を綴っています。また一面、彼はスポーツマンで暴れん坊でもあり、中学時代から大車輪を得意とする鉄棒の名手で、パリではセーヌ河へ飛び込んで魚をつかんだり、フンドシで旗を作ってパリの駅にオリンピックの日本選手団を迎えた、などというエピソードも多く残しています。

一九二六年の**「顔と壺」**、レジェが書く人物の顔と似てはいますが、レジェの鮮明なからっと乾いた色調に比べ、グレーを基調としたくすんだ色彩で、日本的な湿度と潤いが感じられます。またレジェの明快な構図に比べ、複雑で有機物としての顔と無機物の壺が画面中央で大胆に裁ち切られ、モチーフの不思議な融合を見せています。

同じ年に**「座る女」**のシリーズを描いています。顔を比べてみると、Ⅰでは目や鼻、口が単純化されてはいますがきちんと描かれていて、Ⅲになると目を表わす黒丸が一つだけになり、Ⅳでは顔の陰影がなく完全な円で表わしています。人物から個性を消し去り、造形的なフォルムへの還元をわずか一年の間に行っており、このシリーズには、パリ時代にキュビスムから抽象へと進んでいった前衛画家としての歩みが刻印されています。

「女と植木鉢」、**「浴槽の二人の女」**これらはパリ時代の作品の中でも完成度の高い作品群と言われ、モチーフとしての人物と静物の関係が考察されユニークな構成を見せています。浴槽の二人の女では、

アトリエ（玉島乙島坂田町）

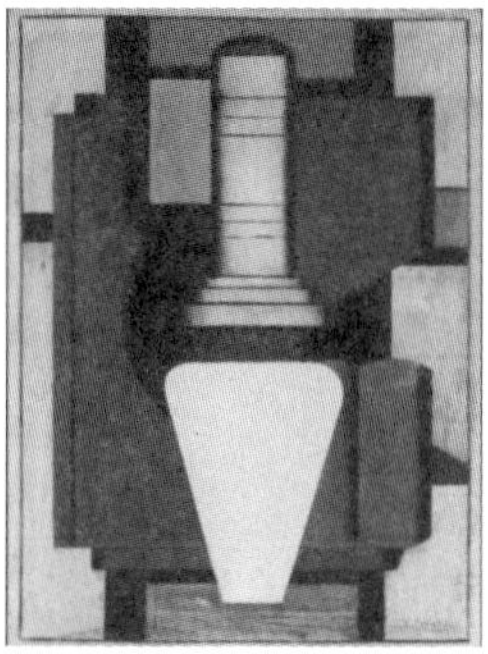
コンポジション（1936年）
個人蔵

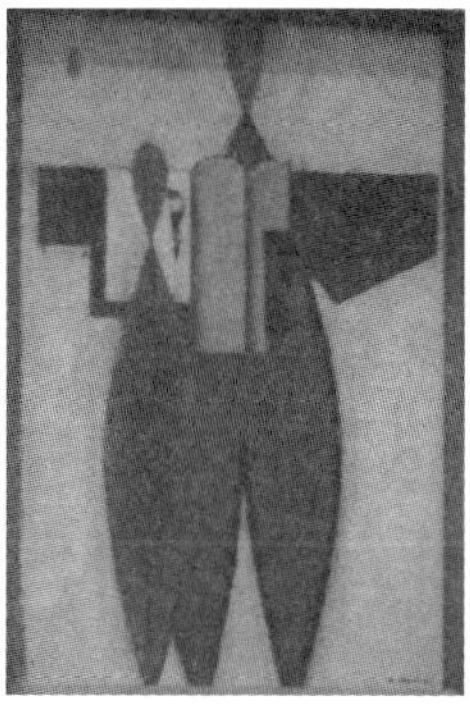
上巳　個人蔵

女性と浴槽にたまった水をパズルのように組み合わせ、画面中央部のモチーフと四隅のバランスが入念に検討され安定感のある仕上がりになっています。

パリ在住の日本人画家として、藤田嗣治と坂田一男は対照的な画業を展開していました。知性を重視し、情緒や感覚で絵を描くことを嫌った一男は藤田とは犬猿の仲だったといいます。

昭和6年（1931）、父快太郎が一男の帰りを待ち望みながら亡くなりました。パリで父の訃報を受けた彼はショックの余り気を失ったといいます。その頃は前衛画家としてパリで認められていましたが、父が亡くなり経済的にも困窮し、翌々年の昭和8年（1933）、12年6ケ月に及ぶ留学を終えて帰国しました。

帰国に際しては、わずかな素描を持ち帰ったのみでした。「デッサン」「坐る女」この二点は折りたたんでトランクに入れられていたもので、折り目のあとが見られます。

帰国の翌年、乙島坂田新開にアトリエが建てられました。一男が帰国後、生涯を終えるまでの22年間を過ごし創作活動を続けたアトリエは平成6年に取り壊され、今は跡地に看板が立てられています。

帰国後の作品は、坂田町のアトリエが二度の大水害に会い失われた作品も少なくありません。また残されている作品も多くが塩水によるダメージを受けています。

帰国後に描いた「コンポジション」中央に壷か機械の部品のようなものが描かれ、バックは色の面で分割。色の鮮やかさ、形のシャープさが印象に残る作品です。これは食べる物にも事欠いていた坂田が食べ物を貰ったお礼に渡した物で、水難を免がれており保存状態も良く帰国後の代表作の一点とされています。

坂田は、浅黒くてがっちりとした体格、黒目勝ちの鋭い目をしていたと言います。彼は画家でありながら「絵は売らない」という方針を立てていました。彼にとって絵は「生きた証」であり、絵で生計を立てようとすると、まわりの評価をおもんばかって、表現の追求が不徹底に終るとして、経済的な不自由よりも精神の自由を選んだといいます。

昭和12年（1937）の「端午」（たんご）この作品は坂田作品にしてはテーマが分かりやすく、立ち雛を描いた「上巳」（じょうし＝ひな祭り）と並んで、日本的なテーマを抽象絵画に取り入れているという

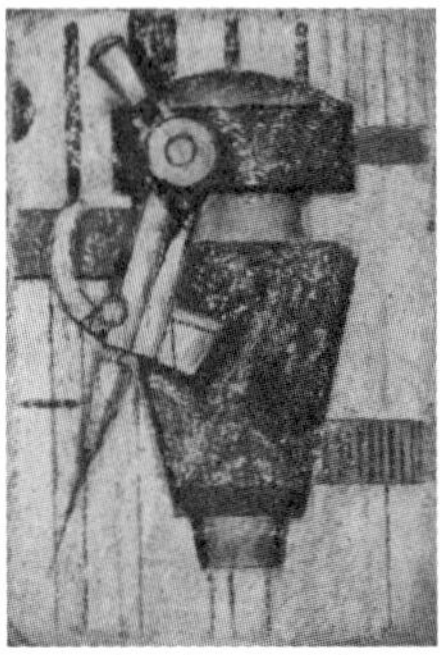

コンパス（1949年）
岡山県立美術館蔵

ＡＧＯの仲間と

点で面白い作品です。「端午」「上巳」ともに何点も描いています。

「**コンポジション**」、これは水害に会いほとんど剥落してしまった絵の具をカンバスに残し、造形効果として生かしながらその上に木炭でデッサンをして別の作品を作ろうとしたもので、彼の独自性が見られます。

スケッチブックには、消しゴムで消した跡に出来るササクレだった紙の絵肌を、画面の効果として取り込んでいるのが見られ「消す事も描く事だ」と言っていた坂田の片鱗が伺えます。また素描を単に油彩のための習作や下絵に限定して考えていなかった彼は、それ自体をひとつの作品として、時にはサインを入れています。

第二次世界大戦が終わり昭和24年（1949）に地元若手の画家を率いて前衛芸術グループ・アバンギャルド岡山「ＡＧＯ」を旗揚げし、自らの信じる前衛芸術の擁護と展開に立ち上がりました。

その時、若い人達に芸術家のあり方として、「人に媚ない、他人の批評を気にしない。作品は絶対にオリジナルである事。上手に描こうとするな、下手になれ、個性の表現のみ価値がある」と繰り返し語っていたといいます。

また彼は、猥談で皆をよく笑わせていました。猥談は彼にとって世俗をかなぐり捨てた行為であり、また繊細な神経をまぎらわせる休息の場でもあったようです。

昭和24年（1949）に描いた「**コンパス**」、作品全体に白の絵の具がこすりつけられ、レンガ色の部分に独特のくすんだ質感を与えています。きわめて合理的で理知的な道具であるコンパスをモチーフに選んでおり、画家としての彼の取組みに通じる作品となっています。

昭和27年（1952）の横たわる裸婦「**オダリスク**」、色彩が抑制され、モノクロームで油絵でありながら水墨画的な世界をも思わせます。

晩年の作品はこのようなモノクロームの絵が多く「色の究極は白と黒だ。貧乏画家には都合が良い」と語っていたといいます。充分な絵の具を買うお金が無かったことも実状のようですが、余計なものを取り除き本質的なものだけを残すという、彼の考えとも合致をしたようです。

昭和30年（1955）の「**釣**」、釣りの絵は数点描いています。彼は鰻釣りの名人で、ビクを持たずに

コンポジション（絶筆）
（1956年）個人蔵

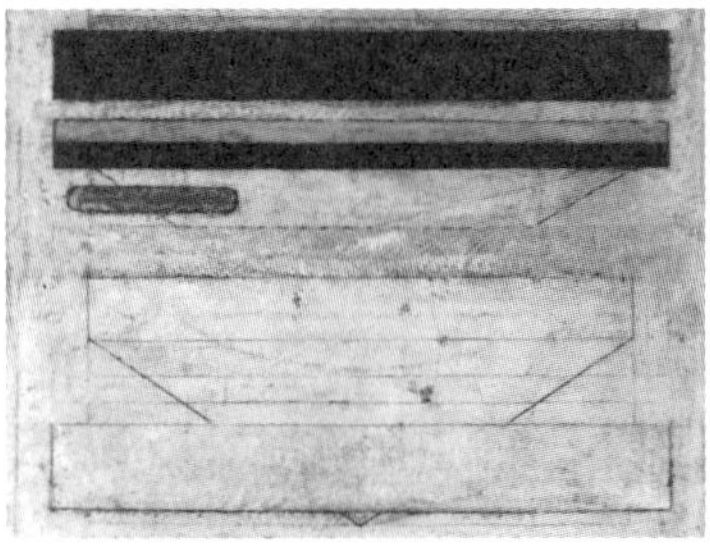

平行線と濃度によるコンポジション
（1952年）個人蔵

オダリスク（1952年）個人蔵

出かけ一匹釣り上げるとそれで家に帰ってしまうので「一匹先生」などと近所の人から呼ばれていました。

「平行線と濃度によるコンポジション」、淡いピンクの濃淡の地に、横長の矩形と三角形、それと線で微妙な空間が作られています。線も定規で引いた線でなくにじみやかすれがあり、単純化し本質的なものだけで構成された坂田晩年の代表作とされています。

「メカニック・エレメント」、所々に絵の具の塊がそのまま置かれ、ぼさぼさとした艶のない画面に、抑制された色彩で機械の部品のようなものが規則的に配置されています。坂田の絵は「秩序と均整の美の世界」であるとも言われていますが、それを裏付けるに十分な作品となっています。

「コンポジション」、この絵は、木炭のみで描かれ未完成であり絶筆と言われています。坂田最後の脈を取った玉島の医師が所蔵する作品で、脳梗塞の動きにくい手で50号の大きな作品に取りかかった彼の意欲に圧倒されます。

昭和31年（1956）5月28日未明、脳出血のため、玉島のアトリエで亡くなりました。66歳でした。「前衛は無位無冠」自らの言葉通り、生前その画業は日の目を見ることはありませんでした。中央画壇と接触を絶ち、造形の世界を厳しく追求した「孤高の画家・坂田一男」。

彼にとって描くという事は、自分自身の哲学の変形に他ならなかったのです。妥協を嫌い自らの表現を貫き通した純粋な生き方こそ、坂田一男の魅力なのではないでしょうか。

「たましま歴史百景」第32回　2012年1月　放送

（参考文献）
「坂田一男展・前衛精神の軌跡」　岡山県立美術館・2007年度
「坂田一男と素描」妹尾克己　イシイ省三　編著　岡山文庫
「永遠の線を求めて」藤原郁夫　手島裕　監修　山陽新聞社
「坂田一男・抽象への軌跡」　倉敷市立美術館・1988年度

（協力）
岡山県立美術館　坂田雄次郎　妹尾克巳

屋根の見える風景（1929年）

自画像（1925年）

92 酒の画伯　小林喜一郎

「酒は万人に喜ばれて呑む　万人に嫌われて呑む
　飲みて喜びつつまた呑む　これが酒なり　吾酒なり　喜一郎」

若くして天才画家と謳われながら中央画壇に背を向け、独自の画業を展開した小林喜一郎。

小林喜一郎（1895～1961）は明治28年9月20日、玉島黒崎南浦で杜氏をしていた父の出張先の高知県安芸郡で生まれました。小さい頃から絵が好きでいつも紙と筆を持ち歩いていたと言います。郷里の南浦小学校、沙美高等小学校を卒業。大正5年21歳の時、好きな絵の勉強をするため友人を頼って上京。中川一政（かずまさ）に師事し、新聞配達などをしながら画の勉強を続けました。

大正10年には二科展に初入選。翌11年28歳の時には、その頃の画家が憧れていた樗牛賞（ちょぎゅうしょう）を受賞。この受賞をきっかけに絵かきとして名を知られるようになりました。

昭和3年、塩見樫野と結婚。岡山市内山下に居を構えました。昭和4年頃の日記を抜粋した「喜一郎日記」があります。「6月20日、煙草代にあてようと昆虫記一冊の他、樫野の持っとった詩集二冊をかかえて出かけた。古本屋に見せるとそっけなく断られてしまう。今日は煙草をあきらめた。ダリアがよく咲いていたが、どうしても書く気持ちがせぬ。しかたなくて引き返す」など、挿絵と共に喜一郎の人柄と当時の生活が伺えます。

昭和9年には二科展への出品作で昭和洋画奨励賞を受賞。昭和10年には岡山市網元浜赤坂の高台に赤坂洋画研究所を開き絵の指導にあたりました。

多い時には40人もの門下生が集まり、日展評議員の日原晃。春陽会審査員の石田正典、二科会員でノートルダム清心女子大学名誉教授の竹内清、日展特選で創元会員の青地秀太郎など県洋画壇をリードする多くの重鎮が育ちました。

研究所での指導は厳格そのもの。常に対象を「よく見る」という事を強調。門下生が現場での写生を持ち帰り手を入れていると「現場でいい加減なことを見ているからだ」と厳しくたしなめました。

彼自身も現場でないと筆をとらず、柿の木を写生していて写生の期間中に時がたち葉が落ちてしまうと、絵の葉も落として描きなおすなど徹底的にリアリズムにこだわったといいます。

春の海（1950年頃）

家族コンポジション（1935年）

長男で画家の小林先さん　**絵を見てくれと持って来られても絵をじっと見とるだけで何も言わない。これには堪えたと生徒さんは言っておられました。よくアトリエで酒盛りをやっていました。時には裸踊りなんかもしとったようです。父がかなり有名になっても家族がこういう目に会うんだから絵描きにだけはなっちゃあいかんというのが私の哲学みたいになっとりました。セザンヌは神様のように思っていたみたいで、あの堅実な描き方というのが親父の絵の底に流れているように思いますね。**

喜一郎の絵は素朴で素直で明るく、絵の空間構成バランスが良く、色使いがたくみで彼の絵の愛好者は多くいました。しかし彼は欲がなく、自分の絵を売る事が下手で生活は常に苦しかったようです。

田村安男さん　**欲のない人でしてね、金の欲もなければ女の欲もない、私の知っとる間はホームスパンの帽子で洗濯もしてないような背広を着てどこまででも行く。偉い人にもおじけない、下の人も蔑むようなことはない。私なんかでも懇意にさしてもらいました。私は元警察官でして水島の緑町という交番におったことがあるんですが、そこに血まみれになって入ってきて、あのバスをつかまえろと言うんですね。バスでワシの足を踏みやがるから、踏み返してやったら殴りあいになった言うて、そういう子供みたいな気質もありましたね。**

喜一郎は心優しく反面厳格。また几帳面な性格で、絵の道具は書き終わればどのような場合でもきちんとしまい、筆の金具などは常にピカピカに光っていました。また植物が好きで、自分が腰をおろして写生した後の草は手でおこし直して帰るほどであったといいます。

昭和13年制作、県立美術館所蔵の**「家族コンポジション」**記念写真のように少し緊張した面持ちで正面を向いた一家の日常を素朴にとらえています。絵具はパレットの上で混ぜ合わせず、キャンパスの上で混ぜ合わせる事により純度が高く明るい色彩となる手法を用いていたようです。

二科会に入っていた彼は藤田嗣治や東郷青児らとも親交があり、安井曾太郎からは一水会に、黒田重太郎からは二紀会の創立会員になるように勧められましたが、彼にはそうした事がわずらわしく中

喜一郎（東郷青二画）（1950年頃）

自画像（1961年）

央画壇に出る事を拒んだのです。

岡山に帰ってからの喜一郎は好きな酒をよく飲み、酒にまつわる逸話は数多く残っています。喜一郎の友達であった藤原啓はこのように書いています。「世間の人はよく平賀元義と彼を比べて話をしていたが、元義の文学には酒の他に女があった。だが彼の絵には女の匂いなど薬にするほどもなかった。だからと言って彼がロマンチシズムを否定していたのではない、丁度正宗白鳥の文学のように表面だけは乾ききっていたのだ。それだけに芸術的な深さを持っていると言われたが、本当に小林芸術を理解している人が県下に幾人いただろうか、酒の酔いも程々のときの作品は良いがと言う。私は泥酔して理性も知性もなくなった時の作品の方がもっともっと好きだ。得体の知れない酔っ払った絵の中に脈々として小林芸術が躍動していたではないか、要するに彼は思うに任せぬ仕事の苦悩から脱皮しようとして黙々と酒を飲んだ。飲めば飲むほど、酔えば酔うほど、彼の深刻の度を増していった。」

昭和20年6月29日、未明の岡山の空襲を機に足守町大井へ、ついで水島春日町に移りすみました。晩年は生活費に追われ、制作に手間取る油絵には打ち込む事が出来ず、水彩や水墨画に主力を注いだようで水墨画の軸や額も多く制作しています。

しかし油絵への熱意は持ち続けており、遺作となった**「自画像」**（1961）では鏡に映った自らの姿を書いていますが、絵では右利きの彼が筆を左手に持っているように見えます。あくまでもリアリズムに徹した彼ならではの作品となりました。

「吾酒なり」と言い切り、お酒をこよなく愛し、好きな絵を黙々と書き続けた小林喜一郎。太い首がガッチリと胸に食い込むような安定感を持った胴体。それはそのまま彼の絵にも現れていました。

昭和36年9月10日、食道ガンのため65歳の生涯を閉じました。

（平成元年放送の「玉島百景」に、2016年9月27日～10月19日に玉島市民交流センターで行われた生誕120年特別企画「小林喜一郎展」を参考に追記しました。）

災禍の跡（1924年）

南郷の八月（1919年）
倉敷市立美術館蔵

みなとの曇り日（1914年）
ふくやま美術館蔵

93　漂泊の画家　池田遙邨

旅と自然を愛した漂泊の画家・池田遙邨（いけだようそん　1895〜1988）。池田遙邨は、明治28年池田文四郎の長男として岡山に生まれ昇一（しょういち）と名付けられました。

父の文四郎は倉敷市玉島の出身で鐘ヶ淵紡績の技師を務めていました。遙邨は父親の仕事の関係で小学校を6回も転校。「このことが旅をこよなく愛するようになった一因かもしれない」と晩年になり述懐しています。

15歳の時、どうしても画家になりたくて高等中学の入学試験を放棄。単身で大阪に出て洋画家・松原三五郎の天彩画塾に入りました。

大正3年、19歳で文展に水彩画**「みなとの曇り日」**を出品して入選。その前の年、福山の個展の会場を訪れた日本画家小野竹喬（ちっきょう）が「なかなか自然が良く描けているが、これからは主観を入れてはどうか」と感想を述べました。当時の洋画は、見たままを描く写実が大勢を占めており、その事に飽きたらなさを抱いていた遙邨の心に強く響いたのでした。

兵役を終え姫路の実家にいた22歳の頃、日本画を独学で制作し文展に出品しましたが落選。独学に限界を感じた遙邨は、大正8年、小野竹喬を頼り京都に出て竹内栖鳳（せいほう）の門に入りました。

こうした中で開催された第一回の帝展に**「南郷の八月」**を出品して入選。遠近法による空間表現、立体的な陰影の付け方などに洋画の手法が用いられています。

その翌々年に描いた伊勢志摩波切の**「颱風来」**。嵐で激しく荒れ狂う海と民家を左上から右下への対角線で分け、主観を入れた再構成がなされています。

大正12年に起きた関東大震災後まもなく焼け跡に入り、四百枚余りのスケッチをしました。その翌年、六曲一隻の屏風に**「災禍の跡」**を描いて帝展に出品しましたが落選。

この頃の彼を捉えていたのは、寂寥感漂うムンクやゴヤの世界で、師の竹内栖鳳から「悲惨な物だけが芸術ではない、一輪の椿を描いても芸術は出来る」と厳しく否定されたのです。

貧しき漁夫（1925年）

錦小路の夜（1929年）

富獄十景（宮原 宮沢 橋下）（1930年）
倉敷市立美術館蔵

打ちのめされた遙邨は京都を離れ、故郷の岡山、倉敷を放浪。旭川河口近くの四手網の漁師をモデルに**「貧しき漁夫」**を描き帝展に出品しましたがまたも落選。

長男道夫が生まれた事もあり、一家の生活も考えた末、京都に戻ることを決心しました。

そして、大和絵や南宋画などの古典を研究し、画風をガラリと変えた**「南禅寺」**幅2・5メートルの大作を帝展に出品して入選。遙邨のこうした変化は師の竹内栖鳳らを喜ばせました。

昭和4年には、多くの人で賑う京都の町を上から覗き込んだような生活感溢れる**「錦小路の夜」**を描いています。

一方、遙邨は大変な旅好きで、生まれながらの旅人と自認していました。江戸時代の浮世絵師・歌川広重の「東海道五十三次」に感銘を受け、京都から東京まで東海道を写生行脚して廻り**「昭和東海道五十三次」**を現わしました。57枚からなるこの作品には、風景だけでなく橋の上や街道の通行人など人物があちこちに描かれており、人間も自然の一部と捉えていた様子がうかがえます。

「富獄十景」では、様々な方角から見える富士の姿を表していますが、橋の下からの富士など浮世絵から影響を受けた大胆な構図が垣間見られます。

遙邨はさらに北海道にまでも足をのばし**「蝦夷八景」**も残しています。続いて昭和九年には日本全国の名所を訪ね歩いて**「昭和六十余州名所」**を残しました。

東海道では写生をしながら、日に平均して20キロ近くも歩いたという遙邨ですが、法被に地下足袋を愛用。巡査につきまとわれ、旅館では門前払いを受けるという珍道中であったようです。

遙邨長女・池田吟子さん　お客さんが多くて、父も時々居留守を使うんです。でも奥の画室からくしゃみをしたり、話声がしたりして、その度に、ドッキとしました。父としては、とても優しくて、時々手を引いて散歩に連れて行ってくれました。また寝る時に、よく話をしてくれるんです。芝居気もある人でしたから、本当にとても楽しい父でした。

昭和27年には**「幻想の明神礁」**を描いています。伊豆諸島付近の海底火山の爆発で、いきなり島

幻想の明神礁（1952年）

森の唄（1954年）

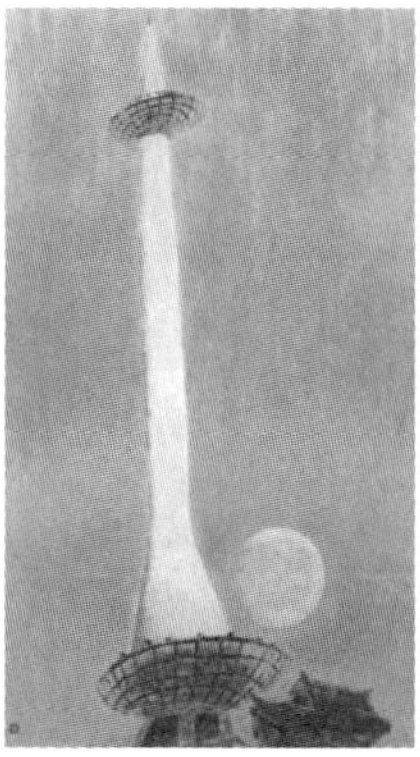

京都タワー（1980年）

が出来たというニュースに夢とロマンを感じ、全くの想像で様々な生き物がびっくりしている様子をユーモラスに描き、遙邨独自の幻想的で詩情漂う世界を展開しています。

還暦を迎える前の年に描いた**「森の唄」**。この絵では、動物達を真横から見た視点と、巣を真上から見た視点を混在させ、中心の鳥の卵を強調しています。遙邨の作品の中でも児童画の要素が多く盛り込まれた異色作です。

また、苔むした庭に三個の石を配しただけの単純な構図の**「石」**。「この絵を描くために色々な石を約千枚もスケッチした。そうしたら、その辺の家まで石に見えてきた」と語っていますが、岩絵具を塗り重ねて書かれた深い色調の三個の石は、石の質感や量感を越え、抽象画にも通じる作品となっています。

伝統や慣習にとらわれない遙邨ですが、80歳を超えて描いた**「影」**。日向と日陰のコントラストが鮮やかで、銀杏の落葉や鳩の群れが、晩秋の長閑な午後を思わせます。

翌年には軽妙な足取りでシギが歩く**「なぎさ」**。またその翌年には、上流へ向って疾走する白サギを描いた**「川」**と続きます。彼の絵は、その発想の独自性と軽妙な味わいに特徴があると言われていますが、伝統的でともすれば生真面目な表現の多い日本画の中で極めて斬新な印象を与えています。

80代も後半になり描いた**「京都タワー」**。画面中央左寄りに大きく描かれたタワー、そして下の方には満月と東本願寺の屋根が見えています。

また翌々年に描いた**「錦帯橋」**。橋と城を、視点や遠近感にこだわらず大胆に組み合わせて、新鮮な美しさを生み出しています。このような画面の構成は、遙邨が最も得意とするところで、心の中で熟成させたイメージを余すところなく自由に表現しています。

また遙邨は、自然の中にひょっと顔をのぞかせる小さな生き物をしばしば画面に書き込んでいます。夜空に愛らしい眼をした一羽のフクロウを描いた**「夜」**。そして一匹のキツネが風の吹き渡る原っぱに身を潜めている**「芒原」**。大きな景色の中にすぐに何処かに隠れてしまいそうな動物達。あるとき、

芒原（1983年）

雪ふるひとりひとりゆく山頭火（1988年）

この小さな生き物は何かと問われて「自画像みたいなものです」と口ごもるように答えたといいます。

遙邨は「旅の画家」「美の旅人」などと呼ばれますが、旅は遙邨の絵の大きな源でした。また俳句を作る事もしていましたが、晩年は俳人山頭火に自らを重ね合わせ、その句をテーマにして心象風景を描き続けました。「あたらしい法衣いっぱいの陽があたたかい山頭火」「行きくれてなんとここらの水のうまさは山頭火」「雪ふるひとりひとりゆく山頭火」「分け入っても分け入っても青い山　山頭火」など老いてなお旅に焦がれる遙邨の想いが山頭火の句に託され、空想の中で旅人になり絵を描き続けた境地が伺えます。

昭和62年に文化勲章を受賞。その翌年の昭和63年9月26日、急性心不全のため92歳の生涯を閉じました。同年11月7日、倉敷市名誉市民として市民葬が玉島文化センターで執り行われました。

倉敷市立美術館への池田家からの寄贈作品は、約8千点を数え、平成24年にオープンした玉島市民交流センターには、玉島出身の日本画家・池田遙邨の顕彰室が置かれています。

次女・小林芙美子さん　家にいる時は一日中アトリエにいて、食事でも、出た物を全部書くんです。それが済まないと食べられないという変則的な家でした。家で絵を描いているか、出て行ったら帰ってこない。鴨川に散歩に行くと犬の糞までスケッチするんです。父にとったら何でも絵になったようです。自然と一つになってるというか、自然が話し掛けて来るとかよく言ってました。晩年は京都府立病院に入ったり出たりしてましたが、病室から鴨川が見えて、お見舞いに行くと病室でもいつもスケッチをしていて、病室がアトリエでしたね。

「作品は自分の分身です」と、よく話していたという遙邨。飄々として自在。子供のように無邪気でありながら、寂寥感漂う遙邨の世界。彼の画業は、様々な自然物に対する暖かく優しさに溢れた問いかけであったのかもしれません。

「たましま歴史百景」第38回　２０１２年10月　放送

山頭火シリーズを制作中の遙邨

池田遙邨

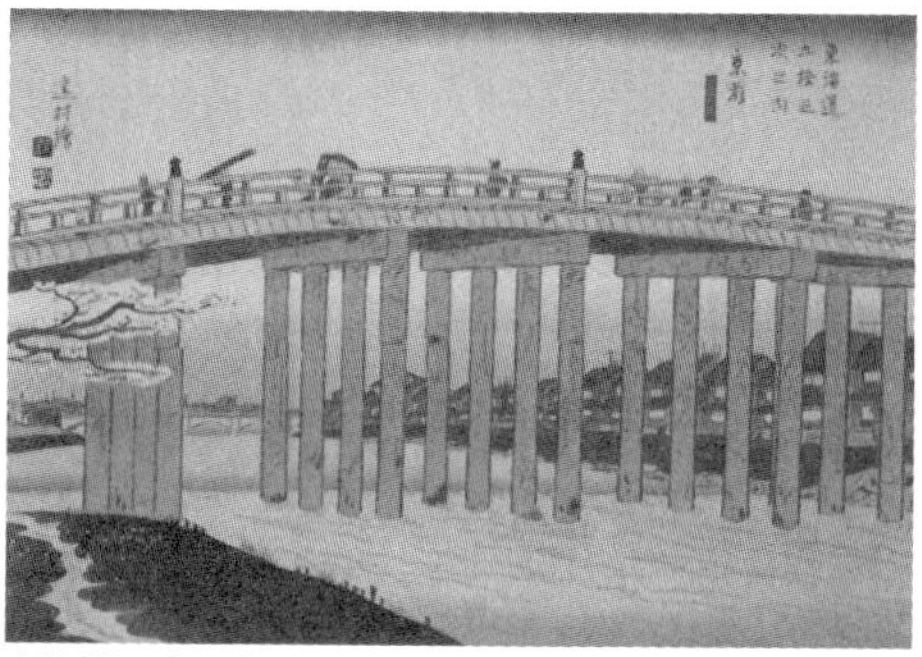
東海道五十三次　京都三条大橋（1931年）

法被を着た自画像（1952年）

（参考文献）
文化勲章受賞記念「池田遙邨展」　倉敷市立美術館編
「生誕一一〇年記念池田遙邨展」　三重県立美術館協力会
「池田遙邨展〜旅と自然を愛した画家〜」　中日新聞社編
「倉敷市立美術館〜池田遙邨と郷土作家〜」　岡山文庫　日本文教出版

（協力）
京都市立美術館　　倉敷市立美術館　　ふくやま美術館
京都国立近代美術館　　玉島市民交流センター
池田道夫　　池田吟子　　小林芙美子

井出訶六碑文　円通寺公園

井出訶六
「新しき生へ」

94 夭折の作家　井手訶六

「美も善も真もその源を訪ねれば同じく愛である」円通寺公園に建てられているこの碑は井手訶六（いでかろく1898〜1928）を世に送り出した朝日新聞懸賞小説「新しき生へ」の一節です。

文壇の注目を集めながら30年の短い命を燃焼し、まるで彗星の如く消えていった作家・井手訶六。井手訶六は明治31年6月20日、井手杏平（きょうへい）の三男として玉島勇崎に生まれました。塩田業を営む父・杏平は柏崎村の村長、県会議員、甕江銀行頭取にもなった名士でした。しかし訶六が物心もつかぬころ、愛人を連れてウラジオストックへ出奔。残された母との生活は困窮を極めていったのです。

そうした中、第六玉島尋常小学校、後の八幡小学校に入学。成績は優秀でしたが色白でおとなしく教室や廊下で本を読んでいる姿がよく見かけられたといいます。

小学校卒業後、福山の商家に養子に出され、福山中学、今の誠之館高校に入学。養家でのしつけは厳しく、養父母は訶六の成績が常に一番であることを要求していました。

入学以来、首席を続けていた訶六でしたが、故郷の母恋しさや、父が愛人の元で病没した事などが重なり、四年になり次席に転落してしまいました。そうした中ささいな事件が、いや訶六にとっては人生を変える事件が起こりました。英語の試験中に単語帳を見たという事で処罰され、退学願を提出。これは同級生によると真相はよく判らない事件でしたが、外聞をはばかる養家から追い出されてしまったのです。

福山駅から汽車に乗り金光駅に到着。憔悴の体を引きずるように雨の中を勇崎の実家に戻った彼はこの事がもとで風邪をこじらせ結核を発病してしまいました。

母の多加にとって、夫に捨てられ頼りとする子供は結核という恐ろしい病気に蝕まれてしまった苦悩は如何ばかりだったでしょうか。名家に生まれ苦労知らずに育ち、町でも評判の美人であった彼女でしたが、庭に芋を植え土塀の瓦まではがして売る生活を余儀なくされたのです。

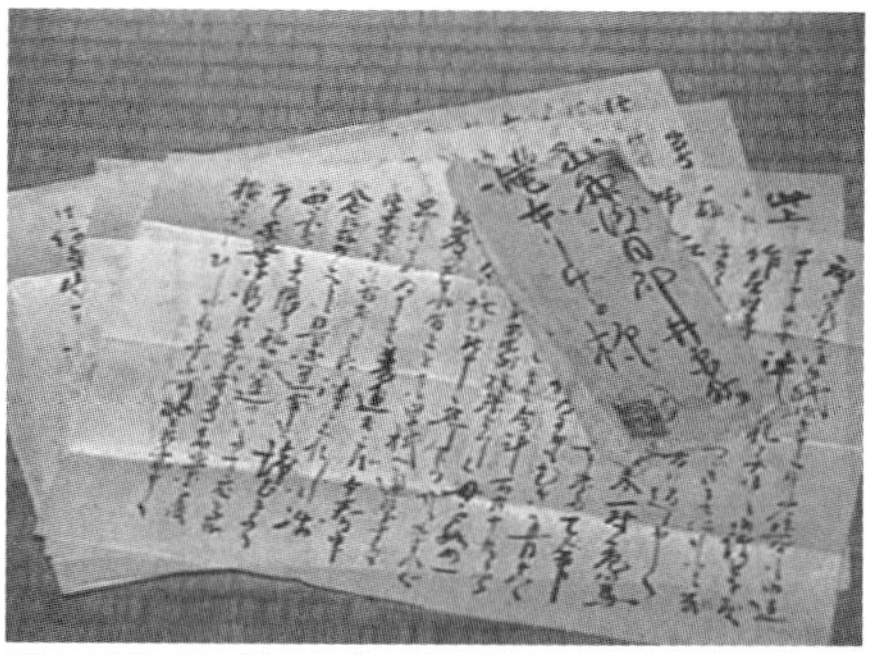

訶六が義姉シゲヨにあてた手紙

生家　昭和60年頃　玉島勇崎

母と二人で親戚の家を転々とする中、義理の姉シゲヨへの手紙に「故郷なく家なく親類なき私の身の上、将来沖の鴎と共に何処のはてに死するやら、明日は何処の空をただようやら」と記しています。再び玉島に戻った訶六と母は、母の実家が寄進した宝亀山観音庵に身を寄せました。訶六岩と呼ばれている観音庵の大きな岩に腰をかけると、波音を聞きながら物思いに沈む訶六の姿が浮かんでくるようです。

こうしたなか訶六は一筋の光を文学に求め、小説の執筆に打ち込みました。そしてその努力が訶六23歳の時に報われたのです。大正10年暮れ**「新しき生へ」**で、朝日新聞懸賞小説一等に当選し賞金三千円を獲得。三千円といえば当時流行の文化住宅が二千円で買えるほどで、これにより訶六は作家としての収入の道を得、生活の安定を見ました。

大正11年正月から6月まで、朝日新聞に連載されたこの物語の背景として沙美海岸が登場し、美しく詩的な文章で全国に紹介されました。「私達の地方に「鴎の来る日」というのがありますがね…太陽が最も高く昇る午後二時頃まで待っていると必ず南の方から鴎の一群が翼を張って飛んで来ます。雲の白と鴎の白と波頭の白と、この3つが紺碧の海をバックにして縦横に入り乱れる瞬間、海はもとより世の中のすべてが、ただ光る、動く、踊るの一語に尽きてしまう様に思われるのです」その後「新しき生へ」は松竹で映画化され、沙美の浜でもロケが行われ、勝見庸太郎の主演で上映されています。

「新しき生へ」の主人公牧夫は訶六自身で、父への憎しみを梃子にこの小説を書いたとも思われています。「牧夫の父は性来の放蕩と投機心から、祖父の代からの財産をすっかり使い果たした揚句、牧夫が9つの年の冬、突然お品という妾を連れて故郷を出奔した」などと赤裸々に描き出しています。

これは朝日新聞より出版された「新しき生へ」に載せられた訶六の写真です。当時の小説家は今のアイドルのような面があり、彼の透明感のあるロマンチックで美しい文章に魅せられた多くのファンから手紙が寄せられました。そうした中の一人大庭静子さん、彼女はやがて文通だけでは飽き足らなくなり、静岡から一人で会いに来たといいます。

昭和51年「井手訶六の生涯」を、真備町在住の池田英子さんと友人の宮口君子さんが本にまとめ、

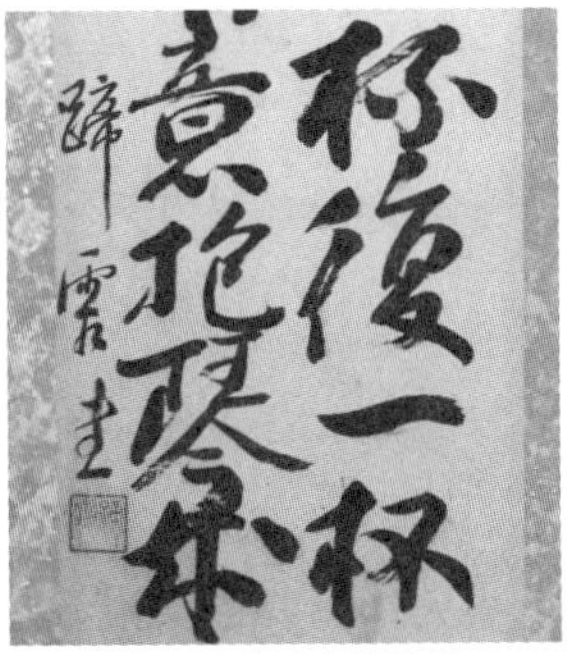

訶六の書　吉備路文学館蔵

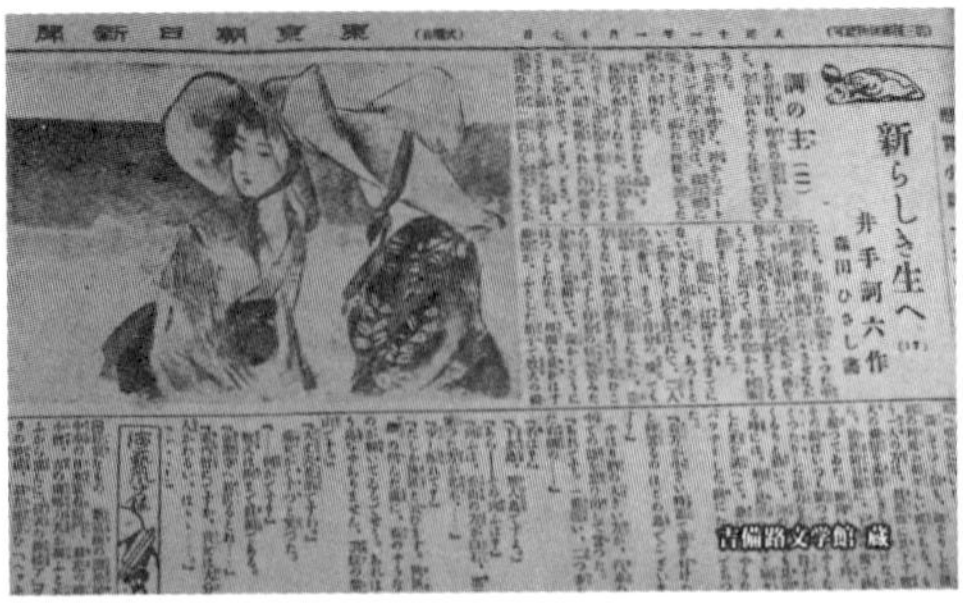

新らしき生へ
井手訶六作
森田ひさし畫
吉備路文学館蔵

懸賞小説當選
應募作品二百七篇中より
一等當選　賞金三千圓
新らしき生へ
井手訶六

「新しき生へ」朝日新聞　（吉備路文学館蔵）

玉島文化協会から発刊されました。

冒頭に詩人・永瀬清子が文を寄せ「その頃私は金沢市に住み、毎日、新聞を待ちかねて読んでいた。浜辺を散歩している美代子が足袋の中に入った砂を払い落すために立ち止まり、ゆで玉子の皮をむくように白足袋を脱いで払うところなど何と活き活きした描写だろうと驚きを感じた」と記しています。

これは吉備路文学館にある、訶六の書が貼られた屏風です。その中に「蹄霜」（ていそう）という訶六の号があります。「蹄霜」は大正8年朝日新聞懸賞小説に初めて応募し佳作になった時、審査にあたった幸田露伴が「この作者には未来がある「しばらく霜の蹄（ひずめ）に躓く（つまずく）も未だ失へりとなさず」という古詩を贈りたい」と記しました。佳作とはいえ、初めて応募した作品に当時の代表作家幸田露伴からこれだけの賛辞をもらった訶六はその後、漢詩を揮毫する折には霜の蹄「蹄霜」という号を用いています。

「新しき生へ」の連載が終わって2年後の大正13年6月17日、朝日新聞はそれまで連載していた谷崎潤一郎の「痴人の愛」を急遽中止。訶六の**「炬を翳す人々」**が採用される事となり、訶六にとっては2度目の朝日新聞連載となりました。「炬（ひ）を翳（かざ）す人々」は時代の先駆者として、しいたげられた人、弱き人々の先頭に立ち、高々と自由の火をかざして歩む青年の姿が描かれています。主人公は訶六自身であり、自分の果たし得ない夢を主人公・史郎にさせています。またこの作品には華やかな劇場等きらびやかな世界があちこちに登場します。これらは小さい頃から暗い人生を余儀なくされた、訶六の魂の憧憬が描き出されているのではないかと思われています。

「炬を翳す人々」を発表した後も作家として着実に歩みを続け、大正15年には主婦の友に**「十字路の乙女」**が連載されました。この頃、奇跡的に病がいえた訶六はよく太り、外出も時々は出来るようになっていました。しかし昭和3年春、彼岸頃よりちょっとした風邪をこじらせ、寝ていた訶六を激しい苦しみが襲いました。「医者はまだか。あと10分、あと5分、ああもうだめだ。」かすむ目で見ていた時計を投げつけ、訶六は息絶えました。

観音庵で　「井出訶六の生涯」

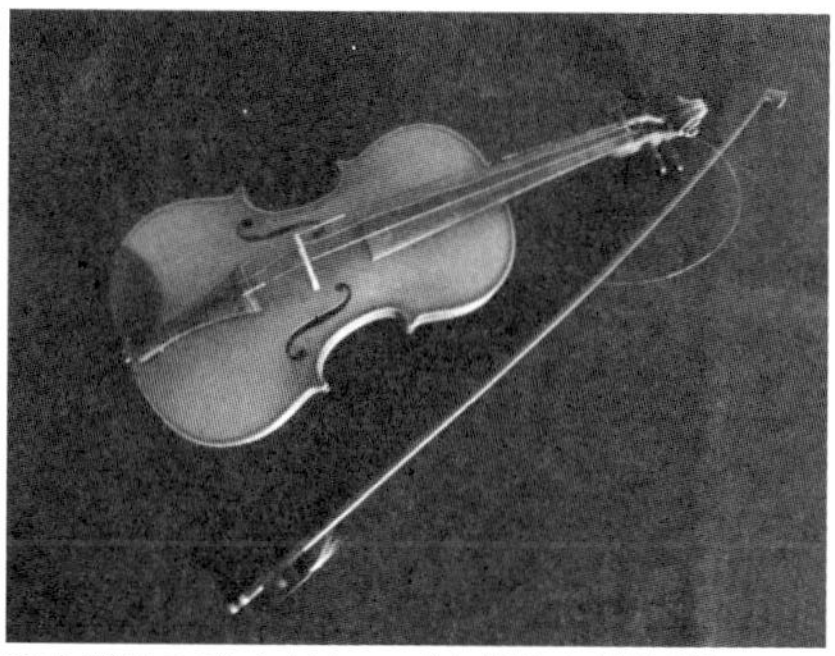

訶六愛用のバイオリン　（吉備路文学館蔵）

最後の力を振り絞って投げられた時計が部屋の隅でむなしく時を刻んでいたといいます。その時計は「新しき生へ」が一等当選した時、朝日新聞社から贈られた記念の時計でした。

昭和3年3月29日午前1時永眠。享年30歳。「まだ死にたくない。死ねない。」と言いながら、作家としてわずか7年、余りにも短い生涯でした。

これは昭和60年頃の訶六の生家の映像です。傷みが激しくその後取り壊されてしまいましたが、訶六が原稿を書き息を引き取ったのもこの部屋でした。近くに「作家井手訶六生誕地」の碑がひっそりと建てられています。

訶六の墓は生家跡から北へ二百五十㍍程の井手家の墓地にあり、墓碑には「水島灘に面したる郷土の自然美を愛し普く是を天下に紹介したる文人井手訶六氏の霊魂安らかにここに眠れり。新しき生へ　炬を翳す人々　十字路の乙女の三名作により其名は永遠に不滅なるべし」と記されました。

これは訶六が愛用していたバイオリンです。訶六が亡くなった頃は肺結核への恐怖が大きく、身の回りの全ての原稿、手紙、遺品などが焼き捨てられ、残されているのはこのバイオリンだけです。

彼の作品は悲惨な生活に係らず、文章は明るさに満ち、鋭い感覚とみずみずしい描写で人々を引き付けました。自然描写などのリズミカルな文章は、音楽を好んだという訶六だからこその心地よい調べだったのかもしれません。

「たましま歴史百景」第53回　２０１５年１月　放送

（参考文献）「井手訶六の生涯」玉島文化協会編
「高梁川6号・7号　作家・井手訶六」花田一重著
「群像おかやま」山陽新聞社発行

（協力）吉備路文学館　福山誠之館同窓会　池田英子　井手光男

中川仲蔵歌碑　円通寺公園

新聞少年の頃（16歳）

95 中川仲蔵

「円通寺その境内の学舎のまなこ閉づればまぼろしに見ゆ」

円通寺白華山山頂に建つこの歌は、財界で活躍した中川仲蔵（1899〜1989）が幼い頃、円通寺境内の学舎に通っていた頃を振り返り望郷の思いを込めて詠んだ歌です。

彼は新聞配達をしながら金光学園に通い、東京商科大学（現在の一橋大学）を卒業して、日軽アルミニュウム工業の社長となり日本経済の発展に力を尽くしました。

中川仲蔵は明治32年9月7日、上成堤下の貧しい農家・中川幾次郎の三男として生まれました。彼は小さい頃、村で「龍さん」と呼ばれていました。それは母親が、仲蔵と言う名前を戸籍に入れたその夜、一匹の龍が東の空から舞い上がる夢を見、この子はきっと出世して偉い人になるぞというわけで「龍」と呼んだからです。

家は貧しく、おまけに父の幾次郎が喘息持ちで病身だったため、玉島尋常小学校を卒業すると、父の薬代をかせぐ為、通町にあった備陽社と言う新聞と雑誌の取次店に丁稚奉公に出ました。

当時、大正3年頃は第一次世界大戦がたけなわで号外がしばしば発行され、通町から新町、仲買町、天満町のあたりまで法被姿で腰に鈴をさげ「号外、号外」と言いながら走りまわったと言います。

大正5年に父が亡くなり薬代を稼ぐ必要のなくなった彼は、再び勉学を志し母校の小学校の校長に相談に行き、19歳で金光学園中学の二年に編入。以後22歳で卒業するまで、上成の自宅から朝二時に起きて、自転車で鴨方駅まで新聞を受け取りに行き、新聞配達を済ませて通学するという日々が続きました。そのころ中央紙は急行で運ばれていましたが、玉島駅には止まらず給水タンクのある鴨方駅に停車していました。このため鴨方駅まで取りに行かねばならなかったのです。

当時、金光学園の教頭であった佐藤金造は、雨の日も風の日も毎朝、新聞配達をしながら勉学を続ける彼を暖かく見守り進学の奨学金も与えました。

そして彼は東京商科大学に進学。この事は彼が実業界で大成功する足がかりとなり「現在の私があるのは金光学園の佐藤校長のお蔭であるから」と昭和59年、金光学園に一億円を寄付しました。

学園はこれで中川教育振興基金を設立。彼の願いに応え生徒の勉学の資として役立てています。

東京商科大学時代

中川仲蔵

東京商科大学を卒業した彼は大正14年、古川電気工業に入社。昭和14年に同社が設立した日本軽金属に移り、戦後の会社経営の立て直しに力を尽くし、副社長となりました。

また子会社の日軽アルミニュウム工業の社長に就任。数々の公職にもつき、経団連の評議員として活躍。同じ岡山県出身の土光敏夫会長とも親交を持っていました。

日本の経済界で活躍していた彼ですが、75歳の時に短歌雑誌「形成」の主宰者木俣修の門に入り、熱心に短歌の勉強を続けて歌集や歌文集を発行。

昭和52年には宮中の歌会始に歌人として参加の栄に浴しました。こうした事からも、彼の何事に対しても熱心に取り組む真面目な性格の一端が伺えます。

彼は古川電工の創始者古川市兵衛の「運・鈍・根」という言葉を座右の銘とし、新入社員への訓辞で「人の一生には「運」が必ず三回やって来る、それをつかむかどうかは本人の日頃の心構えいかんだ。「鈍」はバカという意味ではない、十を知って七で抑えるという事、知ったかぶりは身を亡ぼす。「根」はどんな困難でもやり通す根性である」と「運・鈍・根」をいつも説いていたといいます。

丁稚から身を起し大企業の社長にまでなった中川仲蔵を知る人は、彼の事を「穏やかで思いやり深い人であった」といいます。

郷土を愛した彼は「聖良寛文学賞」を設立して毎年備南地区の文学功労者に賞を贈ったり、郷土史家の森脇正之が設立した倉敷文庫刊行会の顧問として協力するなど、地元文化の向上に力を尽くしました。

円通寺白華山山頂の「童と良寛」の像の裾には、彼の望郷の想いを詠み込んだ歌が師である木俣修の詩と共に刻まれ建てられています。

昭和64年1月7日、昭和最後の日に東京の病院で息を引き取りました。89歳でした。

（平成元年に「玉島百景」で放送したものです。）

小山冨士夫
「小山冨士夫の世界」

祖父と冨士夫
「小山冨士夫図録」
岡山県立美術館

96

東洋陶磁研究家　小山冨士夫

東洋陶磁研究のパイオニア・小山冨士夫（１９００～１９７５）。小山冨士夫は明治33年玉島上成で代々名主をつとめる旧家の長男として生まれました。

祖父の代からのキリスト教徒で父の善太郎は花ゴザを輸出する貿易商を営んでいました。ある時、持病の神経痛が指圧で恢復するや指圧師に転業。貿易商よりも指圧師の方が人のためになると考えたからでした。こうした人の役に立つ、困った人をほっておけないという性格は冨士夫にも継承されていたと言います。

明治37年、指圧の小山治療院を開設するため一家で玉島から東京麻布に引越をしました。近くの教会の日曜学校に通いクエーカー教徒としての洗礼を受けています。小さい頃の彼は腕白で勉強も余りしませんでしたが成績が良く、大正9年東京商科大学、現在の一橋大学の予科に入学しました。ところが社会主義思想に共鳴して大学を中退。一労働者になる決心をして、函館からカムチャッカ行きの蟹工船に乗り込んだのです。

兵庫陶芸美術館副館長・弓場紀知さん　一番下の階層というか蟹工船に乗って北海道に幾ばくかのお金を稼いで帰って来て、東京に帰る時に貧しい老婆にあげちゃったという話があります。

大正12年9月、東京に大震災が起こった事を聞いた彼は急いで帰京し、家族の無事を確かめると風呂桶をかついで被災者の風呂の世話をするなど奔走したといいます。

その後、近衛歩兵第三連隊に志願兵として入隊し、そこで知り合った同僚の影響で焼物に関心をもった彼は一年の兵役を終えると除隊。除隊した翌日から上野図書館に通い、焼物に関する書物を読みあさったのです。これが彼の焼物との出会いでした。

そして焼物を知るには実際に作らなくてはと瀬戸の矢野陶々に弟子入りし、休みの日には古瀬戸の窯址を歩き廻り、草薮の中で見つけた陶片の上薬の肌に感動したりしました。

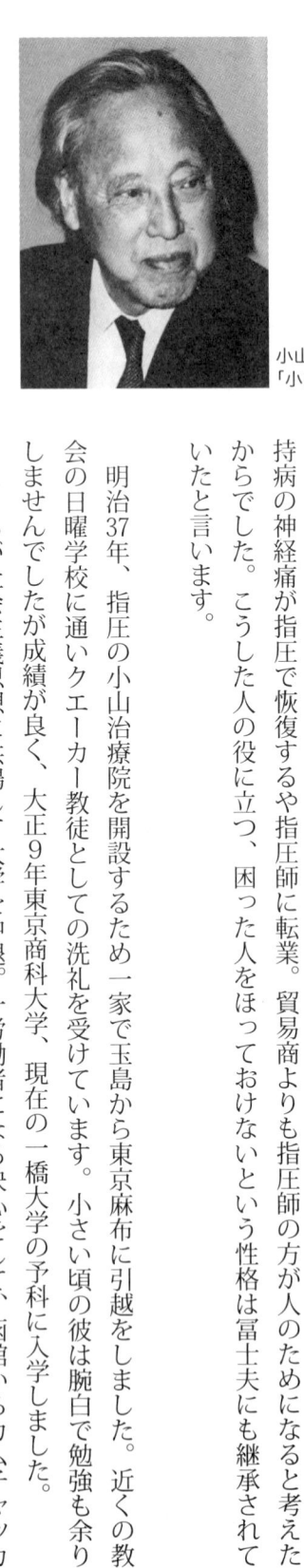

定窯窯跡発見の新聞
朝日新聞1936年4月22日付

石黒宗麿と小山冨士夫
「目の眼」

大正15年、京都の真清水蔵六に弟子入り。蔵六は作陶もさることながら朝鮮や中国の陶磁器にくわしく、蔵六から話を聞いた彼は朝鮮、中国の窯址の調査に出掛けました。

帰京後、京都の蛇ケ谷に居を定め陶工としての第一歩を開始。この時、道の向かいに引越してきた石黒宗麿（いしぐろむねまろ）と知り合い、共に極貧の暮らしながら中国や朝鮮の焼物について語り合うなど生涯の友となったのです。

しかし陶工としての生活は苦しく、また宗麿の技術に及ばないと感じた彼は、昭和5年東京に戻ると東洋文庫に通い陶器の書を読破し陶磁史研究の道を歩み始めました。この時冨士夫30歳でした。

弓場紀知さん　小山先生の一番の研究のパトロンになった人で横川民輔という人がおられます。焼物の収集、特に中国・朝鮮の焼物の収集に興味を持たれた人で、毎日のように東京の古美術商を歩いて、面白い物を買って行く、お茶会に使う物でなくて、学問的に鑑賞的に横川さんの気に入った物を買われ、昭和6年に中国陶器約千五百点を東京国立博物館に全部寄付されると、そこで何を寄付したら良いだろうかの選定を小山先生に任せるんです。一切の口を出さず君が良いと思う物を選びたまえ、という事で小山先生が東博に送るべき物の選択をされるんです。その寄贈が前後6回位で、それが現在の日本における中国陶磁の最初の重要な資料というか焼物です。いわゆる横川コレクションで、あれがなかったら今の日本での中国陶磁研究は存在しないと言われ、その選択に係ったのが小山先生で、それが起源となって東洋陶磁研究所に入られるんです。

東洋陶磁研究所の所員となった小山冨士夫は日本、朝鮮、中国の窯跡や博物館を歩き廻り昭和16年中国の河北省で「幻の窯」と言われていた定窯の窯址を発見。戦火が迫る中でのこの快挙は陶磁学者としての彼の地位を不動のものとしました。

弓場紀知さん　焼物の研究というのは日本では明治以前か昭和以前は茶道具としての器の研究が主流だったんです。それに対し東洋陶磁研究所が目指したのは美術品としての焼物、陶芸作品としての焼物を学問的に研究する、いつどの窯で、どういう歴史的背景を持つかが主流な研究でした。

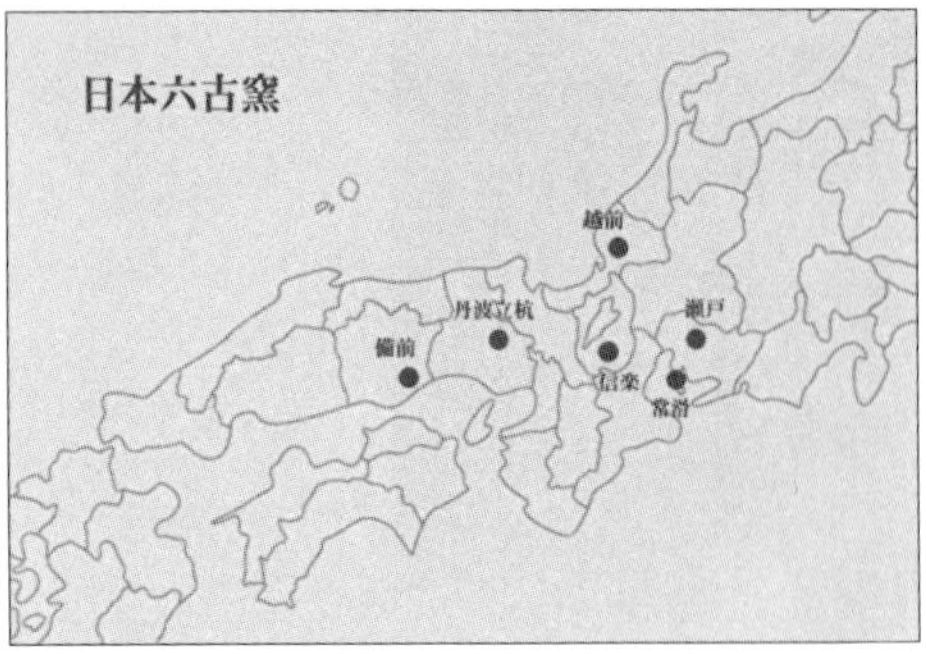

日本六古窯の位置図

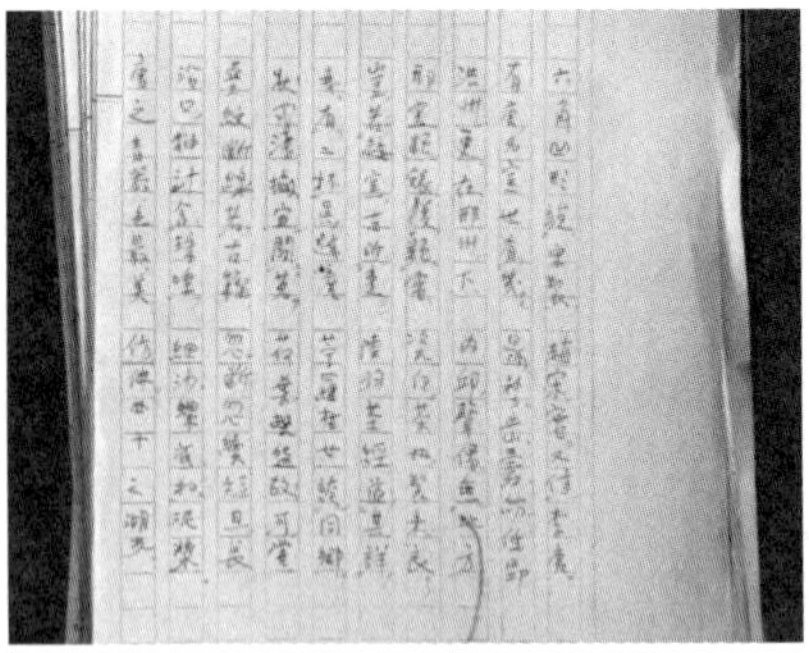
支那青磁史稿の原稿　弓場紀知氏蔵

昭和17年には、文部省美術研究所の嘱託や根津美術館の顧問にも推され「支那青磁史稿」を刊行。その内容は今日に至っても中国青磁の基本文献としての価値を失っていません。

弓場紀知さん　一九四一年に定窯窯址の発見がある訳ですが、その翌年の一九四二年に「支那青磁史稿」が出ます。これは資料と残っている作品が綿密に考証してあり、現在でも中国青磁史の研究の最高峰の本だと思います。先生の「支那青磁史稿」の原稿を御遺族から預かっているんですが、その字体とかを見ると非常にきちっと書いておられる、先生は一般に言われているように豪放磊落という一面もあったかもしれないが、研究者としては極めて真摯で緻密な学者であった事が先生の原稿から伺えます。

戦争が終り東京国立博物館に勤務。東京大学文学部の講師、そして文化財保護委員会の委員として活躍。さらに「日本陶磁協会」「日本工芸会」「東洋陶磁学会」などの創設にも関わり、その中枢で活動。また陶磁器を中心とした人間国宝の制定を推しすすめました。

弓場紀知さん　人間国宝、これは小山先生ならではの事でして、何らかでその人にブランド性をするために文化財保護委員会、文化庁が作家さんにお墨付きを付ける、これによって藤原啓さんや金重さんとかが人間国宝となる。そうするとマスコミも注目せざるを得ない、これは小山先生の計算づくであったと思うんです。

京都の蛇ヶ谷時代からの親友・石黒宗磨も初の人間国宝の一人に選ばれています。人間国宝の制定に加え、日本六古窯の認定は彼の大きな功績と言われています。

弓場紀知さん　先生で有名なのは日本六古窯です。瀬戸・常滑・越前・丹波・備前・信楽。色々窯跡を訪ね、越前を訪ねた後、これを六古窯にしようと名付けたわけです。これは学者としてもですが、人を集めて一つの方向に向かわせる組織作り、これは天性のものじゃないかと思いますね。

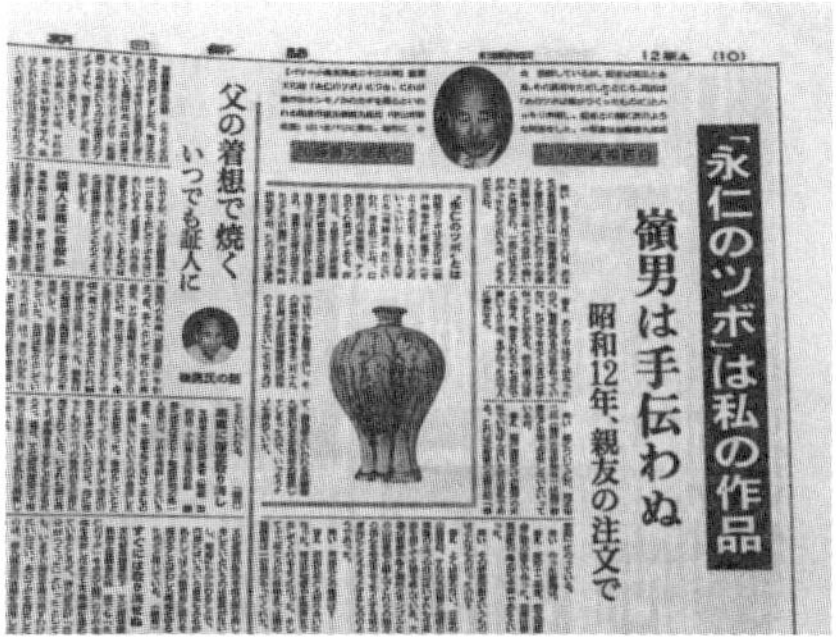
「永仁のツボ」は私の作品
嶺男は手伝わぬ
昭和12年、親友の注文で
父の着想で焼く
いつでも証人に

朝日新聞1960年9月25日付

永仁の壺　「芸術新潮」
1991年11月号

「日本六古窯」という名前が彼により付けられ六古窯の一つとされた事により、それぞれの地域で陶工が育成され、焼物の里として認知されるようになっていったのです。

一方、河出書房の「世界陶磁全集」平凡社の「茶碗」美術出版社の「東洋古陶磁」を始め多くの出版物の編集、執筆、監修にも携わり、これら一連の働きが陶芸ブームの火をつけたと言われています。

しかし昭和36年、陶磁器の研究家として活躍中の彼に、世に言う「永仁の壺事件」が起きました。この事件は、陶芸家の加藤唐九朗が自分で作った壺であるのにもかかわらず、永仁二年と年号を入れ、あたかも土の中から発見したかのように装い、騙された小山冨士夫がこの壺を「永仁の壺」として国の重要文化財に指定してしまったという事件です。ところが間もなくこの壺の真偽を巡り日本中が大騒ぎとなり、結局唐九郎が「あの壺は自分が焼いたものだ」と告白。重要文化財の指定は取り消されました。指定の推進者であった小山冨士夫は責任を取り文化財保護委員を辞職。この事件について、その後、彼は多くを語りませんでしたが、これを機に酒の量が増えたといいます。

弓場紀知さん　永仁二歳等と年号のある古瀬戸などは非常に少ない。そういった物が国外に流れてはならない。これを国宝に指定すると国外に出せなくなるというのが彼が指定をあせった理由です。

この事件について一九九〇年に「偽作の顛末永仁の壺」を松井覚進が、芸術新潮が一九九一年11月に「幻の重要文化財永仁の壺」、また二〇〇四年に村松友視が小説として「永仁の壺」を出版するなどしていますが、この事件は文化財行政と一陶芸家を巡る真相の見えにくい事件であり、まさに一大スキャンダルでした。

公職を退いた彼の心の拠り所となったのは青年時代に志した作陶でした。豪放磊落で人を疑うことを知らない純真さ、彼ほど人間的魅力に溢れた人もいないと言われており、各地の窯場を訪れては、

色絵大皿　岡山県立美術館蔵

信楽酒盃　岡山県立美術館蔵

陶芸家と酒をくみ交わし土をひねったといいます。

弓場紀知さん　例えば藤原啓さんの所に行ったらそこで土を借りて作って帰っちゃうんですね、預かった陶芸家さん達はこれは壊したらならんという事で一番良い場所で焼く、これは先生の道楽であると同時に陶芸家さんを底上げ顕彰するという事ですね。先生は「窯場あらし」とか「人たらし」と言われておられますが、先生は皆を仲間にしてしまうんですね。もし先生がおられなければ日本の陶磁研究は進歩していなかったと言えます。それと人間国宝に代表されるように作家を育成して顕彰する。それを国をあげて組織としてやっていく、それがなければ現在のように陶芸家が育っていたかどうか考えられないです。

彼の晩年の作品は、土と窯の関係を知りつくした彼ならではのものであり、そこに彼自身の人間的情感が組み合わされ、こだわりがなく自由でのびのびとした他の陶工が真似る事の出来ない特異な美が完成していると言われています。

岡山県立美術館には、郷土ゆかりの陶芸家として百六十点を越える小山冨士夫の作品が収蔵されています。

弓場紀知さん　小山先生の中に陶芸家としての意識はなかったと思います。先生の作品作りは余技だと思います。技術的にというと人間国宝の作品にとても太刀打ち出来るものではない。どちらかというと下手と言っていい、でも焼物を愛した人でないと作れない器なんです。先生自身焼物を愛し、土を愛し、その思いを器に写した物が小山冨士夫の作品だと思います。

永仁の壺事件で公職を退き、陶芸家としての道を望んだ彼でしたが、彼ほど陶芸の知識を持つ人は他におらず、請われてそのころ盛んに出版されていた陶磁器の本の監修をしたり、出光中東調査団の団長としてエジプト遺跡を調査したり、現代国際陶芸展開催のため欧米を周遊するなど各地を歴訪。公職を退いた事がかえって彼を自由にさせたとも言われています。

小山冨士夫
「小山冨士夫の世界」

藤の木窯　岐阜県土岐市

昭和47年、出光美術館理事に就任。翌年、岐阜県土岐市五斗蒔に「花の木窯」を開き、ここを永住の地と定め多くの作品をと意気込みました。

しかしその2年後、知人の法要で深酒をし、帰宅した翌日の昭和50年10月7日、窯入れの準備をし書斎で昼寝をしていた時、心筋梗塞のため急死しました。75歳でした。

焼き物を愛し、東洋陶磁器研究のパイオニアと言われ、日本の陶芸ブームに火を付けた小山冨士夫。彼なくしては日本の陶芸界は存在しなかっただろうと言われています。

「たましま歴史百景」第56回　2015年11月　放送

（参考文献）

「目の眼」2001年1月号里文出版　小山冨士夫の陶磁の世界　弓場紀知

「永仁の壺」新潮社　村松友視著

「小山冨士夫の世界」里文出版

「小山冨士夫著作集」朝日新聞社

「贋作の顛末・永仁の壺」松井覚進朝日新聞社

「芸術新潮」1991年11月号　新潮社

「炎芸術」no85　阿部出版

「特別展・小山冨士夫―陶に生きる」岡山県立美術館

（協力）

岡山県立美術館　土岐市美濃焼伝統産業会館　兵庫陶芸美術館　福井陶芸館

弓場紀知　菅原エリ　永江陶三

日本図書センター　里文出版

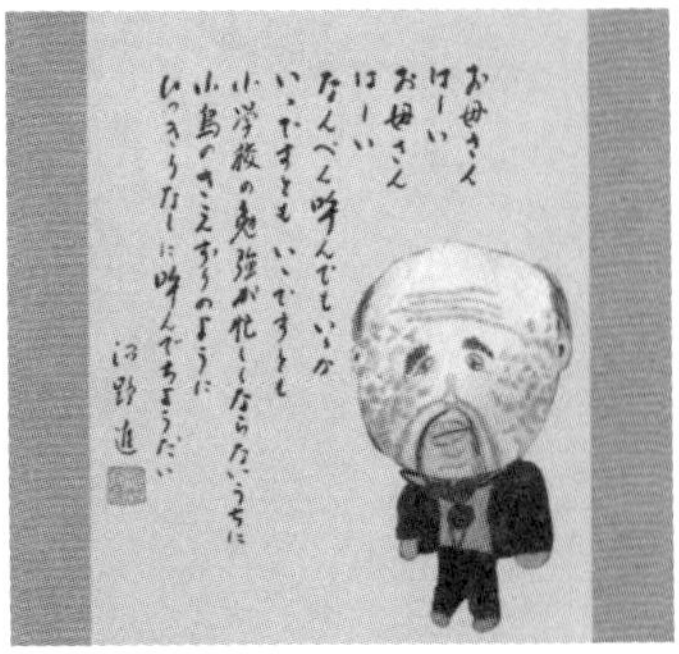

富田保育園卒園記念に作られた
河野進の似顔絵

祈りの河野進

97 祈りの詩人　河野進

（ぞうきん）
こまった時に思い出され
用がすめば　すぐ忘れられる
ぞうきんになりたい

これは「昭和玉島の良寛さん」と呼ばれていた河野進（1904〜1990）の詩です。河野進は明治37年、和歌山県に生まれました。

母は進が生まれる前から喘息を患っており、病気の母を思いながら成長。母を詠んだ詩は数知れず残されています。母の病気を治したいと医者になる事を望んでいましたが、中学を卒業する時に色盲である事が判明したのです。

やむなく医者をあきらめ、教師へと道を変え満州教育専門学校に入学。しかし満州教育専門学校で3年間の勉学を終えた時、教師よりも牧師が向いているのではないかと牧師の道を勧められ、神戸中央神学校に入学しました。

（摂理）
わたしは長い生涯　病む人と関わりつづけました
赤ん坊の時から　病苦の母のそばにいましたから
自然にこころやすくなったのでしょう
神さまは次々病者に出合わせて下さいました
色盲のため志す医者になれず　田舎牧師にされた摂理を感謝しています

昭和5年、神学校卒業と同時に玉島伝道所に赴任を命じられ、25歳で玉島に移り住みました。

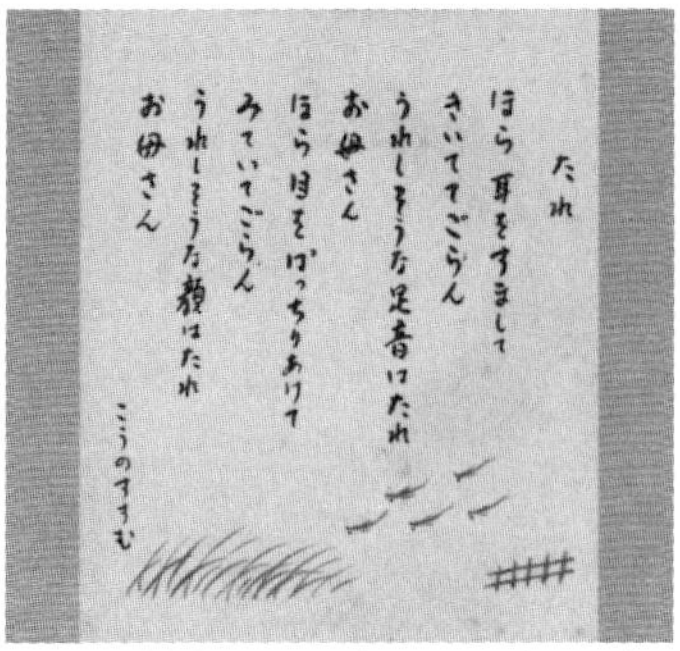

河野進が色紙によく書いたメダカの絵

良寛像を見る河野進

河野進さん　卒業と同時に玉島に来まして、その時に賀川豊彦が全国を巡回伝道中で、通町の守安林三郎さんの家に来て、長島愛生園という国立の最初の療養所が出来るから、慰問に行って欲しいと言われたんです。それから今日まで愛生園、光明園、青松園と、瀬戸内海の3つのハンセン病の療養所に通っています。

ハンセン病は当時は伝染病として隔離されており、橋のない島に連絡船に乗り亡くなる前の年まで50年余りもの間、毎月通い続けました。そのことを次のような詩に残しています。

（救らい運動）
何故この人たちが最も不幸な
ハンセン氏病に苦しまねばならないか
神の子イエスの十字架の受難と
共通な何かがありそうで
深い敬愛の念に狩り立てられる
五十幾年　救らい運動に捧げるのは
わたしたちの身代わりになって下さった
おわびの一端と信ずるからです

昭和13年「十字架を建てる」を発刊。昭和24年、長島愛生園曙教会堂建設募金のため「祈の塔」を発刊。昭和34年「雑草のような母」。

この後も「母」「続母」「続々母」「萬華鏡」「おにぎりの詩」「旅」「母の詩」「カナの婚宴のぶどう酒」「母よ幸せにしてあげる」「今あなたは微笑んでいますか」など多くの詩集を出しました。

そして、それらの収益は、救ライ運動や重度身障者施設のために捧げられたのです。

昭和10年、産婦人科医のヒサと結婚しました。

執筆中の河野進

富田保育園にて

河野ヒサさん　私は自分の仕事を一生懸命にしました。主人はその間家庭のことも考えてくれまして、二人の子供の世話もよくして、看護婦にも優しい言葉をかけてくれました。主人は宗教を押しつける人ではなかったです。教会に行きなさいとか、聖書を読みなさいといったことはないです。

河野進は妻の産婦人科でお産をした母親達にも、色紙に書いた詩を贈りました。

（この時の）
赤ちゃんを産んだ母が真っ先にたずねる
「からだはまともですか」
「丈夫な赤ちゃんですとも」
「ありがとうございます」
母よ　このへりくだった感謝を忘れないで

昭和18年、最愛の母が67歳で亡くなり、玉島八島の丘に葬りました。墓には河野進の字で「信仰　希望　愛」と刻まれました。

（鎮魂歌）
母よ　今、土の下に　否、雲の上に　否々、わたしの中に
どうぞ　安らかに

河野進さん　両親の墓も富田村ですし、私達や子供の戸籍も富田にあって、こちらが故郷のようになっていますね。

昭和19年富田保育園を創立。保育園の園長として子供達の健やかな成長を見守りました。

昭和51年、真備町に出来た知的障がいを持った人達が暮らす村・たけのこ村の活動を陰で支えまし

おにぎり献金の手紙

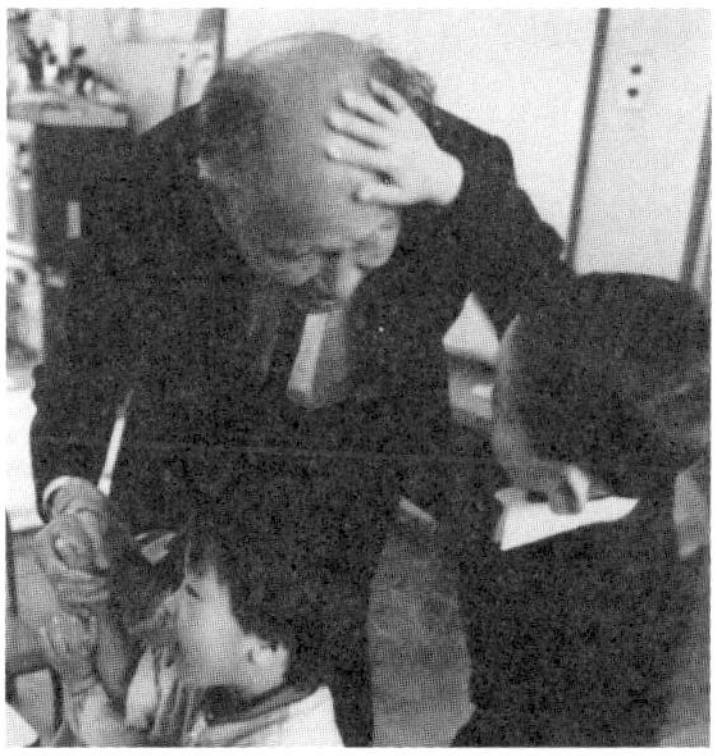
富田保育園にて

た。ノートルダム清心女子大学の渡辺和子さんとも親交があり、ノートルダム清心女子大学の入口には河野進が書いた次の詩の色紙が掲げてあります。

（呼吸）
天の父さま
どのような不幸を吸っても
はく息は感謝でありますように
すべては恵みの呼吸ですから

昭和54年マザーテレサに協力する「おにぎり運動」を起こし、おにぎり一つ分の献金をと世間に呼びかけました。この運動で集められた6千万円を越える「おにぎり献金」は、カルカッタのマザーテレサが開拓したハンセン氏病者のコロニーに届けられたのです。

（参加）
どうぞ　あなたのおにぎり一つを　マザーテレサに捧げて下さい
彼女の手にのせれば必ず奇跡が起ります
インドのまた世界の飢えて死に瀕した人々を　生きる喜びに立ち上らせる
すばらしい愛の奇跡に参加して下さい

昭和58年社会福祉法人・恵聖会を設立。児童養護施設「玉島学園」の運営を県から委託され、家庭に恵まれない子供達に大きな愛をささげました。

河野進さん　まず家庭がしゃんとしないとね、社会も国も世界も…家庭の中心は母親ですからね。お母さん、子供を愛して下さい。愛するというのは何も良い学校に行けとかじゃなくて、愛情の深い優しい人間として育っていく素地をお母さんに作って欲しいのです。

「ぞうきん」
河野進詩集
幻冬舎発行

歩く河野進

玉島に赴任して60年。河野進は晩年パーキンソンを患い、平成2年11月2日朝、86歳で亡くなりました。感謝を伝えながら微笑みを浮かべ、眠るように安らかな最後であったといいます。

没後23年がたった平成25年、河野進詩集「ぞうきん」が出版されました。本の初めにノートルダム清心女子大学の渡辺和子さんは次のように記しています。

「ぞうきん」の詩集が刊行される事を、先生の為というより、その詩を知り、その詩に心の和らぎを得られるであろう読者の方々のために嬉しく思います。先生は「そんなことしなくていい」と恥ずかしがっておられるかもしれません。それは先生の次の詩が思い出されるからです。

（何を）
主は問われる
「何を望むか」「謙遜を」
「次に何を」「親切を」
「さらに何を」「無名を」
「よかろう」

「たましま歴史百景」第50回　２０１４年４月　放送

（参考文献）
「祈りの搭」１９４９年「雑草のような母」１９５８年
「母」１９７５年「続・母」１９７６年「続々・母」１９７７年
「母の詩」１９８０年「おにぎりの詩」１９８１年「旅」１９８２年
「萬華鏡」１９８３年「カナの婚宴の葡萄酒」１９８４年
「母よ幸せにしてあげる」１９８６年
「今あなたは微笑んでいますか」１９９０年　「ぞうきん」幻冬舎　２０１３年

（協力）
たけのこ村　玉島学園　富田保育園

（注）河野進さん・ヒサさんのインタビューは昭和61年玉島テレビ放送の「この道ひとすじ」を使用しました。

平成28年10月玉島の女性グループ「ぞうきんの会」から朗読「河野進詩集」が発刊されました。

ガルゲイ女史と（福山文学館蔵）

小山祐士　「小山祐士戯曲全集」

98　瀬戸内の劇作家　小山祐士

小山祐士（こやまゆうし　1904〜1983）は瀬戸内地方を舞台にした戯曲を多く書き、瀬戸内の劇詩人と呼ばれました。太い眉をピクピクさせセロイド眼鏡を揺すりながら語る彼の名調子を懐かしく思い出す人もいるようです。

太平洋戦争末期から戦後にかけ岡山地方は疎開して来た作家で賑わいました。その中の1人に小山祐士がいます。小山祐士は東京で戦災に会い、昭和20年7月、玉島永楽町にあった妻の実家・中張家が持つ借家に疎開しました。戦争が終った後も玉島に住み、昭和24年に上京するまでのおよそ5年間を玉島で過ごしたのです。

小山祐士は明治37年、福山市笠岡町で肥料問屋を営む小山福蔵の次男として生れました。小さい頃はおとなしく音楽を好み、宣教師のガルゲイ女史にオルガンを習ったりしました。

福山の誠之館中学を卒業し、作曲家を目ざして上野音楽学校を受験するために上京。築地小劇場に通い演劇の舞台に強い刺激を受けた彼は「音楽の勉強は余技にでも出来る」と考え、大正15年慶応大学に入学。入学するとすぐ慶応劇研究会に入会し小山内薫に傾倒。在学中に俳人で劇作家の久保田万太郎に師事しました。

昭和4年、同郷の井伏鱒二の紹介で劇作家・岸田國士に会い、その人柄に強く惹かれた彼は自作の一幕物を持参し、岸田から劇作家としての素質を認められたのです。昭和6年慶応大学を卒業し、東京の銀座にある桜田機械に就職。会社勤めをしながら戯曲を書き続けました。

昭和9年玉島常盤町で材木商を営んでいた中張竹太郎の次女・中張喜久子と結婚をしました。

昭和10年**「瀬戸内海の子供ら」**を岸田國士演出で上演。備後地方の方言を使い、家族の絆と人間の孤独を詩情豊かに描き、師である岸田國士から瀬戸内が生んだ現代有数の詩人と激賞されたのです。

翌年「瀬戸内海の子供ら」が第2回芥川賞に決定と新聞で報道され、友人の太宰治が「君に決ったよ」と小山の家にあわただしく現れ、うわずった口調で告げました。しかし戯曲は対象外という事で

小山祐士が住んだ借家　玉島永楽町

太宰治、井伏鱒二と

取消となり、幻の芥川賞事件となってしまったのです。

昭和15年頃から、戦争の拡大で新劇の上演が難しくなり、NHKの嘱託として夏目漱石や森鴎外、川端康成など多くの純文学をラジオ放送劇に脚色しました。昭和20年7月東京で戦災に会い、玉島小学校の近くにあった妻の実家中張家の借家に疎開をして終戦を迎えたのです。

木口義博さん　昭和23年頃ですが、散歩のお迎えに行くと、顔に天花粉を叩いて、奥さんのルージュで口を真っ赤に塗って、赤い鼻緒の下駄を履いて、女のような格好をして歩いてこられるんですよ。使う言葉もぞっとするような女言葉でね、皆が振り向いて「オイ何処の色キチガイだ」と言うんです。だけど先生は黙って下向いて歩いておられるんですね。何かの構想を練っておられたようで僕は黙って後を付いて歩きました。先生は町の人の反応を作家の冷たい目で見ておられたと思います。また朝の四時頃においとましたら先生が送ってやるって、玉島小学校の前から大正橋までフラフラしながら歩いて、二人でゴロンと土手に寝転んで星を眺め話をしてたら寝てしまい、ふと気付いたら夜明けでした。そしたら先生が「おい東を見ろ」と、新町筋の家並みから円乗院の上の方に明けの明星が光って、そしたら先生が「明けの明星って悲しいんだね」って言われ、大きな目から涙を落されましてね、あの厳つい顔の先生がこういうところがあったのかと強烈に印象に残っています。

太平洋戦争が終わり、玉島に落ち着いた彼は精力的に仕事をこなし、玉島で14編もの戯曲と30本近い放送劇を書いています。この頃、岡山には、詩人の永瀬清子や山本遺太郎、また同じように故郷に疎開をして来た井伏鱒二や木山捷平などがおり、それぞれに会っては心を寄せあっていたようです。

また地方演劇の為の講座やコンクールの審査等にも協力、玉島文化クラブにも顔を出し演劇の助言などもしました。無類の酒好きの彼への謝礼は金一封よりも酒が良いということで、主催者はヤミの酒の調達に走り廻ったといいます。

「蟹の町」は玉島在住時に玉島を舞台に書かれた作品で、玉島の町の様子が随所に登場します。蟹の町という題名も、玉島でよく見かけられた蟹にちなみつけられたもので、幕が開くと「どうして僕って、よく蟹を踏みつけるんだろう」「町のどこを歩いてもチョロチョロと蟹が横切っとるからな」と始

「泰山木の木の下で」の
パンフレット（福山文学館蔵）

「蟹の町」の一場面
「小山祐士戯曲全集」

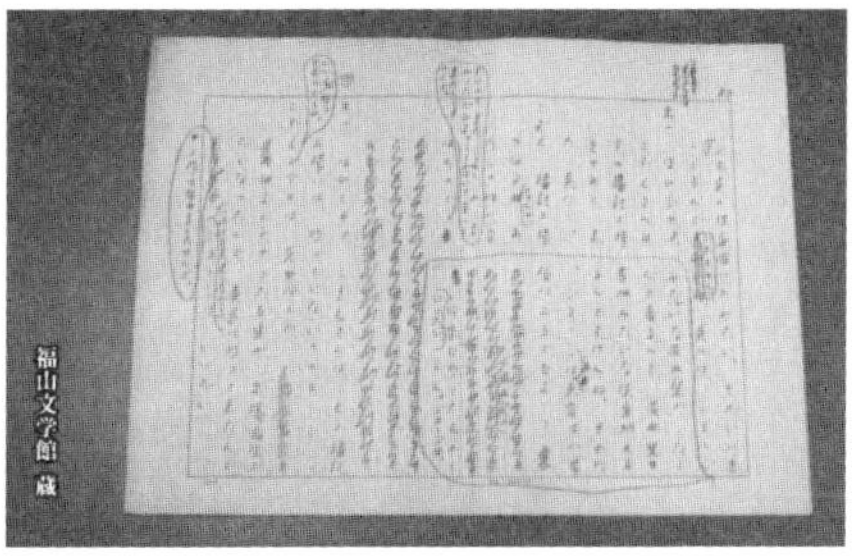

「蟹の町」の原稿（福山文学館蔵）

まります。ツルヤンという魚売りは「今日は、ぼっこう安うしとくけ、チイチイ烏賊に穴シャコに、チヌに鰆にゲタに穴子」と魚を売ります。また主人公・光敏は「性に合わないんじゃ。この町の尤もらしい家の奴らと来たら白足袋はいて鼓やお茶の道具を側に置いて、銭の勘定ばかりしやがっとるくせして、千両格子を開けて一歩外に出ると他人の噂じゃ」などと玉島を批評しています。

また昭和24年に「蟹の町」の原稿を持ち上京した後、東京の世田谷に自宅を新築した時には「良寛の円通寺の丘や、一歩家を出れば四国の山並みが見える瀬戸内の美しい風景を日夜眺めて暮らしていた私には、東京という所はガラクタを撒き散らしたようで、自分の心までも荒廃してしまうような気がした」と玉島を懐かしんでいます。

昭和32年「蟹の町」で毎日演劇賞を受賞。文学座、俳優座、劇団民芸という新劇の三大劇団に戯曲を書き、杉村春子をはじめ田村秋子、北林谷栄、宇野重吉、垂水悟郎などの役者が彼が書いた作品に出演し、彼ほど役者に恵まれた劇作家もいないと言われました。

吉備路文学館館長・山本遺太郎さん　日本の新劇の歴史で、戦争からというより大正時代からですが、小山内薫の次の世代からは社会思想の縛りが多かったですね。その中で小山さんは叙情的な芝居を持ち込んで、必ずしも社会批判やメッセージのない、穏やかな人間性に溢れたというか人間性の方に目を向けた非常に抒情的な芝居を書かれました。社会的なかなり激しいメッセージを含んだのが新劇の場合は多かったんですが、小山さんはそういう社会派じゃなかったです。しかし瀬戸内育ちで、瀬戸内海で幸福に暮らしていた人達から幸せを奪った戦争と言うものに対する戦争批判はありました。

小山祐士の作品は、社会的なメッセージよりも、庶民の代弁者としてその日常を暖かく描き出したものが多いのですが、昭和31年には原爆の傷跡を描いた**「二人だけの舞踏会」**で岸田演劇賞を受賞。

昭和37年には、原爆の被害を受け、堕胎を生業とする老女の生き様を描いた**「泰山木の木の下で」**また昭和40年には瀬戸内海にある、大久野島の毒ガス製造問題を告発した**「日本の幽霊」**など戦争や原爆の暗い影を背負った人間の孤独を描写しました。

妻・喜久子と

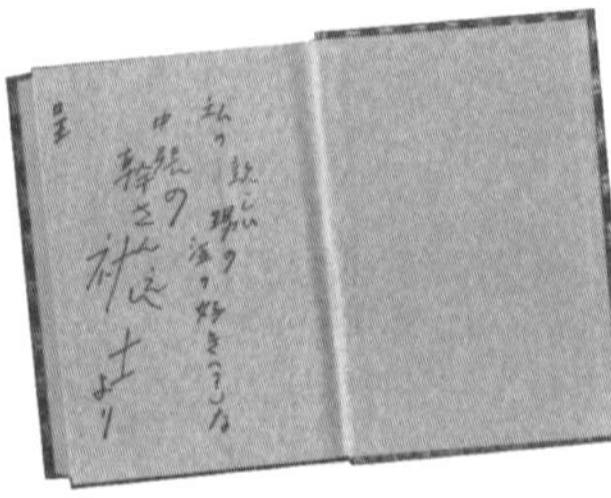

「中張の幹さんえ」とサインを入れた「小山祐士戯曲全集」

祝賀会（福山文学館蔵）

「泰山木の木の下で」の執筆中「決して叫んではいけない」「決して旗を振り回してはいけない」と私はいつも心の中で自分に言い聞かせていたと記しています。「泰山木の木の下で」は劇団民芸で上演され、主演の北林谷栄は初演から40年間４４８ステージを演じ、彼女の代表作となりました。

「日本の幽霊」でこずえを演じた市原悦子は「原爆の被害で泣いている隣人をよそにアメリカ兵の情婦になって、腰をフリフリ得意顔で歌うこずえは何とも情けなく哀れでした。小山先生はどうにもならない人間の弱さを書きながら、強い愛を私に教えて下さいました」と記しています。

誰に対しても故郷の言葉を使うことを止めず、晩年になっても書くものに思いあたると、瀬戸内海の見える故郷に飛んで帰っていたと言う小山祐士。

妻喜久子の甥にあたり玉島高校の教師であった中張幹三さん宅にもよく立ち寄り「中張の幹さんえ」等とサインを入れた、小山祐士戯曲全集などを届けています。

昭和50年紫綬褒章を受章。しかしその年、次男剛士が自動車事故で亡くなり、精神的な打撃等から体調を崩し、昭和52年発表の**「金木犀はまだ咲かない」**が彼の最後の作品となりました。

昭和57年６月10日、東京の病院で亡くなりました。78歳でした。

人間愛に根ざした繊細な台詞を駆使し、詩情豊かに心のひだを舞台の中で繰り広げた「小山祐士」。

劇作家として多くの俳優を育て、芝居一筋に生きた人生でした。

「たましま歴史百景」第54回　２０１５年３月　放送

（参考文献）「岡山文学風土記」大岩徳二著　岡山文庫　「岡山の文学アルバム」山本遺太郎岡山文庫
「瀬戸内の劇詩人・小山祐士」福山文化連盟
「小山祐士戯曲全集１～５巻」株式会社テアトロ

（協力）　吉備路文学館　福山文学館　福山ものづくり交流館　福山誠之館同窓会

（注）　インタビューは昭和63年頃放送の「玉島百景」を使用しました。

藤澤人牛

「果樹園」
山陽新聞社大賞
昭和37年

99　日本画家　藤澤人牛

中学の美術教師を務めるかたわら日本画を独学。師を持たず、既成の美術団体に所属せず、独自の感性で多彩に自由な作風を完成した無欲の日本画家、藤澤人牛（ふじさわじんぎゅう　1925～2008）。

藤澤人牛は大正14年3月30日、備中杜氏の父・藤澤義厚の次男として玉島黒崎南浦に生まれ、名を樹（たつる）と言いました。小さい頃から絵が好きで絵で生きて行きたいと思っていました。

金光中学校（現在の金光学園）を卒業し、朝鮮で測量設計の仕事に携わっていましたが、その後兵役につき終戦で帰国。中学の美術の教師となり寄島、鴨方、玉島北などの中学校を歴任しました。

昭和29年、寄島の道広定子と結婚。昭和37年**「果樹園」**で岡山県展の山陽新聞社大賞を受賞。審査に当った池田遙邨から近年にない秀作と激賞されました。

昭和45年、鴨方の明王院の大仙堂に**「六道」**を寄進。教師をしながら仏教における六種の迷いの世界六道を描き、樹とサインを入れています。昭和47年には船穂中学に水島の工業地帯を遠景に描いた絵を贈っています。手前に緑を描き当時の公害問題に警鐘を鳴らしました。

昭和50年からは岡山県美術展の日本画の審査員を務めています。画業に専念する為、定年を前にして55歳の時に中学校教師を退職。かねてからの夢を実現すべく、愛車のワゴン車にスケッチブック、自炊用具、寝具などを積み込み、車で寝泊りしながら海沿いの風物を求めて気ままな日本一周の写生旅行を計画。まず東日本へと出かけました。

越前海岸からは「快調に旅をしています空気がきれいです」犬吠埼では「屏風のように切立った半島を背景にサボテンが赤い実をつけています」また礼文島からは「日本海に沈む真っ赤な太陽はほんとに美しいです」などと家族に旅の情景と無事を伝えています。

およそ3年をかけ、走行距離一万二千キロの日本一周の写生旅行を終え、昭和59年岡山高島屋で初めての個展・藤澤人牛日本画展を開催。日本画と墨彩25点を並べました。サンゴ草が密生する北海道の能取湖に沈む夕日を幻想的に描いた**「サンゴ草」**岡山県津山市にあり別名高倉冨士と呼ばれる**「鳥ガ**

山陽新聞
昭和58年1月7日付

旅先から家族にあてた手紙（1983年）

仙」、また中津渓谷の力強い岩肌を描いた「**渓谷**」などを出品。質感のある画面と構成は、彼独自の心象表現であると評されました。

船穂図書館には倉敷西ライオンズクラブが寄贈した藤沢人牛作の「**室戸**」が展示されています。この絵は5歳の孫・真規さんが書いた物、こちらが人牛が書いた絵です。足摺で孫と一緒にスケッチした折の真規さんの絵を額に入れて喜んでいたといいます。

水墨画の原点、中国へも度々写生旅行に出かけました。桂林の「**夜明け**」そして「**黄山**」また四方八方に広がる桂林の絶景を、横約16メートル、縦1・8メートルの六曲二双の屏風に仕上げた「桂林」。写生旅行でつかんだものは、自然が作り出す圧倒的な造形と空間の妙であったと述懐していますが、この頃から彼は絵の中の「空間」にはことの他こだわりを持ったようです。

教職を退いた後、彼は倉敷、玉島、金光などで趣味の美術サークル「白鳴会」「創輪会」「了玄会」などを立ち上げ後進の指導にあたりました。

藤澤人牛に師事した画家・小河原和子さん　ブーツを履かれたり水玉のサスペンダーをされたり、とってもおしゃれな先生でした。私達が習ったのは具象でしたが、突然になんですが、墨絵になったり抽象になったり、私達は置いてけぼりになって、何歩も後を追いかけていくような状態でした。

玉島文化センターのホールには、倉敷西ライオンズクラブが寄贈した藤澤人牛作、百号の「**鳥**」が展示されています。

時代は平成になり作品は次第に抽象的になっていきました。平成3年倉敷市立美術館で開催された個展の案内状には「墨と箔を使用して描いた近作をごらん頂きたく」と記していますが、現代アートのハードルを軽々と飛び越えた表現の多彩さに目を見張らされました。

その後も箔を使って、次々に抽象画の大作を仕上げていきます。四曲一双の屏風「**渡海**」また「**崩壊する自然**」など箔の下から微妙な色彩が光を放ち、時と共に崩壊する自然を力強くダイナミックに描き出しました。

「夜明け」（桂林）（1985年）

「鳥」玉島文化センター蔵

平成7年には京都で「**物質の記憶**」と題して個展を開きました。抽象画で時の流れを感じさせる作品を発表しています。「物質の記憶」と題した一連の作品の中、浅口市ふれあい交流館サンパレアには、絵の中央に白樺がコラージュされた百号の大作が寄島町婦人会によって寄贈されました。また倉敷市立美術館にもこの時の「物質の記憶」の内の一点が所蔵されています。フワフワと浮遊する丸い物体が中央の赤い枯れ木をどこかに誘導して行くかのようです。

県展の審査員を続けていた彼は、平成7年の県展に「**青い惑星**」8年の県展には「**皺相空間**」11年の県展には「**五行のコスモロジー**」など50号の大作を出品しています。

自然を前にして人間の無力さを悟った彼の画風は、次第に水墨画から抽象画、そして立体を含むオブジェへと発展して行きました。

平成10年（1991）倉敷市立美術館において「**時**」をテーマとした個展を開催。和紙の上に墨と箔を置き、日本画の手法で抽象画を描く画家として紹介されました。会場の中央には「**海の記憶**」と題し、玉島の海岸に棄てられていた長さ5mの船を置き、その周囲に錆びた釘を並べ静かに朽ち土に返っていく時の流れを表現しました。

この他にも様々な立体作品を発表しています。彼が小さい頃から慣れ親しんだ寄島の冬の海には枯れ木の根を並べたり、倉敷のアイビースクエアの中庭には砂を盛り、今にも朽ちそうなイカリを配置したりしました。

平成12年には浅口市鴨方の山中に丸太と葦を組み、手作りで竪穴式住居を作り、穴窯もその傍らに築き焼物にも挑戦しました。彼が作る志野茶碗は、豪快で陶芸家顔負けの出来栄えでした。

平成14年に倉敷市文化連盟賞を受賞。その多彩で豊かな感性は日本画家としての範疇に納まらず、現代美術作家としての地位を確立したと評されました。

藤澤人牛に師事した玉島第一病院名誉理事長西山剛士さん　病院を昭和48年に作りまして、職員の福利厚生の一環で、藤澤先生に来て頂き、私も参加しているうちに誉められて筆を買い絵を始めたのがきっかけでした。先生は型にはめ、その通りに書きなさいと言うような指導でなくて、生活の中で感動したものを表現しなさいということでした。うずき荘での楽しい生活がテーマの「うずき荘の盆踊り」もここまで的確に表現され、とても真似の出来るものではありません。

古文書をコラージュした墨江（2006年）

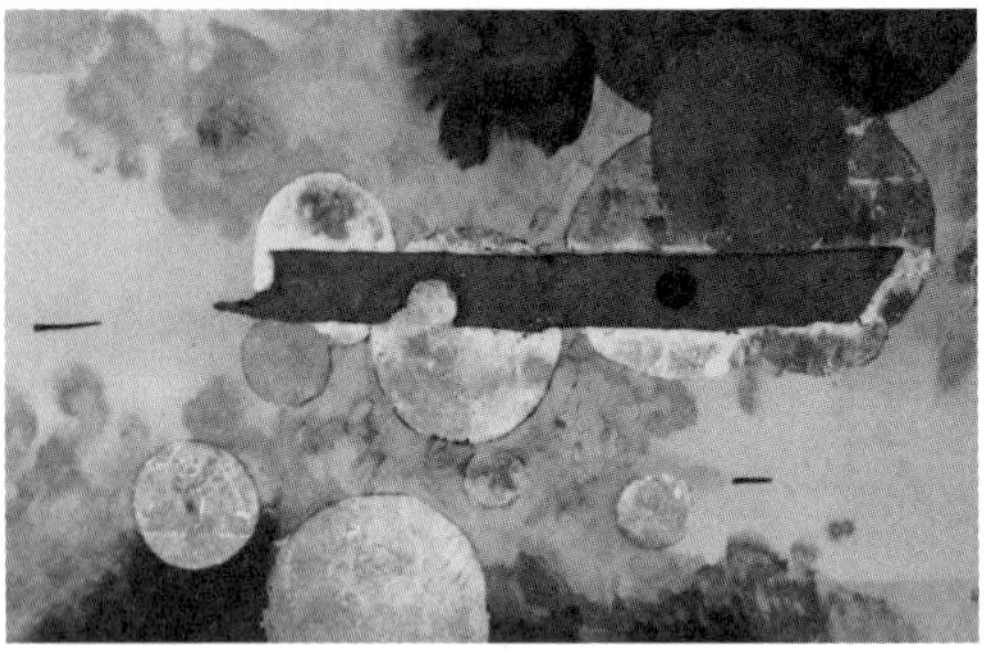

「物質の記憶」（1995年）倉敷市立美術館蔵

晩年になり日本画の原点とも言える「墨絵」に傾注。「白と黒だけで生と死を表現してみたい」と、80歳を前に銀座地球堂ギャラリーに墨絵を出品しています。

80歳を超えた頃、悪性リンパ種を患った事が元で体調がすぐれない日が続くようになりました。平成20年3月、岡山の天神山プラザで開催した最後の個展は長女・摩美さんが展示作業を手伝い病室でその報告を受けたといいます。

心筋梗塞で二度倒れ死を見つめていた彼の作品は、太い筆で墨を大胆に使い所々に江戸時代の台帳をコラージュするなど、流れ行く時間さえもあらがう事なく受け止めているかのようでした。これらのどこか飄々とした作品群は多くの人に慕われた作者の人柄そのものであると言われました。

最後の個展が終わり満開のサクラが散った平成20年4月22日、肺炎のためその生涯を閉じました。83歳でした。

亡くなって4年後の平成24年11月、郷土作家遺作展「藤澤人牛の世界」が倉敷市立美術館で開催され大勢の人がつめかけました。

「絵は好きだから描いた、陶器やオブジェも作りたいから作った。ただそれだけ……。」

南浦に生れ南浦に没し、自由に心の赴くままに作品作りを楽しんだ藤澤人牛。墓は小さい頃から彼の感性を育んだ瀬戸の海が見晴らせる海蔵寺の裏山にあり、移ろいゆく時の流れを見つめ続けているかのようです。

「たましま歴史百景」第55回　２０１５年６月　放送

（参考文献）藤澤人牛画集

（協力）浅口市ふれあい交流館サンパレア　玉島第一病院　玉島文化センター
藤澤定子　船穂図書館　船穂中学校　明王院

生家（玉島乙島水溜）

守分十

100 中国銀行第三代頭取　守分十

中国銀行第三代頭取として岡山の経済発展に大きな貢献を果たした守分十（1890〜1977）。

守分十（もりわけひさし）は明治23年5月10日、浅口郡乙島村水溜で村一番の素封家・守分榮吉の長男として生まれました。屋敷は水溜の小高い丘にあり、父は郡会議員も務めた温厚な人格者でした。第一玉島尋常小学校（後の上成小学校）から高梁中学に入学。5年間の寮生活を経験した後、岡山市の第六高等学校に入学しました。

明治44年京都帝国大学法学部に入り、京大卒業の翌年大正5年6月北海道拓殖銀行に入行。26歳でした。入行した頃は第一次世界大戦の好景気に沸いていましたが、2年後の大正7年に戦争が終わり、米騒動が勃発。拓銀は経営破綻した地元銀行の救済や累積債務への対応など厳しい局面に立たされ、これらの現状をつぶさに体験しました。

拓銀で6年間を過ごし、大原孫三郎に請われ大正11年中国銀行の前身の第一合同銀行に入行。倉敷支店長代理となりました。その時の俸給は月百二十円。当時一般行員の給料は三十〜四十円であり破格の待遇でした。

翌年にはその卓越した手腕が認められ、経営が行き詰まっていた山陽商業銀行に支配人として派遣されて同行の再建に尽力し、第一合同銀行との合併に携わりました。

さらに、翌昭和2年にはその実績を買われ、姫路倉庫銀行に合併準備で送り込まれました。着任早々金融恐慌が起こり、預金の払戻しを求めて人々が殺到する取り付け騒ぎに直面。これらを目のあたりにした十の衝撃は大きく「大衆の金を預かる銀行の社会的責任の重さと、銀行は何よりも信用が第一と痛感した」と後によく語っていました。

昭和5年、第一合同銀行と山陽銀行が合併して中国銀行が誕生。初代頭取に大原孫三郎が就任しました。この合併はもともと業績不振銀行同士の合併だけに店舗の整理統合は上手くいかず人員削減も不徹底でした。

昭和11年、破綻目前の中国銀行を代表し十が日銀との交渉に当り、日銀からの融資の申し入れを7年間での自力再建計画を提示して拒否。

空襲で延焼を免れた中国銀行本店

地方産業の開發を目指す
全國有数の「中國銀行」生る
その使命は重且大である
新陣容成る
大藏當局の慫慂する
一縣一行の理想實現
合併に至る經過の大要
兩行の沿革

山陽新報（昭和5年12月23日付）岡山県立図書館蔵

十はその年、業務課長兼務の取締役に選任されました。初の生え抜き取締役でした。その後、懸命の努力が実り約束通り7年間で再建を果したのです。

昭和20年、岡山空襲で本店が被災。その頃から行内では「守分がいないと仕事にならない」と言われ始め、敗戦直後の昭和21年4月、中国銀行第三代頭取に就任。55歳でした。

しかし当時の中銀は多額の評価損を抱えており、頭取就任の初仕事はリストラでした。そこで役員体制を一新して、十の意志がストレートに伝わる経営体制を確立し、再建の先頭に立ったのです。

再建は困難を極め、大蔵省からの呼び出しも頻繁にありました。当時の岡山から東京までの列車は超満員。夜行で十数時間リュックの横に座ったまま過ごすことも当たり前であったといいます。

守分十の経営姿勢は、時には「石橋をたたいても渡らない」と言われるほど、慎重の上にも慎重を期すというもの。預金量の多寡を競う当時の銀行業界の中で、資産内容を優先する独特の経営を貫きました。預金集めにあたっては「足で廻り、汗と努力で預金を集めろ」と部下を叱咤激励し、決して過剰なサービスや両建て預金などの計上を許さなかったといいます。

また「ケチ銀」と言われようとも節約を徹底。紙も一度使った用紙の裏を使わせ、鉛筆一本にしても行内に落ちている短い鉛筆を率先して拾っていました。

そして「預金の増強」「経費の節約」「自己資本の充実」という3本の柱を指針とした健全経営を徹底。頭取就任時に資産内容で全国地銀ワースト5といわれた中国銀行を、昭和46年には体質優良トップバンクにまで押し上げたのです。

55歳から世を去るまでの31年間、頭取の地位にあり、その期間は全国の地方銀行頭取の中で最長でした。一方では彼のリーダーシップが余りにも強烈なだけに、頭取就任20年頃からは畏敬の念を込め「守分天皇」等と呼ばれたこともあったようです。

彼はまた中銀頭取のかたわら、岡山県銀行協会会長、岡山県経済団体連合会会長など数々の要職を務め、戦前戦後を通じて大きな足跡を残しました。

昭和30年代からの水島工業地帯開発には岡山県の政策に呼応し金融面のバックアップを惜しみませんでした。

また彼は、人との信義や情理に厚い銀行マンでもありました。戦後の厳しい経済環境の中、大原孫

守分十夫婦墓（玉島乙島水溜）

頭取専用車

守分十書（中国銀行蔵）

三郎への貸金の回収に関しても、担保の美術品を処分して返済に充てることは決してしなかったと伝えられています。昭和40年には玉島市の名誉市民になりました。

彼が最も好んだ言葉は「一以貫之」（いつを以て之を貫く）一つのことを貫き通す、という言葉はよく書にも記し、その額は今も中国銀行に掲げられています。

生涯にわたり、黒い上着にハイカラーのシャツ、縞のズボン姿のオールドスタイルで通した守分十。これは彼の名刺代わりにもなっていたようです。

また趣味は書と茶の湯と焼き物の絵付けを楽しみとしていました。彼の絵は野の花や茶花など素朴な味わいのある物で中銀のカレンダーに使われたりもしました。一方ではプロレスの大ファンでもあり近くに興行が来ると観戦に行き「あれは闘志がわく」と目を輝かせていたそうです。

子どもは美知恵夫人との間に一男一女をもうけましたが、長男一義を18歳で失い、一人残った娘寿美子も昭和35年、小学生と中学生の子供を残して42歳の若さで亡くなりました。夏休みには娘が残した可愛い二人の孫を連れてよく旅行に出かけていたといいます。

昭和52年1月22日、頭取在職のまま86歳で去くなりました。死の直前まで仕事の指示をしていたという、まさに生涯銀行マンを貫いた一生でした。

自らを厳しく律し、信を貫き、かつ浪花節的な人情味に溢れていたという守分十の葬儀の弔辞では「今日の大原美術館は倉敷市のシンボルとして存続しています。守分頭取の御判断の如何によっては、大原美術館は今日の状態になかったでありましょう」と初代頭取大原孫三郎への信義と、地域文化を守り貫いた一面が述べられました。

守分十の墓は彼がその開発に尽力した水島工業地帯を望む玉島乙島水溜の丘にあり、美知恵夫人と共に安らかに眠っています。

「たましま歴史百景」第61回　２０１７年３月放送

（参考文献）中国銀行五十年史　中国銀行編　中国銀行八十年史　中国銀行編
「守分十の世界」猪木正実著　岡山文庫

（協力）猪木正実　石井省三　溝手啓子　中国銀行　岡山県立図書館

あとがき

玉島テレビ放送による「たましま歴史百景」のシリーズは、平成20年の6月から、平成29年7月まであしかけ10年にわたり62話を放送しました。

この冊子は、その62話を基に、放送しきれなかった原稿16話と、以前に放送した「玉島百景」22話の原稿に追記をして百話にまとめたものです。

今回の「たましま歴史百景」は郷土の歴史を出来るかぎり記録として残そうという趣旨で始めたもので、お茶の間で見て頂くには固すぎるのではないかと思ったこともありました。

テーマの選定に当っては、放送エリア内の玉島、船穂を中心に取り上げて来ましたが、写真や資料が十分揃わないためテレビ放送をあきらめたものもあり残念に思っています。

文章に関しては、テレビ放送用の原稿という性質上、極力耳で聞いて理解しやすい言葉に配慮したため、読み物としてはわかりづらい表現もあり申し訳なく思います。

取材では地域の多くの方々の色々なお話しや、貴重な資料の提供などをして頂きました。中でも図書館や美術館、博物館、学校関係の方々にはたくさんのご指導や助言を賜り、心からお礼を申し上げますとともに適切な表現でないとすると、我々の理解不足から来るものです。ご容赦をお願いいたします。なお、文中の肩書等は当時のものですのでご了承下さい。

放送した番組は玉島テレビのホームページの中の「たましま歴史百景」に掲載しています。また玉島図書館にＤＶＤで寄贈しておりますので併せてご覧頂ければ幸いです。

最後になりましたが、カメラと編集を担当した白神康文ディレクターには長年にわたりお世話になりました。

八島和子

たましま歴史百景

発行日　平成29年10月1日　初版第一刷

著作・制作　玉島テレビ放送株式会社
取材・制作　八島 和子　白神 康文
発 行 所　玉島テレビ放送株式会社
〒713-8121　岡山県倉敷市玉島阿賀崎1-2-31
TEL：086-526-7075　FAX：086-526-7131
萌友出版
〒710-0261 岡山県倉敷市船穂町船穂2095-11
TEL：086-552-9494　FAX：086-552-9595

定価はカバーに表示してあります。乱丁、落丁は発行所へお送りください。お取り替えいたします。

たましま歴史百景の番組アーカイブは玉島テレビ放送のホームページに掲載しています。

ISBN978-4-902891-09-6　C0021　￥2400E